고산중국학총서 3

지구화시대 인문실크로드 문명학과
새로운 문명표준 모색

바티칸도서관 예수회 선교사 문헌과 동아시아 지역문화 연구

순천향대학교 공자아카데미 중국학연구소

보고사
BOGOSA

간행사

　최근 동아시아가 보여준 무한 성장 활력은 동서양 학계에서 세계시스템 분석상 '근대화—서구모델'을 이탈해 '탈근대화—동아시아모델'을 설정하고 그에 대한 다양한 담론들을 생산하는 계기가 되었습니다. 무엇보다 동아시아의 역사동학(動學, dynamics)에 근거해 근대(성)의 기원과 모델에 대한 서양의 독점을 폐기하고 근대(성)의 다선적이고 다중적인 기원과 모델을 수립하고자 한 것은 유의미합니다. 그리고 이러한 시도는 탈근대적인 '동아시아발전경로' 연구와 결합되면서 세계보편사로서 다중심의 상호 연결된 세계상 확립으로 귀결된다고 할 것입니다. 이와 관련해서 순천향대학교 공자아카데미 중국학연구소는 국내외의 다양한 학자들을 모시고 단일보편적 근대세계시스템을 넘어서 다원보편(복수근대)적 지구문화가 공—실현(co-realization)하는 '지구보편적 세계시스템(지구보편성 · 지구근대성)'을 구상하고, 그러한 의미맥락에서 '인문실크로드 문명학'과 새로운 의미망의 문명표준을 인문학적으로 성찰하고 전망하는 노력을 경주해왔습니다.

　금번에 출간하는 〈고산중국학총서 3〉은 그 결실로서 "제1부 동서양 문명 대화와 교류(1500~1800): 바티칸도서관 예수회 선교사 문헌 연구", 그리고 "제2부 지구화시대 새로운 문명표준 모색: 다원보편적 종교담론과 동아시아 지역문화 연구"로 구성되었습니다. 특별히 초기 근대(명청시기) 해상실크로드 문명학—천학(天學)시대는 다원보편적인 세계문화가 공—실현하는 지구근대성(지구보편성)으로서의 신세계시스템 의제와 관련해서 극히 매력적이고 심취하게 만드는 착안점이라고 할 수 있습니다. 이 시기는 현대문명의 탄생의 출발점이자 미래문명을 구성하는 모든 요소를 내포할 뿐만 아니라, 새로운 역사·문화지형의 동아시아 지역연구 모델로서도 큰 가치를 지닙니다. 여기에 담긴 동서양의 상호 이해와 융합을 통해 생성된 공감형 지적 유산은 21세기 초연결-지구화 시대에 인류문명의 발전과 진보, 아울러 동아시아 신문명시스템(문명공동체)의 공감형 지식네트워크를 구축하는 데 귀중한 문화, 사상, 지식자원이 될 것입니다.

  아무쪼록 본 총서가 혁신적인 동아시아 지역문화 연구, 새로운 문명표준, 그리고 지구보편적 문명공동체 지역시스템 구상에 기여할 수 있기를 기대합니다.

2026년 3월

순천향대학교 공자아카데미 중국학연구소장 홍승직

차례

제2부 지구화시대 새로운 문명표준 모색
: 다원보편적 종교담론과 동아시아 지역문화 연구

21세기 세계화 시대의 종교: 신학적 소묘
Religion in the Global World of the 21st Century: A theological sketch

범세계적 민주주의 윤리학: 다중적 근대성, 동서관계의 새로운 패러다임과 개방적이고 자유로운 다원주의 사회의 상호 강화 및 공동 실현
The global ethics of democracy: Multiple modernities, new paradigms of East-West relations and the mutual enrichment and co-realization of open and free pluralistic societies

제1부

•

동서양 문명 대화와 교류(1500~1800)
: 바티칸도서관 예수회 선교사 문헌 연구

명청시대 서학 한적 연구

明清之际西学汉籍研究

장시핑张西平

1. 西学汉籍文献学概说

在中国传统校雠学的基础上，"中国文献学是一门研究古代文献产生、发展、整理和利用的学问。"从唐修的《隋书·经籍志》，开始收入宗教类文献，收有道佛《经》二千三百二十九部，七千四百一十四卷。

中华文明在长期发展中，有两次受到了外来文明的重要影响，用古代的"西洋"这个词来说，有两次西洋文明传入中国，对中国文化产生了重要的影响。一次是来自印度的佛教的传入，古代中国把印度作为"西洋"。无论是《大唐西域记》还是《西洋番国志》、《西洋朝贡典录校注》都记录了中国与西部世界的关系。一次是晚明以来的欧洲基督教的传入。这是中华文明与欧洲文明最初相遇。从时间上说大体是晚明崇祯朝到清顺、康、雍、乾时期，时间可以从沙勿略入华到乾隆去世，即1552～1798年。

耶稣会入华，由此，拉开了中华文明和欧洲文明在文化与精神上的真正相遇。著名汉学家许理和认为，17至18世纪的中西文化交流史是"一段最令人陶醉的时期：这是中国和文艺复兴之后的欧洲高层知识界的第一次接触和对话"。美国汉学家孟德卫(David Mungello)将这一时期称为中西文明伟大相遇的时期。

如何概括晚明以来由来华传教士
所写的介绍西方文化的各类著作，其
中也包括中国信教文人的著述，以
及由这些著作所延伸出来的相关文
献，学术界各有表述。因为来华耶稣
会士们的系列著作已经点名明了这一
点，艾儒略所撰写的《西学凡》、高一
志的《齐家西学》、《修身西学》、《西
学治平》都表述得十分清楚。明末清
初"西学"的概念是清楚的。

我如何认为无论是从其学术内容，还是从其呈现形态来看，用"西
学汉籍"来概括这类文献较为稳妥。对这批文献的认知只有在系统翻阅
了藏在罗马耶稣会档案馆、梵蒂冈图书馆和法国国家图书馆的这批文
献后，才会深深感受到这一点。

其涉及的文献不再仅仅局限在"天主教文献"这样的理解之中，而
是，将这批文献放入中西文化交流史、放入中国近代文化思想史、放
入西方汉学史的角度来加以考察，概言之，以全球化史的新视角来重
新审视这批文献，故称之为"西学汉籍"。即便在天主教史的范围内它
包含了众多来华传教修会的汉文文献，而不仅仅是来华耶稣会士的汉
文文献，从而给我们展示了一个更为宽阔的视野；

自然，也不能仅仅将这批文献归结为"传教士汉籍"，因为，它也包
含中国士大夫、文人信徒乃至佛教徒与天主教论辩的文献；它还包括
传教士从中国带回或寄回欧洲的数量不菲的中国古籍；此外，它还包
括文化交流史中基础性的工具书——辞典和字典。这些整合起来，构
成了文化史上丰富多彩的历史画卷。

2. 梵蒂冈图书馆所藏西学汉籍

序号	作者	序号	书名
1	罗明坚	1	《天主圣教实录》
2	利玛窦	2	《交友论》
		3	《天主实义》
		4	《西国记法》
		5	《辩学遗牍》
		6	《畸人十篇》
		7	《西字奇迹》
3	苏如望	8	《圣教约言》
		9	《天主圣教约言》

柏应理1685年从中国带来400余册中国古籍，其中330册刻本献给教宗英诺森，这批藏品藏在"东方文献普通收藏"(Raccolta Generale Orientale)里，其中，西学汉籍有145种。

康和子(Carlo Orazi da Castorano, 1673~1755)也是梵蒂冈图书馆天主教藏书的重要贡献者之一。康和子捐赠给梵蒂冈图书馆的中文刊本并不太多，但从当时的情况而言，这在欧洲也算是一批不少的中文书籍。另外，康和子所捐赠的书籍中也有较为独特的书籍。例如，方济各会石铎球(Petro de la Piñuela)的《听弥撒凡例》《默想神功》，叶巴西略的《坚振圣事规义》，恩若瑟的《瑟辣飞各圣父方济各行实大全》，都是非常珍稀的文献。特别是奥斯定会来华传教士白多玛的《要经解略》，据目前

所知，全世界范围内仅梵蒂冈图书馆有藏。

傅圣泽(Jean-Francois Fouequet, 1663~1740)于1699年入华，最初在江西传教，后因为采取对中国古代文化的索隐式解释，来回应礼仪之争的一些问题，开始受到白晋(Joachim Bouvet, 1656~1730)的注意。当时白晋在康熙身边，颇受康熙帝器重。傅圣泽带回欧洲的"书籍选择之善，卷帙之多，前此西士无能及之者，现在分散，其中一部分藏在国王内阁，其余则散藏于法、英、意三国公私书库中。"关于这批书的去向欧洲汉学家也有研究，法国留下了一批，从而推动了法国汉学的兴起。法国汉学家雷慕沙说，傅圣泽的藏书是那个时代"一位欧洲人完成的最大宗最上乘的收藏"。而带回罗马的这一批书籍，一开始放在梵蒂冈传信部档案馆，因为傅圣泽当时是传信部的主教。之后，这批书籍被移交给了教廷图书馆，即现在的梵蒂冈图书馆，该馆所藏的中文藏书单就是一个证明。

蒙突奇(Antonio Montucci, 1762~1829)是欧洲早期的业余汉学家，1785年他从意大利最古老的大学锡耶纳大学(University of Sienna)毕业后，获得了法律学位，他是一名语言天才，1789年他来到伦敦担任家庭意大利语老师，期间开始对中文感兴趣，并四处收集有关中文的材料。梵蒂冈图书馆藏稿抄本汉外词典共计24部，涉及拉丁语、意大利语、葡萄牙语、西班牙语、法语等5种欧洲语言，其中稿抄本的拉丁语—汉语词典数量最多。

1922年法国汉学家伯希和受到梵蒂冈图书馆的邀请，来编辑远东文献，当时意大东方学研究所所长富安敦(Antoinon Foret)教授说伯希和当时也对大秦景教碑"重新进行了翻译"。伯希和于是完成了《梵蒂冈图书馆所藏汉文写本和印本书籍简明目录》。

《梵蒂冈图书馆藏早期传教士中文文献目录》：艾儒略、利安定、毕类思、蒋友仁、白晋、卜弥格、潘国光、叶尊孝、利类思、利安当、康和子、郭居敬、孙璋、沙守信、柏应理、殷弘绪、阳玛诺、费奇规、费乐德、傅圣泽、伏若望、傅汎际、施若翰、何大化、贾宜睦、闵明我、文度辣、殷铎泽、戴进贤、陆安德、龙华民、罗日藻、安文思、冯秉正、卫匡国、嘉乐、何老爷、孟儒望、穆经远、白多玛、庞迪我、巴多明、德里格、卞芳世、石铎禄、马若瑟、罗雅谷、利玛窦、马国贤、罗儒望、鲁日满、罗明坚、毕方济、汤若望、曾德昭、Serravalle, G.B.di, o.f.M.R、苏若望、季利安、苏霖、邓玉函、多罗、金尼阁、熊三拔、高一志、万济国、南怀仁、极西圣伯多禄会十、段衮、恩若瑟、范中、方主教、韩霖、洪济、李九功、李之藻、李祖白、邵辅忠、孙学诗、味德子、徐光启、严保禄、杨廷筠、朱宗元。共83人。

一时无法辨别的无名氏文献117份。

《梵蒂冈图书馆所藏汉籍目录补编》则是高田时雄在完成对伯希和目录的修订后，对梵蒂冈图书馆所藏的1911年前出版的汉籍，加以整理编目，其藏书主要来自罗马大学汉学教授华嘉(Giovanni Vacca, 1872~1953)的藏书。有了这个《补编》，梵蒂冈图书馆的中文藏书就有了一个大体完整的中文图书目录。

通过以上对梵蒂冈图书馆中文文献的收藏做出过重要贡献的四位人物的分析，我们可以看出：柏应理的贡献主要在于带回了耶稣会在中国出版的西学汉籍，在数量上也是最多的；康和子虽然带回的西学汉籍刊本书籍并不多，但他带回的托钵修会的书籍以及他在山东传教的原始文献仍是重要的。

在中文善本上，傅圣泽的贡献最大，他不仅给梵蒂冈图书馆，也给法国皇家图书馆等的中文古籍收藏做出了重要贡献。他的另一贡献就是带回的白晋以及他自己和索隐派传教士的大量手稿。

蒙突奇的贡献在于语言类书籍，关于中国古代语言书籍虽然版本并不一定很好，但在当时的欧洲来说，能收集如此多的中文语言类古籍也是不多见的。当然他最大的贡献就是藏在梵蒂冈图书馆的一批汉外双语词典，这批汉外双语词典和白晋的大量手稿应是梵蒂冈图书馆中文文献的镇馆之宝。

3. 罗马耶稣会档案馆藏明清之际西学汉籍文献

· 《罗马耶稣会档案馆处藏汉和图书文献目录提要》

1984年, 由美国利玛窦中西历史文化研究所陈伦绪神父(Albert Chan, S.J.)所编辑的"Chinese Books and Documents Jesuit Archives in the Jesuit Archives in Rome A Descriptive Catalogu Japonica-Sinica I-IV"(《罗马耶稣会档案馆处藏汉和图书文献目录提要》)在美国出版。

第一卷(Japonica-Sinica I), 共著录224种文献。

第二卷(Japonica-Sinica II), 中国古代典籍文献 35种, 西文文献5种, 西学汉籍150种。

第三卷(Japonica-Sinica III), 中国古代典籍10 种, 西文文献7种, 西学汉籍19种。如果统一起 来, 耶稣会档案馆藏西学汉籍共有414种。

2002年钟鸣旦、杜鼎克主编的《耶稣会罗马档案馆明清天主教文献》 在台湾出版, 共12册, 编入了98种西学汉籍。

这十三卷中收入传教士所写的西学汉籍有41种，收入信教儒生所写的文献有47种。这些文献都是首次公布，凡《天主教东传文献》所收录的文献，均未收入。不少文献的公布对于展开明清之际中西文化交流史都十分重要，例如，关于《大西利西泰子传》、《西海艾先生行略》、《远西景明安先生行述》、《利先生行述》等对于利玛窦研究、艾儒略研究、利类思研究、安文思研究都有重要的价值。

由于所公布的珍稀文献有98种之多，我们无法一一列举加以研究，这里仅以《本草补》为例。

石铎琭是出生在墨西哥的方济各会传教士，中国医史学家范行准先生在谈到西医传入中国的历史时说："自邓玉函、罗雅谷诸人所译《说概》、《图说》为西洋初次传入之两部解剖、生理学书，而《本草补》则为西洋传入药物学之嚆矢，与邓、罗之书可称鼎足而三。"

在石铎琭之前，西药最早传入中国的是满文本的《西洋药名》。《本草补》出版于康熙三十五年(1697)，此时白晋入华已经十年，在此期间他和张诚"用满文翻译有关西药学方面的文

章讲稿，更可贵的是他们参考了当时西方医药学方面的最新成果。"这个最新成果就是《西洋药名》，全书两部分：第一部分记叙了当时西方流行的药品40种，其中各式药露20余种，烧伤、跌打、损伤药10余种，酒剂、汀剂10余种；第二部分综合论述了瘟疫、痢疾、水痘、肝胆肠胃等30多种疾病的病因，病理及治疗方法。

罗马耶稣会档案馆藏西学汉籍共有414种，钟鸣旦、杜鼎克主编的

《耶稣会罗马档案馆明清天主教文献》13册，仅编入了98种西学汉籍，因而，切不可以为这十二卷就代表了耶稣会罗马档案馆的全部西学汉籍文献。

4. 法国国家图书馆藏明清之际西学汉籍文献

➤ 古郎编《法国国家图书馆中日韩书目》

法国国家图书馆是欧洲收藏中文图书数量最多的图书馆之一，囊括了15万余册(或卷)雕版、石印、铜(或铅)活字印刷品，几百件抄本和500多种期刊。它最早的中文藏书是由马扎然(Jules Mazarin, 1602~1661)所赠送的16册中文图书，而真正的收藏中文图书是1697年，白晋带着康熙皇帝赠送路易十四的22种、49卷汉文刻本返回巴黎，皇家图书馆于1697年5月27日和6月2日登记入册，法国收藏中文典籍的历史拉开了序幕。(考证，白晋带回的书有22种、45函、312册。)

白晋以后是洪若翰(Jean de Fontaney, 1643~1710)，他1700年10月回到法国时，即带回了十·二册满汉文图书，接着是傅圣泽(Jean-Fran鏰is Foucquet, 1665~1741)，他返回欧洲时最初统计有62部、205函、1845册书，后在《皇家图书馆写本目录》中改为85部。

古郎书目第三卷第十八章是中国天主教文献，6690~7465号是关于天主教的文献著录，7466~7491号是基督新教的文献著录。具体分类是：

第一部分：耶稣及圣徒生平(6690~6814)

第二部分：教义论述(6815~7083)

第三部分：护教及辩论(7084~7174)

第四部分：十诫及伦理(7175~7248)

第五部分：圣礼及圣仪(7249~7343)

第六部分：礼拜仪式，各类汇编(7344~7465)

第十九章：新教(Protestantisme)

第一部分：圣经(7466~7489)

第二部分：辩经等(7490~7491)

法国国家图书馆的古郎书目的西学汉籍
文献收藏总量仍是一个待统计的数字。

钟鸣旦、杜鼎克、蒙曦三人所编的《法国
国家图书馆明清天主教文献》26卷，收录了
191种西学汉籍的历史文献，这套书提供了许
多十分重要的历史文献，对于推动研究明清
天主教史、西学汉籍史做出了重要的贡献。

由于这套文献编选了191种重要历史文献编辑出版，对于法国国家
图书馆所藏的近千部的西学汉籍文献来说，只是一小部分，仍有大量
的重要历史文献需要加以整理和研究。

国家图书馆藏有两部反映驻中国耶稣教会历史情况的重要文献，其
中一部是满汉拉丁文《1700年中国康熙皇帝关于中国礼仪之争的简要
回答：儒教学说与尊祖敬宗》，该文献原本藏于罗马国立中央图书馆，
抄本藏于法国耶稣教会档案馆，内容涉及传教士对中国礼仪的描述和
康熙皇帝的御批，及其文化背景和社会影响。另一部文献是满汉拉丁
文《康熙皇帝谕旨》，内容为康熙五十五年九月十七日(1716年10月31日)
武英殿刻印要求返回欧洲传教士重返中国的谕旨。该书由17位神父签
名，抄写两部送往欧洲，并保存在耶稣会代表团成员各自的国家。根
据目前已出版的目录，国家图书馆共有五部《康熙皇帝谕旨》抄本。

➤《教宗西师都五世致中国皇帝书》

王重民先生在《海外希见录》一文中以《罗马教皇至大明国国主书》板片为题介绍了法国国家图书馆的这份文献，同时，王重民先生首次将这份文献抄录后公布。

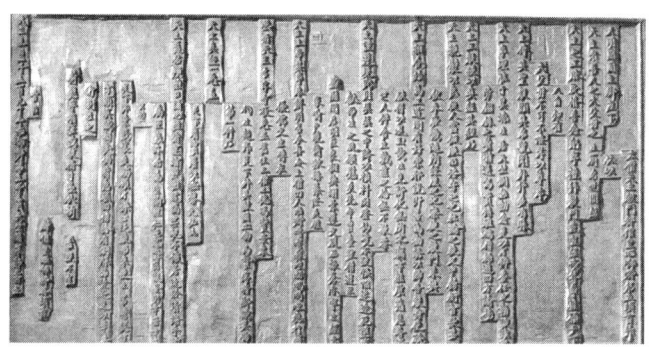

法国国家图书馆所藏的明清之际的西学汉籍文献在数量上超过罗马耶稣会档案馆，甚至超过梵蒂图书馆，这主要是在法国耶稣会入华后，其汉文写作在提高，法国来华耶稣会士人员也开始超过意大利和葡萄牙来华耶稣会士的数量。古郎书目对系统整理这批西学汉籍文献提供了一个基础，钟鸣旦、杜鼎克所编的《法国国家图书馆藏明清天主教文献》大大加深了学术界对法国国家图书馆所藏西学汉籍的认识。近年来中国年轻学者也开始对其所藏汉籍做整体的研究。同罗马耶稣会档案馆文献的整理一样，钟鸣旦、杜鼎克所编的《法国国家图书馆藏明清天主教文献》功不可没，但毕竟只是所藏的一小部分，系统地整理法国国家图书馆所藏的西学汉籍仍是今后的重要任务。

5. 上海徐家汇藏书楼藏明清之际西学汉籍

徐家汇藏书楼始建于1847年3月(道光二十七年二月)，法国耶稣会传教士南格禄委派司铎梅德尔在徐家汇置地，由此拉开藏书楼的建设序幕，随着耶稣会修道院的教学需要，"陆续收集图书置于专辟的三间修士室收藏，此为藏书楼的雏形，专供耶稣会士参阅资料。会后修院藏书处所经过调整，随着藏书增多而逐步扩大。"

徐家汇藏书楼的藏书充分反映了上海作为中国近代中西文化交流的重镇的特点。国家图书馆虽有北堂藏书，但就西文藏书而言，上海图书馆有着自己的特点[《徐家汇藏书楼西文目录初编》(1957年)、《亚洲文会所藏外文期刊补充目录》、《上海图书馆西文珍本书目》(1992年)等等]，特别是西文汉学书籍别具特色。因为考狄当年编制《西人论中国书目》就是在上海完成的，徐家汇藏书楼的西文汉学书籍是他的主要来源。近年来瑞典藏书家罗闻达编撰的《从西文印本书籍(1477~1877)看中西关系、中国观、文化影响和汉学发展》入藏也大大丰富了上海图书馆徐家汇藏书楼的西方汉学著作的收藏。

➤ 《徐家汇藏书楼明清天主教文献》及续编

徐家汇藏书楼的西学汉籍分藏于中国台湾辅仁大学和上海图书馆，钟鸣旦、杜鼎克、黄一农、祝平一首先编辑了藏在台湾辅仁大学的这部分藏书，并于1996年在台湾出版。

这次续编共出版了34册，84种西学汉籍历史文献，如果加上辅仁大学所藏，徐家汇藏书楼的西学汉籍文献共出版了121种历史文献。《徐家汇藏书楼明清天主教文献》和《徐家汇藏书楼明清天主文献续编》的出版，提供了一些过去从未出版过的重要文献，有力地推动明清中西文化交流史研究。

《徐家汇藏书楼明清天主教文献》第一辑刊出的《斋旨》(附《化人九要》)，是一篇过去从未刊出的利玛窦的著作，不仅在朱维铮先生主编的《利玛窦中文著作集》中没有收录，在目前所有关于利玛窦的研究中也是第一次公布这份文献。

按照杜鼎克的统计，台湾辅仁大学所藏的从上海运去的徐家汇藏书楼的明清天主教文献是169种。《徐家汇藏书楼明清天主教文献》(辅仁大学部分)四集，出版文献37种，因为有些《天主教东传文献》(1~3)已经出版。

对这五卷中出版的文献有些可用新发现的中文文献加以补充，这里仅以一篇奏疏为例。在第四卷的《圣教书籍记篇》中收入了朱国祚的《请遣远大西洋人利玛窦疏》，这是一篇关于利玛窦进京后明朝官员讨论如何处理此事的文献。

6. 西学汉籍整理史：当代

王韬在光绪十六年(1890)所编撰的《泰西著述考》开启了晚清西学汉籍书目整理的先河。书中提到来华传教士102人，其中立传者94人，所写下的西学汉籍共224种。梁启超1895年所编的《西学书目表》全书4卷，上中两卷共计西学书籍299种，下卷"杂类"西学书籍54种。附卷收录新译未刊书卷72种及明末清初译书86种。徐维则编著的《东西学书录》，1893年出版，全书分为三部分，上下两册，共收录1899年前清

末出版的译著书刊572种，其附卷收录明清之
际的来华耶稣会士20人，著录著作116部。

考狄(H. Cordier)的《欧洲传教士在中国编译
书目》(L'imprimerie Sino-Europ閑nne en Chine)，
在前人目录的基础上共收录了395部著作，其
中24部没有署名作者，有32部是在中国出版
的拉丁文或其他西方语言的著作，如万济国
的《中国官话艺术》(Arte de la Lengva Mandarina)
等几部著作。这样这个目录中著录的中文著
作实际是363部。

王韬

田大畏先生主编的《民国时期总书目：宗教
卷》共收录了明清间的西学汉籍书籍37部，教
内作者15人。

1500~1800年间究竟出版了多少西学汉籍
的书籍？这个问题学界一直没有定论。徐宗
泽神父在他的书后所附的三个书目中，《徐汇
书楼所藏明末清初耶稣会士及中国公教学者
译著》405种，《巴黎国立图书馆所藏明末清
初耶稣会士及中国公教学者译著书目》731
种，《梵蒂冈图书馆所藏明末清初耶稣会士及
中国公交学者译著书目》169种。共1305种，
但重复率未统计。

考狄

徐宗泽

钱存训在《近世译书对中国现代化的影响》
一文中认为，来华耶稣会士的中文译著，到
1790年共出版了437种。2001年出版的陈纶绪神父的《罗马耶稣会档案

馆中文书籍和资料》，共收录有关明末清初天主教的中文文献667部，含少量的拉丁语系的文献。

陶飞亚的统计是："仅以明清时期的天主教中文著作为例，法国国家图书馆大约收藏了876部，耶稣会罗马档案馆收藏了约451部，梵蒂冈图书馆约有557部，上海徐家汇藏书楼约有284部，北堂藏书楼约有109部，合计大约2277部。"

当代西学汉籍文献学之重要任务就是编制《明清间西学汉籍总目》，从《绝缴同文纪》、《天学集解》、《圣教信证》、《道学家传》至今已经有四百余年，前辈对此已做努力，但至今这一任务仍未完成。

陈垣先生说，应像《开元释教录》那样编出一本基督教文献总目，应像《宋高僧传》那样编出一本来华传教士总目。这都是指明清之际，不包含晚清。

玄奘

据《开元释教录》所载，后汉至中唐译经人数共有176人，唐初迄开元最多达37人，共译出佛典301部2170卷。其翻译界之伟人——玄奘，所译佛典达76部1347卷。

明清之际的中西文化交流史研究是中国近代史研究、中西文化交流史研究的薄弱环节。

其一，数量大大超过佛教传入的文献量；

其二，来华传教士有500人之多，大大超过从印度来的佛教徒；

其三，没有基础性编目；

其四，这几年取得实质性进步，但仍待努力。

其五：文本解读困难，需要精通西方语言和宗教，梅谦立的《天主实义今注》梳理的文献整理的基本模式；

其六：双向性是明清之际中西文化交流的基本特点。佛教传入基本没有这个特点。传教士用拉丁文、意大利文、葡萄牙文、西班牙文、法文所写的传教报告、学术著作有上千部之多。"中学西传"和"西学东渐"均等。

这次是中国学术第一次在世界范围内展开，而且是平等的。荷兰汉学家许理和认为，礼仪之争后，中国禁教，而欧洲加大了解中国，形成18世纪中国热，所以，欧洲受益多，结果好。中国也受益，但结果走向封闭。

如果从罗明坚1582入华算起，中西相遇已经四百多年，这是中国文化第二次接受外部文化。

从晚明—清中期，乾隆为止—晚清中西冲突。

如何理解西方？这至今仍是一个问题，所以应该从基础性学术入手，从文献收入，彻底搞清这个问题。这个学问的展开是世界性的，因为"中学西传"与"西学东渐"是一个整体。这个研究刚刚开始，期待年轻一代。

천학 문헌과 중국 명청시기의 사상

"天学"文献与中国明清之际的思想

在梵蒂冈图书馆所藏的中文文献中，涉及明清之际文人的著作占相当比重。从这些著作中，我们看到晚明以来中国思想呈现多元的特点，这一时期的"西学"对中国士人的影响特别值得注意。嵇文甫先生半个多世纪之前曾指出：晚明的思想"先之以王门诸子的道学革新运动，继之以东林派的反狂禅运动，而佛学，西学，古学，错综交织于其间，这一幕思想史剧，也可算热闹生动了。"[1] 由于种种原因，交织于晚明以来思想史中的西学，有待于进一步开掘。

利玛窦以来，天主教传教士带来的西方学说，称"西学"，也称"天学"。如明末来华的意人利传教士艾儒略(Jules Aleni, 1582~1649)的中文著作，就名《西学凡》。而明末中国学者李之藻(1565~1630)汇集传教士中文著作编为丛书，题名《天学初函》[2]，后来清初学者刘凝(约1625~1715) 收录284篇涉及西学或西教的文章结集，题名《天学集解》，[3] 都

1　嵇文甫《晚明思想史·序》，上海，东方出版社，1996年，序页。

2　梵蒂冈图书馆藏有有万历、天启年间初刻本《天学初函》，分理、器二编，理编收子集十种：《西学凡》、《唐景教碑附》、《畸人十篇》、《交友论》、《二十五言》、《天主实义》、《辩学遗牍》、《七克》、《灵言蠡勺》、《职方外纪》；器编收子集十种：《泰西水法》、《浑盖通宪图说》、《几何原本》、《表度说》、《天问略》、《简平仪》、《同文算指(前通)编》、《圆容教义》、《测量法义》、《勾股义》。梵蒂冈藏书号：Barberini Orient 142.

3　《天学集解》原件藏于圣彼得堡俄国公共图书馆(The Russian Public Library) 钞本，共

是使用"天学"一词的例证。虽然很多学者乐于使用"西学"一词，但是，由于"西学"的概念在汉语语境中有多次历史变化，就明末清初这一时段而言，因为"天主"之学与"天算"之学，二者都涉及到"天"：一个是上帝之"天"，一个是天文历算之"天"，故而称天学，似乎可以更好地说明其来源与基督宗教相关这一特性。因而笔者更倾向于使用"天学"一词来概括传教士带来的西方学问。[4]

明末的"天学"，既包括基督宗教的神哲学、也包括伦理学、教育学、心理学、音韵学、美术学，还有自然科学方面的地理学、机械学、水法、几何学等多方面，其中蕴含的理论思维方法，对晚明以来的中国士人影响很大。明末清初的著名文人丁耀亢拜访过汤若望后写过一首诗，其中写道："相传印度浮屠外，别有宗门号天氏。天氏称天人主教，自谓星辰手所造"，"璇玑历法转铜轮，西洋之镜移我神"。[5]诗中明显地流露出当时士人对"天学"的好奇，反映了明末以来士人的一般心理状态。

"天学"真正影响到中国思想史，是通过文献来完成的。前文提到《天学初函》，共收录传教士和中国文人著作二十部，分为"理编"、"器编"，各十部。[6] 所谓"理编"，是指和基督教文化相关的部分，其中

九卷，收录284篇涉及西学或西教的文章，其中249篇为序跋，另外35篇则是单独的短文、告示或碑文。作者除了23名传教士所写63篇序文外，另外221篇文章皆由中国人所写，计115人。

4　"西学"的概念在中文文献中的最早记录可能是南宋人李心传的《建炎以来系年要录》，意指佛学。中国古代称印度为"西土"。而19世纪之后，中国人所说的"西学"，主要指西方自然科学、政治学和人文学术。为了强调晚明至清初与传教士相关的欧洲思想，这里特用"天学"概念。

5　《同张尚书过天主堂访西儒汤道末太常》，《陆舫诗草》卷四，《丁耀亢全集》第169页

6　关于《天学初函》收录书籍种数，编者李之藻已经明言"理、器二编，编各十种"。但《四库全书总目提要》却说"书凡十九种，分理、器二编，理编九种"，原因是《四库总目》作者没注意《唐景教碑》是作为理编中《西学凡》的附录出现的。方豪已经指出《四库总目》中的这个错误，详见方豪《李之藻研究》。

有：《西学凡》,《唐景教碑》,《畸人十篇》(附西琴八章),《交友论》,《二十五言》,《天主实义》,《辩学遗牍》,《七克》,《灵言蠡勺》,《职方外记》。所谓"器编",传统上又称"天文历算之学",是指和自然科学与技术有关的部分,其中有：《泰西水法》,《浑盖通宪图说》,《几何原本》,《表度说》,《天问略》,《简平仪》,《同文算指》《圆容较义》,《测量法义》,《勾股义》。李之藻的这项工作,使他成为明末"天学"传播的最重要人物之一,也被称作中国天主教"三柱石"之一。实际上,在晚明到清初的顺治、康熙年间,"天学"文献的在坊间流传很广。但自康熙四十六年(1707)之后,由于"礼仪之争"引起清廷的限制传教政策,[7]这批"天学"文献中和基督教教义与神学伦理及相关的部分,只有少数教会图书馆尚保存。坊间存留甚少。乾隆年间编辑《四库全书》,这部分文献自然也在被排斥之列,幸好存目被保存。陈垣先生曾说,"《天学初函》在明季流传极广,翻版者数次, … 惟理编自遭四库屏黜以来,校刻家不敢过问。"[8] 到了清末民初年间,甚至出现了一书难求的局面。

我们在《四库全书》中见到的"天学"文献,是清朝官方首次收入与天主教传教士相关的文献,作者或译者涉及西方传教士20多人。中国人参与其间的,除康熙和乾隆皇帝"御定""御制""勅纂"以外,还有徐光启、李之藻、李天经、薛凤祚、王徵等人。四库全书收入的"天学"文献,在分类上相当于《天学初函》的"器编"部分,而内容上比《天学初函》的"器编"多出11部,即：《律吕正义续编》(1卷)、《御制律吕正义后

7　康熙四十六年(1707)下诏,原在中国继续传教的传教士必须声明遵循利玛窦的规矩,领取内务府的"印票"(即传教许可证),否则一律驱逐出境,同时对天主教堂和中国信徒也采取了限制措施。

8　《重刊〈灵言蠡勺〉序》,《陈垣学术论文集》北京：中华书局, 1982。第67页

编》(126卷)、《职方外纪》(5卷)、《坤舆图说》(2卷)、《乾坤体义》(2卷)、《新法算书》(100卷)、《御制历象考成》(30卷)、《御定历象考成后编》(10卷)、《天步真原》(1卷)、《同文算指》(前编2卷、通编8卷)、《奇器图说》(3卷)。而对于相当于"理编"的部分，则一部也没有收入。

"四库全书"的编纂标准，代表了清代的官方态度，实际上在康熙晚年以后，只有天文历算之类的"天学"著作可以公开在社会流行，而和基督教神学、哲学、伦理学等相关的著作则鲜有刊刻和传播，其影响只在知识分子与信众中存在。

明末清初对"天学"的中文著作给以专门整理的，是山西绛州人韩霖与福建晋江人张赓，他们在顺治四年(1647)合作撰写《圣教信证》，书中记录了自圣方济各会传教士沙勿略至康熙初年之西方来华传教士的姓名、传略及所著之书，其中共记录了传教士89人，其中有中文著述的38人，收录中文"天学"著作目录约223部。[9]

就在传教士的活动在中国本土遭遇挫折的同时，这一时期返回欧洲的传教士却把这批"天学"书籍陆续带回欧洲，其中最有名的传送者是传教士柏应理(Philippe Couplet, 1623~1693)与康和子(Carlo Horatii da Castorano, 1673~1755)。柏应理是比利时籍耶稣会士，顺治十六年(1659)来华，在华20余年间，先后在江西、福建、湖广、浙江、江南等省传教，尤以在江南省(其范围大致相当于今天的江苏省、上海市和安徽省)时间最长，主持过松江、上海、嘉定、苏州、镇江、淮安、崇明等地教务。在此期间，他积极贯彻利玛窦传教方法，力求与中国士大夫结交朋友，时人多愿与之往来。

1682年，柏应理回到欧洲，赴罗马朝见教皇英诺森十一世，献上五

---

9 梵蒂冈图书馆藏有《圣教信证》的最早刻本，但不全。藏书号为Borgia Cinese 8°。

百余卷由传教士编纂和收藏的中国文献，这批书后来入藏梵蒂冈图书馆，成为该馆早期的汉籍藏本。康和子是意大利籍方济各会传教士，康熙三十八年(1699)年来华，主要在山东传教，由于礼仪之争中教会内部的种种矛盾，他于雍正十二年(1734)年回到意大利，他所带回的文献中，不仅有和天主教相关的中文文献，而且有不少当时坊间流行的中文文献及手稿等，这批文献，在康和子去世后也归入梵帝冈图书馆。

以上只是和传教士相关的中文文献流入欧洲的两个典型例子。实际上，像柏应理、康和子这样的传教士还有不少，梵蒂冈图书馆从此特别关注传教士中文"天学"著作和中国古代文献，在1854年前后，该馆获得了东方学家沃森(Watson)的藏书，1902年，该馆又获得两个图书来源，分别命名为巴贝雷尼东方藏书(Barberini Orientale)和博尔吉亚中文藏书(Borgia Cinese)。前者有50多种中文文献和藏品，来自于17世纪教宗乌尔班八世及其家族的图书馆，由巴贝雷尼家族创立于17世纪早期，巴贝雷尼家族是17至18世纪很有势力的家族，教宗乌尔班八世就出自这个家族，他的侄子老佛朗西斯(Frenceseco Barberini senior, 1597~1679)在17世纪初曾任梵蒂冈图书馆的第12任枢机馆员(图书馆长)。

后者博尔吉亚中文藏书有530余种，它来自梵蒂冈传信部图书馆，是整个梵蒂冈图书馆中国藏品部分最大的一个来源。前面提到的柏应理和康和子带来和整理的图书，最初都收藏于传信部图书馆，法国耶稣会士傅圣泽曾在传信部图书馆任职，他的收藏和个人手稿，都存于该图书馆；此外，19世纪初，传信部还收购了著名汉学藏书家蒙突奇(Angelo Maria Mazzocchi, 1684~1771)的私人收藏和一套印刷用中文活字，但是这套活字，我在梵蒂冈图书馆并未见到过。

传教士17至18世纪带回欧洲的中文文献，有些经过藏书家收藏，但最后都流入欧洲各大图书馆，除梵帝冈图书馆外，还有罗马耶稣会档案馆Archivum Romanum Societatis Iesu(ARSI), 罗马道明会图书馆 Biblioteca Angelica, 法国国家图书馆, Bibliothèque nationale de France(BnF), 西班牙图书馆, Biblioteca Nacional de España(BNE) 俄国圣彼得堡图书馆Russian National Library(RNB) 等。目前这些文献已经有一部分影印出版, 为研究"天学"在晚明至清初社会的流行, 提供了资料。

晚清以降, 正如明末清初的思想在这一时代的复苏一样, "天学"的基督教神学、哲学、伦理学等著作又开始在社会流行, 我们从同治年间瑞安人胡璜(字玉书, 号此斋)的稿本著作《道学家传》[10]在最后部分抄录了《圣教信证》收录的中文"天学"著作目录这一事实, 可以印证这一点。

通过以上叙述可以看到, 晚明以来, "天学"的影响一开始相当大, 但由于清代礼仪之事件之后的官方压制, 这种影响变得逐步隐晦。在研究晚明社会的思想时, 应该注意这一点。而当晚清之后, 人们再回顾这个问题时, 却受到近代以来基督宗教"新教"随着帝国主义入侵再次进入中国这一事实的影响, 于是乎国人往往从负面来解读天主教来华这一历史现象。对于这种情况, 可以称之为"双重遮蔽", 一次是因为清朝统治者的政策, 一次是因为帝国主义的入侵。正是由于有这种"双重遮蔽"的情况, 我们现在才需要正确地检讨和看待晚明的"天学", 进行"解蔽"的工作, 恢复历史的原貌。改革开放以后, 我们的工作团队与梵蒂冈图书馆合作, 出版了和正在继续出版这批文献, 受到学界的好评。可喜的是, 学术界现在已经开始关注这一领域, 并且有了相当的研究成果。

要探讨"天学"与中国晚明思想界的相互影响, 人际交往不容忽视。

10　见钟鸣旦、杜鼎克、黄一农、祝平一等编《徐家汇藏书楼明清天主教文献》第三册, 台湾辅仁大学神学院, 1996年。

万历十年(1582)，利玛窦来华，到万历三十八年(1610)利玛窦去世，他在中国居住近30年。这一时期，王阳明后学的浙中、江右、南中、泰州的学者虽然也相继凋零，但晚明的顾宪成、高攀龙、刘宗周、黄道周、方以智、黄宗羲、孙奇峰、李颙、陈确等学者都活跃于明末清初。这一时期的学者，大都具有开放的心态，虽然很关注"天学"，并且与传教士有接触往来(特别是东林学派)，但也有些人则采取私下关注、公开回避的态度，这使我们对这个问题的研究增加了一定难度。

如果将学者的范围扩大，不局限于"王门"，我们则可以看到更多与传教士有交往的中国士大夫。至少有两个明显的例证。其一，林金水先生编写了《与利玛窦交游的中国人物表》其中说明至少有137位中国士人与利玛窦有交往。其二，前文提及的清初士人刘凝编写的《天学集解》收录的284篇涉及"天学"的文章中，大部分是中国士人所写，涉及到一百多人。

林金水根据英译本利玛窦《中国札记》，德礼贤编著的《利玛窦全集》的注释，以及艾儒略、黄伯禄、裴化行等人的中文著作或译著编写了利玛窦交游表，最早发表在1985年的《中外关系史论丛》(世界知识出版社)第一辑中。利玛窦结交的中国人，可以说包括了当时各界知名人士。林金水指出："这些人当中有王公贵族、朝廷宰臣、六部各卿、地方名宦、学者、僧侣、商贾，直至黎民庶人，几乎包括了当时各界的知名人物。除地方和中央的一些官员外，学术界有思想家如李贽、章潢、祝世禄等；文学家有袁宏道、袁中道、李日华、冯时可等；史学家有焦竑、沈德符；画家有张瑞图、程大约；天文历算家有徐光启、周子愚、李之藻、孙元化等；医学家有王肯堂等。另外还有不少是万历、天启年间重要历史事件的参与者，如浙党领袖沈一贯，东林党人叶向高、邹元标，吏部尚书冯琦，司礼太监冯保，援朝战争中的参军李应试, 争国本事件中的郭正域, 等等。"[11] 后来有学者进行了更深入的研究, 例如黄一农所著《两头蛇——明末清初的第一代天主教徒》, 考证了明末受洗入天主教的官员有成启元、阮泰元、李应试、徐光启、李之藻、杨廷筠、许乐善、孙元化、张赓、李天经等10人, [12] 还有虽然未入教、但却与天主教有密切关系的士绅郭子章等8人, 反对天主教的士绅3人。从这些关系的谱系中, 便可以进一步发掘明末天主教通过人脉关系对思想与社会发生的影响。这方面近些年有更新的研究成果。实际上, 由于晚明刻书业的发达, 明末清初的士人即使不是直接接触传教士, "天学"文献同样发生着重要影响。

在晚明的中西文化接触中, 西方传教士是积极主动的一面, 中国士大夫中也有相当多的人或直接或间接地开始探讨和了解"天学"。从西方传教士的方面看, 利玛窦是最积极、也是最有成效的一位"天学"传播者。利氏来华后, 敏锐地发现晚明士人的结社风气, 同时也看到交友也是《论语》开篇章所讨论的三个问题之一。于是, 利氏在来华七年之后, 写出了一部重要中文著作《交友论》, 于万历十七年(1589)出版。

利氏用中文写作和出版, 是传播"天学"的需要, 也是主动融入中国文化的一种重要表现。他的选题也不是偶然的, 是与中国学者互动的结果。

朋友之道是中国儒家重要核心观念"五伦"之一, 亦称"友伦"。友伦被放在五伦之中, 表现了儒学"由近及远"的伦理方法论, 友伦在五伦之中为最后一伦, 因此并不被特别重视, 但这种情况在晚明有所变化, 士人看重结交, 阳明学派及其后学尤其如此; 从历史根源上说, 宋代书院的建立和发展, 已经为古代士人的结社活动提供了一个范

---

11 《利玛窦交游人物表》,《中外关系史论丛》第一辑, 2005年, 世界知识出版社, 第117页。
12 黄一农《两头蛇》, 台北, 国立清华大学出版社, 第74~98页。2005年9月。

例，而明代中叶以来士人的聚会讲学是王阳明学派摆脱传统思想羁縻的一个表现。王阳明说："学问之益，莫大于朋友切磋，聚会不厌频数也"[13]，王畿则更指出："此学于朋友如鱼之于水，一日相离，便成枯渴"。[14] 正是在这样的背景下，利玛窦《交友论》出版之后，即为当时中国士人所关注。利玛窦自己说过，《交友论》是为"适应中国人的心理而编写的。这本《交友论》为我与欧洲人争了不少光彩，比我所做的其他事件都要大，因为其他科学之类的书籍只介绍西方科学或艺术，而这本书则介绍了修养、智慧与文学，因此许多人非常喜欢这本书。"[15] 它是利玛窦开创的对中国文化实行"调适"策略的开端，也是"天学"向人文社会领域扩展的开端。

《交友论》出版后10年，万历二十七年(1599)，利氏又完成了另一部伦理学著作《二十五言》(即二十五节修身格言)，万历三十二年(1604)出版。步利氏之后，另一位意大利传教士卫匡国(Martino Martini 1614~1661)在顺治四年(1647)年完成了《述友篇》。这些都表明，西方传教士开始有目的地学习和了解中国文化，并利用对中国文化的了解来介绍"天学"中属于"理"(天文历算等自然科学以外人文社会学领域)的知识，以达到其"合儒"、"补儒"的目的。

那么，从中国士大夫的角度，受到了"天学"的哪些影响？

首先，传教士的到来，使中国人通过"地图"看到中国以外的世界，是中国人"睁眼看世界"的开端。

自15世纪末地理大发现以来，世界开始进入"一体化"时代，对欧洲人来说，不但地圆说、五大洲说、海洋相通说得到证实，而且美洲新

---

13 《与朱守忠 辛巳》，《王阳明全集》上，卷五，上海古籍出版社，第201页。

14 王畿《桐川会约》，《王畿集》卷2，凤凰出版社，2007年3月，第53页。

15 利玛窦著、罗渔译《利玛窦通信集》，台湾光启社，第258页。

大陆、非洲大陆及东亚远东地区也逐步被认识；但对于中国人来说，
却还固守着天圆地方、中国在"天下"中央的旧观念。虽然15世纪有郑
和下西洋，但郑和之后，步步后退，又回到闭关锁国状态。1583年(万
历十一年)，当利玛窦从澳门到达肇庆，在其寓所悬挂了一幅西文世界
地图，见到这幅地图的中国人无不感到十分新奇和喜爱，在肇庆知府
王泮的请求和敦促下，次年利氏将世界地图以中文标注重新绘制，称
《山海舆地图》。这是中国第一幅近代意义上的中文世界地图。1595年
利氏于南昌编写了一本中文世界地理《万国图志》，万历二十九年(1601)，
利玛窦第二次到北京时将其献给明万历皇帝，万历皇帝许可利玛窦留
居北京。其后在李之藻的鼓励和支持下，利玛窦对原来的中文世界地
图进行修订，编绘出《坤舆万国全图》。在这些过程中，世界地理被国
人所认识，其作用和影响可以说"振聋发聩"。

其后，在1623年(天启三年)，意大利传教士艾儒略在杨廷筠的帮助
下，完成了用中文写成的世界地理学著作《职方外纪》，成为对利玛窦
世界地图的重要补充。正如研究者谢方先生所指出，利玛窦世界地
图，"是对中国传统的地理观念首次冲击"，艾儒略的《职方外纪》，"是
更为有力的第二次冲击"。[16] 应该说，利玛窦世界地图和《职方外
纪》，对中国传统地理观念的革新，起了深远的影响。中国近代学者魏
源(1794~1857)写作《海国图志》时，曾大量引用《职方外纪》。[17] 中国
人"睁眼看世界"，实际早于魏源200年。

其二，中国人对西方科学的认识以及"天学"与晚明实学的互动。

明末"天学"中，实用学科是最受晚明士人重视的。嵇文甫先生在

16 　谢方《职方外纪校释·前言》，北京，中华书局，1996年，前言第2页。

17 　研究者认为，《职方外纪》中约有八分之七的原文被《海国图志》所引录。见许序雅、陈
　　向华《〈海国图志〉与〈职方外纪〉关系考述》，《福建论坛(人文社会科学)》2004年第7期。

《晚明思想史论》中曾将其归结为天算、舆地、音韵及厚生之学。这些
基本上都属于自然科学和技术科学。一些早期传教士曾经认为，一旦
中国人接受西方数学和天文，就自然会皈依天主。后来的事实表明，
实际情况要复杂的多。晚明徐光启、李之藻、王徵等人接受西方科学
技术知识并加以积极传播，同时也皈依了天主教。徐光启曾称赞《几何
原本》"真可谓万象之形囿，百家之学海。"[18] 但也有一些学者，同样对
"天学"的自然科学抱着积极学习的态度，但信仰上仍坚守儒家立场。
梁启超《中国近三百年学术史》中有"科学之曙光"一节，就讲到这些情
况。明末北方大儒李二曲，主张"明体适用之学"，其中"适用类"，就包
括传教士熊三拔(Sabatino de Ursis, 1575~1620)的著作《泰西水法》，这是
最早的"西学为用"的思想表现。

　　还有另外一种学者，他们对"天学"中的科学部分，做出了独立的思
考和评价。其中最突出代表人物就是方以智(1611~1671)。方是一位博
学多才、文理兼通的学者，而且与传教士有直接的接触和了解。他
说："西儒利玛窦泛重溟入中国，读中国之书，最服孔子，其国有六种
学，事天主，通历算，多奇器，智巧过人。著书曰《天学初函》，余读
之，多所不解，幼随家君(按指方孔炤，1590~1655)长溪见熊公(按指熊明
遇，号坛石，1579~1649)，《则草》谈此事；顷南中有今梁毕公(按指毕方
济，Francesco Sambiasi, 1582~1649)，诣之，问历算奇器，不肯详言；问
事天，则喜，盖以《七克》为理学者也，可以为难。"[19] 由这段话，可知
方以智与西方传教士的交往非同一般。也对"天学"有一定的了解，但
他也坦承对《天学初函》中的内容"多所不解"，说明中西不同的学术体
系之间，会通的难度是相当大的，特别是对于方以智这样对于中国"格

18　徐光启：《刻几何原本序》。

19　方以智《膝寓信笔》，《方以智全书》合肥，黄山书社，2019年，第八册，第502页。

致"之学有精深研究的人。方以智著有《通雅》和《物理小识》，其内容包括了天文、算学、地理、动植物矿物学、医学、文字学、文学、艺术等等，他称之为"志艺"(技能的记录)之学。

从这段话可以看出，方以智与西方传教士有过深入接触，因为他在9岁时就遇到了熊大师。此后，他对《天学》有了一定的了解，但他也承认，关于《天学初函》的内容，"有很多不够理解的地方"。上文提到的熊明遇，是晚明一位博学的学者，著有《则草》(后更名《格致草》)，其子熊人霖(1604~1667)著《地纬》，熊氏父子二人都是当时中国最早接触和研究"天学"的学者，后来熊氏宗亲熊志学将二书合刻，名《函宇通》，该书序言中说：

"《格致草》之言天地，赅《崇祯历书》而约之，更有富于《历书》所未备者"，"《地纬》之言地也，赅《职方外纪》而博之，更有精于《外纪》所未核者。其学问崇宏，思虑渊奥，穷理尽性，以至于命，岂特功于考亭哉！盖上之而功与孔子矣。"[20]

这里指出了《格致草》和《地纬》的知识分别与《崇祯历书》和《职方外纪》相关，但结果是"天学"为我所用，中国超胜："天学"的这些知识，最终还是要纳入中国的知识体系之内。这种看法，和王徵认为传教士发明的汉字注音方法的理论来自《周易》一样，表现出了中西文化早期交往中一些热衷学习西方知识的学者的某种心态，即后人所归结的"西学东源"说。方以智、乃至同时代的黄宗羲，都受到这种思想的影响。上文引方以智说的"可以为难"，即是可以辩驳的意思。

在方以智的著作中，谈到泰西之学的地方不下数十处。他的基本看法是："万历年间，远西学人，详于'质测'而拙于言'通几'，然智士推

20　徐光台《函宇通校释》，上海，上海交大出版社，2014年，第4~5页。

之，彼之'质测'，犹未备也。儒者守宰理而已，圣人通神明，类万物，藏之于易。"[21] "天学"的科学技术部分，具有实证的特征，方以智将其归入"质测"之学；而他所说的"通几"之学，概念源于《周易》，讲事物现象运动变化的内在原因(规律)，因其玄妙，故而称"几"。大体可以理解为今天所说的"哲学"。方以智所说的质测未备，是指在内容的丰富程度上，不及中土；而拙于通几，则是对基督宗教神学上帝创造万物的批评。方以智在"通几"上的基本观点是："盈天地间皆物也"。[22] 他仍然坚守着中国古代朴素的元气自然观，认为气分阴阳，"一阴一阳之谓道"，由此来解释一切自然科学。这种中国古代进步的世界观，发展到近代，形成"西学东源"说的理论基础，对中国人吸收西方自然科学，有着一定的消极影响。

其三，在"天学"刺激下，士人从不同角度对儒家的命运进行了思考，在中国十七世纪思想史研究中也非常值得注意。

明末清初，是一个动荡的时代，用黄宗羲的话来形容，是"天崩地解"。在这种情势下，有些人为了改造儒学，寻找思想出路，曾出入佛老。当"天学"进入中国后，儒家知识分子产生了种种不同的态度。大致可以分为三种类型。

第一种，由于种种原因，对"天学"产生好感的儒生。这一部分，以明末的东林党人中一些人物为代表。如邹元标、叶向高、张问达、冯琦、熊明遇等人，他们与传教士有频繁交往，有的人并不以儒、耶为矛盾之说。当代学者沈定平先生曾分析在上述学者中的儒耶相融之处是：其一，重视个人道德修养及"圣洁"的生活方式；其二，讲究经世致用的实学；其三，抨击空幻的佛学及"三教合一"谬说。[23] 沈先生的

---

21 方以智《物理小识自序》，《方以智全书》合肥，黄山书社，2019年，第七册，第96页。
22 同上。

这个分析，值得重视。正如前面所说，这些儒生，基本上没有摆脱"西学东源"的影响。

第二种，皈依了天主教的儒生。在这部分儒生中，有的提出用天主教义来改造儒家的主张。例如杭州府仁和的学者张星曜(1633~1715?)，近年来有全新的研究成果。张星曜写有《天教明辨》《天儒同异考》《天学通儒》等著作，从这些题目中已经可以看出他调和儒耶、归儒于耶的立场。他提出"天教补儒"、"儒教合天"的命题，认为"天教实有超儒之处"。张星曜从教义教理、修省方式、组织制度、伦理道德、社会教化等多个方面都提出了天教"超儒"之处。

在这些儒家天主教徒中，还有人专注于自然科学研究，典型的人物如王徵(1571~1644)，王徵多年科举落第，在京城结识传教士并在北堂图书馆看到西方机械著作，引发极大兴趣，写成《新制诸器图说》。后又与传教士邓玉函(Johann Schreck, 1576~1630)一起编译《远西奇器图说》，天启七年(1627)出版。他的另外一项重要贡献是推动了传教士金尼阁((Nicolas Trigault, 1577~1628)《西儒耳目资》这一重要音韵学著作出版，并为其作序并文。

另一位中国教徒李祖白(？~1665年)，早年受教于汤若望，供职于钦天监。明朝天启六年(1626)，李祖白协助汤若望写出《远镜说》一书，将伽利略发明的现代望远镜制作方法介绍入中国。清顺治年间，李祖白与意大利传教士利类思(Ludovic Bugli, 1606~1682)合著《天学传概》，提出中国文化西来说，招致杨光先等人激烈反对。康熙三年，在历狱中与儿子李实等五人一同被处死。

在皈依了天主教的儒生中，也有一些下层文人，他们没有科举功

---

23 沈定平《明清之际中西文化交流史—明代：调适与会通》，北京，商务印书馆，2007年，第471~474页。

名，皈依天主教后也写下一些传教著作，多数为手稿。如今在梵蒂冈图书馆就有收藏。此外，罗马耶稣会档案馆、法国国家图书馆，都藏有这类著作手稿或抄本。

第三种，将儒家宗教化。台湾学者王汎森提出过，"泛览明末清初的文献时，我们可以察觉到当时出现一种儒家宗教化的现象。"[24] 他举出了一些从晚明到清初的进士，如王启元、文翔凤、许三礼等。他们的一个共同特点，是花费巨大的心力从先秦儒家传统中去构筑一个类似地方宗教的系统。值得注意的是，他们也是反对天主教的人物。但有趣的是，他们都显然受到了天主教的影响，甚至可以说，他们在内容上反对天主教而在形式上却受到"天学"的影响。王汎森指出，"明末清初有一股趋势，以'天'作为告解之对象的分量大增"。[25]

晚明的这些学者，他们看到当时社会风气的败坏和大众的道德沦丧，但是找不到拯救的方法。他们坚持儒家正统立场，反对佛教和道教在中国的流行，同时他们更不愿意使自己和百姓成为一个外来宗教的皈依者。于是，他们从古老的儒家经典中寻找权威的力量。利用先秦儒家对"天"的解释中，有自然之天和主宰之天的两种意见，王启元、许三礼等人选择了后者。他们实行对天顶礼膜拜的实践，在形式上类似于宗教的祈祷。例如，许三礼在海宁作县令时，曾经在那里建立了叫作"告天楼"的建筑。王启元说："近世以来讲学之徒，乃有张大佛氏、斥小孔子者，而西洋之人，复倡为天主之说，至使中国所素尊之上帝，亦几混而莫辨，呜呼，此儒者之过，亦中国之羞也。"[26]

24　王汎森《晚明清初思想十论》，上海，复旦大学出版社，2004年，第52页。

25　同上，第77页。

26　《清署经谈序》，《清署经谈》，上海古籍出版社，2017年12月，序言第1页。

　以上我们简要地介绍了在晚明"天学"刺激下，士人从不同角度对儒家的命运进行的思考，有正例有反例，在中国十七世纪思想史的研究中，是一个值得注意的领域。从解析文献入手，深入地加以研究，是一项长远的任务。

천주교와 도가사상의 대화모델 검토
: 역사부터 현실까지

天主教與道家思想對話模式檢討：從歷史到現實

류궈펑 刘国鹏

　　來華基督宗教，從時間序列上講，以唐代景教為最古。然而，無論是唐代的景教，還是元代來華的天主教，清末再度入華的天主教及初登東土的基督新教，均面臨著如何與中國本土文化交流、互動、借鑑的問題。本文以明末、清初、民國和現當代不同歷史階段的天主教發展為觀察時段，試圖分析和評價不同時期天主教與道家思想對話的基本模式。

　　之前學界多將景教視為早期基督宗教的異端聶斯脱里派，近年來，隨著研究的深入和視野的拓展，越來越的學者傾向於將景教視為"東敘利亞基督教會"或"東方亞述教會"[1]。景教在華傳播過程中，存在著相當濃厚的以佛道教概念詞彙表述和闡釋基督教教義與神學的現象[2]，否定者認為其過度格義的現象導致其被混同為佛教，從而在會昌滅佛中遭受池魚之殃；但肯定者則認為恰是對於儒釋道三教的過度侵染，導致

1　參見牛汝極：《敘利亞文巴沙巴主教傳說揭示東方教會經木鹿向中亞和高昌回鶻傳教》；柳博贇：《景教士的波斯東方教會身份考辨》，載卓新平主編：《基督宗教研究》第33輯，宗教文化出版社，2024年1月。

2　如朱謙之認為，景教文獻大量襲用"道、佛二教經典的詞語、模型與形式"，見朱謙之：《中國景教》，北京：人民出版社，1990年，第140頁。

上述某一宗教受到政治壓迫時，景教卻可借助同另外兩教的肖似，得以全身而退，甚至遲至明代中葉仍得以存續，如山西平遙的耶輪神祠即為一明證。[3]

從景教對於佛道二教概念詞匯的借鑑來看，其中，襲取自道家道教的概念詞匯計有：天尊、上德、三才、至言、真宗、真經、開劫、中民、真道、元吉、無方等，而且，景教經典對道教的借鑑比對佛教的借鑑更為濃厚明顯[4]。

而元代的天主教，雖然也存在著類似自唐至元的景教同樣的文化適應現象，但是，由於此時的天主教更加強調對蒙元王朝上層統治階層的依賴，和以蒙文為載體的文化系統的交流與融合，因此其對作為文化主題的漢語言文化系統的影響力相當微弱。

下面，本文將圍繞明末至當代天主教對於道家思想的態度與立場，考察這一宗教文化交流與對話的模式更迭、曲折表像與背後的邏輯路線圖。

1. 明末清初的對話模式

1) 明末以利瑪竇、龍華民為代表的對話模式
：從批評、排斥到冷漠對待

在《天主實義》中，利瑪竇提出了一條合儒抑佛的適應化文明對話模式，其中對於道家思想多持批評與排斥的態度，基本上將其置於和佛

3　王卡：《明代景教的道教化：新發現一篇道教碑文的解讀》，北京：《世界宗教文化》，2014年第3期；劉康樂：《唐代長安的景教與道教》，河南周口：《周口師範學院學報》，2021年第1期。

4　聶志軍：《唐代景教文獻詞語研究》，長沙：湖南人民出版社，2010年，第250~257頁。

教同等的處境加以對待。如在第二篇《解釋世人錯認天主》中，利瑪竇
從多個方面對道家道教思想進行批駁，其要點可歸納如下：(1)認為佛
老二教與天主教教義相悖謬："二氏之謂，曰無曰空，與天主理大相刺
謬，其不可崇尚，明矣"。[5]　(2)以實有為貴，虛無為賤，認為虛無不足
為萬物之原："天下以實有為貴，以虛無為賤，若謂萬物之原貴莫尚
焉，奚可以虛無之賤當之乎？[6]。(3)天主非佛老之空無："夫神之有性
有才有德，較吾有形之匯益精益高，其理益寔，何得特因無此形，隨
謂之'無'且'虛'乎？"[7]

　　顯然，利瑪竇將道家、道教的核心概念"無"視為古希臘哲學中的"虛
無"(nihil, nothingness)，從而得出一系列否定性結論，並予以嚴厲駁
斥，這一解釋顯然過於望文生義，因為單就"無"在《道德經》中的含
義，就體現出強烈的多義色彩，計有：(1)超越感官認知之"無"；(2)潛
能意義上的"無"；(3)空間上表虛空之義的"無"；(4)境界上之"超越"
義；(5)以自然為旨歸之否定性智慧，如"無為"之"無"等。

　　而在該書第七篇《論人性本善，而述天主門士正學》中，利瑪竇在正
面闡述天主教要理時，仍不忘駁斥佛道二教，雖然其攻擊對象以佛教
為主，以道教為輔，其批駁之點主要體現為：(1)佛道非天主代理；(2)
天主無須佛道二氏代理；(3)神佛乃偶像，係邪神魔鬼之作用，受天主
之轄制。[8]

　　作為利瑪竇在華傳教活動的繼承者，龍華民(Nicholas Longobardi)對
道家的介紹更為客觀和深入，但卻流露出以天主教信仰裁剪道家形上

5　利瑪竇著、梅謙立注、譚傑校勘：《天主實義今注》，北京：商務印書館，2014年，第
　　91頁。
6　利瑪竇著、梅謙立注、譚傑校勘：《天主實義今注》，第92~93頁。
7　利瑪竇著、梅謙立注、譚傑校勘：《天主實義今注》，第93~94頁。
8　利瑪竇著、梅謙立注、譚傑校勘：《天主實義今注》，第198~203頁。

思想的鮮明傾向。在其中文著述《靈魂道體說》中，龍華民以比較哲學
的視野，將儒釋道三教中的終極概念均歸納為"道體"："太極、大道、
佛性皆指道體言也"，認為"太極、大道、太素、太樸、太質、太初、太
極、無極…"等皆為"道體"的不同表述方式，以"形容道妙"，但卻不恰
當地按照亞里士多德的"形式"與"質料"概念，將道體確定為"質體"，將
天主教的"靈魂說"確定為"神明"之體、"靈明之體"[9]，認為二者天然有
別，這顯然是不準確的。而在以葡文寫就的《論中國宗教的幾點問題》
一文中，龍華民首次提及《道德經》通行本第42章前四句"道生一，一生
二，二生三，三生萬物"中的宇宙生成論思想，這也被學界認為是明末
以降來華耶穌會士最早直接介紹《道德經》的文字。但值得注意的是，
龍華民和利瑪竇同樣未能有效區分道家和道教。此外，龍華民認為，
無論是老子還是道士，他們所代表的道教與儒、佛兩教，均以"萬物一
體"為核心觀念，均源於瑣羅亞斯德教的混沌主張，而在有關世界形成
的"先天學"方面，佛、道兩家區別不大。總之，龍華民對於道家道教
的態度雖不如利瑪竇那般極度排斥，但也並不推許。[10]

2) 清初來華耶穌會士對道家思想的接納與融通：以"索隱派"為代表

　　"索隱派"(Figurist)之名稱，源於法國學者弗里熱(Nicolas Fréret)對以白
晉(Joachim Bouvet)、馬若瑟(Joseph Henri Marie de Prémare)、傅聖澤(Jean
Françoise Foucquet)、郭中傳(Jean Alex de Gollet)等為代表的部分清初來
華耶穌會士的稱謂[11]，本意是以之諷刺上述傳教士企圖以過度詮釋的

9　參見黃興濤等編：《明清之際西學文本》第一冊，北京：中華書局，2013年，第439、
　　441~442頁。

10　參見潘鳳娟、江日新：《早期耶穌會士與〈道德經〉翻譯：馬若瑟、聶若望與韓國英對"
　　夷"、"希"、"微"與"三一"的討論》，香港：《中國文化研究所學報》，第65期(2017年7月)。

11　也有學者認為，這一索隱派的名單甚至還應該包括沙守信、卜文起、殷鐸澤等人。參

方式在中國先秦典籍中找尋上帝啟示的蛛絲馬跡。[12] 而這些先秦典籍
中，尤令"索隱派"感興趣並著力甚勤者，乃《易經》與道家之典籍。[13]
不過，清初的"索隱派"雖然有相對清晰的陣容，但在來華傳教士當
中，使用"索隱"方法者並非始於"索隱派"，而是早有其人，如羅明堅
(Michele Ruggieri)、龍華民、安文思(Gabriel de Magalhães)、李明(Louis le
Comte)、衛匡國(Martino Martini)等。[14] 但將"索隱"方法系統而有意識
地加以使用並產生規模效應者，卻非"索隱派"莫屬。

在正式介紹"索隱派"對道家思想的接納與融通之前，有必要介紹一
下清初以柏應理(Phillip Couplet)為代表的傳教士對道家道教學說態度的
轉變。1687年，柏應理在巴黎出版了《中國哲學家孔子》(Confucius
Sinarum Philosophus)一書，該書在前言中用拉丁文翻譯了《道德經》第42
章首四句"道生一，一生二，二生三，三生萬物"，並認為這段話體現
了老子哲學的最高原理。[15] 顯然，柏應理的介紹要比利瑪竇和龍華民
更客觀，這也說明道家經典已開始引起清初來華傳教士的注意。而隨
著稍後"索隱派"的異軍突起，天主教與道家的思想對話驟然進入一個
白熱期，雖然這一期限維持的時間相當短暫。

見柯蘭霓(Claudia von Collani)：《耶穌會士白晉的生平與著作》中譯本序，李岩譯，
張西平、雷立柏審校，鄭州：大象出版社，2009年，第62頁。

12 卓新平：《索隱派與中西文化認同》，收入卓新平：《基督教文化》，北京：中國社會科
學出版社，2020年，第306~307頁。

13 劉耘華：《詮釋的圓環—明末清初傳教士對儒家經典的解釋及其本土回應》，北京：北
京大學出版社，2005年，第259頁。

14 陳欣雨：《白晉易學思想研究：以梵蒂岡圖書館見存中文易學資料為基礎》，北京：人
民出版社，2017年，第331~332頁。

15 柏應理(Philippe Couplet)等：《中國哲學家孔夫子》(第一卷 前言)，汪聶才、齊飛智
等譯，鄭州：大象出版社，2012年，第29~30頁。

(1) "索隱派"的路徑轉換

與明末以利瑪竇為代表的首批來華耶穌會士強調先秦儒家經典與天主教信仰真理的內在溝通相比，"索隱派"傳教士更強調被之前的同會會士們所刻意貶低的《易經》研究，以及對《老子》、《莊子》、《列子》、《淮南子》等道家典籍的研究，並不再局限於用"天"、"上帝"、"天主"等來翻譯和詮釋天主教的信仰對象Deus，而是更進一步，試圖論證和強調"太極"、"道"及其他表達終極形上色彩的概念與Deus的一致之處。

更進一步而言，倘若我們考慮當今學界對於《周易》(含《易經》與《易傳》)思想的構成，那麼，《周易》並非只是儒家漢武以降"六經"的首席經典，實則為儒道兩家思想的共同源頭，並且二者對於《周易》的理解均有所發展甚至相互滲透[16]。

(2) 白晉溝通《易經》與天主教信仰的努力

作為來華傳教士當中"索隱派"的始作俑者和核心人物，白晉的主張和做法無疑具有強烈的奠基和示範效應。白晉一行受法國國王路易十四派遣，於1688年2月抵達北京，旋即受到康熙皇帝的接見。其中，白晉和張誠留在北京，教授皇帝數學和天文學。1711~1716年，康熙曾親命白晉和傅聖澤研究《易經》，實有為傳教士樹立榜樣，遵行"利瑪竇規矩"之意。[17]

由於白晉主張的"索隱派"立場不僅和教廷當時的立場相左，且與同會會士的立場相去甚遠，因此，白晉生前撰寫的大量《易經》研究手稿

---

16 如馬恆君就認為："道教與儒學的思想源頭都是《周易》，原本是同宗中的兩家。…道家與儒家在揭示《周易》原理方面，都有可取之處。儒家的可取之處多些，但也有許多線索交待不清；道家把它傳下來，功不可沒。"馬恆君：《周易正宗》，北京：華夏出版社，2007年，第35頁。

17 參見張西平為柯蘭霓《耶穌會士白晉的生平與著作》中譯本撰寫的序言，第17~19页。

未獲出版，目前僅就藏於梵蒂岡圖書館的文獻而言，明確歸於白晉名下的手稿就有16篇，尚未明確歸於其名下者為15篇。[18]

從白晉公開發表的著作、書信及塵封在檔案館的手稿來看，其對《易經》的研究體現出兩個方面的新穎之處：

① 白晉對於《易經》的索隱式闡釋邏輯

首先，白晉"索隱派"觀點的提出。1693～1699年，白晉受康熙帝之命出使法國，期間，在1697年8月30日至10月15日寫給友人的親筆信中，"索隱派"觀點首次被提出，雖然其主張尚未完全定型，但基本傾向已呼之欲出[19]，在這封信中，白晉針對1693年閻當在本代牧區圍繞中國禮儀問題所公布的訓令當中明確譴責的命題，其中有三個恰恰是真實的：(1)中國人信奉的哲學中沒有任何內容與基督宗教律法相違背；(2)"太極"即上帝，為萬物之源；(3)《易經》乃中國人最上乘的道德與自然哲學教旨之濃縮。[20] 白晉此舉的目的和策略無疑是為了讓中國人的精神和心靈皈依天主教，再沒有比向他們展示天主教如何符合他們祖先的法則與他們的主導哲學更適合的信仰方法了。

其次，白晉晚年(1700～1730)對於《易經》研究的"索隱派"路徑。相比於此前的同情式理解，此時的白晉在《易經》研究方面逐步形成了自己完整的索隱派釋經邏輯：

第一，確立《易經》作為萬學之原的地位，指出《易經》乃天學(西學)、心學(中國哲學)之源泉；中外原本一家。[21] 第二，主張秦火燒了古經，而西方古經，即《聖經》至今仍在。如此一來，從西方古經來解釋

18　張西平：《梵蒂岡圖書館藏白晉讀〈易經〉文獻初探》，北京：《文獻》，2003年第3期。

19　柯蘭霓：《耶穌會士白晉的生平與著作》作者自序，第1、34頁。

20　柯蘭霓：《耶穌會士白晉的生平與著作》作者自序，第31頁。

21　參見白晉《易鑰》自序，轉引自張西平：《白晉易學內篇的義理闡釋—在華耶穌會士解釋〈易經〉的思路、結構與方法》，載《基督宗教研究》第34輯，即出。

中國經典就變得順理成章。第三，對《易經》卦象的"索隱"式研究，探
究其包含著的萬學之理，所蘊含的秦火之後尚未丟失的思想，並證明
這些思想和《聖經》的一致性，從而打通中西。[22]　最後，與利瑪竇在傳
教活動中首創的"合儒"、"補儒"的"適應化"傳教方法，即使用古儒經典
來詮釋天主教教義與思想相比，白晉的立場和方法無疑更進一步，認
為古代儒家經典中就包含有天主教的教義[23]，這從其對《易經》作為中
西經典之源的定位中不難看出。此外，在先秦儒家經典中尋找與Deus
涵義相當的救世主時，白晉所涉獵的經典類型和數量無疑更為豐富，
其在以先秦諸家共同遵奉的《易經》為核心的同時，還兼顧到《老子》、
《關尹子》、《南華經》、《說文解字》等其他先秦及之後不限於儒家的經
典。而在"索隱派"式的解讀視角下，中國古代典籍中的核心概念，如
"太極"、"聖人"、"道"等均被賦予了基督宗教的神聖含義，並據此提出
了新的理解。

(3) 馬若瑟：《三一三》與中西經典互證

　馬若瑟隨白晉來華，1714～1716年間又與白晉一起在宮廷工作，居
華37年間刊行著譯二十餘種。雷慕沙(Jean-Pierre Abel-Rémusat)認為，
白晉是來華傳教士中"中國文學造詣最深者"[24]。

　馬若瑟可謂耶穌會中最早支持白晉建構"索隱派"者，就此而言，他
既是白晉的同會兄弟，也是他的學生。雖說"索隱派"的核心工作在於

22　轉引自張西平：《白晉易學內篇的義理闡釋—在華耶穌會士解釋〈易經〉的思路、結構
　　與方法》，載《基督宗教研究》第34輯，即出。

23　肖清和：《詮釋與更新：清初傳教士白晉的敬天學初探》，《比較經學》第4輯，北京：
　　宗教文化出版社，2014年，第202頁。

24　參見龍伯格(Knud Lundbaek)：《清代來華傳教士馬若瑟研究》中譯本序，李真、駱潔
　　譯，張西平審校，鄭州：大象出版社，2009年，第1～2頁。

《易經》研究，但事實上，他們之間還是存在著相當大的差異，鑑於馬若瑟對中國經籍的深厚修養，他個人的索隱派研究在以《易經》為重點的同時，也強調運用中國古代典籍解讀、漢字字源分析、修辭模擬聯想等多種方式來闡述其索隱學立場。[25]

近年來，隨著學者們持續挖掘馬若瑟生前手稿，其另一部蘊含著豐富的索隱派思想，且對溝通天主教教義與道家思想有著深刻思考的稿本開始引起學界關注。這一稿本即現存於法國巴黎耶穌會檔案館的《三一三》抄本，也是目前所知唯一歸於馬若瑟名下的藏本，編號為GBro 120，共194頁，約七萬言。檔案館目錄顯示此書成書於1729年。從編排結構上看，抄本分為兩個部分，第一部分為《三一三》上卷(十篇)，第二部分為拉漢對照的《經解》；從性質上看，《三一三》屬解經類著作，係對《信徒信經》的詳細解說。[26] 接下來，筆者將重點圍繞這一抄本來探討其索隱派思想中涉及天主教與道家思想對話的內容。

首先，《三一三》的基本立場：東西經典互證。該抄本的主旨在於探討天主教的三一論思想，不過，在嘗試使用儒家、道家等經典資源來論述三一論思想的同時，亦嘗試使用三一論來重新詮釋儒家與道家經典，從而表明三一論有助於理解和詮釋古代中國經典。而這一思考路徑的底層邏輯在於馬若瑟所提出的"人類同源"以及東西經典互證的觀點："西方亦有萬物序圖，於先聖之圖，如合符契。據此二圖，則東儒西儒，皆同一原…論東不論西不備，論西不論東不明。二之則不是"。[27]

其次，"道"與天主聖三的關係。馬若瑟在《三一三》中不僅結合《易

25　參見龍伯格：《清代來華傳教士馬若瑟研究》，第193～212頁；張西平：《清代來華傳教士馬若瑟研究》，北京：《清史研究》，2009年第2期。

26　肖清河：《三一論在中國的翻譯與詮釋：以清初馬若瑟〈三一三〉為中心》，載陶飛亞主編：《宗教與歷史》第十三輯，北京：社會科學文獻出版社，2020年，第77～78頁。

27　馬若瑟：《三一三》抄本"天主生物篇第七"，巴黎：耶穌會檔案館藏，第189頁。

經》、儒家經典、部分雜著類經典闡發"三一論"中的相關教義，還對
《老子》、《莊子》、《淮南子》等道家經典進行了天主教式詮釋。[28]　如針
對傳世本《道德經》第42章"道生一，一生二，二生三，三生萬物"句，馬
若瑟在旁徵博引了《莊子》郭注、《老子》蘇轍及呂惠卿注後，間接引入
了李榮的注文，並在此基礎上提出了富有索隱派解釋立場的注解與闡
發。馬若瑟認為："道在天上"、"道無偶"、(道是)"天主聖性"，"未有三
位"之前，"先有聖性"，從而推斷出，"道"乃三位一體之"體"，是天主
聖三共有之體，即"聖性"，而"三位一體"之"三位"則對應於《道德經》
第42章"道生一，一生二，二生三，三生萬物"句中之"一"、"二"、"
三"，其中"一"為聖父，"二"為聖子，"三"為聖神。"二生三"，即言"第
三位聖神是父子二位所共發"(Filioque)[29]。而Filioque顯然指西部拉丁教
會對於《尼西亞信經》而非《使徒信經》的理解和表述，也是日後造成天
主教、東正教分裂的最核心教義。

　　再次，結合《易經》與道家經典，比較太極與天主之別。在《三一三》
中，馬若瑟還從《易經》出發，結合儒道兩家經典，分辨了"太極"與"天
主"之異同。從相關表述來看，馬若瑟反對直接將"太極"等同於"天
主"，在羅列並批駁了宋儒有關太極概念的多種說法之後，他結合漢字
的結構與《易經》爻畫的書寫方式，將'、''、、''、、、'組合為一類似
八卦乾卦爻畫的圖式∴∴，以此表示"太極"這一概念，實則是以天主教
"三一論"的現成教義反向重構中國哲學之"太極"概念。馬若瑟更進一
步認為，當"太極"被理解為"理"時，同樣指"天主"；而當"太極"被理解
為"氣"時，則非"天主"。[30]

28　肖清河：《三一論在中國的翻譯與詮釋：以清初馬若瑟〈三一三〉為中心》，第90頁。

29　馬若瑟：《三一三》抄本，藏巴黎耶穌會檔案館，第134∼135頁。

30　馬若瑟：《三一三》抄本，藏巴黎耶穌會檔案館，第133∼134頁。

(4) 傅聖澤：合《易》與"道"以解釋天主教教義

傅聖澤於1711年奉康熙帝之命入京，協助白晉進行《易經》的翻譯研究工作。1720年被耶穌會總會長下令召回法國，在停經廣州期間，思想發生重大轉折，由起先的極力維護中國禮儀，逆轉為反對中國禮儀。1722年返回歐洲，並帶回在中國採購的3,980多種典籍善本，後全部捐予法國國家圖書館。1729年完成拉丁文、法文合譯本《〈道德經〉評注》(Tao-té-king ping chou)。在來華耶穌會士中，傅聖澤曾被認為是白晉索隱主義最忠實的擁護者。[31]

傅聖澤在協助白晉研究《易經》期間，二人對於闡釋進路產生分歧，並漸行漸遠。具體而言，白晉的《易經》研究更側重其算術與幾何成就，1707年底，白晉已為《易經》構造了一套精緻的數字命理學框架。傅聖澤的研究卻更著重於對道教的興趣；他相信六十四卦中的每一爻都應預定為一個相應的數字，這個數字當有某種指代含義，諸如某位賢人的形象或救世主的玄義或教會中的某個重大事件。[32] 經過七年思索，傅聖澤於1719年總結出索隱主義三原則：(1)中國古代文獻源於天啟，即來自天，來自天主，因而其來源是神性的；(2)玄奧經典中的"道"一字表明著永恆的智慧，即天主徒崇拜的天主；(3)"太極"一詞相當於"天主"和"天"的一般意義上的"道"。並且不無誠懇地指出，如果任何人拒絕這三條聲明中的任何一條，那麼他確信，即使研究中國文獻二十餘年也沒人能解釋這些文獻。[33]

首先，天文學與索隱派解經進路。在大約成書於1712~1715年間，

31　方豪：《十七八世紀來華西人對我國經籍之研究》，收入《方豪六十自定稿》，台北：台灣學生書局，1969年，上冊第196~197頁。

32　魏若望(John W. Witek)：《耶穌會士傅聖澤神甫傳：索隱派思想在中國及歐洲》，吳莉葦譯，鄭州：大象出版社，2006年，第185頁。

33　魏若望：《耶穌會士傅聖澤神甫傳：索隱派思想在中國及歐洲》，第190頁。

32頁對開本手稿《據古經傳考天象不均齊》(又名《天象不齊考古經籍解》，
梵蒂岡圖書館藏Borgia Cinese, 317~13, 317~14)中，傳聖澤結合《說文》、
《荀子》、《淮南子》、《文子》及嚴君平《老子指歸》等經典闡發了《易經》
中"先天、後天"之旨，進而指出《易經》中所言先天乾坤相合，人備易
簡之德，乃道家所言至一，以之佐證伊甸園的存在。[34]

　　其次，對"道"的神學化解釋。在《論神學問題》與《智慧之巔》中，傳
聖澤結合《道德經》、《莊子》、《列子》、《淮南子》等道家經典，對"
道"、"太極"、"太易"等形上概念提出了神學化的解釋。

　　在《論神學問題》的上半部分，傳聖澤集中探討了中國古代經典中的
"道"乃天主教徒崇拜之"天主"這一命題。通過比較"天主"的神聖屬性
與道的特性，傳聖澤最終得出結論：中西兩種傳統中關於終極真理、
最高存在的理論及性質不分畛域，同條共貫。值得注意的是，傳聖澤
還在多處表達了他對中國傳統的欽佩之情，認為它比其他文化更純真
地保持了人類應有的卓識與智慧。[35]　而在1718年底至1720年寫就的
另一篇文章《智慧之巔》中，傳聖澤同樣認為，通過閱讀道家文獻，他
相信"道"同與"天"和"天主"。[36]

　　再次，對"太易"的神學化解釋。在1709年10月寫給馬若瑟的一封長
信中，傳聖澤提到了自己的索隱派觀點，並結合《易經》與《列子》，試
圖對"易"及"太易"提出基於索隱派的解釋觀點。傳聖澤向馬若瑟坦
承，經過長時間的思考，他認為"易"字乃耶穌基督的一個神秘化的名

34　魏若望：《耶穌會士傳聖澤神甫傳：索隱派思想在中國及歐洲》，第175~176頁；陳
　　欣雨：《傳聖澤易學思想研究—以梵蒂岡圖書館中文易學資料為參照》，北京：《基督
　　宗教研究》，2014年第2期。

35　彌維禮(Wilhelm K. Müller)：《傳聖澤對於〈道德經〉及其他中國古代經典的解讀》，韋
　　凌譯，陳錫禹校，北京：《國際漢學》，第十二輯，2005年，第186頁。

36　魏若望：《耶穌會士傳聖澤神甫傳：索隱派思想在中國及歐洲》，第197頁。

字，並進而結合《列子·天瑞》篇中提及的世界形成之初的四個基本概念“太易”、“太初”、“太始”、“太素”，進一步強化這一理解。按照傅聖澤的解讀，“太易”表明了在整個時間序列中最先存在的內容。從構詞法上看，“易”由日月構成，其中(日)太陽為聖父天主之道，月亮為“聖靈”之形，合為“易”，“太易”之存在先於除基督之神以外的萬物之創生，實則是先於天使、人類、天堂和地球而存在的統一於聖子的基督之神。[37]

(5) 首個《道德經》拉丁文譯本及其譯者之爭

近代歷史上的第一個《道德經》拉丁文譯者，在學界向來有衛方濟(François Noël)和聶若望(Jean-François Noëlas)之爭。支持前者的有李約瑟(Joseph Needham)、費賴之(Louis Pfister)、魏若望和魯保祿(Paul Rule)等，支持後者的有柯蘭霓、霍爾茨(Harald Holz)、魏格曼(Konrad Wegmann)、潘鳳娟、江日新等。

據費賴之介紹，法國耶穌會士宋君榮(Antoine Gaubil)在其所譯《唐書》注釋中提到，衛方濟曾翻譯《道德經》並將譯文寄送法國。[38] 但衛方濟的拉丁文譯本是否存世，迄今尚無法確定。而柯蘭霓等在2008年出版的 *Uroffenbarung und Daoismus. Jesuitische Missionshermeneutik des Daoismus*《（原始啟示與道教：耶穌會的道教傳教解釋學）》一書中，提及並詳細論證了名為 *Liber Sinicus. Tao Te Kim inscriptus, in Latinum idioma Versus* 的譯稿，並認為該手稿係現存西方最早的《道德經》譯本，完成時間大約在十八世紀二十年代，譯者當為聶若望。[39]

37　魏若望：《耶穌會士傅聖澤神甫傳：索隱派思想在中國及歐洲》，第144～145頁。
38　費賴之：《在華耶穌會士列傳及書目》，馮承鈞譯，北京：中華書局，1995年，第421～422頁。

這本藏於大英圖書館的《道德經》拉丁文譯本共245頁, 封面有"道德經"中文字樣, 中、拉雙語對照, 全書八十一章悉数譯出, 章節次序有所調整。與主旨相關的十一章被挑出並列在全部書稿的靠前部分, 依正文(textus)、釋文(paraphrasis)、注解(nota)的次序處理。被視為蘊含了"最神聖的三一"奧秘章節為第一、十四、四、四十二這四章(第1~48頁), 而解析說明中國古代具有關於"天主降生"奧秘的知識則是第十、二十八、二十七、十五、二十、二十一、二十五這七章(第9~90頁)。抄本的後半部分(第91~245頁)按順序將《道德經》其餘七十章, 依中文、拼音、拉丁文的次序逐節翻譯正文, 部分章節提供釋文。[40]

在柯蘭霓等學者研究的基礎上, 江日新借由耶穌會士對《道德經》的理解和譯介來考察老子哲學的哲學性, 重點分析了聶若望《道德經》的拉丁文譯本, 將《道德經》西傳研究從漢學研究上升至哲學層面。[41]

如果依上述學者所言, 迄今為止所發現的最早的拉丁文譯本確係聶若望所譯, 那麼, 有一點可大致斷定, 即該譯本的觀點仍然深受索隱派的影響。因為傅聖澤返回歐洲之前曾在廣東停留, 在這段時間裡, 他與聶若望如師生般一起討論道家學說, 聶若望也正是受到了傅聖澤的啟發, 才開始研究和翻譯《道德經》, 並在翻譯完成後將譯本分寄羅馬耶穌會總會和傅聖澤。[42] 而如果劇情發生反轉, 或譯者被認為是衛方濟, 抑或衛方濟的拉丁文譯本有朝一日被發現, 該譯本對索隱派的

39 參見潘鳳娟、江日新:《早期耶穌會士與〈道德經〉翻譯:馬若瑟、聶若望與韓國英對"夷""希""微"與"三一"的討論》一文的介紹, 第253~257頁。

40 潘鳳娟、江日新:《早期耶穌會士與〈道德經〉翻譯:馬若瑟、聶若望與韓國英對"夷""希""微"與"三一"的討論》, 第257頁。

41 轉引自陳恩維、廖燕:《16~18世紀中華典籍外譯研究的回顧與展望》, 南京:《南京理工大學學報》, 2022年第4期, 第54頁。

42 楊少芳:《索隱派與〈道德經〉的早期西譯》, 載《中華老學》第四輯, 北京:九州出版社, 2021年。

同情將不會比聶若望的觀點更為遜色。因為在《中國哲學》一書中，即便中國禮儀當時已經遭到教廷的批評和禁絕，但衛方濟仍"系統地證明了儒家思想及其禮儀均符合天主教，並沒有矛盾"[43]。

2. 《新約·若望福音》中Logos/Verbum的漢譯流變

接下來，本文將選取明末至民國時期的部分《聖經》譯本，按歷時性順序比較《新約·若望福音》中Logos/Verbum的漢譯名稱流變，進而考察天主教對道家思想的接受態度。眾所周知，在聖經翻譯方面，明末來華傳教士自然接受了特蘭托公會議對於《聖經》的規訓，一方面，整個天主教會尊奉哲羅姆通俗拉丁語《聖經》為權威欽定版本；另一方面，未經教廷授權，任何人不得以民族語言擅自翻譯《聖經》。

1) 民國前重要《聖經》中譯本的處理

考察歷史上的《聖經》漢譯，不難發現，從明末的陽瑪諾譯本到民國時期的馬相伯譯本出現之前，所有譯本均無一例外地或以音譯方式處理《新約·若望福音》中的Verbum一詞，或以"言"、"聖言"、"天主聖言"來加以對譯，以"道"來對譯的現象尚未出現。

(1) 最早的漢語《聖經》譯本

葡萄牙來華耶穌會士陽瑪諾(Emmanuel Diaz)將"福音書"中的許多經文譯成漢語。其1636年編纂出版的《聖經直解》並非嚴格意義上的《聖

43　梅謙立(Thierry Meynard)：《耶穌會士衛方濟對於鬼神的理解》，北京：《北京行政學院學報》，2018年第5期。

經》譯本，而是按照彌撒經本或祈禱書形式進行的編譯之作。該譯本對
通俗拉丁語《聖經》中使用的"Verbum"一詞，分別譯為"物爾朋"、"聖
言"和"天主聖言"：提及"物爾朋"的有兩處[44]；提到"聖言"五處；提到
"天主聖言"一處[45]。

(2) 白日昇譯本

直至18世紀初，在法國巴黎外方傳教會白日昇(Jean Basset)神父的努
力下，首個嚴格的《聖經》節譯本才得以實現。白日昇於1700年將四福
音書、使徒行傳和保羅書信翻譯成中文，全稱為《四史攸編耶穌基利斯
督福音之會編》，這批譯稿生前並未發表，現存於英國倫敦博物館。手
稿共377面，以毛筆字寫成，每頁兩面，每面16行，每行24字，版面高
27公分，寬24公分。它依據哲羅姆拉丁通俗本《聖經》翻譯而成，史稱
"巴設譯本"。後來新教的"二馬"譯本都不同程度地將之作為基礎性參
考文本。[46]

對於《新約·若望福音》首段的翻譯，白日昇傾向於將Verbum意譯為
"言"而非"聖言"，也沒有採用音譯"物爾朋"。

(3) 賀清泰譯本

法國來華耶穌會士賀清泰(Louis de Poirot)將通俗拉丁文《聖經》譯為
白話漢語，並添加了注解，但僅譯畢37卷，共計約100萬字。該譯本也
被認為是迄今為止最早的白話《聖經》譯本。在《新約·若望福音》首段

---

44   陽瑪諾(Emmanuel Diaz, Junior)譯：《聖經直解》，上海：土山灣慈母堂，1915年，第
　　 11頁。
45   陽瑪諾譯：《聖經直解》，第6頁。
46   趙曉陽：《域外資源與晚清語言運動：以〈聖經〉中譯本為中心》，北京：北京師範大
　　 學出版社，2019年，第26、31~41頁。

中，賀清泰將Verbum音譯為"物爾朋"，並在譯文後添加了詳細注解：
"物爾朋，是辣定話，解說：話。眾聖人用這'話'，為呼天主聖子——從
天主聖父出的。如言出於人，言出於人，當是虛音，不與人同性同
體；從天主聖父出的這言，與聖父同性同體。"[47] 顯然，一方面，賀清
泰採取了音譯方案；另一方面，他也注意到了拉丁文小寫verbum的本
意當對應於日常語言中的"言"、"話"等含義，而大寫的Verbum則特指
天主聖父之"言"這一本質區別。

(4) 李問漁譯本

清末本土耶穌會士、作家、學者、報人李問漁曾以"隱名士"之名譯
有《新經譯義》，該譯本對於《新約·若望福音》首段的處理基本上採取
了與賀清泰相同的音譯方案，將Verbum處理為"物爾朋"[48]。從風格上
來看，李問漁譯本仍然採取了典雅的文言風格，而非不久之後流行的
白話風格。

(5) 蕭靜山(若瑟)譯本

蕭靜山，聖名若瑟，亦為本土著名耶穌會士，譯有《聖教新經全
集》。值得注意的是，蕭靜山在翻譯《新約若望福音》首段時，對
Verbum同時採取了音譯、意譯兩種方式，即在經文中直觀地呈現為
"物爾朋(聖言)"[49]，這樣就既保留了拉丁文的發音，同時也讓讀者能夠
理解其真實含義。

---

47 李奭學、鄭海娟主編，賀清泰(Louis Antoine de Poirot)譯注：《古新聖經殘稿》第八
　　冊，北京：中華書局，2014年，第1906頁。

48 隱名士譯：《新經譯義》，上海：土山灣印書館，1926年，第282頁。

49 蕭若瑟譯：《聖教新經全集》，河北獻縣：河北獻縣耶穌會，1938年，第455頁。

2) 从馬相伯譯本到吳經熊譯本

民國時期，以"道"來闡釋或對譯Verbum者，仅見於馬相伯和吳經熊的聖經譯本。

(1) 馬相伯譯本

作為清末民國時期本土天主教知名人士，馬相伯曾譯有兩本《聖經》，分別為1913年出版的《新史合編直講》和1937年准予刊行、1949出版的《福音經》，均係對《新約全書》四福音書的譯介，不同之處在於，前者將福音書打散按主題重組，後者則係較為嚴格的譯本。

在《新史合編直講》中，馬相伯無一例外將Verbum音譯為"物爾朋"，但為了避免隔膜，特別在正文後就"物爾朋"一詞做了詳細注解，既提及Verbum可以與"道"通用，又在形上學和神學的層面詳細解釋了其本意："物爾朋本作稱道的道字講。道字用義極多。物爾朋取義亦極多。因怕含糊。古人繙作內言內像。…此即聖史借物而朋，為解說聖子的大意了。"[50]　而在《福音經》中，馬相伯交替使用了"真言物爾朋"與"真言"兩個譯名。與此同時，馬相伯還在為正文撰寫的序言中，再次提及"物爾朋"的含義，但篇幅遠較《新史合編直講》中的注解短小，並特別注明了"物爾朋"與"真言"的內在關係。[51]

(2) 吳經熊譯本

1949年，公教真理學會出版了著名法學家、哲學家吳經熊的《新約》譯本，名為《新經全集》。值得注意的是，該譯本並非直接譯自通俗拉

50　馬相伯：《新史合編直講》，上海：土山灣印書館，1913年，第23頁。
51　馬相伯譯述、趙爾謙校閱：《福音經》，上海：商務印書館，1949年，第423頁。

丁文《聖經》，而是從當時流行的英文、法文《聖經》譯本入手，並參考了拉丁文《聖經》等。該譯本與以往各譯本最大的不同在於，吳經熊在譯本中正式將Logos/Verbum譯為"道"："太初有道，與天地偕；道即天主，自始與偕。微道無物，物因道生；天地萬有，資道以成。斯道之內，蘊有生命，生命即光。生靈所稟。光照冥冥。冥冥不領"[52]，可謂自清初"索隱派"以來所未有，亦較之前馬相伯的處理更為直接和大膽。想必是為了避免引起教會內人士的誤解，吳經熊還特意在"附注"部分的對應章節下，就之所以選擇"道"而非之前的"物爾朋"、"聖言"作為Logos/Verbum的對等概念，特別以比較經學的視野加以闡釋："'道'於希臘文為Logos，拉丁文為Verbum，中國初譯為'物爾朋'，蓋拉丁文之音譯也；後譯為'聖言'，茲譯為'道'。'道'源於老子《道德經》，然老子雖以道先天地而生，為萬物之母，道之神性則未言也。若望之'道'乃天主第二位聖子，為聖父之顯身，與聖父聖道同為天主聖三，一體不分。"[53]

可見，即便選用老子哲學中的最高概念"道"來對譯Logos/Verbum，吳經熊也並未將二者簡單等同，而是注意到其間微妙而天然的差異，其做法如同斐洛對Logos含義的改造一般，以避免產生含義上的混淆以及教義闡釋上可能引發的混亂。

3. 本地化視域下天主教與道家的思想對話特點

1) 剛恆毅的立場

作為第一任宗座駐華代表，剛恆毅(Celso Costantini)總主教在履職期

52　吳經熊譯：《新經全集》，香港：公教真理學會，1949年，第221頁。

53　吳經熊譯：《新經全集》，第792頁。

間，曾積極推動天主教的本地化進程。在此之前，天主教傳教士對道
家思想的認知立場往往是工具性的或否定性的，但這一情況在剛恆毅
主持召開的1924年上海首屆全國主教會議上得以改觀。會議通過的
《決議案及法令》(Acta et Decreti)第709條已開始將孔子、孟子等人和與
之相關聯的學派、教派加以區分，並視他們為"基督誕生之前的哲學
家"[54]，即將他們與古希臘哲學家蘇格拉底、柏拉圖等一視同仁，並認
為他們"曾宣講了某些道德原則"，雖然這些原則仍然"與許多錯誤的觀
點是分不開的"，但至少部分肯定了他們哲學思想中的積極意義。上述
表述雖然沒有提及老子、莊子、列子等道家學派的代表人物，但鑑於
該條款特別針對"儒家、佛家和道家"而制定，因此，其態度應無太大
出入。

隨著對中國本土文化、傳統、經典了解的日益深入，剛恆毅開始逐
漸認識到，道家思想，尤其是老子《道德經》中所蘊含的真理之光，是
"閃爍在泛神論與懷疑論之間的一道電光"。但這種真理的電光，同樣
能夠為一個富有學識的傳教士提供光明，以便將人逐步引向偉大的信
理。[55]

出於對推動本地化的探索和關切，剛恆毅不僅注重借用道家思想中
的合理性觀念，同時也非常關注那些試圖貫通東西方思想脈絡的教內
有識之士，如陸徵祥對《新約·若望福音》中的"Logos/Verbum"和老子
筆下的"道"的比較。

參見雷立柏編譯：《1924年上海主教會議拉丁語文獻漢譯Primum Concilium Sinense Anno 1924》，第709條，未公開出版。

剛恆毅樞機：《請穿起天主的戎裝—紀念剛恆毅樞機百年誕辰》，台北：天主教主徒會，1976年，第159頁。

2) 陸徵祥的思想對話

作為民國政壇的風雲人物和天主教本篤會士，陸徵祥曾對《新約·若望福音》中的"Logos/Verbum"和老子筆下的"道"進行過深入的比較。

(1) 何以早期漢譯《聖經》版本未採納"道"對譯"Logos/Verbum"？

陸徵祥注意到，早期針對中國天主教徒的福音書版本中，對於使用"道"還是"聖言"來對譯"Logos/Verbum"曾有過取捨：人們擔心使用"道"一詞會與那些自稱為"老子"的錯誤體系混淆，而這些體系又被不加區別地稱為"道教"。因此，人們使用了兩個字，意為"聖言"。不過，陸徵祥對這一取捨似乎並不滿意，而將之歸於某種尚不夠成熟的嘗試：這種謹慎膽怯的態度在開始時是可以理解的，但在基督教時代的第二個世紀，一些教父也持同樣的態度。他們認為應該使用"Sermo"(言說)和"Ratio"(思考、理性)這兩個術語來稱呼天主聖三中的第二位，但這兩個術語顯然不夠恰當，也沒有被神學家和教會所採用。[56]

(2) 以"道"對譯"Logos/Verbum"的優長

陸徵祥認為，從文學的觀點看，聖若望的思想，照其風格所示，是一種高度綜合的思想，猶如中國人的思想與風格，力求在整體中，尋求"活生生的實在"。面對"天的神秘"，老子能夠以極高的敬意和深刻的客觀性，確定在不可言說的天主當中有"道"。這是原始至高之理，也是統禦萬物的無上智慧。這一概念至少與柏拉圖所說的"邏各斯(Logos)"相等，甚或更勝一籌。希臘的"邏各斯"概念，在聖若望筆下，

---

56 Lou Tseng-Tsiang, *La rencontre des humanités et la découverte de l'Évangile*, Paris: Desclée De Brouwer, 1949, p.60.

經由基督的啟示而得到了無限豐富的表達，中國人的"道"的思想，或許更適於充實這一高貴的觀念。[57]

基於老子的"道"在闡釋"Logos/Verbum"時與柏拉圖的"邏各斯"所表現出的更佳契合性，陸徵祥進一步認為，中國的表意文字以及東方的哲學思想方式，將非常適合於以明確和無以倫比的博大來表達《舊約》和《新約》中的思想和智慧，並以一種獨特的方式，來闡釋整本《聖經》中與聖若望的表達相類似的篇章。[58]

陸徵祥上述有關老子"道"對譯、闡釋"Logos/Verbum"的思考，與吳經熊的思想和《新經全集》譯本不無關聯。1946年6月，時任中國駐教廷公使的吳經熊間將新譯的《若望福音》寄給遠在比利時本篤會隱修院的陸徵祥，以求校正，陸氏的評價是"佩譯文信達且雅，令人深味耐玩"[59]。而對於吳經熊稍後譯竣的《新經全集》，教廷傳信部於1948年9月指定南京主教于斌進行審定，于斌則委託陸徵祥、羅光為譯本審查員。陸徵祥評價此譯本為"信達雅俱到"的《新約》全譯本，並認為"譯文雅而信，將使救主之言，遍行中國"。[60]

對於吳經熊所譯《新經全集》，尤其是《若望福音》中採納"道"而非"言"對譯希臘文拉丁文中的"Logos/Verbum"，陸徵祥也心有戚戚焉："這種形意文字之美，具見於吳公使所譯的《聖經》，他展開《若望福音》，即得一'道'字。他深喜'道'字為傳達原文的意義，較比歐洲近代文字，美而更確。歐洲各國《新經》譯本，把這字譯為'言'，'言'字比之於'道'字，俗雅既有別，而在含義上，淺深的程度，相差也很遠。中國

57   Celso Costantini, *Ultime Foglie, Ricordi e Pensieri*, Roma: Unione missionaria del clero in Italia, 1953, p.343.

58   Celso Costantini, *Ultime Foglie, Ricordi e Pensieri*, pp.343~344.

59   羅光：《陸徵祥傳》，香港：公教真理學會，1949年，第249頁。

60   羅光：《陸徵祥傳》，第254頁。

'道'字，堪配希臘原文的Logos。"[61]

(3) 老子之"道"非聖若望之"道"

但與此同時，陸徵祥也警覺地意識到，倘若以老子的"道"來對譯《若望福音》中的Logos/Verbum可能會引發的混淆和隐憂：所有的中國有識之士都會立即完全理解，老子的"道"與聖若望的"道"之間，存在著一種類似於柏拉圖和希臘哲學家的"逻各斯"與聖若望的"逻各斯"一詞之間的距離，而聖若望正確地選擇了"逻各斯"一詞來指代耶穌基督，他是天主，是永恆之父的化身，他就是天主。[62] 這一自覺的借用和有意識的區分，與吳經熊在《若望福音》附注中就老子之"道"與聖若望之"道"進行明確區分可謂如出一轍。

3) 王昌祉匯通天主教信仰與道家思想的努力

國會國籍耶穌會士王昌祉係巴黎大學文學博士及巴黎天主教學院神學博士，在神哲學方面造詣深厚，被教會人士譽為"聖教文壇巨匠"及"中國聖多瑪斯"。在其遺著《諸子的我見》中，王昌祉基於天主教信仰立場，對老子和莊子的哲學思想提出評價，遠較之前的中外傳教士更為深刻和系統。

(1) 對《老子》成書年代及思想成就的評價

王昌祉認為，《老子》的成書年代當為戰國，係時人"根據老聃的思想編輯而成"，但由該書的思想成就來看，"確實有一套完整的思想態

61　羅光：《陸徵祥傳》，第261～262頁。

62　Lou Tseng-Tsiang, *La rencontre des humanités et la découverte de l'Évangile*, p.61.

度。在戰國，把形而上思想成熟地構成，系統地加以表述，清楚地表白，更作為實際生活的原則，老子無疑是第一人”。這一評價之高可謂前無古人。

但緊接著，王昌祉仍不滿足於《老子》中的形上思想系統，而是基於天主教信仰立場對之提出批評：“老子在形上方面的思想態度，是不夠的，是欠缺的，甚且有著種種不良的後果，是可惜的，是錯誤的”。此外，王昌祉還認同柏格森對於老子的評價，認為老子的思想態度是向內緊閉的，不是向外開展的。他抓住了死觀念，丟掉了實在。這些死觀念終於窒息甚至扼殺了精神生活。[63]

(2) 對莊子的評價

與對老子思想的評價不同，王昌祉首先將莊子的哲學定性為一種神秘主義，他說：“莊子哲學本身是一種論述‘上與造物者遊’的神秘主義”[64]。這一定性的目的，乃是為了將莊子哲學與一種概念辨析的哲學、一種“統一與矛盾”的辯證法和尋求長生久視的法術相區別。

對於《莊子》一書，王昌祉提出了內七篇的核心與結構，並對老子、莊子筆下“道”的差異性進行了比較和總結，令人耳目一新。

首先，雖然王昌祉與後世的編纂者、注釋家都將內“七篇”視為《莊子》的精髓，但不同之處在於他捨《逍遙遊》、《齊物論》而取《大宗師》為這一精華的中心。深受士林哲學影響的王昌祉如此表述許由口中的“大宗師”：“如果用現代話語來說莊子的大宗師，便是我們理智活動的最高對象，我們道德生活的最高模範，我們全部精神生活的唯一基源；也便是西方古典哲學中的‘絕對者’，現代哲學中的‘超越者’，亦即

---

63 王昌祉：《諸子的我見》，台中：光啟出版社，1961年，第181~182頁。

64 王昌祉：《諸子的我見》，第44頁。

我國所欽敬的'天'、'上帝', 一切高級宗教所信仰的唯一真神。"[65]

　其次, 王昌祉通過對《老子》、《莊子》尤其是內七篇中的"道"加以比較, 認為二者對"道"的理解有很大差異。就老子而言, "道"雖然也指人事之道、義理之道, 但主要還是指本體之道, 即宇宙萬物的最後根源；《莊子》外雜篇中摻雜著與《老子》一書中類似的"道"的觀念, 但內篇中僅有幾處用"道"字, 則多指義理之道, 而少指本體之道。但王昌祉仍然以窮舉之法, 將內篇中的"道"進行了系統梳理和歸納。[66] 一方面, 他認為莊子不注重"本體之道", 沒有用"道"字來表達自己的主要思想；另一方面, 他又指出, 這具體的"本體之道", 這絕對真理的本體, 這宇宙萬物的最後基源, 這宇宙萬物的絕對超越者, 這造物者, 實在是在隱約之中, 支配著莊子的全部思想。基於這一辯證把握, 王昌祉點出了自己崇尚莊子而批評老子的基本根據："人們以為莊子和老子完全相同, 因為妄想莊子和老子一般, 常在談這嚴肅枯寂, 毫無生氣的死觀念, 卻忘掉了莊子常是自己在追求, 又教我們追求, 我們精神生活的活對象, 那具體的本體之道, 那位最現實, 最具體, 最活波, 最逍遙的造物者。真是可惜！"[67] 這種對老子、莊子思想圍繞"道"而展開的比較分析, 似乎與王昌祉借鑑了阿奎那就存在與本質所做的區分有關。

4) 吳經熊匯通天主教信仰與道家思想的努力

(1) 對道家的態度與理解

在吳經熊的人生經歷中, 儒道釋三大精神支柱在他由衛理公會改宗

65　王昌祉：《諸子的我見》, 第25~26頁

66　王昌祉：《諸子的我見》, 第93~95頁。

67　王昌祉：《諸子的我見》, 第96頁。

天主教之前都曾影響過他。但是，似乎從一開始，吳經熊就將儒家、道家、佛教視為自己天生的背景和天然的知識。為此，他還對這三個宗教充滿感激，感謝它們將自己引向基督，而基督構成了他生活的統一。也正是因為這種統一，他才能夠愉悅於生而為中國人。[68] 就此而言，吳經熊將上述文化資源看作類似於"三王來朝"中三位東方賢士的角色，這和歷史上天主教傳教士及本土人士對於儒道釋的態度有著絕大的反差和不同。他擺脫了將基督宗教視為西方宗教的刻板印象，認為福音精神超越了東西文化之隔閡。

吳經熊多次提及他對道家文化的認識和態度，有時這一認知和態度是基於和儒家的比較而提出的：儒家是"倫理關係的科學"，安頓著德性生命；道家則是"神秘之海"，關懷著終極實在——道。[69] 道家的視野要比儒家更遼闊。如果說儒家視人類為一家，那麼道家則將整個宇宙看作一體；如果說儒家從人際關係的和諧中找到快樂，那麼，道家就是從人與大自然的和諧中找到快樂了。[70]

(2) 對莊子哲學核心概念"道"與"天"的信仰式解讀

吳經熊對老子和莊子的思想都有較為深刻的理解。他不僅將《道德經》譯為英文，還幫助美國著名神學家默頓(Thomas Merton)理解和翻譯《莊子》一書。

和王昌祉類似，吳經熊對莊子有著極高的評價，認為莊子的感受力達到了人類智力的極限，在中國歷史上，更是前無古人，後無來者。

---

68   吳經熊：《超越東西方》，周偉馳譯，雷立柏注，北京：社會科學文獻出版社，2002年，第3~4頁。

69   郭果七：《吳經熊，中國人亦基督徒》，台北：光啟文化事業，2006年，第110頁。

70   吳經熊：《中國哲學之悅樂精神》，朱秉義譯，台北：東大圖書公司，1979年，第15頁。

尤為重要的是，莊子作為一名徹底的神秘主義者，他與福音的教訓和基督教神秘主義的途徑雷同。[71]

首先，吳經熊認為，莊子筆下的"道"超出位格與非位格的區別之上，二者都不是也都是。此外，他還有意識地將將莊子論道的立場與聖保祿加以類比，認為聖保祿所說的"文字殺死，精神賜予生命"(文字使人死，精神使人活)也同樣適用於體會莊子論"道"的立場。所有有關"道"的表述，無論其詞性如何，都容易誤導人按字面意思去死解，從而走入死胡同。因此，這論道立場只能是類比的方法，即言辭的目的在於喚起我們的思想。

即便如此，吳經熊還是盡可能地從認知角度對莊子筆下"道"的涵義進行了歸納，大體包括如下三個維度：(a)道是絕對者；(b)道是創造者；(c)道住在我們中間。[72]

其次，則牽涉到如何理解莊子筆下的"道"與另一個最高概念"天"之間的關係。吳經熊認為，在莊子那裡，"天"和"道"是可以交換使用的，二者均表示最高的存在。"天"側重於被用來指示造物者，在這個意義上，天可以理解為"上天"或"天主"。[73] 與此同時，一方面，"天"在莊子那裡似乎是可知的，如"大一、大陰、大目、大均、大方、大信、大定"等概念構成了對於"天"的全部知識，但另一方面，這些概念不過是指向"天"的指路牌而已，"天"的內在本質對於我們始終是隱秘的。

那麼，問題在於，"天"與"道"是否完全同義？如果是，為何莊子要用兩個名稱指稱同一個實在？對此，吳經熊借助於其基督宗教的上帝觀，進一步做了區分："天指點上帝；而道指點上帝的能力、智慧與做

71　吳經熊：《哲學與文化》，台北：三民書局，1971年，第38頁。

72　吳經熊：《哲學與文化》，第18~26頁。

73　吳經熊：《哲學與文化》，第22頁。

事的方式。但是，由於上帝的屬性與上帝之間並沒有真的區別，道和
上帝的智慧也可以稱為造物者"。[74] 如此一來，"天"被等同於基督教
的上帝，而"道"則被等同於上帝的能力。

不難看出，吳經熊對莊子筆下的"道"與"天"的理解，無不借助和透
過基督的啟示，正如他自己所自我辯解的那樣，只有如此，我才能認
識各民族所蘊藏的精神財富，"道自身也不過是把我們導向天主之道的
指針"[75]。

4. 結論與反思

綜觀明末以迄當代天主教與道家思想的接觸和對話歷程，可以說經
歷了從排斥到客觀理解、從附會到警惕地保持距離、從不斷深化認知
再到以信仰立場加以超越理解和對話的緩慢過程。

但仍然有一個問題值得我們認真思考，那就是天主教會在清初中期
的"索隱派"時就以"道"來理解天主，為何卻遲至1949年才在《聖經》翻
譯中以"道"對譯天主聖三的聖子位格，即Logos/Verbum？如果將這一
問題延展開來思考，為何基督新教麥都思在1835年的《聖經》譯本中首
次將Logos翻譯為"道"之後，這一做法就成了基督新教的主流態度並延
續至今？吳經熊在1949年即以"道"對譯天主聖三的聖子位格，為何
1965年面世並被推為中國天主教會權威版本的思高本《聖經》仍採納以
"聖言"而非"道"來對譯Logos/Verbum？

這兩個問題顯然是有內在關聯。對於第一個問題，通過上文有關

---

74 吳經熊：《哲學與文化》，第29頁。

75 吳經熊：《哲學與文化》，第42頁。

天主教和道家思想對話模式的系統梳理，可以看出，"索隱派"的出現
有其具體的的時代背景和挑戰，由於其支持中國禮儀的立場不被認
可，故"索隱派"孜孜以求的溝通信仰與《易經》、道家思想對話的努力不
被天主教會官方所接納，也因此白晉、馬若瑟、傅聖澤，甚至第一本拉
丁文《道德經》譯本，都是以稿本而非公開出版物的形式存在於世。

對於第二個問題，基督新教和天主教《聖經》在Logos/Verbum漢譯
方面顯然有著相當大的差異。雖然新教最早的漢譯本皆參考了白日昇
譯本，但自和合本開始，普遍採用以"道"而非"言"或"聖言"來對譯
Logos/Verbum的做法，這是因為雙方對漢語中"道"和"言"的詞義辨析
存在較大分歧。中國本土新教神學家汪維藩曾引用莊子的一句話："道
未始有封，言未始有常，為是而有畛也"，以此作為採納"道"優於採納
"言"的佐證，從而認為"道"比"言"更適合用來翻譯Logos/Verbum，這
多少代表了基督新教的翻譯立場，"儘管未有人點破"[76]。天主教則選擇
了另一個理解角度，即擔心以"道"翻譯Logos/Verbum，可能會導致與
老子的"道"相混淆，雖然這一顧慮已經陸徵祥和吳經熊預先澄清，但
仍未獲教會主流認同。出於此種顧慮，吳經熊之後的中文聖經譯本，均
選用了"聖言"一詞[77]，包括思高本聖經在內。而隨著"梵二"會议精神在
中國大陸天主教會中的日益普及，未來是否會傾向於以"道"對譯天主
聖三中的第二位格Logos/Verbum，亦未可知。

76　汪維藩：《反者道之動：析λογος與"言"及"道"》，南京：《金陵神學志》，1998年第4期。
77　田煒帥：《陸徵祥與中國教會：皈依還是聖召？》，石家莊：河北信德社，2016年，第
　　158頁。

1685년 필립 쿠플레가 바티칸도서관에 기증한 가톨릭 서적과 목록

1685年柏应理捐给梵蒂冈图书馆的天主教书籍及其目录

梵蒂冈图书馆始建于1475年，然而在1685年之前，其馆藏中几乎未见任何中文书籍的相关记录。[1] 直至1685年，弗拉芒耶稣会士柏应理(Philippe Couplet, 1623~1693年)向梵蒂冈捐赠了一批中文书籍，这被视为梵蒂冈图书馆首次对中文书籍的收录。关于柏应理捐赠的这批书籍，梵蒂冈图书馆馆员余东(Clara Yu)已进行了详尽的研究。[2] 本文将在其研究成果的基础上，进一步探讨这批书籍在中国的来源，并梳理1685年柏应理向教宗图书馆(即梵蒂冈图书馆)捐赠书籍之过程及其所编纂之目录。

1. 中国天主教书籍的产生

明朝末年，两位中国天主教徒韩霖(1601~1644)和张庚(约1570~

---

[1] 1577年法国思想家尼古拉·奥德伯特(Nicolas Audebert , 1556~1598) 和1581年法国思想家蒙田(Montaigne, 1533~1592)都看到了《新刊四明先生高明大字续资治通鉴节要》，这部书于1539 至1557期间由"集义书堂"(福建建阳)出版。

[2] Yu Dong 余东, "Chinese Language Books and the Jesuit Mission in China: a Study on the Chinese. Missionary Books Brought by Philippe Couplet from China," *Miscellanea Bibliothecae Apostolicae Vaticanae* VIII (2001)：507~554.

1646/1647)致力于编纂一部关于中国天主教及
其相关著作的目录。据柏应理记载，韩霖和
张庚合著的《圣教信证》于1647年首次刊
行。[3] 然而，令人遗憾的是，这部著作因种
种历史原因未能完整保存，最终散佚于历史
长河之中，致使今人难以窥见其原貌与具体
内容。[4]

去中国之前25岁的柏应理

柏应理对《圣教信证》进行了重要补充，不
仅增录了来华耶稣会士的传记资料，还按照入华时间顺序对这些传教
士进行了系统编排。该传记部分以方济各·沙勿略(Francis-Xavier)和利
玛窦(Matteo Ricci)为开始，随后介绍了罗明坚(Michele Ruggieri)——尽管
后者实际上比利玛窦更早抵达中国。[5] 全书共收录了92位耶稣会士的
传记，以葡萄牙耶稣会士徐日昇(Thomas Pereira)结束，他于康熙十年
(1671年)进入中国。在文献著录方面，柏应理以1647年的书目为基础，
增补了至1681年出版的中文著作，使全书收录的中文书籍总数达到
229种。[6] 虽然柏应理的《圣教信证》没有给出具体的出版日期，但它

3　参见Philippe Couplet, *Breve Relatione dello Stato e Qualità delle Missioni della Cina*, 1688, ARSI, ms. Jap.Sin.131; edited by Secondino Gatta in *Il natural lume de Cinesi: Teoria e prassi dell' evangelizzazione nella "Breve relatione" di Philippe Couplet S.J. (1623~1693)*, Sankt Augustin: Institut Monumenta Serica, 1998, pp.40~96, here p.41.

4　《东传福音》(第三册)收录了："韩霖、张庚《圣教信证》"(第47~70页)，不过这并不正确，因为多处内容涉及到韩霖和张庚两位去世之后，因此作者不可能是韩霖和张庚，而是柏应理后来编辑的。

5　柏应理在拉丁文《耶稣会神父目录》(参见下文)仍然把罗明坚放在利玛窦之前。确实，《圣教信证》针对中国读者，而罗明坚在中国居住时间只有十年左右，没有留下太多的影响。

6　参见张西平、任大援"论明清之际'西学汉籍'的文化意义"，《梵蒂冈图书馆藏明清中西文化交流史文献刊》，郑州：大象出版社，2014年，第一辑，第6页。

大致是在1680年代初出版。⁷

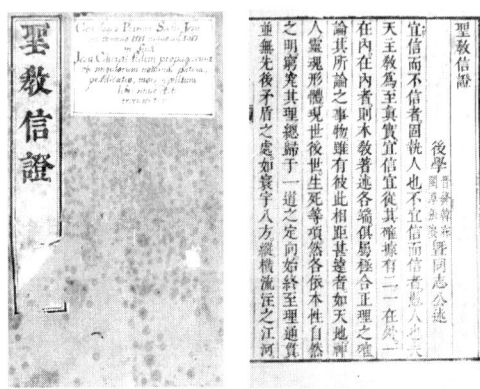

韩霖、张庚《圣教信证》1647年；柏应理补编，1681年。
法国国家图书馆，Chinois 6903

柏应理在其为传信部枢机主教撰写的《中国传教区现状简报》(Breve relatione dello stato e qualità delle missioni della Cina, 1683年12月至1685)中强调，《圣教信证》旨在为中国知识分子提供了一个坚实的基础(i sodi fondamenti)，帮助他们深入理解天主教教义，从而摒弃传统迷信的虚妄。另外，因为在1665年的历狱案件后，天主教被官方指控为邪教，并在1666年至1670年间持续遭受打压。在此背景下，柏应理对《圣教信证》进行补充的另一潜在目的，很可能是为天主教的正统性进行辩护，以回应当时的社会和政治压力。

柏应理的这份中文目录是耶稣会"刊书传教"(Apostolate through books)的重要表现。⁸ 在柏应理时期，这个计划主要受许甘第大(Candida Xu, 1601~1680)所资助，正如柏应理自己所说道的那样：

---

7   法国国家图书馆，Chinois 6903, 可在Gallica上查阅。

8   关于通过书籍传教，参见Nicolas Standaert, "Note on the spread of Jesuit Writing in Late Ming and Early Qing China," in *China Mission Studies* 7: 22-32, here 22.

Couplet, *Breve Relatione dello Stato e Qualità delle Missioni della Cina*,
1688, ARSI, ms. Jap.Sin.131.

这位女士没有忘记任何有助于灵魂救赎的事情，她向传教士们提出，
最可靠和最容易的方法是为那些没有自由去教堂的女性编写一些用她们
的语言写成的虔诚书籍，就像她的祖父徐光启曾说服这些神父编写书籍
一样…这位大臣和这位女士如此成功地说服了这些神父，以至于除了他
们出版的89部天文学和哲学著作(其中插入了一些关于真神的知识)，他

们还向公众提供了126部关于虔诚和宗教的书籍，总共486卷。这些书籍由许夫人分发到我们所有的教堂；她将它们赠予那些她能够接触到的女性或与她们交往的女性。如果每年都有资金在中国各地印刷和分发类似的书籍，这些'家庭传教士'——他们是唯一能够进入任何地方的人，甚至进入异教徒、文人和官员的家中——将在各省产生怎样的成果。[9]

按照柏应理的《耶稣会神父目录》(参见下文)记录，这里所提到的486卷的数字代表了1584年至1681年间出版的汉语天主教书籍的总卷数。

值得注意的是，书籍作为"家庭传教士"的特殊角色，极大地扩展了耶稣会传教士的影响力——尽管这些传教士的人数从未超过二十人。而耶稣会传教士的人数从未超过二十人。对于当时被限制在家中、无法与外界男性自由交往的女性群体而言，"家庭传教士"这一角色显得尤为重要。许甘第大深刻理解书籍对女性的重要性，它们能够在知识和灵修两个方面满足当时女性对于信仰的内在需求。

2. 中国天主教书籍的欧洲之旅

柏应理在欧洲于1686年以拉丁文出版了《1581年至1681年来华传播耶稣基督信仰的耶稣会神父目录》(Catalogus Patrum Societatis Iesu qui post obitum S. Francisci Xaverii ab anno 1581 usque ad annum 1681 in Imperio Sinarum Iesu Christi fidem propagarunt)，简称《耶稣会神父目录》，共48页。该书主要是对106位耶稣会士生平传记的撰写，旨在展示耶稣会自沙勿略(1552年去世)以来在中国的传教历程。虽然中文版的目录《圣教信

---

9   Couplet, *Histoire d'une dame chrétienne de la Chine*, Paris: Estienne Michallet, 1688, p.39 ; this work was translated into French from Couplet's Latin manuscript.

证》是以1671年进入中国的徐日昇作为结束，但拉丁文本则将这一时间延续至1681年，以杜加禄(Carlo Turcotti, 1643~1706)抵达广东为结尾。

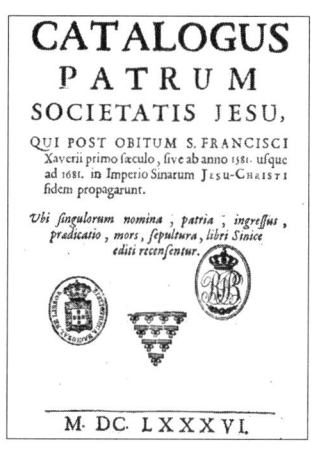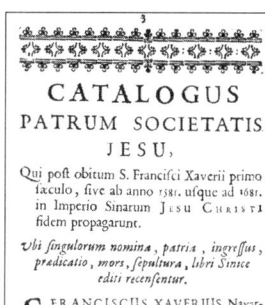

Couplet, *Catalogus Patrum Societatis Iesu…*, 1686

《耶稣会神父目录》未包括当时于葡萄牙治下在澳门工作的耶稣会士，但却统计了那些隶属于耶稣会日本省(Japanese province)而在广东、广西工作的耶稣会士。柏应理在书中提到，耶稣会的著作包括126部神学著作(materiae sacrae)和89部天文学、伦理学和哲学著作(mathematicae, moralia, philosophia)，总共215部作品，代表486卷中文书籍(Sinica volumina, 或卷)。[10]

无论是在《圣教信证》还是在《耶稣会神父目录》中，柏应理既未提及中国基督徒的名字，也没有说明他们如何帮助耶稣会士翻译和润色西文著作，同样，他也忽略了对于中国天主教徒独立撰写书籍的介绍。正因

---

10 Couplet, Praefatio, *Catalogus Patrum Societatis Iesu qui post obitum S. Francisci Xaverii ab anno 1581 usque ad annum 1681 in Imperio Sinarum Iesu Christi fidem propagarunt*, 1686, pp.1~2.

如此，许多现代学者倾向于将这些中国基督徒视为这些著作的合著者。

柏应理的贡献在于，他不仅编写了目录，还引入了许多中国天主教书籍。但在他的另一部著作《一位中国奉教太太：许母徐太夫人甘第大传略》(Histoire d'une dame chrétienne de la Chine)中，柏应理将这一成就归功于许甘第大：

> 得知这位神父(柏应理)将去亲吻教宗(英诺森十一世)的脚并向他汇报中国传教的情况，她给了他资金购买了四百多卷由我们的传教士用中文撰写的书籍。教宗对这一礼物非常满意，并将它们存放在梵蒂冈图书馆中，并给予了特别的标记。我毫不怀疑，随着时间的推移，罗马会将这位女士视为玛蒂尔达(Mathilda)一样，在圣彼得大教堂和与之相连的宫殿中建立了如此庄严的感恩和虔诚的纪念碑，因为她将她在意大利拥有的一部分土地赠予了教会。[11]

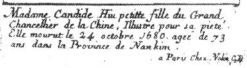
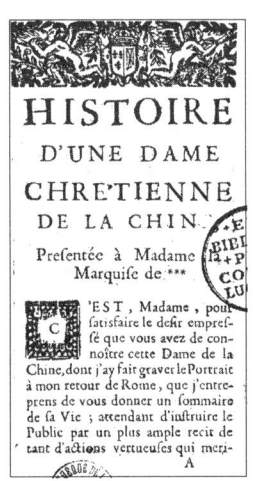

Couplet, *Histoire d'une dame chrétienne de la Chine*, Paris: Estienne Michallet, 1688.

---

11 Couplet, *Histoire d'une dame chrétienne de la Chine*, pp.126~127.

　　这里提到的中世纪的斯卡纳的玛蒂尔达(Mathilda of Toscany, 约1046~1115)在17世纪的反宗教改革运动中扮演了非常重要的角色，她是教宗制度的坚定拥护者。[12] 因此，1633年，教宗乌尔班八世(Urban VIII)特意委托贝尔尼尼(Bernini)为她安置墓地，于是，玛蒂尔达的遗体在1645年被移至圣彼得大教堂的墓园里。但柏应理的设想却最终没有实现，许甘第大至今没有在圣彼得大教堂拥有一个供人悼念的处所。

　　在这部著作的法文版本中，柏应理提到了许甘第大为他购买中文书籍提供了资金，所购书籍数量超过四百卷。不过，我们注意到在西班牙本有着更加具体的数字，即414本。[13] 尽管这个数字与《耶稣会神父目录》中的486卷仍然有着72卷的差距。其中的原因可能与受排教运动的影响有关，频发的教难导致了一些书籍的失佚。另外，还有一些书籍在绝版后也一直没有受到重印或重刻，进一步加大了这一区别。

　　1679年，柏应理被耶稣会中华副省选为的代表(procurator)，前往罗马向耶稣会总会长汇报工作。他提到许甘第大曾希望他能在面见教宗时提及她捐赠的中文书籍。许甘第大虽然在1680年10月去世，但她为中国天主教事业的贡献却意义深远，尤其是她观察到中国女性团体在信仰生活中的缺失，并毕生致力于支持出版中文天主教书籍，以关切这些常常被限制在家中无法轻易参与教堂集会的中国女性，希望她们可以学习和实践基督教信仰。

　　虽然柏应理可能曾与许甘第大讨论过携带这些中文书籍前往罗马的计划，但明确提出向教宗捐赠整套书籍的想法应该是柏应理本人。1679~1680年，由于礼仪之争的复杂局势，柏应理无法向许甘第大确

12　不过，现代学者认为1102年斯卡纳的玛蒂尔达的捐给教宗的书是伪造的。

13　Couplet, *Historia de una gran Señora christiana de la China, llamada dona Candida Hiu*, 1691, Madrid : Antonio Roman, p.43.

认他是否能在罗马见到教宗，因为他此行的主要目的并不是为了觐见教宗，而是向耶稣会总会长汇报中国的传教情况。柏应理于1684年12月4日抵达罗马，并向总会长进行汇报。然而，当时在华耶稣会团体正面临严峻挑战，因为他们抵制1678年颁布的法令，该法令要求传教士需要向传信部任命的代牧(apostolic vicars)宣誓效忠。柏应理试图向教宗请求豁免这一要求，但未能成功。

我们此前提到，柏应理所编纂的《圣教信证》在1664年至1670年天主教遭受迫害后的护教运动中占据了重要地位。然而，更值得深入探讨的是，柏应理为何决定将中文目录翻译成拉丁文，并将中文书籍带到罗马？这一举动背后的动机和意义需要进一步阐明。

在《中国传教区现状简报》中，柏应理提到将中文书籍带到罗马的主要原因是"作为我们工作的见证和纪念，所有这些工作都旨在荣耀天主并促进教会——他的新娘——的胜利增长。"[14] 他特别指出，在近期的迫害中有大量书籍被毁尽。尽管迫害在1670年结束，但柏应理认为新的迫害的危险始终存在，因此，他希望保护这些中文天主教书籍免遭进一步摧毁。此外，柏应理还表达了希望这些近百年来的天主教著作和中文书籍能够找到一个"安放之所"(angolo da riporsi)。梵蒂冈图书馆因此成为了保存这些中文天主教书籍的理想之地。事实上，除了这一保存功能外，中文书籍的进入还发挥了其他更具战略性和意识形态的作用，正如我们所看到的那样。

---

14   Couplet, *Breve relatione* : "pegno e memoria delle nostre fatiche, tutte indirizzate alla gloria divina et alii accrescimenti trionfali della Chiesa suo Esposa"; Jap.Sin.131, f. 2r; Gatta, 1998, p.42.

3. 捐赠给梵蒂冈图书馆的中文书籍以及柏应理的目录

在《耶稣会神父目录》中，柏应理提到，中文书籍中的"不少的一部分"(pars non exigua)在英诺森十一世(1676~1689年任教宗)的帮助下被收入梵蒂冈图书馆。传信部的文件也证实，柏应理向梵蒂冈图书馆捐赠了330卷书籍。[15] 1685年6月6日，英诺森十一世接见了柏应理和沈福宗(1657~1692)。在这次会面中，柏应理向教宗展示了781年在西安出土的《大秦景教流行中国碑》，教宗同样也感谢柏应理向梵蒂冈图书馆的捐赠。[16]

正如我们所看到的，柏应理编写了两份传记目录，一份中文，一份拉丁文，其中均包含了书目信息。但为了梵蒂冈图书馆，柏应理还重新编写了第三份目录，全面收集了书籍目录，并列出了书目的标题及其作者，题为《中国书籍目录》(Catalogus librorum Sinicorum)。[17] 尽管目录没有署名，但显然只有柏应理具备编写它的能力。与此同时，柏应理还在编写《耶稣会神父目录》，为每位耶稣会传教士列出其出版物。这两份目录的内容常常相互对应，进一步证明了它们的共同作者应为柏应理。

15　APF, ACG, vol. 55, 1685, f. 136; 参见François *Bontinck, La lutte pour la liturgie chinoise* aux XVIIème et XVIIIème siècles, Louvain : Nauwelhaerts, 1962, p.210.

16　参见Bontinck, p.209.

17　按照Ecchellense-Naironi目录，柏应理的目录称为: *Catalogus librorum Sinicorum quos annuente SS.mo D.N. Innocentio XI Philippus Couplet Soc : Iesu Procurator Missionis Sinicae Bibliothecae Vaticanae dono dedit Anno Dom. MDCLXXXV* ; Ecchellense-Naironi, Catalogue, 1686, Vat. Lat. 13201, ff. 281~302; Vat. Lat. 7138, ff. 208~217.

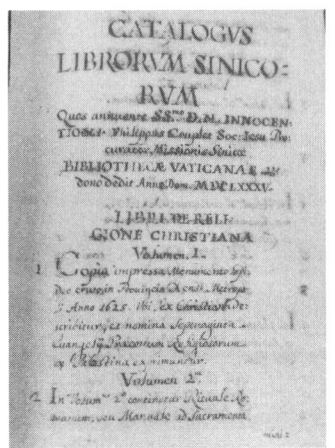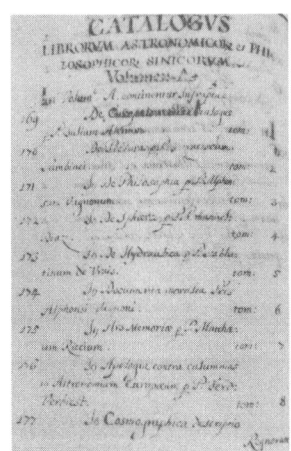

Couplet, *Catalogus librorum Sinicorum*⋯, 1686

《中国书籍目录》共收录了316卷书籍, 而不是传信部所记载的330卷。这一差异很可能源于柏应理在为梵蒂冈图书馆编制目录时, 收回了最初捐赠的14卷, 并将其中部分转赠至传信部以满足其需求。

目录分为两部分：基督宗教类(Libri de religione christiana, 卷号1~168)和天文学和哲学类(Catalogus Librorum Astronomicorum et Philosophicorum Sinicorum, 卷号169~316)。这种分类方式突破了《圣教信证》及《耶稣会神父目录》按传教士个人著作集中编排的传统, 体现了柏应理对中文书籍进行宗教与世俗的明确划分。值得注意的是, 这种分类方法与李之藻(1571~1630)在《天学初函》(1626年)中采用的"理编"与"器编"二分法存在相似之处。与李之藻一样, 柏应理也特别重视神学著作, 这在目录中得到充分体现——神学著作多达168卷, 占据首要地位。柏应理策略性地将《大秦景教流行中国碑》列至前端, 尽管它并不是由耶稣会士所写(不在《耶稣会神父目录》中), 这一安排或许是因为在1685年6月6日, 他曾将此碑文呈现给教宗。同样, 他也特意收录了利类思(Lodovico

Buglio, 1606~1682)的两部重要译著——《圣事礼典》(1675)和《超性学要》(1654~1677)。在分类方法上，柏应理与李之藻都将数学和天文学著作归入第二类，但在哲学著作的处理上存在差异：李之藻将其纳入"理编"，而柏应理则将亚里士多德的逻辑学归入第二类。这种差异反映了李之藻基于中国传统思想的"理编"与"器编"分类，与柏应理在欧洲思想背景下建立的"宗教"与"世俗"分类体系之间的区别。

值得注意的是，柏应理捐赠给梵蒂冈图书馆的316卷书籍中包含了中国天主教徒的著作。与《圣教信证》和《耶稣会神父目录》不同，这份目录明确记载了部分中国天主教徒的姓名，如徐光启(Colaus Paulus)、李之藻(Doctor Leon)、杨廷筠(Doctor Michael)、朱宗元(Matthaeus Chu)。

4. 柏应理的策略

事实上，柏应理捐赠的316卷书籍并非许甘第大呈献给教宗的私人礼物，而是其精心设计的一项策略性举措。通过将耶稣会中文著作引入梵蒂冈图书馆，柏应理实质上是在为耶稣会在华传教方法寻求官方认可。尽管当时梵蒂冈鲜有人能够阅读这些中文典籍，但仅仅凭借其被教宗图书馆收藏这一事实，就足以赋予这套文献相当的权威性。值得注意的是，梵蒂冈图书馆历来就有收藏非基督教文献的传统，特别是希腊、犹太和伊斯兰文化的典籍，但这并不代表教会对这些著作内容的认可。不过，对柏应理来说，耶稣会的中文书籍并不代表对中国文明的世俗知识，而是中国基督教信仰的真实见证。

在《中国传教区现状简报》中，柏应理甚至假设，未来熟悉汉字的欧洲人或许可以通过审查这些中文书籍，来确认这些文本的正统性，因为耶稣会士在中国所宣扬的与在欧洲相同，即被钉十字架的耶稣基

督。柏应理提到了耶稣会士在华刻印的第一本书——罗明坚1584年的
《天主实录》。该书封面上不仅印有耶稣会标志"HIS"和象征基督受难
的三个钉子，还附有关于基督受难的详细解释。[18]   通过《天主实录》的
例子，柏应理似乎在回应外界对耶稣会士向中国人隐瞒基督受难的指
控。如果说柏应理只是为了保护这些书籍在中国免遭破坏，其实更为
容易的办法是将其存放于罗马耶稣会档案馆。然而，他选择将这些书
籍捐赠给梵蒂冈图书馆，显然更是希望通过教宗私人图书馆的权威背
书，证明耶稣会在华传教的内容完全符合天主教正统教义。

5. 结论

　　本文重点考证了柏应理捐赠中文书籍的真实意图。因为在1679年，
许甘第大不太可能有向教宗捐赠中国天主教书籍的私人意愿。虽然柏
应理当时确实考虑过在中国境外保护这些著作的必要性——这一远见
卓识在后来的历史进程中得到了充分印证，因为大部分天主教典籍在
中国确实遭受了严重损毁——但他的考量远不止于此。柏应理深知，即
便欧洲人无法阅读中文，但这些天主教典籍在罗马的收藏本身就具有
重要价值，它们见证了中国天主教百余年的传教历史。在罗马期间，
柏应理巧妙地借助许甘第大的名义将这些书籍转呈教宗，使其得以进
入教宗私人图书馆。这一策略性举措旨在为耶稣会在华传教事业争取
官方认可。

　　在柏应理带到罗马的414卷书籍中，绝大多数著作(根据柏应理《中国
书籍目录》为316卷)都进入到了梵蒂冈图书馆。直至今天，这些书籍仍然

---

18   Couplet, *Breve relatione* ; Jap.Sin.131, f. 2r; Gatta, 1998, p.42.

完整地保存在梵蒂冈图书馆"Raccolta Generale Oriente III"的目录里，编号从202到244，并且构成了梵蒂冈图书馆中文书籍收藏的核心部分。此外，柏应理还将部分中文典籍分别赠予罗马其他重要机构：包括耶稣会档案馆(ARSI)和传信部下属的乌尔巴诺学院(Collegio Urbano)。

值得注意的是，柏应理的捐赠具有明显的选择性：他并未收录中国传统经典著作，而是专注于耶稣会士和中国基督徒的著述。因此，这批藏书并不能被认为是一个完整的汉学收藏。但它的意义在于全面反映了一个世纪以来天主教在中国活动的历史经验以及与中国文化的深刻互动。此外，这批藏书所收藏的内容几乎涵盖了所有重要的天主教著作，并同时涉及天文学、数学、哲学、词典学等多个学科领域，也充分展现了耶稣会传教士在当时中国进行知识传教的广泛性与多样性。

17세기 한학에서의 중국 형상
: 바티칸도서관 소장 한문 문헌을 중심으로

17世纪汉学视阈下的中国图像: 以梵蒂冈图书馆所藏汉籍为中心

추장닝邱江宁

在中国与世界的学术交流进程中, 梁启超曾总结云: "中国智识线和外国智识线相接触, 晋唐间的佛学为第一次, 明末的历算学便是第二次", [1] 明末清初传教士大举来华所带来的"西学东渐"浪潮即梁启超所谓的中、外知识线的第二次接触期。在16世纪大航海时代的助推下, 17世纪的中西文明交流频繁而复杂: 一方面是西学东来, 传教士带来的西方天文、地理、地图、数学等方面的科学知识, 对中国社会和传统士大夫的知识体系和世界观造成深远影响, 学界空气为之一变; [2]另一方面是"中学西传", 传教士、外交官、商人和探险家等等人群, 通过书信、游记、插图以及中华典籍译介等形式, 把中国的宗教、思想、技术、文化、政治和日常生活介绍给欧洲, 对近代欧洲文化特征的塑造和构建也同样影响深远。如果说"西学东渐"重塑了中国知识界的世界观和认知逻辑, 致而对中国的近代化进程产生巨大影响, 那么"中学西传"则同样深刻地影响了欧洲的整体社会面貌, 这尤其体现于欧洲"中国风"的兴起。在欧洲中心主义的语境中, 人们对于

---

1   梁启超《中国近三百年学术史》, 商务印书馆2011年, 第8页。

2   梁启超《中国近三百年学术史》, 商务印书馆2011年, 第8页。

后者意义和重要性的关注和探讨远不如前者那么深入而富学理性。而如果对"中学西传"的意义进行深入探究时，有三个关键词则显得尤难忽略，那就是"17世纪汉学""图像""梵蒂冈图书馆"。早期的"中学西传"主体是传教士，他们基于传教目的而展开对中国语言、文化、历史和哲学等进行沉浸而系统的研究，这推动了17世纪传教士汉学的兴起；而为了更加直观地介绍他们所理解的中国形象和所看到的中国现实，汉学著作中往往带有许多插图，这些插图不仅为17世纪的欧洲读者提供了了解中国的方式，而且也颇为真实地传达出17世纪中西交流过程中，"世界看中国"的他者解读意味。值得注意的是，作为目前世界上收藏明清西学汉籍文献最多的图书馆之一，梵蒂冈图书馆几乎追踪和庋藏所有自16世纪末到17世纪间传教士们的汉学著述，这使得17世纪汉学的观照与梵蒂冈图书馆建立起了直接而必然的关联。

1. 西学来华浪潮与17世纪汉学的兴起

15世纪末，西班牙人克里斯托弗·哥伦布(西班牙语：Cristóbal Colón；意大利语：Cristoforo Colombo，1451年10月31日~1506年5月20日)与葡萄牙人瓦斯科·达·伽马(约1469年~1524年12月24日，葡萄牙语：Vasco da Gama)两位航海探险家的贡献，极大地刺激了欧洲探索新航路的热情，更由此推动了16世纪大航海时代的到来。尤其是后者，意义重大。1497年7月8日，达伽马率领船队从葡萄牙里斯本出发，沿非洲西海岸南下。航程中，达伽马船队利用大西洋的信风和洋流，绕开非洲南端的好望角，之后向东航行，穿越印度洋，于1498年4月抵达印度的卡利库特(今卡利卡特)，成为首批直接从欧洲航行到印度的人。这一航线被人们称誉为"达伽马航线"。"达伽马航线"的发现，使得欧洲与东方之间的海上通道被直接贯连，这不仅证明了从欧洲到印度海路的可行性，为葡萄牙乃至整个欧洲的海上贸易带来革命性的变化，更为欧洲人探索东方中国提供了物质基础，西学来华浪潮即发生于这一历史背景中。应该说，西学来华浪潮是伴随着西方探索东方，扩张殖民区域野心而形成的，但是，传教士们在充当殖民工具的同时，为了传教的方便和融入当地的需要，自觉不自觉地推动了17世纪汉学的兴起。

17世纪传教士的来华浪潮　　16世纪大航海时代的开启，西方世界急欲进入中国，早从16世纪中叶起便不断有探险家、商人、外交使节、军人以及身分不明的投机分子甚至海盗各色人物试图进入中国，却每每不成功，直到16世纪末，17世才真正掀起西方人的来华浪潮，其主体人物则是传教士。

最早到达中国内地边境的传教士是西班牙耶稣会士圣方济各·沙勿略(Saint.Francois Xavier, 1506~1552)，他在1552年8月，乘"圣十字"号抵达距广州30海里的台山上川岛，因明朝海禁甚严，沙勿略未能进入中国，去世于上川岛。第一个进入中国内地的传教士应该算是意大利耶稣会士罗明坚(Michele Ruggieri, 1543~1607)，他在1579年到达澳门，此后四年间，曾四次进入广州、两次进入肇庆，但直达1583年9月10日，罗明坚才引导利玛窦同时进入中国，并在广东肇庆建立了第一个传教驻地。真正意义上开启来华传教的第一人则是著名的利玛窦(Matteo Ricci, 1552~1610年)。1581年，意大利天主教耶稣会传教士利玛窦被罗马教廷派往中国，1583年，与罗明坚一同到达肇庆。利玛窦"剪发秃首，披袈裟以示弃俗之意颇类僧人"，被广东政府官员和民众认作"西僧"或"番僧"，[3]顺利进入中国，之后更凭借其了不起的记忆之宫(The

---

3　萧若瑟《天主教传行中国考》，河北献县天主堂1931年。

Memory Palace, 按照事物的顺序进行记忆), 突破汉语语言关, 打开与中国
精英士大夫的交往通途, 成为沟通中西文化交流的第一人。

　　利玛窦在中国的传教活动取得巨大成功固然有赖于他本人的坚韧品
格和过人天赋, 但他身边的助手群体也非常重视, 他们相互关联、互
为承接, 几乎覆盖了17世纪上半叶在华传教士的整个群体。他们有:
西班牙籍耶稣会士庞迪我(Diego de Pantoja, 1571~1618), 1599年(万历二
十七年)10月, 庞迪我被范礼安派遣去南京协助利玛窦传教, 1601跟随
利玛窦一同前往皇宫, 成为第一位觐见中国皇帝的西班牙人。意大利
籍耶稣会士郭居静(LazzaroCattaneo,1560~1640), 1594年, 郭居静抵达
中国, 先在澳门学习汉语, 随后前往韶州(今广东韶关)协助利玛窦传
教。1596年, 利玛窦被范礼安任命为耶稣会中国教区负责人, 全权负
责在中国的传教活动, 利玛窦遂任命郭居静、罗儒望为南京天主教本
堂和副本堂的司铎, 加强天主教在南京的影响。罗儒望(Jean de Rocha,
1566~1523)也译作罗如望, 葡萄牙籍耶稣会传教士。1598年(明万历二十
六年), 罗儒望被派至中国韶州(今广东韶关), 1601年(万历二十九年)到达
南京, 作为郭居静的助手协助其工作。1615年, 耶稣会总会长同意中
国传教区成为独立于日本耶稣会省的一个副省, 这一决定在1621年执
行, 罗儒望即为第一位中国副省区之会督。熊三拔(Sabbatino de Ursis,
1575~1620), 意大利籍天主教耶稣会传教士, 1606年(万历三十四年)到
达北京, 成为利玛窦的亲密同修和助手。龙华民(Niccolò Longobardo,
1559~1654), 意大利耶稣会传教士, 1596年(万历二十四年), 他与Nicol.
Pimenta神父同行, 从里斯本出发, 1597年(万历二十五年)抵达澳门, 一
开始在韶州传教, 1609年(万历三十七年)到达北京。1610年(万历三十八
年)利玛窦去世, 龙华民接任利玛窦在华传教区会长之职。金尼阁
(Nicolas Trigault, 1577~1628), 比利时耶稣会传教士, 1610年, 利玛窦

去世后抵澳门，1611年初，经由肇庆抵达南京，由此开始中国的传教生涯。天主教在利玛窦等人的努力下，有很大的发展，其势头在南京尤甚，沈德潜曾云"今中土士人授其學者遍宇内，而金陵尤甚"[4]。艾儒略(P.julius Aleni, 1582~1649)，意大利人耶稣会传教士，1610年(万历三十八年)到达澳门，在澳门耶稣会神学院讲授数学，1613年开始在中国内地活动传教。高一志(Alphonso Vagnoni, 1568~1640)，又名王丰肃，意大利籍耶稣会传教士。1605年来华，1616年被逐出境，后于1624年返回中国，至山西传教。毕方济(Francois Sambiasi, 1582~1649)，意大利天主教耶稣会传教士，1610年抵达澳门、1613年抵达北京，与南明政权往来甚密。卜弥格(Michał Piotr Boym, 1612~1659)，波兰耶稣会传教士，1643年从里斯本出发前往中国，1644年到达澳门，1648年，卜弥格得到澳门葡萄牙耶稣会授意，由湖南、河南到达西安，见到了"大秦景教流行中国碑"，1649年后与南明朝廷关系密切。1650年作为南明特使回返欧洲寻求支援。

由于利玛窦"科学辅教"的成功，一批传教士中的科学研究者来到北京，推动了传教士在华影响走向高潮。这其中，最著名的是17世纪德国猞猁科学院的第七位院士邓玉函(Johann Schreck, 1576~1630)，1618年4月16日，他与汤若望、罗雅谷、傅泛际等，随金尼阁从里斯本启程赴东方。1619年7月22日抵达澳门，1621年到杭州传教。1623年到达北京。1629年，被徐光启推荐进入明朝历局任职。汤若望(Johann Adam Schall von Bell, 1592~1666)，是继利玛窦之后，传教成绩最大者。1617年，汤若望在罗马学业晋升圣司铎，同年(1617年)被派往中国传教。1634年12月与徐光启合作完成卷帙浩繁的《崇祯历书》，共计46种137

4　沈德潜《万历野获编》卷三〇《外国·大西洋》，中华书局1959年，第784页。

卷。1644年，汤若望将《崇祯历书》压缩成103卷《西洋新法历书》进献清廷，被清廷定名《时宪历》，颁行天下，并因此获任钦天监监正，成为中国历史上的第一个洋监正，从而开创清朝任用耶稣会传教士掌管钦天监的传统。意大利耶稣会传教士卫匡国(Martino Martini，1614~1661)，1643年来到中国，第一次在华期间(1643~1651年)以杭州为常住地，1659年重返杭州，两年后去世。南怀仁(Ferdinand Verbiest，1623~1688)，比利时天主教耶稣会传教士。1658年，受派抵达澳门，后到陕西传教，1660年到北京参与汤若望修订历法工作。1668年掌清朝钦天监，制造天文仪器，后任太常寺卿、通奉大夫。

此外，还有葡萄牙耶稣会士曾德昭(Álvaro Semedo，1585~1658)，1613年(万历四十一年)到达南京，取名谢务禄。1616年(万历四十四年)，被押送澳门。1620年改名曾德昭，至浙江、江西、江苏、陕西等地传教。1625年(天启五年)至西安考察《大秦景教流行中国碑》。1637年(崇祯十年)自澳门起程赴罗马参加耶稣会代表会议。1644年，中国教区副总会长身份再度来华，直至1658年去世。[5]意大利耶稣会传教士潘国光(François Brancato，1606~1682)，1637年(崇祯十年)到达上海，主持天主教教务，是第一个常驻上海的耶稣会传教士。利类思(Lodovico Buglio，1606~1682)，他是第一位到达中国四川的天主教传教士，在1640年创建了成都教堂。葡萄牙传教士安多德(Antonio de Andrade)，1626年，首次进入西藏西部的阿里地区传播基督教，是首位到达西藏的西方人。法国耶稣会士聂仲迁(Adrien Greslon，1614~1696)。1649年，他应罗历山(Alexandre de Rhodes，1591~1660)的征召，与刘迪我(Jacques Le Favre，1613~1676)一起前来中国，1656年到达澳门，1657年与傅沧溟(Jean

---

Forget, 1606~1660)同被派往海南岛传教, 1663年接任刘迪我在赣州的教务。[6]德国耶稣会士约翰·格鲁伯, 1661年到达拉萨。[7]还有意大利籍耶稣会传教士瞿笃德(Stanislas Torrente, 1616~1681)；法国耶稣会传教士毕嘉(Dominico Gabiani, 1623~1694)、汪儒望(Jean Valat, 1599~1696)、方玛诺(Germain Macret, 1620~1676)、玛尔多纳(Jean Baptiste Maldonat)；比利时耶稣会传教士李方西(François Ferrari, 1608~1671)、鲁日满(François de Rougemont, 1624~1676)、柏应理(Philippe Couplet, 1624~1692)、卫方济(François Noël, 1651~1729)、万惟一(Guillaume Van der Beken, 1659~1702)；葡萄牙籍耶稣会士费奇观(Gaspard Ferreira, 1571~1649)、谢贵禄(Tranquillo Grassetti, 1588~1647)、安文思(Gabriel de Magalhes, 1609~1677)、梅高(José Estevão de Almeida, 1612~1647)、奥地利恩理格(Chrétien Herdtrich, 1625~1696)等等。[8]

　　而随着信徒的增多, 西班牙多明我会、方济各会与法国巴黎外方传教会的修士涌入中国, 这却导致了基督教在华影响的衰落。西班牙多明我会布道者黎玉范(Jean Baptiste Morales, 1597~1664)、闵明我(Domingo Fernández de Navarrete1618~1689), 费理伯(Philippe Leonardo, 1582~1649)、苏芳积(Francisco Díez, 1606~1646)、巴道明(Dominique de San Pietro, 1665~1741)。方济各会士玛方济(Francisco Bermúdez de la Madre de Dios,?~1657)、西班牙籍利安当(Antoine de Sainte Marie, 1602~1669)、郭多敏(Dominique Coronado, ?~1665)等。巴黎外方传教会主要创始人之一方济各(François Pallu Mgr. MEP, 1626~1684), 又被称作陆方济、巴主教。

6　汤开建《法国耶稣会士聂仲迁在华传教活动考述兼谈〈鞑靼统治下的中国历史〉一书的史料价值》,《国际汉学》2021年第2期。

7　陈志刚《论西方人眼中西藏形象的构建和批判》,《西藏研究》2009年第6期。

8　汤开健《法国耶稣会士聂仲迁在华传教活动考述―兼谈〈鞑靼统治下的中国历史〉一书的史料价值》,《国际汉学》2021年第2期。

1684年1月27日，方济各与颜珰(Charles Maigrot, 1652~1730)，进入福建漳州，但10月29即病逝，颜珰出任福建代牧区宗座代牧[9](福建教区主教)[10]，等等。需要指出的是，早在1645年黎玉范曾攻击诸耶稣会会士，并发布谕令，禁止中国教友祭祖祭孔。到1693年3月26日，颜珰在福建代牧去发布《命令或敕令》(Mandatum seu Edictum)，禁止代牧区用"天"和"上帝"来称呼唯一的真神，必须用"天主"称呼，严禁在教堂悬挂有"敬天"字样的牌匾，中国教徒不能参加祭孔祭祖仪式，等等，《命令或敕令》的发布是17世纪的"礼仪之争"进入高潮的标志，也是引发天主教在华发展衰落的重要导火索。[11]

综上所述，17世纪传教士来华潮流，以1583年利玛窦来华为代表，是西来传教士打开局面的标志；而以汤若望为代表，在他活动期间，1650年，中国区内，信徒已达到15万人，且在北京城内宣武门内建成了北京第一座大教堂(南堂)，这是西来传教士取得在华巨大影响的重要标志。而以1693年发布的《命令或敕令》引发了中国方面的严重反弹，是直接导致了17世纪传教士来华潮流中断的重要背景。据梁启超《中国近三百年学术史》的附表《明清之际耶稣教士在中国者及其著述》所录，最迟到达中国的传教士在1700年(清康熙三十九)共计65人，著译华文书籍300余种，这个数量应该不够符合其实至少数百人在中国传教

9　按：宗座代牧(Vivars Apostolic)又称为代牧主教，其意指教宗亲自委派一名传教士到某个尚未建立圣统制的国家或地区，由他负责管理和发展当地教务直到当地可以成立圣统制为止。这名传教士经教宗册封后获得主教头衔，拥有和圣统制下主教一样的权威和尊严。不过和　教　区主教相比，宗座代牧没有教区，亦没有主教座堂，他的教阶实际上低于教区主教，因此　又可称之为"不完全主教"(inpartibus)。而且，由于宗座代牧管辖的传教区不能称之为教区，一般可以称之为代牧区。谢子卿《天主教远东传教格局重组对中国礼仪之争的影响—从17世纪巴黎外方传教会的远东传教来看(1650~1700)》，《宗教与美国社会》2017年第2期。

10　赵建敏《早期巴黎外方传教会远东三位代牧的使命》，《基督宗教研究》2018年第1期。

11　柯蓝妮、王潇楠《颜珰在中国礼仪之争中的角色》，《国际汉学》2010年第1期。

的规模，但也颇能反映出其时西来传教士的踊跃情形及其贡献，而这些会传教士们对于此后数世纪的中国与世界所产生的影响则是怎么评价都不为过。

17世纪传教士汉学的兴起　　基于其传教的使命与责任，17世纪的传教士充当起了中西文化交流的桥梁，这种直接且必须深入的文化交流与碰撞，直接催生了17世纪汉学的兴起。而尤其值得注意的是，早期负责耶稣会远东传教事务的范礼安(Alexandre Valignani, 1538～1606)的影响。由于他提出和奉行的"适应"策略，要求耶稣会士以"文化调适"或"知识传教"的方式打开传教范围。而传教士们为了能够真正"博中国人之信用"、融入中国社会，在"文化调适"及"知识传教"的过程中，"习华言，易华服，读儒书，从儒教"，与中国知识精英合作翻译出版中文西书，以赢得其认同与接受。传教士对于中国知识阶层的震撼性影响，如梁启超所云，"明末有一场大公案，为中国学术史上应该大笔特书者，曰欧洲历算学之输入…在这种新环境之下，学界空气，当然变换，后此清朝一代学者，对于历算学都有兴味，而且最喜欢谈经世致用之学，大概受利(利玛窦)、徐(徐光启)诸人影响不小。"[12] 但另一方面，传教士们为融入中国而推进的汉学研究，开启了"中学西传"的广泛空间，同样对西方世界产生了无法估量的深远影响。这些汉学著作大多都是第一次以欧洲视角观察而得出的成果，主要体现为研究中国的相关著作和向所属修会汇报的关于中国各类情况的报告与书信，其内容涵盖有关中国的历史、天文、地理、哲学、制度、军事、经济、礼仪、语言、风俗、信仰、文学、器物、服饰、动植物等等，百事百科，无所不包。

12　梁启超《中国近三百年学术史》，商务印书馆2011年，第8页。

一方面是传教士们的汉语习得与研究。毋庸置疑，17世纪传教士汉学，影响最大、最不能忽略的当属利玛窦，但被誉为利玛窦的"铺路人"罗明坚的汉学成绩也不应忽略。从1579-1588年的在华九年间，罗明坚创立了第一所外国人学习汉语的机构——经言学校，写成第一部中文天主教作品《新编西竺国天主实录》、第一部欧汉辞典《葡汉辞典》、第一本汉语会话教材《宾主问答私拟》、第一部由外国人所作的中文诗集《中国诗集》，而且第一次将"四书"译成西班牙语和拉丁语。[13] 出于汉语学习和宗教传播的需要，罗明坚主持编订的《平常问答词意》（又称《葡汉辞典》[14]），内容包括神学、航海、自然、商业、外交等领域的词汇约计3000余条，该字典以拉丁字母作为拼注汉字音节的符号，以罗马字母代表声母和韵母，由此组合成汉字注音，它结合了中国蒙学的反切注音方法和葡萄牙文、意大利文的正字法，涉及葡萄牙语词、意大利字母注音、汉文对照，还包括辞书和检字法功能，不仅是世界上第一部中西文字典。而且，它所建立的一套适应西方人学习汉字读音的注音系统，又成为已知最早用拉丁字母拼注汉字的方案。[15] 新中国后，《葡华字典》的注音法则被中国文字改革委员会定为"中国第一个拉丁字母的拼音方案"并予以推广。[16]

罗明坚的《新编西竺国天主实录》（《Vera et Brevis Divinarum Rerum

---

13 陈恩维、徐茹钰《罗明坚的汉语学习与中国蒙学》，《文化杂志》2023年，第118期。

14 按：罗明坚、利玛窦编撰的《平常词意问答》起初以手稿的形式保存在意大利罗马耶稣会档案馆，编号为Jap.-Sin.,I,198，作者和编纂时间均未有注明，1934年意大利汉学家德礼贤(Pasquale D'Elia, 1890~1963)在罗马耶稣会档案馆首次发现了手稿，并将其命名为《葡汉辞典》，见陈恩维、徐茹钰《罗明坚的汉语学习与中国蒙学》，《文化杂志》2023年，第118期。

15 陈恩维、徐茹钰《罗明坚的汉语学习与中国蒙学》，《文化杂志》2023年，第118期。

16 南江涛主编《拼音文字史料丛书》之"《明末罗马字注音文章》(又名《明季之欧化美术及罗马字注音》)(利玛窦)，国家图书馆2015年。

Expositio》，简称《天主实录》），是耶稣会士用汉字撰写的一部基督教神学
著作。著作采用中国哲学思想著作写作的基本方式，以师徒对话的形
式，由一个中国人和一个西方学者进行对话，原文在1581年用拉丁文
写成，后译成中文，且经中国人译润，所以在1584年刊印时，称"新
编"。书中，罗明坚将天主教教义和儒家思想加以汇合，正式提出中国
典籍中的"上帝"和天主教的"天主"是同一概念，而为讲清楚天主教徒
的活动形式，《天主实录》第一次将"星期"时间制引入中国。作为明末
第一部天主教护教文献，《天主实录》是西方传教士到中国后由西文翻
译为中文的第一本书。1590年，罗明坚首次将"四书"译成西班牙文，
并将其呈予西班牙国王腓力二世，以供其了解中国思想及政治理念。
1591～1593年期间，罗明坚又将"四书"翻译成拉丁文，这是儒家经典
的首次西译。

　1583年，罗明坚的教友利玛窦跟随他进入广东肇庆。之后，为了传
教方便，利玛窦在学习汉语之际，于1588年，与罗明坚合作编纂《平常
问答词意》(又称《葡华字典》)。1593年，利玛窦在范礼安的授意下，首次
将朱熹的《四书》翻译成拉丁文。

　1606年(万历三十三年)，利玛窦在北京出版《西字奇迹》(又题"程氏墨
苑"[17])。该著乃用拉丁文拼写汉字，以文字解释图画的形式进行编撰的著
作，文中所用图画取材于《圣经》故事，每幅均题有拉丁文注音的汉字。
利玛窦"用罗马字母分析汉字的音素，使向来被人看成繁难的反切，变成
简易的东西"；不仅是西方学者认知和拼写汉语的便利工具，也"给中国
音韵学开出一条新路"[18]。《西字奇迹》原本即存于梵蒂冈图书馆。

_____

17　按：《西字奇迹》又题"程氏墨苑"，乃程幼博大约所刻书画集。利玛窦曾以尝四幅宗教
　　画赠大约，并题拉丁文注音其上，合所附短文，得三百八十七字，其中，字父(即声
　　母)二十六、字母(即韵母)四十三、次音四、声调符五。见方豪《拉丁文传入中国
　　考》，《方豪六十自定稿》，台湾学生书局1969年，第1页。

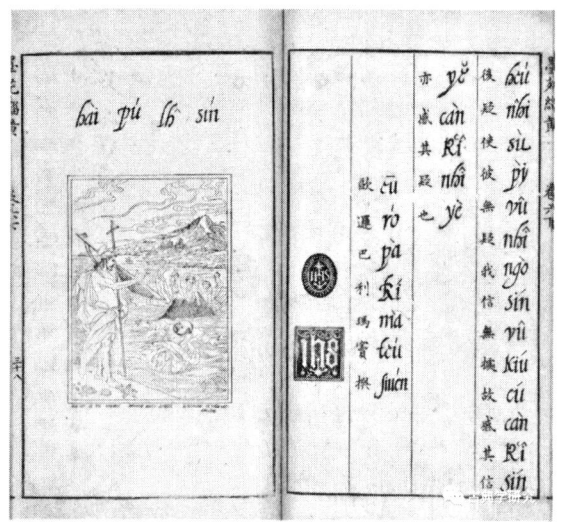

利玛窦《西字奇迹》，载《程氏墨苑》，明万历时期滋兰堂刊本

金尼阁通过整理和出版《利玛窦中国札记》不仅本人忠实地继承了利玛窦传教路线，而且将利玛窦的传教经验和对中国文化的观察传播到欧洲。1625年，金尼阁又在利玛窦拼音方案基础上编写《西儒耳目资》在杭州出版，该著是以"罗马字注音"的汉字字汇，是最早用音素字母给汉字注音的汉字字汇，因为是在利玛窦方案的基础上修改而成，故被称作"利、金方案"。此书成为西人学习汉字的重要门径，从汉学角度而言，《西儒耳目资》的出现，使得人们对文字的基本理解从"形象"转向了"声音"，在晚近的语言文字学研究中，也被认为是汉字拼音化的肇端。[19]

17世纪的传教士为了达到传教的目的，不得不认真对待汉语、学会汉语、研究汉语，并通过汉语来深入了解中国人和中国人的看法，[20]这

18　赵元任《国语罗马字的研究》，《国语月刊》1923年"汉字改革号"。

19　郭潇《耳目之争：晚清民国汉字图景的嬗变》，《美学研究》2024年第1期。

可谓传教士汉学精神的真谛, 在罗明坚、利玛窦、金尼阁等早期传教
士中体现得非常明显。值得注意的是, 汉语的地域特征非常明显, 这
个特点也被传教士们所注意, 就如利玛窦所云"除了不同省份的各种方
言, 也就是乡音之外, 还有一种整个帝国通用的口语, 被称为官话,
是民用和法庭用的官方语言"[21]。1620年, 一位在马尼拉(Manila)的华人
社区(被称为"Sangleys")中工作的西班牙多明我会传教士编写《漳州话语
法》(Anonymous, Arte de la lengua chi chiu)[22], 此著现存手稿, 乃最早的关
于中国方言(特别是闽南语或称福建话)的语法著作, 不仅在语言学上具有
重要价值, 而且为现代语言学研究提供了宝贵的资料。约编纂于1651
~1653年, 在1656年之前作修订的卫匡国的《中国文法》(《汉语语法》,
Grammatica Linguae Sinensis), 描述了当时的官话(以南京方言为基础)表达
形式, 该著主用拉丁语, 辅以汉字和罗马注音, 是首次将中国语法介
绍到欧洲的著作。[23] 1682年, 西班牙多明我会传教士万济国(Francisco
Varo, 弗朗西斯科·瓦罗1627~1687)完成《华语官话语法》(Arte de la Lengua
Mandarina)[24], 书中明确指出, 汉语的发音在不同地区有所不同, 但南
京话是官话的标准, 因此他以南京话为基础编写了这部语法书。该著
依照西班牙语法学家内布利亚(Elio Antonio Nebrija, 1441~1522)的《拉丁
文文法入门》(Introdutiones Latinae, 1481)的模式编写, 以拉丁语法的框

---

20 (日)内田庆市《近代西方人汉语研究的定位与可能性》,《国际汉语教育》2009年第2辑。

21 《利玛窦中国札记》, 广西师范大学出版社2001年, 第30页。

22 按: 该著原始版本现藏于西班牙巴塞罗那大学图书馆(CRAI Biblioteca de Reserva de la Universitat de Barcelona, 加泰罗尼亚汉学家Dolors Folch《The sinological materials of some of the Spanish libraries》, Europe Studies China. Papers from an International Conference on the History of European Sinology, 1992年。

23 陆商隐《欧洲国际汉学的开端》,《国际汉学》2023年第5期。

24 按:《华语官话语法》是万济国1682年在福州完成, 1703年方济会成员石铎琭(Pedro de la Piñuela, 1650~1704)在广州出版。

架，详细描述汉语的语音、词类系统、句法以及由语言表达而带出的中国民俗等内容。[25] 作者指出，汉语中三个必须牢记于心的事情是词项(即词汇)、声调和词序。如果词不在适当的位置上，句子就会变得不可理解。措辞和词序是汉语的精要所在，缺了它们就不可能正确地说这种语言。[26]

另一方面，是传教士从中西交流的角度展现出的历史表达与研究思考，它第一次充分且全面地展现出东、西文化交锋时所产生的巨大影响。著名的《利玛窦中国札记》(《De Christiana Expeditione apud Sinas》，意为"基督教远征中国记")则是最早关于中国的观察与思考的汉学书籍之一。该著在1610年，利玛窦去世时已经完成，之后，由金尼阁(Nicolas Trigault)将利玛窦的意大利文手稿翻译、整理成拉丁文，于1615年在德国奥格斯堡出版，封面上印着"耶稣会士利玛窦神父的基督教远征中国史　会务记录五卷　致教皇保罗五世"。该书首次精确忠实地描述了中国的朝廷、风俗、法律、制度以及新的教务问题，还有中国的地理、物产、工艺、科学、政府机构等内容，[27] 对西方世界产生深远影响，曾在很长时间里被视作西方认识中国的基本著作。[28] 梵蒂冈图书馆藏有《利玛窦中国札记》的早期版本。

1654年，卫匡国(Martini Martin)的《鞑靼战纪》(De bello Tartarico historia)，乃第一部记述明清鼎革的西文著作，它以拉丁文在比利时安特卫普出版，并在当年就有了英译本，而从1654年至1706年之间，该

25　董方峰《早期来华天主教传教士对汉语语法的研究》，《语言文化研究辑刊》第一辑，2015年。

26　[西班牙]瓦罗著，姚小平、马又清译《华语官话语法》"导论"，北京：外语教学与研究出版社2003年版，第12~16页。

27　《利玛窦中国札记》，中华书局1983年。

28　Rachel《1616年版〈利玛窦中国札记〉》，北京中国学公众号2023年3月3日。

书在7个国家重印了包括拉丁文、德文、意大利文、法文、英文等25种语言的版本。《鞑靼战纪》最独特的地方在于它是卫匡国本人亲历的清军攻略浙江现场的叙述，他对于明朝灭亡的客观观察视角以及当时耶稣会教徒卷入战乱的记录。另外，卫匡国还著有《中国耶稣会教士纪略》《述友篇》等著，[29] 就范围而言，其汉学研究覆盖了中国的历史地理、语文、天主教传教情况等多方面的内容。卫匡国的《中国上古史》(Sinicae Historiae Decas Prima, 全名《中国历史初编十卷, 从人类诞生到基督降世的远方亚洲, 或中华大帝国周邻记事》)1658年首版于慕尼黑问世，1659年又以拉丁文在阿姆斯特丹再版。这部书是断代史，上自远古，下至公元前一年(西汉哀帝元寿二年)，并将伏羲作为中国的第一个皇帝，将公元前2952年定为伏羲元年，奠定了中华上下五千年的说法基础。

曾德昭(Alvarez Semedo)的《大中国志》(The History of That Great and Renowned Monarchy of China)，1636年完成，分上下两部分，上部分记录明末中国的社会情状，内容涉及中国人的品貌、性格、才智、嗜好、民风民俗以及明末的语言、文学、宗教、科学、技艺、历史事件、异族异教等等；叙述了中国的行政架构、政体规章等；以及经史子集、科举考试、琴棋书画、出版发行等等。还描述了中国的地理位置、地形地貌、气候人口、各省包括台湾与海南的概况及岛屿等，书

《中国新图志》原版

---

29 Fiona《明朝灭亡亲历记—〈鞑靼战纪〉与〈鞑靼中国史〉》，北京中国学公众号2023年11月10日。

中还附有中国地图。书的下部分记录耶稣会士在华的传教事迹。《大中国志》出版后，影响甚大，成为17世纪欧洲人了解中国的主要著作之一。

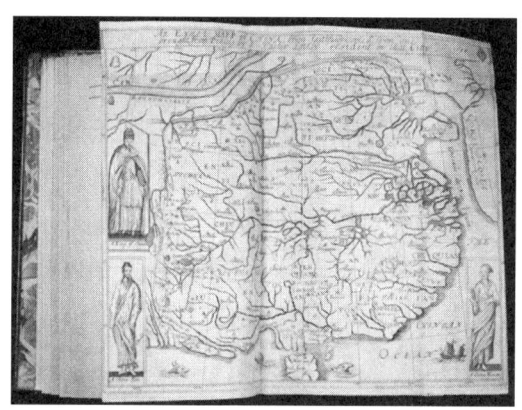

1655年版《大中国志》插图

安文思(Gabriel de Magalhães)的《中国新史》，此书原名《中国十二绝》。1650年，用葡萄牙文写成。著作以《马可·波罗游记》为蓝本，按照土木建筑、航运船舶、宫殿庙宇、匠作工艺四大类别，全景式地记述了"中华诸物"，包括中国的名称、地理位置、历史、语言、物质生活、矿产、航运、船舶、政治制度、国家结构等，尤其对中国社会的礼仪风俗、城镇特点、官僚贵族体制和皇城建筑等的记述更是详细，几乎汇集了17世纪来华耶稣会士有关中国知识最新最全面的认识成果，堪称"17世纪欧洲的中国百科全书"。该著初名《中国的十二特点》或《中国十二绝》，意即中国的12条优点，表达了安文思对"中华技术物"四大发明技术的惊叹，后被命名为《中国新志》。

闵明我(Domingo Navarrete)1676年出版的《中华帝国纵览》，对中国的社会现实、民众情感以及生活习俗有较为深入的表述，尤其受到欧洲学术界的重视。莱布尼茨、洛克、狄德罗、卢梭、伏尔泰、孟德斯鸠、魁奈、傅尔蒙等人提到过这本书，认为它对于了解中国大有裨益。

法国耶稣会士李明(Louis Le Comte)《中国近事报道》1696年于巴黎出版。该书出版获得巨大成功，短短4年间法文重版5次，并有英文、意大利文及德文译本，是17世纪末比较全面概述当时中国国情的著作。该书是李明在华期间写给国内要人的通信汇编，共有14封信。李明以自己的亲身经历对在中国的所见所闻做了详尽的报道。其中论述了中国人的语言、文字、书籍和道德，包括中国人思想的特点、政府和政治、中国人的宗教信仰等。李明认为，孔子是中国人教义最纯洁的源泉，他是中国人的哲学家、立法者、圣贤，尽管孔子不是国王，但他却统治着中国极大的一部分，而且到他死的时候，通过他所提倡的箴言和他所展示的公正例子，他在这个国家的管理事务上享有更大权。

《中国近事报道》中的康熙画像，画框饰以龙纹，
1696年法国巴黎版

意大利耶稣会士殷铎泽(Prospero Intorcetta, 1625~1696)与葡萄牙耶稣会士郭纳爵(Ignatius da Costa, 1599~1666)在1662年(康熙元年)，第一次正式将《四书》翻译成拉丁文，并在江西建昌府刻印，书名为《中国的

智慧》(Sapientia Sinica)，内有2页孔子传记和14页《大学》译文以及《论语》前部译文，此书后被带往欧洲。殷铎泽又译有《中庸》，书名为《中国的政治道德学》(SinarvmScientia Politico-moralis)，于1667年和1669年(康熙六年和八年)分别刻于广州和印度果阿，并于1672年重版于巴黎，书末附法文和拉丁文《孔子传》，内有殷铎泽写的一篇短序、54页的《中庸》拉丁译文、8页的孔子传记。本书主要编译者为殷铎泽，但参与者有郭纳爵等17名耶稣会士，其中意籍会士5人、葡籍会士5人、法籍会士4人、比利时籍会士2人、奥地利籍会士1人，可以说是欧洲宗教界和知识界的鼎力之作。《论语》的最早译本，也出于殷铎泽和郭纳爵两人之手，刻于印度果阿，但未题刻年。殷铎泽返回欧洲时，他带走了一些中国文献的译文，不辞辛苦地寻找出版社，希望能将中国儒家文献向欧洲作以介绍。1672年，殷铎泽在巴黎以法文出版了《中国政治道德学》，题目改为《中国之科学》，其中《中庸》和孔子传记比广州版和果阿版有了较大的改进。

　　1687年，柏应理(Philippe Couplet)奉法国国王路易十四敕令与殷铎泽、比利时耶稣会士鲁日满(F. de Rougemont, 1624~1677)、奥地利耶稣会士恩理格(Christian Herdtricht, 1624~1684)在合编《中国哲学家孔子》(Confucius Sinarum Philosophus)，在巴黎出版拉丁文译本，该书中文标题为《西文四书直解》，书中有中国经籍导论、孔子传和《大学》、《中庸》、《论语》的拉丁译文，但缺少《孟子》，故只能认为是"三书直解"。此书包括四个部分，共412页，并附插图：1. 柏应理给法国国王路易十四的献辞；2. 导言，论《四书》、《五经》的历史、要义、宋明理学等，历朝历代对《四书》、《五经》的重要注疏，佛老和儒学之间的区别。别，《易经》六十四卦和卦图之意义；3.《孔子传记》，开卷即是孔子的全身像，为殷铎泽所著；4.《大学》、《中庸》和《论语》的译文，各为39页、69页和180页，三书皆附注疏，其中《大学》由郭纳爵所译；《中庸》由殷铎泽译一部分，其它人翻译一部分；《论语》为殷铎泽所译。最后附有柏应理编的《中国皇朝编年史》(Tabula Chronologcia Monarchiae Sinicae)，以及他绘画的中国15省省图、115座大城市，以及耶稣会士建立的近200处教堂。

1650 年 11 月，广州被尚可喜、耿继茂等所率清军攻陷，发生史称"庚寅之劫"屠城事件。曾德昭时在城中，记录其亲历亲闻，其记录被葡萄牙耶稣会士若泽·蒙塔尼亚 (José Montanha)1653 年末以第一人称记录、葡萄牙文写成报告 《鞑靼人包围广州期间所发生的事情，以及在此期间和广州被攻陷期间神父们所做的事情》(Relação do que se passou no cerco de Quantum pelos Tartaros；e do que os Padres obrarão, epadecerão nesse tempo, equando se tomou)。 [30]

约翰·韦伯(John Webb)1669年发表的一篇关于讨论汉语是人类原初语言的作品。第二部是对中国颇为景仰的威廉·坦普尔爵士(Sir William Temple)在1685年创作了一部有关中国文化的散文集。

类似的著作还有鲁日满(Francois de Rougemont)用拉丁文撰写的《鞑靼中国史》，叙述明清过渡时期、满清对郑成功的战役以及17世纪中叶外国传教士在中国活动的历程。

此外，最早向欧洲介绍中国的传教士汉学著作要属16世纪末西班牙奥古斯丁会修士马丁·德·拉达(Martín de Rada, 1533~1578)的《中国记行》(Relación del viage que se hizo a la tierra de la China)。 [31] 马丁·德拉达是西班牙政府派往中国的第一位大使，其《中国记行》记录了他1575年

---

30 董少新《曾德昭〈鞑靼人攻陷广州城记〉译注并序》，《海洋史研究》2022年第2期。

31 张西平、龙宇飞《传教士汉学的性质、历史、特点与影响》，《宁波大学学报》2024年第4期。

从马尼拉出发，前往中国福建的经历。[32] 著作分为两部分，第一部分是中国之旅，第二部分是对其时明朝事物的观察，全景式地描述了西方人视角下的中国人及其生活方式，内容涵盖了中国的15个省份的城市和城镇，以及中国的军事人员、武器和防御工事，还提到了中国的家居、街道、拱门、灌溉系统和矿山，以及"他们的食物和宴会""百姓的品貌及其风俗和服饰"如茶饮等内容，此外，著作还讨论了中国的神话和编年史、皇帝、政府和司法行政系统、税收、神祇和宗教庆典，以及僧侣和圣人等情况。马丁·德·拉达还著有《记大明的中国事情》(Relación de las cosas de China que propriamente se llama Taybin)里评价了中国军队的火药兵器。

最早将中国典籍翻译成西文的是西班牙多明我会修士高母羡(Juan Cobo，1546～1592)。1588年，高母羡抵达菲律宾，在华人聚居的"涧内"(Parian)一带传教，为便于向当地华人传教，开始学习汉语，并以明初范立本1393年(洪武二十六年)编著的《明心宝鉴》为课本。《明心宝鉴》全书由20篇、六七百段文字组成，内容杂糅儒、释、道三教学说，荟萃明代之前中国先圣前贤有关个人品德修养、修身养性、安身立命的名句名段。高母羡在1592年将其译成西班牙文，手抄本于1595年被带回西班牙献给王子，即后来的斐利普三世，《明心宝鉴》由此成为中国历史上第一部被译介到西方的古籍读物，也是最先进入欧洲语言体系的中国哲学典籍。

最早向西方介绍景教碑图像的是卜弥格所画的景教碑图样。1648年，卜弥格在西安见到了《大秦景教流行中国碑》，将其翻译为拉丁文，在中、西文化交流中产生重要影响，1876年出版的《德意志人物全传》

32　吴琳《马丁·德·拉达的〈中国札记〉及其对中西文化交流的贡献》，《广西民族大学学报》2019年第1期。

(Allgemeine DeutscheBiographie)中，德国神学家卡尔·古斯塔夫·阿道夫·
西格弗里德(Carl GustavAdolph Siegfried, 1830~1903)概述卜弥格的生平认
为，"有了关于中国文献的最新发现，其他一切都已经无足轻重了"[33]。

最早研究中国植物的西方著作是卜弥格
1656年出版的《中国植物志》。著作中，卜弥
格介绍了主要生长于中国和南亚的29种动植
物的特性和产地，并绘制成27幅彩色图像，这
是西方研究中国动植物的第一部科学著作。
《中国植物志》之外，卜弥格的汉学成就非常
值得注意。石碑记载了西方基督教最早进入中
国的历史。碑文约1800个字。而卜弥格《在中
国的波兰耶稣会的卜弥格神父1653年在罗马
发表的一个关于基督教在那个国家的状况的
报告》(简称《报告》)，记录了他在永历朝廷里的
种种见闻和永历皇帝派遣他出使欧洲的经

卜弥格所画景教碑图样

过；其《中华帝国的耶稣会神父和中国的基督
徒承认的道理，在中国的四品级传教士卜弥格提出的建议》。[34]

　　1673年神父殷铎泽(Prosper Intercetta)把Confutius改成Confucius，这
年他在巴黎出版了中法文对译本《中国人的学识或孔夫子的书》。殷神
父和郭纳爵(Ignatius da Costa)此前就翻译出版了《大学》，稍后又翻译出
版了《中庸》和《论语》。此后在英文和法文中，孔子都采用以上译法，
意大利文用Confucio，德文用Konfuzius，俄文用Konfutzii，西方世界

33　[美]魏若望(John W. Witek)著，崔祥芬、王银泉译《17世纪末到18世纪初"大秦景教"
　　碑情况介绍：卜弥格和刘应发挥的作用》，《国际汉学》2017年第3期。
34　张振辉《卜弥格眼中的多彩中国》，《文明》2015年第9期。

普遍知道了孔子和儒家，等等。

　　总体而言，17世纪传教士汉学著作从历史、地理、经济、文化、风俗等多方面展现出传教士们在"适应策略"的传教理念和路线指引下对中国的观察与表达，具有非常鲜明的中西文化之间的互动、互生、互文的情形，是欧洲精英群体第一次深入直接地接触、学习、思考中国文化过程中的成果体现。

　　梵蒂冈图书馆对17世纪汉学典籍的庋藏　　梵蒂冈图书馆(Biblioteca Apostolica Vaticana)的历史可以追溯到4世纪的罗马教廷图书馆。14世纪在教宗阿维尼翁时期，其藏书量曾达到2000多册，但因西方教会大分裂而大多散失。1475年，教宗尼古拉五世在梵蒂冈重建教廷图书馆，1475年，教宗西斯克特四世正式建立梵蒂冈图书馆。相比于同时代建立的奥地利国家图书馆(Österreichische Nationalbibliothek, 1368年建立)、法国国家图书馆(Bibliothèque nationale de France1461年建立)，梵蒂冈图书馆的图书藏品可以说是品种最多、最全、史料价值最高的。目前梵蒂冈图书馆总计藏有82,000种不同文字的写本，100,000万个存档单元的档案资料，1,600,000本纸质书(包括 8,700 部摇篮本书)，400,000枚硬币和勋章，100,000张版画、绘画和印版及浮雕作品以及150,000张照片，保存着从基督纪元最初数世纪至今的人类历史和思想、艺术和文学、数学与科学、法律与医学领域的大量文献资料，涵括从远东到哥伦比亚之前的美洲西部等地区的多种语言和文化，而其中文藏品以及汉学著作收藏，更是同类翘楚。具体而言，梵蒂冈教廷与东方国家的外交关系可上溯自13世纪，但梵蒂冈图书馆第一次对其所藏东方语种文献的记录仅开始于1481年，而有关其中国文献及其他远东文献收藏的最早记载则更是推迟到十六世纪下半叶，共约7,000种(包括逾 2,000种中国古籍善本)，以及二百多件已经记录在案的来自于其他东亚国家以及

东南亚, 南亚国家的古文献写本, 另外图书馆还藏有上万件接近整理
完成的日本17世纪的写本文献。尤其值得注意的是, 梵蒂冈图书馆

　　保留了16世纪至18世纪来华传教士诸如耶稣会士、方济会士、多明
我会士以及其他修会的传教士们的中文著作、手稿、译作的基本面貌,
约计有487种, 涉及不同领域, 从为宣传天主教所写的教义著作。[35]

　　按照来源和版本情况, 梵蒂冈图书馆的中文藏书可以分为八个部
分, 即Barberini Orient(巴尔贝里尼东方收藏)、Borgia Cinese(波尔吉亚中
国收藏)、Borgia Siamese(波吉亚暹罗手写本)、Rossiani Stampati(罗西亚
尼刻印本)、Vaticano Estr. Oriente(梵蒂冈远东收藏)、Raccolte Prima(初
次刻印本)、Palatio(巴拉丁收藏)以及Raccolta Generale Oriente(东方一般
收藏), 这些中文藏书内容丰富, 不但有抄本、刻本, 还有图片、绘
画、拓片、地图、星图等等。其中也混有少量日文、韩文、藏文、蒙古
文、满文、越南语和暹罗语的文献, 约计7000部中文文献, 其中1911
年前出版的古籍在2000部左右。耶稣会最早到中国的传教士罗明坚于
1590年返回欧洲时, 带去了中国的书籍。罗明坚的著作《天主圣教实
录》也在梵蒂冈图书馆的藏品之中。

　　那些17世纪传教士汉学的著作进入梵蒂冈图书馆的过程, 则特别要
提到17世纪的几位神父的贡献, 他们分别是耶稣会士柏应理(Philippe
Couplet, 1623~1693)、傅圣泽(Jean-Francois Foucquet, 1563~1740)、方济
各会士康和子(Carlo Horatii da Castorano, 1673~1755)和余天明(Giovanni
Francesco OFM, 1656~1737)。

　　首先是比利时耶稣会士柏应理(Philippe Couplet, 1623~1693), 他于
1685年向梵蒂冈图书馆捐赠的约计500册中文书籍。这些书籍包括了

---

[35]　余东(Clara YU Dong)《梵蒂冈图书馆中国古籍文献的收藏整理及其电子化现状》(讲
　　稿), 梵蒂冈图书馆东亚馆员, Academia.edu

此前一百年间由在华传教士编撰、出版的著作，涵盖了宗教和科学主题，其中也包括了一些信教文人的著作，如徐光启、杨廷筠、李之藻、朱宗元等人的著作。它们收藏在梵蒂冈图书馆的"Raccolta Generale Orientale"(东方文献普通收藏)中，其中西学汉籍有145种。柏应理带回的文献大多是较好的刻本。除了教会系统的刻印本外，也有官刻本，像《崇祯历书》等天算之学的书籍大多是官府所刻。有关耶稣会在华的文化活动痕迹颇有反映，如带回有西方神学著作的译著、介绍西方天文学数学的著作等，如《新历晓或》《验气图说》《坤舆图说》《仪象志》等；还有其他教派传教士的著作，例如方济各会传教士万济国(Francisco Varo, 1627~1687)的《官话语法》等。[36]

其次是，意大利方济各会士康和子(Carlo Orazi da Castorano, 1673~1755)的贡献。1700年，康和子到达中国传教，1734年返回欧洲，其所携带的汉籍与相关资料，存入梵蒂冈图书馆，总计九十九条[37]，包括西文手稿、中外文对照词典、公文抄件、教徒领洗名单等等，其中汉籍57部，西学类典籍32部，诸如利玛窦《天主实义》(清康熙刻本)，利安当《正学镠石》(清康熙三十七年济南天衢天主堂刻后印本)，艾儒略《天主降生言行纪略》(明崇祯八年晋江景教堂刻本)、《天主降生出像经解》(二部，明崇祯十年晋江景教堂刻清康熙印本)、严谟《帝天考》(清康熙抄本)、白日升《经典记略问答》(清康熙抄本)，还有如万济国的《官话语法》(Arte de la Lengua mandarina)，白若望的《经典记略问答》，利安定(Agustin de San Pascal)的《永福天衢》等。中国古籍，如明崇祯六年(1633)南京国子监刻

36　张西平《西学汉籍文献研究初论》，第十届《尼山论坛论文选编》，2024年。

37　按：康和子携带回欧洲的图书文献，原存于罗马阿拉切利图书馆(Biblioteca di Aracoeli)，约在罗马被合并入法国的1809至1814年间进入梵蒂冈图书馆，谢辉《梵蒂冈图书馆藏〈孔圣家语〉小考—兼论〈孔子家语〉传入欧洲的历程》，《儒家典籍与思想研究》第十五辑，北京大学出版社2023年。

本《孔圣家语》等。[38]

　　而1722年傅圣泽返欧时携走的汉籍竟达5700余册，实乃十八世纪初规模最大的一次汉籍西传事件。这些汉籍目前分散于英国图书馆、法国图书馆以及梵蒂冈图书馆等世界多地，而遗留于梵蒂冈教宗图书馆的有180多种。如蒙突奇私人藏书中就有6种傅圣泽藏书，现存于梵蒂冈教宗图书馆，它们分别是：(1)字典《同文译》；(2)瓦罗(Varo)神甫的西班牙语册子，1703年在广东印刷，记录一种简短的忏悔方法；(3)葡萄牙—拉丁—中文词汇小册子；(4)中国古代和现代字典《篆字汇》；(5)《字汇补》；(6)《六子全书》。另外清康熙刻本《孝经衍义一百卷》，在英图存39卷(卷三十四至七十二)，而梵蒂冈则存该书的61卷(卷一至卷三十三，以及卷七十三至卷一〇〇)，二者叠加正好是一部完整书籍。[39] 这些书籍和文献一开始在传信部(Propaganda Fide)，后来转移到梵蒂冈图书馆。

　　另外，蒙突奇(Antonio Montucci, 1762~1829)，他去世后私人藏书被卖到梵蒂冈传信部，由传信部又移交给梵蒂冈图书馆。蒙突奇收藏了多部字典且注重书籍的品相，也是值得研究的人物。

　　而梵蒂冈图书馆藏品有关17世纪传教士著作中，最重要的是传教士

38 　按：梵蒂冈图书馆所藏《孔子家语》馆藏号R.G.Oriente.III.261，全书十卷，一函五册。半页十行二十字，小字双行同。白口，四周单边，单白鱼尾。版心上题"孔圣家语"，中题卷数，下题页数。最下方偶题字数与刻工"信"。卷端题"孔圣家语卷之某"及"南京国子监梓"。卷前有胡尚英《孔圣家语序》、崇祯六年王锡衮《家语序》。卷末有校阅者题名："南京国子监祭酒胡尚英、司业王锡衮同阅。监丞赵维寰、博士陈良佑、黎国俊，率性堂助教苏九容，修道堂学录陈之恪，诚心堂学录稽相琦，正义堂学正吴一琨、卜万运，崇志堂助教黄自泰、学正杨秉錄，广业堂助教薛宷、学正陆懋功、典簿程震、典籍陈九韶分阅。"

　　此本是据吴嘉谟万历年间所编刻《孔圣家语图》翻刻。谢辉《梵蒂冈图书馆藏〈孔圣家语〉小考—兼论〈孔子家语〉传入欧洲的历程》，《儒家典籍与思想研究》第十五辑，北京大学出版社2023年。

39 　毕研哲《傅圣泽汉籍旧藏的形成、流散与文化价值考释》，《汉学研究》(总第三十四集2023年春夏卷)，学苑出版社，2023年6月。

们绘制的星图与舆图，三套星图和四套地图。三套星图由汤若望主持绘制依次是《赤道南北两总星图》《黄道南北两总星图》以及《见界总星图》，它们《崇祯历书》《恒星经纬图说》中三套同名星图的放大版。其中尺寸最大的是《赤道南北两总星图》。从图上徐光启的序文来看，该图应该与他在崇祯四年八月初一日(1631年8月27日)进呈的"《恒星总图》一折"相同。三年后，汤若望还将这幅图印在绢上，制成八折屏风，由李天经进呈皇帝。梵蒂冈图书馆有该星图的两个藏本，一幅为设色本(Barbarini Orientale 149)为明内府刊本，共分八幅；另一套(Bavoa.233)为素印本。《见界总星图》为木印条幅，共两套，其中Barberini Orientale 151.1d为明末原刊本，Barberini Orientale 151.1c为清初修板刊本。《黄道总星图》馆藏号Barberini Orientale 151.1e，也是木印条幅，为明末刊印本。

　　四套地图中包括18世纪蒋友仁的一套，它们依次为1602年刊印的利玛窦《坤舆万国全图》(Barberini Orientale 150，木印六条幅一套)、1623年刊印的艾儒略《万国全图》(设色本Barberini Orientale151.1a和不设色的Barberini Orientale, 151.1b)、1648年刊印的毕方济的《坤舆全图》(Borgia Cinese. 529)、蒋友仁在1760到1762年之间完成的《乾隆十三排图》(Borgia Cinese 532)以及波兰籍耶稣会士卜弥格(Michel Boym, 1612～1659)写本《中华帝国十五省之十八幅地图》(Magi Catay quod olim seica et modo Sinarum estMonarchia Quindecem Regnorum Octodecim geographicae Tabulae)一册(Borgia Cinese 531)。[40]

　　目前，梵蒂冈图书馆所藏17世纪传教士汉学著作基本为张西平、任大援主持整理的《梵蒂冈图书馆所藏明清中外文化交流史文献丛刊》的

40　石云里《〈梵蒂冈图书馆藏明清中西文化交流史文献丛刊〉第二辑绪言—明末到清中期西学科技汉籍的产生与影响》，《自然科学史研究》2016年第3期。

第一辑、第二辑所影印出版。2017年出版的《梵蒂冈图书馆所藏明清中外文化交流史文献丛刊》第一辑共44册，170余种书，17世纪汉学家如庞迪我、利玛窦、卫匡国、高一志、利类思、汤若望、南怀仁、艾儒略、万济国、安文思、王丰肃、罗雅谷、罗明坚、龙华民、潘国光、郭居静、石铎禄、柏应理、毕方济、傅汎际等人的著作列在其中；2019年正式出版的《梵蒂冈图书馆藏明清中西文化交流史文献丛刊》(第二辑)共22册，53种书，内容主要为西方科技类著作，而17世纪传教士汉学科技著作如熊三拔的《泰西水法》，利玛窦的《几何原本》《同文算指》，汤若望的历法书《新历晓或》《新法历引》《历法西传》《新法表异》《治历缘起》，罗雅谷、邓玉函、汤若望的《割圆八线表》，邓玉函、汤若望《测天约说》，汤若望、罗雅谷《浑天仪说》，艾儒略的《几何要法》《职方外纪》，南怀仁的《坤舆图说》《新制灵台仪象志附新制仪象图》等等，都在其中。

2. "世界看中国"与17世纪汉学视阈下的中国图像

大航海时代的到来开启了17世纪"世界看中国"的浪潮，欧洲文化方面最伟大的发现也应该是认识了中国。这种"看"最直观地体现为对中国的图像表达。从梵蒂冈图书馆所藏传教士汉学著述来看，它又主要表现为地图表达、人物图像、动植物及日常生活世界图像等内容，相比而言，梵蒂冈图书馆所藏传教士的舆图、星图，多为原稿或者手稿。

坤舆：中国地图与世界地图 如前所述，17世纪传教士们来到中国，为实现传教的目的，他们往往采取迂回折中的"适应性传教策略"，即先通过语言习得融入中国本土，理解和适应中国的文化风俗，与此同时借助西方科技的传播与介绍来实现传教的目的。这首先且直接地体现在传教士们的地图表达与制作上。

1583年，罗明坚与利玛窦到达广东肇庆时，即随身携带了一小幅"用欧洲文字标注的世界全图"，这是比利时亚伯拉罕·奥特柳斯(Abraham Ortelius)1570年首次出版的《寰宇全图》(Theatrum Orbis Terrarum)，引起了中国精英的关注，

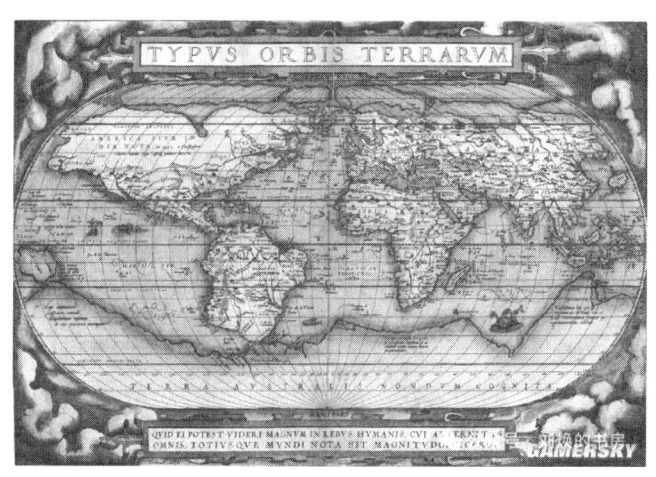

亚伯拉罕·奥特柳斯(Abraham Ortelius)
1570年首次出版的《寰宇全图》(Theatrum Orbis Terrarum)

这为传教士们发现传教蹊径提供了灵感。此后，传教士们既以他们所获得的世界知识来观察和发现中国，又以地图绘制的方式将中国纳入到世界的版图体系中。

1584年，利玛窦应广东肇庆知府王泮之请，绘制《山海舆地全图》[41]，将外文注释的世界地图重新刻印放大，并用中文加以标注。地图采用

---

41 按：利玛窦《《坤舆万国全图序》云："壬午(1582年)解缆东粤。粤人士请图所过诸国，以垂不朽。彼时窦未熟汉语，虽出所携图册与其积岁札纪，翻译刻梓，然司宾所译，奚免无谬"，粤人指王泮，司宾指福建秀才。

了中国传统文化中的传说和地理知识, 将世界分为六大洲：亚细亚(亚洲)、欧罗巴(欧洲)、利未亚(非洲)、北亚墨利加(北美洲)、南亚墨利加(南美洲)、墨瓦腊尼加(南极洲), 不仅标绘了南北美洲大陆, 还标注了"沧溟宗"(即太平洋)。[42] 这幅地图不仅打开了利玛窦与明代精英深入合作交流, 并由此顺利传教的路径, 地图中的注释往往根据中国习惯和传教需要, 加以增删, 此后, 利玛窦本人曾几次修订这张地图, 在南昌、苏州、南京、北京、贵州等地翻刻过十余次, 先后取名为《世界图志》《世界图记》《舆地全图》《两仪玄览图》《坤舆万国全图》等, 应该说, 利玛窦的这幅《山海舆地全图》在展示当时的世界地理知识之际, 也成为中国人首次接触近代地理学知识的重要载体。

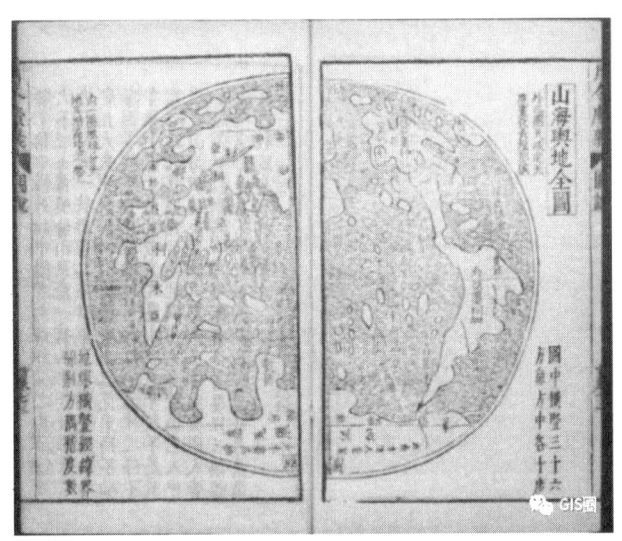

利玛窦《山海舆地全图》, 载《月令广义》(万历三十年秣陵陈邦泰刻本)

42　徐永清《中国化的世界地图》,《地图研究》集刊第1辑, 中国地图出版社2021年。

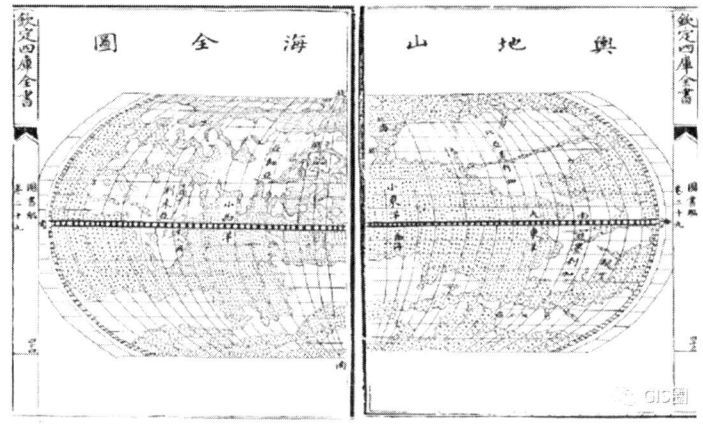

章潢《輿地山海全图》:《图书编》卷 29,《文渊阁四库全书》,
子部 275册, 第 552、553页

日本长久保赤水(Nagakubo Sekisui, 1717~1801年)
约绘制于1785 年的《山海輿地全图》

　　人们耳熟能详的是利玛窦的《坤輿万国全图》。但罗明坚在利玛窦之
前, 1590~1606间绘编出了西方第一幅《中国地图集》, 含37页地理描
绘和27幅地图。值得注意的是, 这幅地图集的绘制依据了万历时期的
《大明一统文武诸司衙门官制》(万历十四年宝善堂刊本)的资料, [43] 图中的

中文资料主要来自《大明一统文武诸司衙门官制》，[44] 在地理状况描绘时，罗明坚介绍了当时中国的十五个省份，包括其幅员、农业和矿业生产、行政区划以及帝国的驻军和卫戍部队方面的资料。罗明坚的表述也注意到了中国省、府、州、县对于中央的次第归属秩序。在各省地图前，罗明坚用中文首先介绍该"省"，然后是省辖的各"府"，以及该府与周边各"府"及帝国首都的距离。接着按照法定的等级"州"和"县"的顺序介绍该区域的主要城市。

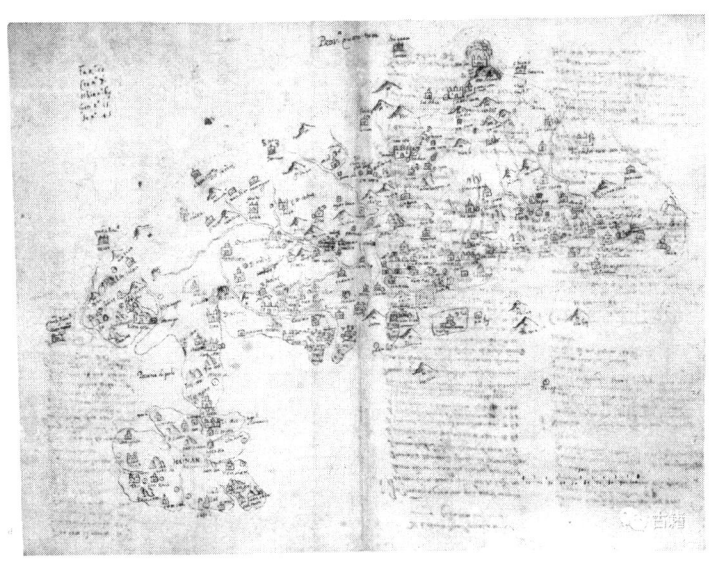

罗明坚《中国地图集》中的<广东省地图>(罗马档案馆及Istituto Poligrafico e Zecca dello Stato 出版，罗马，1993年，T11。)[45]

43　汪前进《罗明坚编绘《中国地图集》所依据中文原始资料新探》，《北京行政学院学报》2013年第3期，林宏《罗明坚中国地图集之"改创型"图稿的地图要素分析》，《国际汉学》2020年第4期。

44　[葡萄牙]洛佩斯(Fernando Sales Lopes)著，南丁译《罗明坚的〈中国地图集〉》，《文化杂志》1998年第34期。

45　*Atlante della Cina di Michel Ruggieri, S. I*., a cura di Eugenio Lo Sardo, Roma,

　　梵蒂冈图书馆所藏的舆图中最重要的是，1602年利玛窦与李之藻合作绘制出《坤舆万国全图》。1602年秋，利玛窦应时任营缮司主事的李之藻请求，用工部资源协助刊刻，重新刻印了一张较前更大的世界地图，取名《坤舆万国全图》，如利玛窦描述此图云："乃取敝色原图及通志诸书，重为考定，订其旧译之谬，与其度数之失，兼增国名数百，随其楮幅之空，载厥国俗土产，虽未能大备，比旧亦稍瞻云"，[46]《坤舆万国全图》比利玛窦此前所绘诸图，不仅订正旧译谬误甚多，而且增加数百个国名，故内容丰瞻细致许多。但它更值得注意的地方在于，它是应中央朝廷官员之请而绘制，是一幅非常关注且基于中国思维方式而绘制出的17世纪世界地图。

　　首先在名称上就非常具有中国表达特征。因为中国古籍《易经》称"坤为地"，而中国人习惯将地图称作"舆图"，所以称作"坤舆万国全图"。尽管，这幅世界地图的绘制参考了奥特柳斯(Abraham Ortelius)和麦卡托(Gérard Mercator, 1512~1594)所绘制的世界地图，[47] 但地图没有遵循西方绘制地图"上北下南"的传统，而是按照"上东下西"的方式，使远东和中国处于"地球的最顶端"，而且以东经170°子午线为中心绘制，故而位处东亚的中华帝国被放置到了世界的中心位置，这也方便利玛窦取悦其时托付他掌管钦天监重任的万历皇帝。1608年(万历三十六年)，利玛窦因万历皇帝之请，重修1602年的《坤舆万国全图》，万历皇帝非常喜欢这幅地图，下旨钦天监用丝织成12幅世界地图，安放在六对大屏风内，并给他的儿子们每人一张。

　　Istituto poligrafico e Zecca dello Stato, Libreria dello Stato, 1993.

46　利玛窦《坤舆万国全图序》，万历三十年(1602年)刊本。

47　[法]弗朗索瓦·穆罗著，桑瑞译，程曾厚校《比中国人更像中国人：17~18世纪在华耶稣会士》，《中山大学学报》2020年第6期。

其次，在内容上立足中国，中西交融。在地图知识表达上，体现出中国与世界交汇的特点。梵蒂冈图书馆所藏利玛窦《坤舆万国全图》(Barberini Orient150)，由6条屏幅构成，每条屏幅的尺寸为1.79米×0.69米，地图总长度达到了4.14米。地图呈椭圆形，内容详备，上有三枚耶稣会印章，背面则写有拉丁文。[48] 地图采用了16世纪最流行的椭圆投影绘制法，图中五大洲名用红色书写，国名和地名用墨色标注，"以地势分舆地为五大州，曰欧逻巴，曰利未亚，曰亚细亚，曰南北亚墨利加，曰墨瓦蜡泥加。若欧逻巴者，南至地中海；北到卧兰的亚及冰海；东至大乃河、墨何的湖、大海；西至大西洋。若利未亚者，南至大浪山；北至地中海；东至西红海、仙劳冷祖岛；西至河折亚诺沧。即此州只以圣地之下微路与亚细亚相联，其余全为四海所围。若亚细亚者，南至苏门答腊、吕宋等岛；北至新曾白腊及北海；东至日本岛、大明海；西至大乃河、墨河的湖、大海、西红海、小西洋。若亚墨利加者，全为四海所围，南北以微地相联。若墨瓦蜡泥加者，在南方惟见南极出地而北极恒藏焉。其界未审何如，故未敢订之。惟其北边与大小爪哇及墨瓦蜡泥峡为境也。""其各州之界，当以五色别之，令其便览"，[49] 这幅地图不仅对当时的世界地理知识都尽量予以吸收和反映，向中国人介绍了"地圆说"，这刷新了中国传统的""天圆如张盖，地方如棋盘"，"天圆地方"的认知理念。所以李之藻云"知世者中华第一"，而利玛窦在说明文字中云："他们认为天是圆的，但地是平而方的，他们深信他们的国家就在它的中央，他们不喜欢我们把他们的国家推到东方一角的地理概念"。而为了让中国人理解世界，《坤舆万国全图》对

---

48 张西平《梵蒂冈图书馆所藏西学汉籍刻本特点研究》，《汉学研究》2022年春夏卷，学院出版社2022年。

49 利玛窦《乾坤体义》，万历余永宁刊本，见《四库全书》，禹贡学会，1936年影印本。

图中的世界知识进行了深入的本土化处理，比较充分地利用了中国的文献资料，如马端临的《文献通考》、罗洪先的《广舆图》、《大明一统志》的附图、《杨子器跋舆地图》、《古今形胜之图》、徐善继等的《地理人子须知》、罗曰褧的《咸宾录》和郑若曾等的《筹海图编》等等。[50]

最后，利玛窦还是通过地图的制作向世界表达出他对中国人的理解。"他们不能理解那种证实大地是球形、由陆地和海洋所构成的说法，而且球体的本性就是无头无尾的"，"因为他们不知道地球的大小而又夜郎自大，所以中国人认为所有各国中只有中国值得称美。就国家的伟大、政治制度和学术的名气而论，他们不仅把所有别的民族都看成是野蛮人，而且看成是没有理性的动物。在他们看来，世上没有其他地方的国王、朝代或者文化是值得夸耀的。这种无知越使他们骄傲，那么等到真相大白的那一天，他们就越自卑。"尽管中国人"不喜欢我们把他们的国家推到东方一角的地理概念"，但利玛窦的这幅地图最早向中国人介绍了欧洲的世界地理学说，还极大地扩展了中国人的世界观。

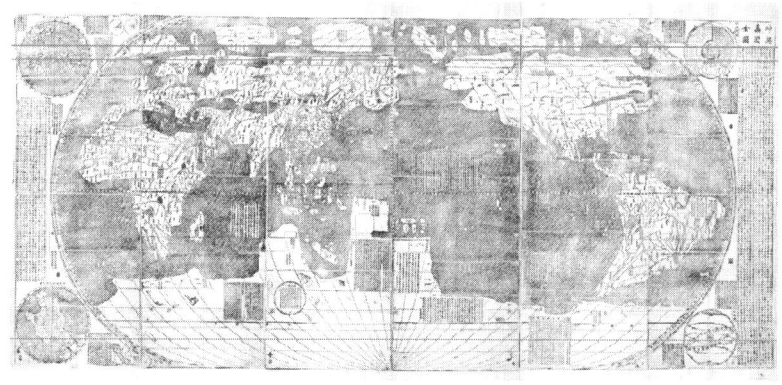

梵蒂冈宗座图书馆藏《坤舆万国全图》[51]

---

50   邹振环《殊方异兽与中西对话—〈坤舆万国全图〉中的海陆动物》，《海洋史研究》第7辑，社会科学文献出版社2015年。

此后，由17世纪传教士们所绘制的诸图，虽各有贡献，意义各呈不同，但总体特点并不能越出利玛窦《坤舆万国全图》的模范。

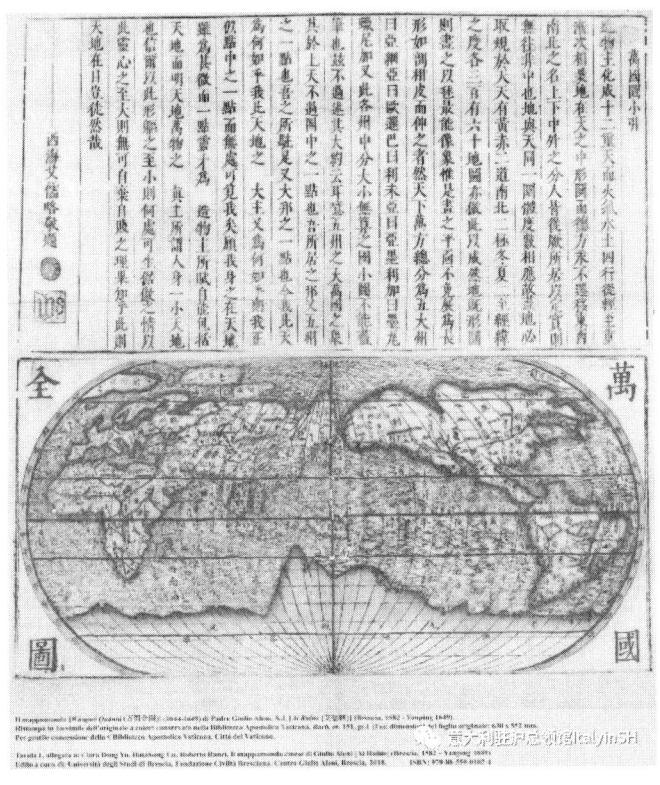

(Credit: UNIBS)

Wang kuo ch'üan tu, La mappa dei diecimila paesi di padre Giulio Aleni. L'originale è conservato presso la ©Biblioteca Apostolica Vaticana.(注：艾儒略《万国全图》，原件藏于梵蒂冈宗座图书馆。)[52]

---

51 按：1938年，意大利汉学家德礼贤(Pasquale M. D'Elia)以梵蒂冈教廷图书馆的藏本为主，著录了中国、日本、伦敦、巴黎所藏的利玛窦世界地图的照片、世界各地的抄本，从而完成了意大利文版的《利玛窦〈坤舆万国全图〉》。见方豪《梵蒂冈出版利玛窦〈坤舆万国全图〉读后记》，《方豪六十自订稿》，台湾学生书局1969年，第1898~1901页。

52 按：艾儒略修订的世界地图(1623~1649)版本，在梵蒂冈宗座图书馆的授权下，意大利布雷西亚大学对梵蒂冈方面收藏的，进行了仿真重印，并限量出版。

1623年，艾儒略《职方外纪》完成，原稿藏于梵蒂冈宗座图书馆。该书受明朝廷委托，乃第一部西方人用中文写就的，向中国人介绍世界地理信息的书籍。书中不仅附有"万国全图"(世界地图)，还有"南北舆地图"(南北半球图)。《万国全图》将世界分为五大洲，分别是亚细亚洲、欧罗巴洲、利未亚洲(非洲)、亚墨利加洲(南、北美洲)和墨瓦蜡尼加洲(大洋洲)，各大洲也附有洲图。地图上不仅有大陆国家，还有岛国和海洋的详细信息。地图第一次引入了如"亚细亚""地中海""尼罗河""南极""北极""赤道"等地理概念术语，还第一次向中国介绍了哥伦布远航美洲的事迹。地图大致以亚洲与北美洲连结部位的亚泥俺(白令)海峡为界，经线的弧形，东半幅向东凸，西半幅向西凸。五大洲展布形态已与现代世界地图类似，图中山脉、河流、国家等名称沿走向标出。

1634年(崇祯七年七月)，徐光启主持测绘，汤若望设计，罗雅谷校订，数位钦天监官员参与的《赤道南北两总星图》(又被称作"汤若望星座图"[53])绘制完成，这是17世纪世界上最为全面精准的皇家星图。该图也是梵蒂冈图书馆藏书的极具代表性的馆藏。该图为木印彩绘纸本，宫裱蓝绫，屏挂式，由八条幅纵向拼组而成，版框每幅高171.4厘米，宽56.5厘米；拼后全图版框高171.5厘米，宽452厘米；加上原裱外沿，全图高200厘米，宽452厘米。《赤道南北两总星图》的主图为两个大的圆形星图，皆以天赤道为界，分为南北两部分。

---

53 按：1634年《赤道南北两总星图》印绘后不久，汤若望私下复制了两个副本送往欧洲，一份现存梵蒂冈图书馆，一份藏巴黎的法国国家图书馆。由于明崇祯《赤道南北两总星图》屏挂(以下简称"宫藏版")一直深藏清宫不为外人所知，因此西方学界曾一度认为梵蒂冈图书馆馆藏版本(以下简称"梵蒂冈版")为"孤本"，将其称作"汤若望星座图"。

1623年(明天启三年), 意大利耶稣会士龙华民与葡萄牙耶稣会士阳玛诺制
作了一个彩绘地球仪(现存英国伦敦大英博物馆)

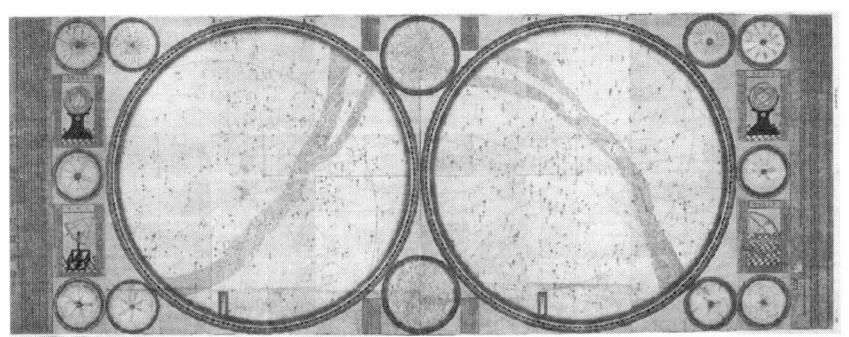

梵蒂冈版《赤道南北两总星图》(澳门科技大学图书馆复制)

除了主图之外，图中还有十六幅附图。其中，主图正中间的上下方各绘有一幅小的星图，上面为"古赤道星图"，下面为"黄道星图"，并分别配有署名"汤若望撰"和"邬明著识"的"古赤道图说"和"黄道图说"。在主图的四个角落，还有四幅天文仪器图，分别是"赤道经纬仪""黄道经纬仪""纪限仪"和"地平经纬仪"，皆属于典型的西方仪器。

其他的辅图，还包括五幅"经图"(全名为"行天一周迟、留、伏、逆诸行经图")和五幅"纬图"，分别用于展示五大行星在黄道经度和黄道纬度两个方向上的运动轨迹，从而表明行星的迟、留、伏、逆等不同视运动过程。《赤道南北两总星图》的绘制改变了中国星图制作的形式与内涵，呈现出中西星象会通的格局。[54]

1648年刊印毕方济的《坤舆全图》。利玛窦去世后，毕方济受被明神宗之，与庞迪我翻译利玛窦世界地图的西文说明及福建税官进呈的两幅西文地图，庞迪我增写了地图中所涉及国家的风土人情等内容，撰成《山海舆地说》；而毕方济则绘有《坤舆全图》，后被刻版印刷，流传中外，梵蒂冈图书馆现有收藏。该图是一幅木刻地图，由八长幅拼接而成。首尾两幅共有14篇文字注记，分别讲述十六、十七世纪西方天文地理的理论与概念，包含地圆说、世界无中心、雨云、潮汐、地震等知识，不同于中国传统天圆地方的天下观。中间六幅分别绘制东、

54　吴焕良：《〈赤道南北两总星图〉—星空中的文明交流史》，《人民日报》2024年5月17日。

西两半球，东半球绘有"亚细亚洲""欧逻巴洲""利未亚洲"(即亚洲、欧洲和非洲)，西半球则为"南北亚墨利加洲"(南、北美洲)，另外，"墨瓦蜡尼加洲"与"新阿兰地亚洲"(南极洲、澳洲)也同时画入，这是中国地理学史上现存唯一的东、西半球图。另外，在地图空白处画有欧洲的船舶和数十种奇异的海陆生物。

1655年，卫匡国参考明代罗洪先(1504~1564)、元朝朱思本(1273~1333)《舆地图》绘制的《广舆图》，与荷兰制图大师Joan Blaeu合作，在阿姆斯特丹出版《中国新图志》(Novus Atlas Sinensis)(又名《Atlante dell'Asia estrema, ossia descrizione geografica dell'Impero cinese》,《远亚图志：中华帝国地理描述》)，这是第一部完整的东亚地图集，约200页文字和17幅地图，包括1幅中国全国地图、15幅中国各省地图以及1幅日本全国地图，是欧洲首刊的中国分省地图集。而书中关于中国城市、聚落经纬度详表等1750余条目的撰写，也是地图史上的首创。[55] 直至1737年，法国唐维尔(Jean-Baptiste Bourguignon d'Anville)的地图《中国新图集》(Nouvel Atlas de la Chine)问世，《中国新图志》一直是欧洲学界关于中国地理的权威参考书。[56] 卫匡国亲笔批注的《广舆记》现存于梵蒂冈图书馆。

在1650~1656年间，波兰耶稣会士卜弥格绘制出《中国地图册》(手稿题名为"Magni Catay, Quod olim Serica, et modo Sinarum est Monarchia: Quindecim Regnorum, Octodecim Geographicae Tabulae"(意为：大契丹，原赛里斯，今中华帝国：15个王国，18张地图)，它由一系列文献组成，包括中国总图、分区图、中国城市经纬度表和文字说明4个部分。因为没有正式出版，它多以手稿或复本的形式藏于欧洲各地，其中梵蒂冈教廷图

55　林宏《卫匡国〈中国新图志〉经纬度数据的来源》,《中国历史地理论丛》2022年第1期。

56　Fiona、Suemmer《17世纪西方第一部中国地图集〈中国新图志〉》，北京中国学公众号2023年11月17日。

《中国新地图志》

《中国新图志》江西图

《中国新图志》贵州图

书馆的藏本最为完整。[57] 含"中国总图"和明代两京十三省及辽东、海南17张分图，并有目录。"中国总图"尺幅为85.5厘米×82厘米，17张分图的尺幅均为43厘米×31厘米。卜弥格《中国地图册》"中国总图"上的地名，标注到府一级，分区图的地名标注到县级，还包括卫所与土司。所有地名标注，均有中文和拉丁文拼音对照。值得指出的是，卜弥格的地图最早准确标出了朝鲜半岛和许多中国城市的位置以及长城和戈壁；《中国地图册》在十五个省区(地区)地图边缘和空白处画的一些画和标志，图中绘有11种植物、10种动物，描绘出中国的社会生活、动植物等；作为来华耶稣会传教士，卜弥格在《中国地图册》中还记载了基督宗教在中国的传播情况，在《中国地图册》的"中国城市经纬度表"里记载了耶稣会在华驻院的分布情况。[58]

1674年(康熙十三年)，比利时耶稣会士南怀仁绘制了《坤舆全图》，梵蒂冈图书馆藏有二种。一系清康熙年间刻本，即《坤舆全图》的初刻本；另有残卷一册。南怀仁解释其图之绘制及内容云："坤舆图说者，乃论全地相联贯合之大端也。如地形、地震、山岳、海潮、海动、江河、人物、风俗、各方生产，皆同学西士利玛窦、艾儒略、高一志、熊三拔诸子通晓天地经纬理者，昔经详论。其书如《空际格致》《职方外纪》《表度说》等，已行世久矣。今撮其简略，多加后贤之新论，以发明先贤所未发大地之真理"，所以《坤舆全图》乃17世纪晚期地理、地图知识的一大集成之作。

该图仿照利玛窦《坤舆万国全图》绘制，为圆形图，八幅挂屏式拼接，

57　按：1922年，法国伯希和在梵蒂冈教廷图书馆发现《中国地图册》手稿本，手稿题名为"Magni Catay, Quod olim Serica, et modo Sinarum est Monarchia:Quindecim Regnorum, Octodecim Geographicae Tabulae"(意为：大契丹，原赛里斯，今中华帝国：15个王国，18张地图)。

58　王永志《卜弥格与〈中国地图册〉》，《地图》2016年第3期。

梵蒂冈教廷图书馆藏《中国地图册》"四川省"图中的野鸡图像。

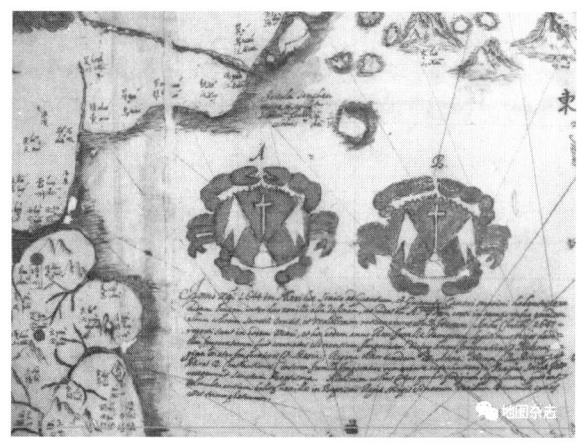

梵蒂冈教廷图书馆藏《中国地图册》"海南"图中的南海十字架蟹及注文

每幅轴高171厘米，宽51厘米。全图以顺天府作为初度(本初子午线)，准确汇出经纬度数，以及地球的赤道、南北回归线等标示线，标识出五大洲的南北东西迄点；主图由六屏幅组成东、西两半球圆形图，表现了五大洲、四大洋的地理风貌，并标注地名。图的四周有注释文字、图说, 介绍地形特点及各地奇禽异兽等独特物产。如南怀仁所指出, 其图将世界"以地势分舆地为五大州: 曰欧逻巴、曰利未亚、曰亚细亚、曰南北亚墨利加、曰墨瓦蜡泥加", 提到了近二百年的航海与地理发现, "近今二百年来, 大西洋诸国名士航海通游天下, 周围无所不到, 凡各地依历学诸法测天, 以定本地经纬度, 是以万国地名舆图, 大备如此"。[59]在南怀仁的表述中, 第一次提出了"小西洋"的概念, 即印度洋水系, 在地图空白处画有欧洲的船舶和数十种奇异的海陆生物。

《坤舆全图》, 康熙十三年比利时传教士南怀仁制作, 藏于河北大学图书馆

---

59 南怀仁《坤舆全图》卷上。

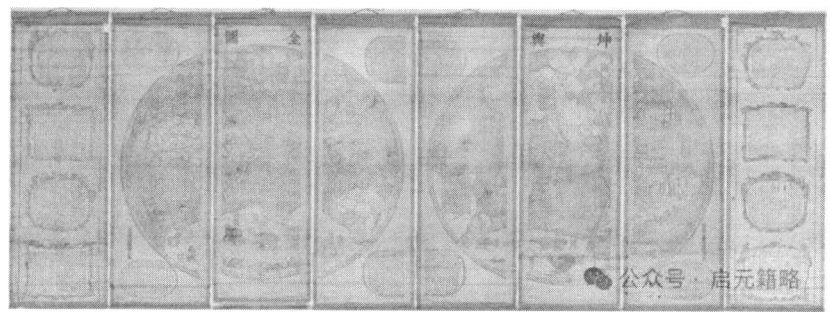

清康熙十三年刊本(八长幅), 日本东洋文库藏

另外, 比利时耶稣会教士柏应理在1686于巴黎出版的《Tabula chronologica Monarchiae sinicae juxta cyclos annorum LX, ab anno ante Christum 2952 ad annum post Christum 1683》(意为"根据60年周期, 从公元前2952年到公元1683年的中国帝制历史年表")。作为一部历史年表, 该著不仅有详细的前言和注释, 试图展示中国历史的连续性和与中国古代史与圣经史之间的关系；而且还附录了一张折叠地图, 以及《Tabula genealogica trium familiarum imperialium monarchiae sinicae》(中国帝制的三个皇室家族的家谱)。柏应理的地图吸收了卫匡国的材料, 其时清朝已改设18个省多年后, 但他仍恪守明王朝的十五省制进行地图绘制。

综上, 可以看出, 地图绘制实际是传教士汉学的重要组成部分, 它体现出传教士建构和诠释中西文化交流的理念与思维方式。应该说, 16世纪大航海时代的开辟所带来的全球化殖民扩张进程, 为17世纪传教士汉学的兴起奠定了物质基础, 也指出了方向, 传教士们出于传教和文化扩张的目的而进行的世界地图以及中国地图绘制, 实际是"世界看中国"的直观书写, 包含着世界多元文化与中国本土文化复杂的交锋与对话。"绘制者不仅需要与其源文本之间的文化对话, 也需要与其身处的文化环境之间进行对话”。[60]

60   邹振环《殊方异兽与中西对话—〈坤舆万国全图〉中的海陆动物》,《海洋史研究》第7
     辑, 社会科学文献出版社2015年。

"看中国"视角与17世纪传教士汉学著作中的人物图像　　在大航海时代的开辟下，17世纪既是东西方文明交锋的黄金时期，也成为欧洲人认知中华文明的分水岭。[61] 相比此前的道听途说或者传奇式的描述，17世纪的欧洲在海外贸易和出版业的双向加持下，人们更期望也有机会更加深入地"看见"中国。17世纪传教士们作为文明传播使者，他们在作品中传达的图像成为17世纪"世界看中国"的重要一环，而那些汉学著作中的人物图像，则相当直观地传达着东西方第一次亲面过程中的文化交汇意味。

如前所属，罗明坚《中国地图集》绘制于17世纪初，正是他力图采取适应策略，打开中国传教局面的开始。这个地图集的封面，扑面而来的是一个穿着中国传统服饰的男子，其外貌和服饰特点看似要表达鲜明的中国服饰特征，但似乎又有些欧洲骑士的意味。封面上的意大利文表述云"中国人穿着长袍和裤子，头戴帽子"，还说"非常勤劳和聪明"，虽然图像看不出这个文字内容，但男子的表情和肢体动作似乎在表达他正在自信而有序地指挥某项工作。图像背后所隐藏的那双意大利眼睛应该是充满好奇和善意的，似乎还包含着满满的期望。

以下这幅卜弥格的《中国地图册》"南京省"中右上角的人物图像，最突出的地方在于它的政治意味表达。卜弥格在中国生活多年，且非常忠诚于明廷，这幅地图结合了中国的计里画方与西方的经纬度测绘，但更辅助以卜弥格作为西方传教士的中国认知与实地观察，体现出浓郁的立足中国，却中西文化交汇的特点。在地图的空白处，卜弥格往往会插入中国的社会生活和动植物以及矿产等内容，如这幅南京省地图中用中文字写着"银铅锡铁铜盐"矿产，还在左上角亳州的位置处绘

61　陈妍《实景与编纂：17世纪中期荷兰出版者创造的中国图像》，《文艺研究》2023年第8期。

有牡丹。[62] 南京是明朝的首都，所以卜弥格特意以皇帝的社会形象来标识它的地位，还用了非常中国化的表述"皇上"。卜弥格对明朝的文化和制度表现出极大的尊重和兴趣，有关明朝朝廷的礼仪、法律和行政制度，他都有详细的观察和记录。这幅地图也很好地印证了卜弥格的观察立场与中国文化素养。而为了向西方人传达中国皇帝的无上威严与崇高地位，卜弥格这幅地图

罗明坚《中国地图集》(Atlante Della Cina)封面(罗马档案馆及Istituto Poligrafico e Zecca Dello Stato出版·罗马1993年)

中国中的人物构图让皇帝一个人让坐在垫着豪华毡子的靠背椅上，画中其他五个人，其中有两位侍臣站在皇帝背后为其打伞、掌扇，三位大臣，一个是跪着汇报的形象，还有两位是恭敬地站着的样子。而在实际人物画面之上，还挂着一幅意指文王或者孔子的画像，似乎在表示皇帝的仁慈与温厚。而最能显示17世纪传教士地图特征的当属图中的拉丁文与中文标注。

62按：亳州曾是南直隶下的散州之一，在明代成为牡丹种植和玩赏的中心，《亳州牡丹史》云："欧阳永叔《牡丹记》亦谓洛阳天下第一，今亳州牡丹更甲洛阳，其他不足言也"。又曰："昔宋时花师多种子以观其变，顷亳人颇和种子能变之法。永叔谓四十年间花百变，今不数年百变矣，其化速若此。"程诚《卜弥格绘制地图时把牡丹标注于亳州》，《亳州晚报》2024年4月14号。

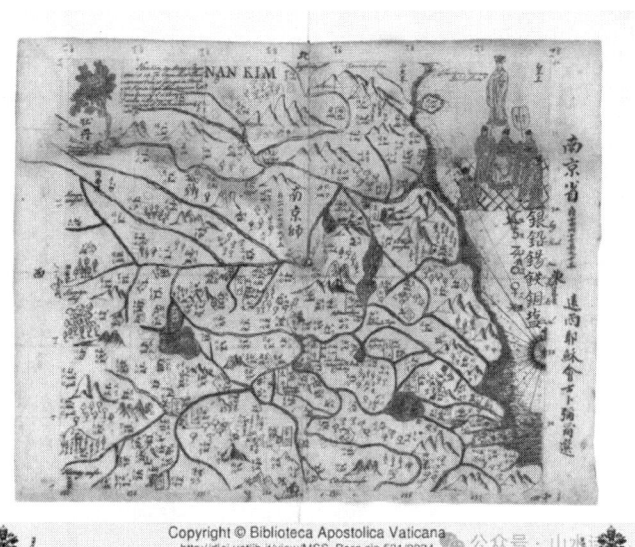

梵蒂冈教廷图书馆藏《中国地图册》(《中国地图集》(Mappa Imperii Sinarum)
"南京省"图。

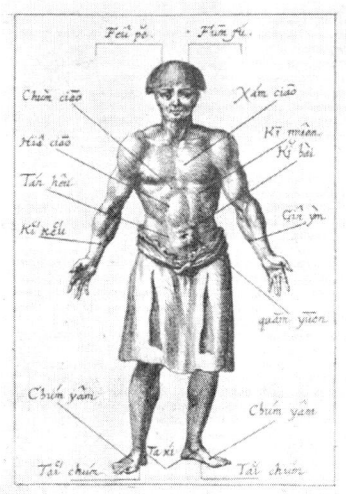

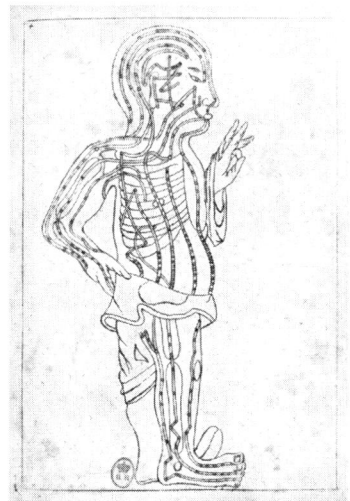

卜弥格所绘人体经脉图、六位图之一

最有意味的人物图像是柏应理等人合著的《中国哲学家孔夫子,或以拉丁语表述中国人的智慧》《Confucius sinarum philosophus, sive Scientia sinensis latine exposita》中的孔子插图。[63] 该著得到了法国皇家的支持,是儒家思想西传欧洲的奠基之作,而在这部著作的前言中,有柏应理献给法国国王路易十四的书信体献词,献词中,柏应理声称路易十四正是孔夫子"热切盼望却一直无以得见的君王",还化用使徒保罗的名言说,"自己不仅会跟随中国文人变成文人,而且也会跟随一切人而成为一切",因此他们采用文人的服装与生活方式,也学习他们的语言和经典",[64] 所以这幅孔子画像的内容就充满着中西文化交汇的丰富意味。一方面,这幅画力图通过孔子的画像来向欧洲人介绍中国人的哲学精神基础和基本内容。孔子像的上方写着"国学"二字,孔子头部位置的两边写着"仲尼",肩部两侧写着"天下先师",这非常符合中国传统儒家士子的认知,天不生仲尼,在孔子像的左面书架上写着:书经、春秋、大学、中庸、语论;右面书架上写着:礼记、易经、楚辞、诗经、孟子;书架底下的牌位则写着:鲁子、孟子、子贡、

---

63 按:17世纪来华耶稣会士早从罗明坚、利玛窦等开山者起即着手"四书"的翻译,1662年,郭纳爵和殷铎泽在江西建昌翻译出版《中国智慧》(Sapientia Sinica),中有《大学》完整译文、《论语》的部分译文及一篇简短的孔子传记。1669年,殷铎泽前往罗马时,携带了《大学》的全译稿、《论语》的部分译稿及其先后于广州、果阿出版的名为《中国政治道德学说》(Sinarum Scientia Politico-Moralis)的《中庸》译文。之后,柏应理、鲁日满、恩理格等着手完成《论语》《孟子》的翻译,最终只完成《论语》的翻译,放弃了篇幅较长的《孟子》。1681年,柏应理返回欧洲时携带了最新译稿,与之前殷铎泽带回的手稿汇合,从1685年起,由柏应理将所有的译稿进行了编辑与校勘,增加序言和附录,最终在路易十四及法国国家图书馆的支持下,1687年在巴黎出版了《中国哲学家孔夫子,或经殷铎泽、恩理格、鲁日满和柏应理的努力用拉丁文解释的中国学问》(*Confucius Sinarum Philosophus, sive Scientia Sinensis Latine Exposita. Studio et Opera Prosperi Intorcetta, Christiani Herdtrich, Francisci Rougemont, Philippi Couplet*)。吕颖、孙梦《〈中国哲学家孔夫子〉》最早法语全译本〈论语导读〉研究》,《国际汉学》2024年第1期。

64 王喜亮《耶稣会士眼中的"儒家"—评〈中国哲学家孔夫子〉》,《国际汉学》2023年第4期。

闵子骞、子夏、颜回、子思、子路、子游等，他们是孔子的18个弟子；另一方面，对于孔子画像的表达又体现出西方视角中的中国学者意味。柏应理在书还用"鱼钩"的比喻来解释他翻译儒家典籍的目的："不是为了向欧洲人展示中国的智慧，而是为了给那些想来东方的传教士一些建议，为战士们提供武器；在统帅基督的指导之下，凭着这武器，这些外邦人不仅可以被征服，还会因此而欣喜。这样，那些'渔人的渔夫'可以用一个新的诱饵，将那些吞饵的中国人吸引到网中。"[65]作者试图向欧洲人解释指明，孔子在中国人心目中的地位非常重要，人们对儒家的敬拜礼仪具有文化性与思想性，"民间性"与"政治性"的多重意味，应当避免在言谈和文字上谴责或攻击孔子，以免引起这个国家在文化上的反感。以此，这幅孔子画像将孔子画成一个身穿长袍，戴着儒冠，执笏立身的样子，展现出作为中国传统文化代表庄严、慈祥、和谐、谦逊、睿智的形象。但与中国传统的孔子雕像一般左手在外，右手在里的手势相比，柏应理的孔子画像却是右手在外左手在里。在基督徒祈祷的仪式中，右手是在外的，教徒用右手从额上到胸前，在从一肩到另一肩画个"十"字形，以纪念耶稣被钉在十字架上。耶稣是以右手降福信众。这个细微的差异，是否即体现着17世纪传教士东方传教适应策略中的西方立场呢？

综上，作为中西文化深度交流初期的重要媒介，17世纪传教士著作中的人物图像深深地体现着传教士们在传教历程中基于对中国文化的理解和观察而传达的东方意味，但与此同时，这些图像又必须是符合欧洲接受的审美范畴的，所以它们又不由自主地呈现出文化殖民意味和传教士们的主观意识色彩。

65　王喜亮《耶稣会士眼中的"儒家"—评〈中国哲学家孔夫子〉》，《国际汉学》2023年第4期。

《中国哲学家孔子,或以拉丁语表述中国人的智慧》《Confucius sinarum
philosophus,sive Scientia sinensis latine exposita》插图(1687年法国出版)[66]

德庆现存最早孔子木雕像   明代黄花梨孔子像

---

[66]按：柏应理在《致最信奉基督的国王—伟大的路易十四的书信》中写道："当他们知道,
他们自己的孔子受到陛下如此重视和赞许, 把他的书收进皇家图书馆中, 他们会多
么开心啊！当他们知道您愿意把他的著作翻译成拉丁语, 附上孔子的图像,   关于他
们君王的书籍和事迹一起出版, 他们会多么高兴啊！而且, 所有这些, 不是刻在中国
人用的木牍上, 而是刻在漂亮的铜板上"。梅谦立《从柏应理〈致路易十四的书信〉看
儒学在欧洲的早期传播》,《国际汉学》2022年第1期。

哥伦布大交换背景与17世纪传教士汉学著作中的中国动植物图像　1972年美国历史学家阿尔弗雷德·W. 克罗斯比(Alfred W. Crosby)在其著作《哥伦布大交换：1492年以后的生物影响和文化冲击》指出，自1492年哥伦布发现美洲新大陆后，全球的人群、物种以及病毒、细菌等都进入了不可阻遏的大迁徙、大交换进程中，哥伦布的发现不只是发现美洲，更是开启了全新的世界史，将本是生活在各个区域中人

达芬奇(Leonardo da Vinci)的《救世主》(Salvator Mundi)中，耶稣右手降福信众

群、物种推到全球化的发展潮流中，引发物种的大交换，从而深刻地影响全球的面貌，并改变人类的生活。"哥伦布大交换"概念的提出极有见地。而15世纪以来的哥伦布大交换背景中，欧洲精英贵族们掀起的对野生动植物物种收集和追踪的浓厚兴趣不可忽略，[67] 17世纪传教士汉学著作中，那些穿插于舆图绘制和著作插图中有关中国各地的动植物插图即是这一浪潮背景的生动体现，这些传教士们深入中国各地观察中国人生活场域的初印象表达，令人印象深刻。其中，尤其是存藏于梵蒂冈图书馆的卜弥格手绘动植物图像。

　　首先是卜弥格那些穿插于《中国地图册》中的动植物图像。如以下图示，在海南州府图中，绘有芙蓉和芦荻，还有表述传教区域的，"广东省"地图插有莲花图案；"广西省"地图中插有桂皮树图案；贵州省地图地图中插有茯苓图案；"云南省"地图插有松鼠与蒲耳图案；"四川省"地图中插有野鸡图案；"湖广省"地图中插有玉兰花图案；"江西省"地

67　邹振环《殊方异兽与中西对话—〈坤舆万国全图〉中的海陆动物》，《海洋史研究》第7辑，社会科学文献出版社2015年。

图中插有春秋花图案；"福建省"地图中插有生姜图案；"浙江省"地图中插有金雀和梅花图案；"河南省"地图中插有绿毛龟图案；"云南省"地图中的太黄；还有"山西省"地图中有麝兽、"辽东省"地图中有凤凰、"山东省"地图中有耕牛等等。

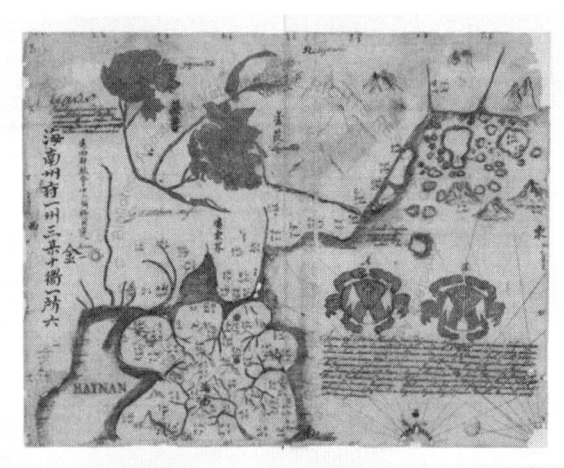

海南州府图中，绘有芙蓉和芦荻，还有带着传教区标识的螃蟹图案

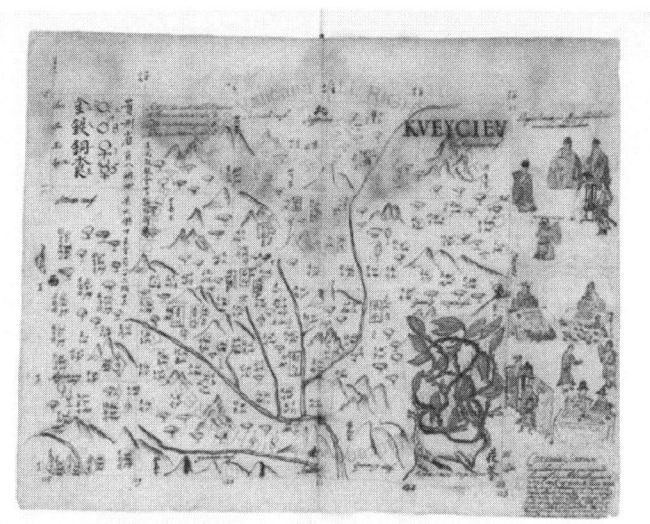

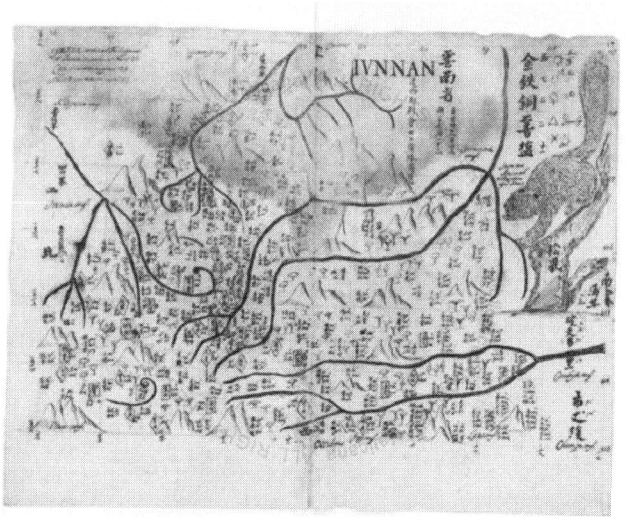

 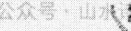

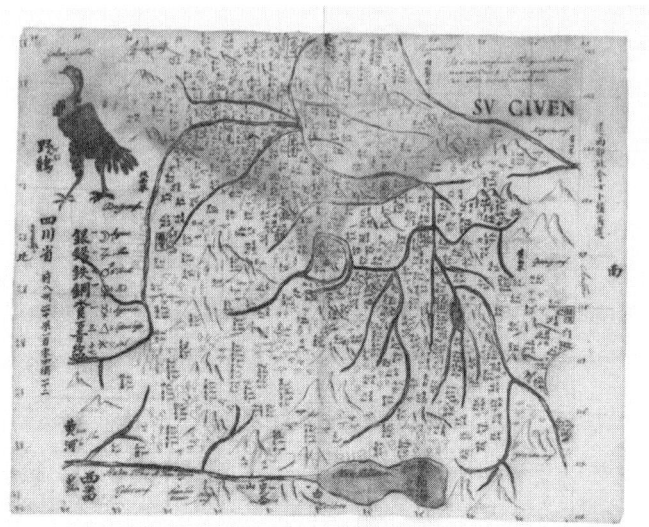

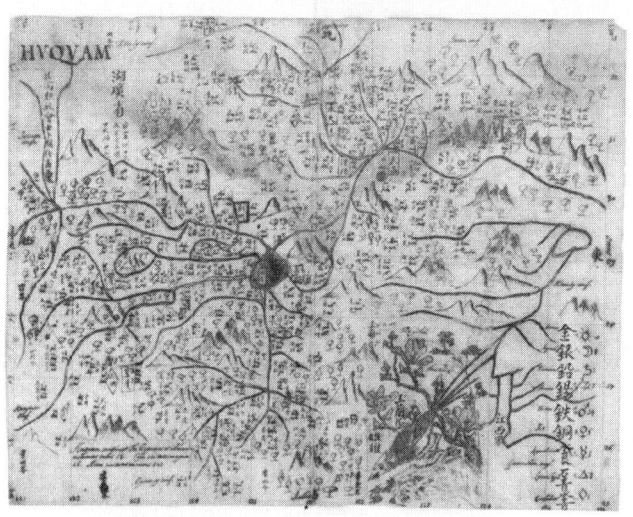

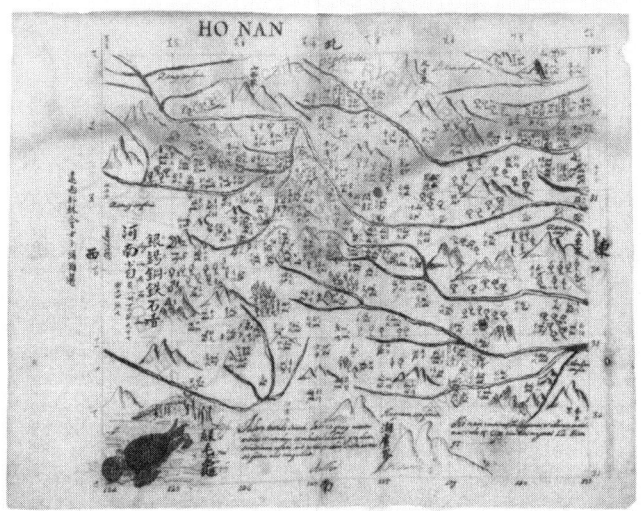

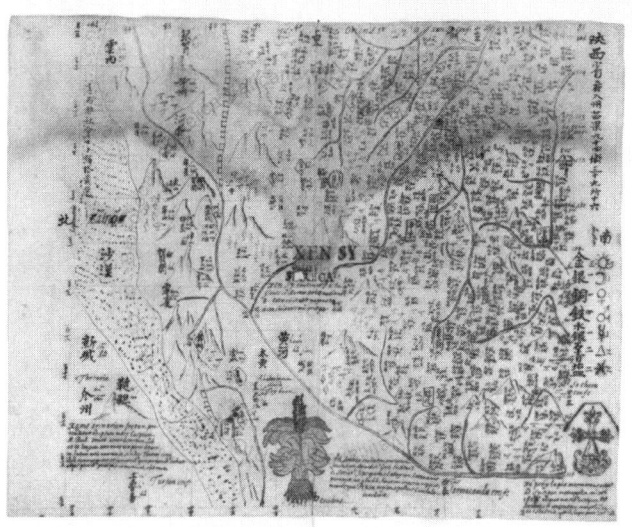

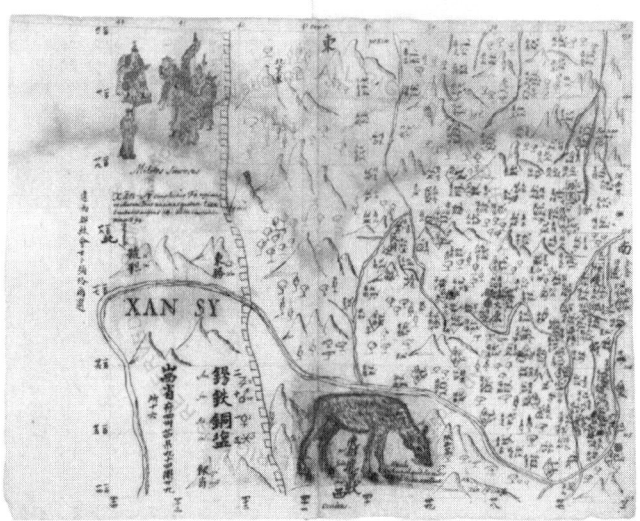

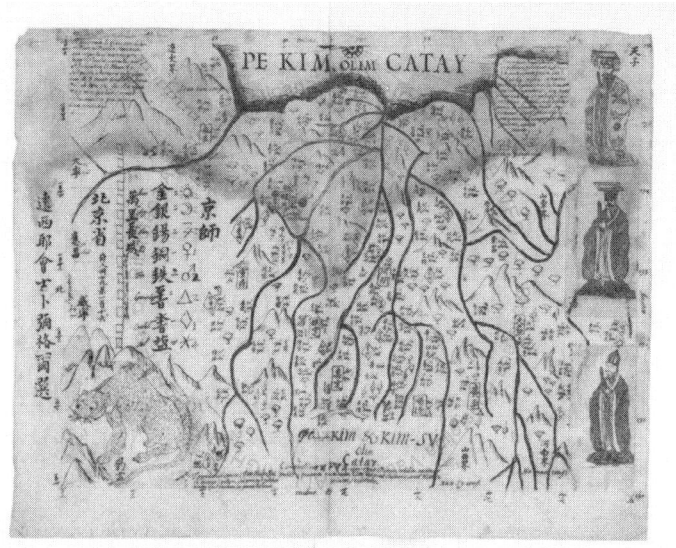

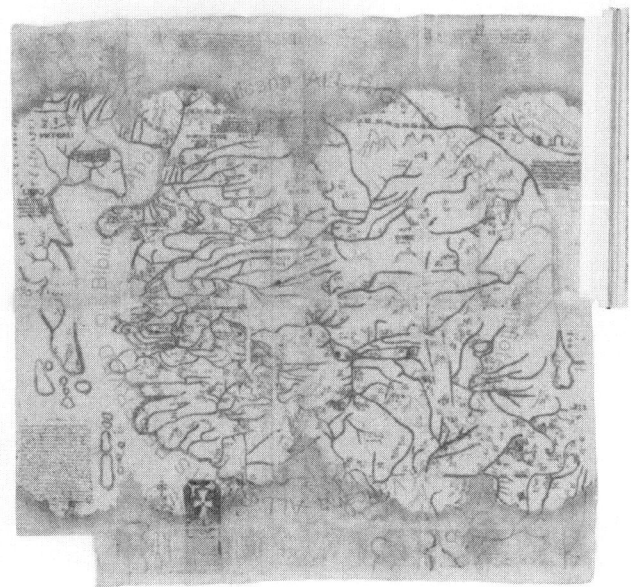

卜弥格的《中国地图册》绘制于1650年至1656年间，而他的《中国植物志》在1656年出版，《中国地图册》中的插图与《中国植物志》有着相互交叉渗透的关系，卜弥格《中国地图集》的注记中提到的动植物，在他独立出版的《中国植物志》中大都有更详细的描述，这些动植物图样很相似，不仅体现出他的中国观察维度以及它对中国著作的借鉴[68]，更体现出17世纪物种大交换的世界视野。例如《中国地图册》中"广西省"地图插入的桂皮树，在《中国植物志》这样描述道：

中国人称它桂皮，生长在广东、广西和东京，但是最好的桂皮树生长在锡兰岛上。桂皮树的叶子上有三道绿色的叶脉，它的白色的花有香味，它的果实的核像李子的核。如果这种核变黑了，那就是说，可以把这种树的皮剥下来了。每当这个时候，中国人便来到它跟前，将它的皮剥下来。它的果实里有一种香脂，有月桂的香味，但是它的果汁又苦又辣。这种树的枝桠很多，还有两层树皮，第二层是桂皮。把这种桂皮从树上剥下来后，要放在太阳下晒干。晒干后的桂皮呈砖红色，还会变成灰色。等到第三年，这种树在剥下的那层桂皮的地方又会长一层新皮。中国人过去从锡兰进口桂皮，又把它运到霍尔木兹岛、叙利亚的阿勒颇(Aleppo)和希腊去。不知道这个情况的人，还以为他们是从埃塞俄比亚和埃及进口的，其实，埃塞俄比亚和埃及并不产桂皮。有时候，中国还会有四十艘大船带着黄金、丝绸、宝石、麝香、瓷器、青铜，还有石竹，而首先是桂皮，来到了波斯湾。那里的商人从中国人那里得到从上面提到的这种桂皮树的带甜味的树皮后，称它为"Cina"和"momum"，意思是"又香又甜的中国树"。这种树几乎每年都能够长得很大，也长得很好。它的根吃起来没有味道，但它散发

---

68   按：卜弥格《中国植物志》中大部分的动物图像源自明代画谱《图绘宗彝》，见郭满《卜弥格〈中国植物志〉中的图像来源》，《文献》2022年第4期。

着一种樟脑的香气。在绿色的树皮和花中有一种液汁，它却不那么香。这种花可治胃痛和胃部鼓胀，利尿，对心、肝、脾、神经和脑的劳动强度起调节作用，也能够有效地抗毒和防治蛇咬伤，增进食欲和防治多种传染病。用它的果实可以做一种治感冒和烫伤的药膏。桂皮有一种好闻的香味，把它碾成的粉末放在水里煮过后，也可用来治蛇咬伤，消除肾的发热，缓解肾的伤痛。[69]

　　这段描述完全是卜弥格风格化的表述，很典型地体现出作为17世纪传教士的卜弥格，从西到东，跨海穿山，由葡萄牙的里斯本出发，途经佛得角群岛，绕过非洲南端，最终到达中国澳门的全球旅行经历。而对比中国医师从药用角度的介绍来看，卜弥格对于桂皮的描述特别重视它的全球物种交换的"履历"，指出中国的桂皮来自斯里兰卡的锡兰，在品质比不过锡兰。作为物种的"桂皮"，中国人是从锡兰获得，但经进口、本地种植和制作成香料后，又穿越霍尔木兹、叙利亚希腊出口到西方。而从波斯湾获得桂皮的西方商人往往称桂皮为"Cina"和"momum"("又香又甜的中国树")，小小的桂皮即有全球化的交换经历，人们的称谓中即在体现。作为医生世家出生的卜弥格很自然地注意到桂皮的药用价值，但相比中医的表述，卜弥格的医学表达非常西式。例如明朝张介宾《景岳全书》中对桂皮的介绍：

　　味辛甘，气大热，阳中之阳也。有小毒，必取其味甘者乃可用。桂性热，善于助阳，而尤入血分，四肢有寒疾者，非此不能达。桂枝气轻，故能走表，以其善调营卫，故能治伤寒，发邪汗，疗伤风，止阴汗。肉桂味重，故能温补命门，坚筋骨，通血脉，治心腹寒气，头疼咳嗽鼻齆，霍乱转筋，腰足脐腹疼痛，一切沉寒痼冷之病。且桂爲木中

69　[波兰]爱德华·卡伊丹斯基著，张振辉译：《中国的使臣—卜弥格》，郑州：大象出版社，2001年，第334~335页。

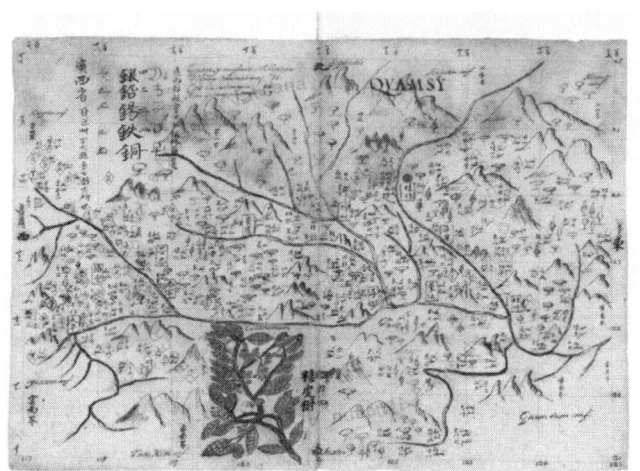

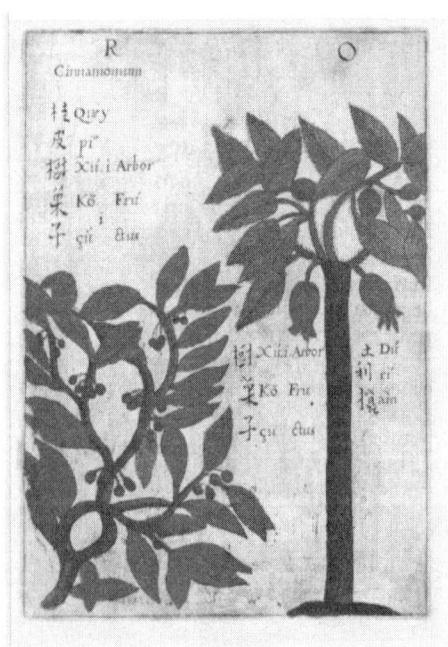

《中国植物志》中的"桂皮"

之王，故善平肝木之阴邪，而不知善助肝胆之阳气。惟其味甘，故最补脾土，凡肝邪克土，而无火者，用此极妙。与参、附、地黄同用，最降虚火，及治下焦元阳亏乏。与当归、川芎同用，最治妇人产后血瘀，儿枕腹痛，及小儿痘疹虚寒，作痒不起。虽善堕胎动血，用须防此二证。若下焦虚寒，法当引火归元者，则此为要药，不可误执。[70]

　　同是医师，卜弥格对桂皮描述过程中的关注视野是基于东西物种与文明交流背景的理解和表述，而张介宾(1563~1640)与卜弥格(1612~1659)相比，则更关注桂皮的中医药效。

　　综上而言，17世纪传教士的来华潮流才真正掀开了中西文化交流背景下的"世界看中国"序幕，传教士们的所有书写和传播努力都在试图向欧洲传达出真实的中国形象的整体面貌，而其中的中国图像表达又是那个时代最切直和具像的表达载体。无论是舆地星图的绘制、还是人物与动植物插图，都呈现出迥异于欧洲文化传统和认知体系的独特样貌，为西方世界发现中国提供了极为广阔丰富且复杂的内容。这一方面深深地刺激着欧洲殖民者对中国的扩张热情，另一方面也对欧洲文明思想的飞跃发展提供了充足的灵感。诚如法国汉学家雅克·布洛斯的评价所云："17世纪发现中国至少与16世纪时发现新大陆一样重要"，[71] 16世纪的大航海是发现新大陆，而17世纪传教士汉学的图像则是"看见"中国。很大程度而言，18世纪席卷欧洲的"中国热"(Chinoiserie)是因为17世纪传教士们发现中国之后的欧洲本土化反映和表达。

70　张介宾著，王大淳等点校《景岳全书》卷四九，浙江古籍出版社2013年，第1663页。
71　[法]雅克·布洛斯著，耿昇译《发现中国》，广东人民出版社2016年。

利玛窦与徐光启, 《中国图说》1667年

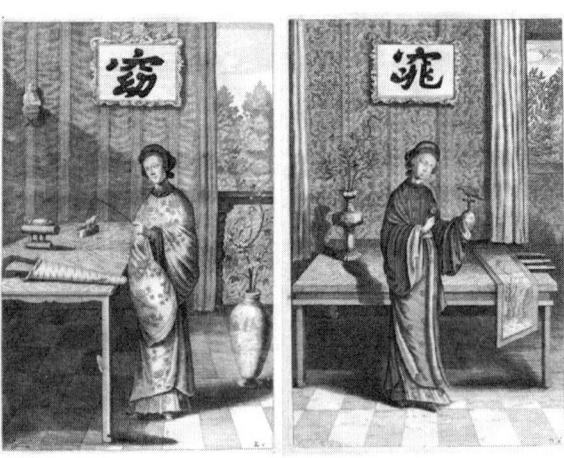

1667年《中国图说》中的女性图像

청조 전기 조아셍 부베와 조세프 프레마르의
색은주의 천학에 관한 심층적 분석
: 문명 융통형 동아시아 형상과 비교문화연구의 대안적 의미

深析清朝前期白晋与马若瑟的索隐主义天学
: 文明融通型的东亚形象和比较文化研究的对策意义

전홍석

1. 导言

"西方中心主义(West-centrism)"与排斥和他者互动(排他)的"二元现代性(modernity, 近代性)"处于相同轨道, 一直不断膨胀, 它扎根于单一西方启蒙主义理性(reason·rationality, 理智)策划的高度统一的文明论范围之中。事实上, 西欧近现代的理想个体是无法相互交流的实体, 就是精神和肉体、人和自然一分为二而成立的概念。这种僵硬的主客二分法产生并形成了以西欧为中心的文明观。西欧"文明(civilization)"概念中包含的"进步(西方)对野蛮(东方)"式的二项对立, 从完全互相异质的认识主体和认识客体的条件出发, 直接反映了以人(理性)为表象的认识主体的"西欧文明"对被支配和掠夺的对象, 即以自然(非理性)为表象的认识对象的"其他文明"所持的观点和态度。

西欧人的二分法认识体系——西方中心主义是近现代时期与其他文明的相互关系中形成的支配形象, 即西欧的自我民族想象和以此为基础对"他文化"的统治策划下进行的。这种负面表象是爱德华·萨义德

(Edward W. Said)倡导的近现代"东方学(Orientalism, 东方主义)"理论的成立背景。萨义德批判性地探讨了十八世纪末以后西方的"现代性——负面东方形象", 并主张这成为了确保西方优越性和帝国主义统治正当性的机制。但是, 萨义德的东方学沿袭了西欧现代性二分法的方式, 未能超出反西欧的对抗理论的范畴。萨义德认为, 东方学是"以东方和西方之间形成的存在论和认识论的差别为基础的一种思考方式"。[1]

萨义德认为, "东方——东方形象"仅限于由西方投射自身的负面因素而形成的自己停滞不前的、无法代表自己的劣等他者。被注释者(他者)东方与注释者(自我)西方的交流关系被切断, 处于孤立的状态。当然, 东方与西方的相互作用也是不存在的。被压迫者东方无法独立存在, 只是依据西欧人发现、想象、阐述和定义而被动地存在。就此一点, 约翰·詹姆斯·克拉克(John James Clarke)批判道"萨义德阐释的狭隘之处在于, 它追求简约, 而且倾向于忽略东方主义及其相应动机的复杂性与丰富性, 至少该阐释迫使东方主义及其相关内容服从于一个过于简单的模具。"[2] 因此, 无法不对萨义德的假设产生疑问, 其假说是由西方人关于东方的知识过滤器——负面东方主义(Negative Orientalism)的支配理论构成的。

众所周知, 萨义德提出的东方学理论对他者的探讨和分析采用了比较文化学的方法论。本文将通过对早期近代(early modern period)天主教"耶稣会(Societas Jesu)传教士东亚学——天学"的研究, 修正或突破以萨义德为代表的现有他者理论负面形象的片面性局限, 提出具有"正面形

---

1   Edward W. Said, *Orientalism*, New York: Random House, 1978, p.2.

2   John James Clarke, *Oriental Enlightenment: The Encounter Between Asian and Western Thought*, London·New York: Routledge, 1997.(美)J. J. 克拉克(J. J. Clarke) : 《东方启蒙 : 东西方思想的遭遇》, 于闽梅、曾祥波译, 上海 : 上海人民出版社, 2011年, 第37页。

象"意义的对策性比较文化学构想。这个论题的反面存在着萨义德对他者的论述中发现的，即自我和他者分离以及他者形象单一性的批判性问题意识。因此，这个研究的出发点是以恢复注视者文化(自我)和被注视者文化(他者)之间交流(沟通)和连接(连带)的"比较文化形象学(Comparative Cultural Imagology)"为前提的。

与此相关，本文立足于清朝前期法国耶稣会的东亚学时代形成的"索隐主义(Figurism)天学"即白晋(Joachim Bouvet, 1656~1730)和马若瑟(Joseph Henry Marie de Prémare, 1666~1736)对儒教东方(Confucian Orient)的文化同一化解读，以东西方文明对话的角度对"耶儒融通"和"古今肯定"的文化(他者)形象为中心进行探讨。换言之，从中国索隐学派(也叫索隐派)两人的《圣经》(Bible)普遍视角出发，通过分析他们的著作中投射的文明融通型的耶儒同源、耶儒一体等"东亚形象——正面东方学(positive Orientalism)"，在与其他文明产生共鸣的同时，具体阐述共享多样化文明的价值和模式的"互惠交流形象"。在这样的论证过程中，明清时期耶稣会传教历史上复原中国儒家传统延续性的"古今肯定"的意义将同时特别凸显出来。

2. 白晋的东亚形象 : 耶儒融通及古今肯定的形成

1656年7月18日，中国索隐主义的创始人白晋出生于法国勒芒(Le Mans)，是当地法院咨询委员的幼子。法国耶稣会士白晋在耶稣会适应主义(Jesuit Accommodation)的发展过程中，起到了主导性的作用。在年轻时，白晋通过书籍知道了在华传教士的感人故事，就希望能够像沙勿略(Franciscus Xaverius, 1506~1552)和利玛窦(Matteo Ricci, 1552~1610)一样。白晋为了实现去中国传教的理想，1673年加入了法国耶稣会，并说"我决心献身于中国传教团的事业，从加入耶稣会的时候开始我就决定了"。[3] 白晋的数学等学术才能得到了认可，并被选拔为第一批法国耶稣会士小组(所谓法国皇家数学家五个人)成员派往中国。他们1685年离开欧洲，1687年到达中国浙江省宁波，次年1688年进入了北京。

然后，白晋和张诚(Jean Franciscus Gerbillon, 1654~1707)一起在北京皇宫停留，为康熙皇帝进行了几何学讲授、数学书编纂、化验室建造等工作。1693年到1699年，白晋受康熙帝的委托回欧洲向法国路易十四(Louis XIV, 1638~1715)呈献了"中国书籍"[4]等礼物，表达了希望有更多的耶稣会士来到中国的愿望。除了回欧这段时期，三十七年的时间里他一直在北京的清朝宫廷中活动。白晋的著作除了用西欧语写的《中国皇帝历史画像》(Portrait historique de l'Empereur de la Chine, 1697年, 巴黎出版)[5]、《中国现状》(L'Etat present de la Chine, en figures, 1697年, 巴黎出版)和寄往欧洲的书信以外，大部分是用汉文写成的。他的主要汉文著作包括《古今敬天鉴》《天学本义》[6]、《天主三一论》、《几何原理》

3　Claudia von Coliani, *P. Joachim Bouvet S. j. Sein Leben und sein Werk*, Steyler Verlag 1985, p.10.

4　费赖之(Louis Pfister)认为白晋向路易十四进献的书籍共四十九册。但是孟德卫(David E. Mungello)对此提出了质疑，指出白晋在1697年10月18日向莱布尼茨寄出的信函中提到"带来了三百本中国书籍，并赠送给了皇帝的图书馆"。Louis Pfister, *Notices biographiques et bibliographiques sur les Jésuites de l'ancienne mission de Chine, 1552~1773*, La Mission Catholique, 1932·1934.(法)费赖之(Louis Pfister)：《在华耶稣会士列传及书目》上册，冯承钧译，北京：中华书局，1995年，第435页；David E. Mungello, *Curious Land: Jesuit Accommodation and the Origins of Sinology*, Honolulu: University of Hawaii Press, 1985·1989, p.301.

5　这部著作自1697年首次出版以来，又再印了五次(La Haye 1699, London 1699, Hannover 1699, Utrecht 1710, Padua 1710)，过程中被翻译成了英文、德文、拉丁文和意大利文。

6　《古今敬天鉴》1706年的手抄本现藏于巴黎国立图书馆。白晋于1699年前写了汉文的《天学本义》，拉丁语版为《对中国人的天和上帝的考察》(*Observata de vocibus Sinicis Tien et Chang-ti*)。《古今敬天鉴》在这本著作的体系和格式的基础上，进行等，以及对《易经》的研究著作《易经释义》。

白晋的索隐思想是在中国礼仪之争(Chinese Rites Controversy，1645~1742)这样的特定时期内，为了论证清朝康熙时期利玛窦适应传教策略的合法性和合理性的目的下形成的。他的著述自始至终贯彻了这样的思想。这样的目的是法国耶稣会"东亚学——天学"中稳健的主流派或者激进的索隐派的共同特点。他们试图通过证明中国悠久的历史和文明中包含了纯洁的基督教信仰，想说服欧洲人相信中国不是异教集团，同时告诉中国人基督教教义并没有违背中国古代圣贤的智慧。白晋为了说明适应策略的合理性和合法性，采用了索隐主义的研究方法，试图证明《易经》等古籍中包含与基督教相关的内容。

白晋在1697年8月30日法国巴黎开始并于同年10月15日在枫丹白露(Fontainebleau)完成的亲笔书信中，清楚地表明了与礼仪之争相关的索隐主义的思想方向。他在书信中以三个主题反驳了阎当(Mitarbeit von Charles Maigrot，1652~1730)1693年的训令："①对耶稣会士使用'天'和'上帝'之述语的辩护以及禁止继续使用该术语将在法国引起的相应后果；②关于耶稣会士教堂所悬'敬天'匾额的报告；③为遭阎当训令攻击的卫匡国(Martino Martini，1614~1661)、利玛窦和康熙皇帝辩护"[7]。白晋索隐思想的目的是想平息当时异常激烈的礼仪之争，向中国的康熙帝和士大夫证明，中国上古时代的"天学"中包含了基督教的启示真理，从而减少传教遇到的阻力。

白晋的耶儒一体(耶儒同源)型"索隐主义天学"具有以下双重含义，即

了扩大和发展。

[7]　John W. Witek, S. J., *Controversial ideas in China and in Europe: a biography of Jean-Francois Foucquet, S. J. (1665~1741)*, Rome: Institutum Historicum S.I., 1982.(美)魏若望(John W. Witek, S. J.)：《耶稣会士传圣泽神甫传：索隐派思想在中国及欧洲》，吴莉苇译，郑州：大象出版社，2006年，第138页。

欧洲赫尔墨斯主义(Hermeticism或Hermetism, 神秘主义)神学普遍论的知识先决条件和其与中华"儒教文化"相互交融的中国式的派生物。在欧洲时, 白晋就已经研究了喀巴拉(也叫"卡巴拉", Kabbalah或Cabbala), 神秘主义, 古代神学(Prisca theologia), 新柏拉图主义(Neo-Platonism), 来到中国以后, 他也一直对东方语言和悠久的神学传统抱有浓厚的兴趣。他确信自己找到了解释中国哲学原理的正确方法, 并且这种方法可以引导中国人理解基督教的唯一神和人格神。白晋在《古今敬天鉴》中, 对于天学的基本方向, 进行了如下阐述"中华之儒欲明经典奥文所藏天学本义者, 莫如与西士同心合志, 考究于天主《圣经》精微之旨尔。"[8]

　　白晋的索隐思想可以整理为以下三个方面, "①如果理解正确, 则中国人信奉的哲学中没有任何内容与基督宗教律法相违背；②'太极'即上帝, 为万物之源；③《易经》是中国人最上乘的道德与自然哲学教旨之浓缩"[9]。白晋认为中国的经典特别是《易经》中, 以预言的方式包含了基督教的神秘, 即圣言成了血肉(道成肉身)、救世主的生平和离世、以及耶稣的圣职等。他相信中国古代神圣的知识是以汉字的象形文字意义和古籍经典的内容两种方式流传下来的, 并且这两种方式来自于比它们更悠久的文化根源, 一直留存在了中国文化当中。[10] 这种见解反映了索隐主义的理念, 认为全人类来自同一个根源, 并且具有共通的普遍历史。

　　事实上, 在中国古籍经典中包含基督教教义方面, 利玛窦和白晋的

8　(法)白晋(Joachim　　Bouvet)：《古今敬天鉴·自序》, 见《明末清初耶稣会思想文献汇编》第二卷(第十九册), 北京：北京大学宗教研究所, 2003年, 第234页。

9　(美)魏若望(John W. Witek, S. J.)：《耶稣会士传圣泽神甫传：索隐派思想在中国及欧洲》, 第139页。

10　David E. Mungello, *Curious Land: Jesuit Accommodation and the Origins of Sinology*, p.325.

适应主义观点是相同的。利玛窦的具体方法是通过中国士大夫阶层发挥作用，而白晋的方法大体上是直接通过皇帝达到自身的目的。利玛窦强调的是中国古籍经典中的《四书》，而白晋选择了《易经》作为理论的基础。在白晋看来，《易经》是连接中国和欧洲的知识交流密码，同时也是取得中国皇帝好感的政治性、知识性核心。[11] 他把《易经》做为赫尔墨斯主义的神秘教义，以及古代中国哲学与基督教交流的理论加以利用，并主张应当通过索隐主义的方法，解读伏羲氏在《易经》的神秘符号后面所隐藏的秘密。

白晋和傅圣泽(Jean François Foucquet, 1665~1741)一起研究《易经》的同时，向康熙皇帝上奏"臣二人日久曾专究《易》等书奥意，与西士秘学古传相考，故将己所见，以作《易稿》，无不合于天教。"[12] 他认为《易经》是中国最为古老的文献，其中保存有原始"喀巴拉"[13]最初的痕迹。把《易经》的六十四卦认为是最早的文字，主张其中含有中国所有科学和哲学的根本原理。白晋的这些观点与欧洲"基督教喀巴拉(Christian kabbalah)"的宗教传统是一致的。

11　David E. Mungello, *Curious Land: Jesuit Accommodation and the Origins of Sinology*, pp.248~249.

12　转引自方豪：《中国天主教史人物传》，北京：宗教文化出版社，2011年，第420页。

13　在十三世纪，喀巴拉以现在的法国南部和西班牙为中心广泛流传，原因是受到普罗提诺(Plotinus, 205~270)的新柏拉图主义、基督教神秘主义以及伊斯兰的苏菲派(al-Sufiyyah)神秘主义等的影响。喀巴拉指神秘主义和魔法，或者灵性(spirituality)，首次出现在1280年问世的《光辉之书》(*Sepher ha-zohar*)中。喀巴拉的哲学概括体现为"生命之树(Tree of Life)"，生命之树中包含了天上和地上的事物。树的右边是慈悲之柱，左边是严厉之柱，中间是温和之柱。同时，从上到下包括神性界(原形的世界)、创造界、形成界和物质界共四个世界，对应于神圣的神的名字YHWH。在三个支柱和四个世界的交叉点产生了十个原质(sephirot, 数)，通过这十个原质"神"出现在了现实世界。从一到十的 单数原质(sephirah)具有固有的属性，并展现了一个神的多个位像。根据基督教的"圣三位一体"理论，喀巴拉是圣三位一体的体系，原质通过二十二个路径连接了起来。"生命之树"意味着广阔的大宇宙、小宇宙的人体以及到达神的精神历程。

所谓"基督教喀巴拉"是在十五世纪后半期，起源于佛罗伦萨(Florence / Firenze)的马尔西利奥·费奇诺(Marsilio Ficino, 1433~1499)学派。费奇诺的重要贡献是把赫尔墨斯主义的神秘古代论文(Hermetica)翻译成了拉丁语，其内容来自于古代后期的埃及，包括魔法(magic, 咒术)、占星术、秘密宗教神学，作者被认为是神秘主义哲学家赫尔墨斯·特利斯墨吉斯忒斯(Hermēs Trismegistus)。费奇诺和他的弟子们在这本著作和其他文献中，发现了创意性冥想的新源泉，也就是把魔法做为古代科学教理、所有宗教和自然真理的源泉。[14]

费奇诺学派产生了伟大的思想家乔瓦尼·皮科·德拉·米兰多拉(Giovanni Pico della Mirandola, 1463~1494)，他对希伯来语抱有特别的兴趣，认为魔法和喀巴拉是证明基督教真理的最好方法。[15] 皮科和他的追随者把喀巴拉看做是一种魔法。皮科认为喀巴拉中包含了基督教哲学的本质、特别是毕达哥拉斯(Pythagoras)的数秘论，是基督教重要的源泉。无论他的敌人还是朋友都认为喀巴拉是一种神秘主义，不管国家、文化和宗教的差别都把其作为普遍的精神追求。之后，皮科的哲学思想由他的弟子、德国哲学家兼语言学家约翰内斯·罗伊希林(Johannes Reuchlin, 1455~1522)继承。喀巴拉影响了欧洲的哲学家、神秘主义者以及从乔尔丹诺·布鲁诺(Giordano Bruno, 1548~1600)到戈特弗里德·威廉·莱布尼茨(Gottfried Wilhelm Leibniz, 1646~1716)的十七和十八世纪的科学家们。[16]

白晋从这些欧洲的宗教史、哲学史、科学史的意义脉络中研究了堪

14　Joseph Dan, *Kabbalah: A Very Short Introduction*, New York: Oxford University Press, 2006, pp.63~64.

15　Joseph Dan, *Kabbalah: A Very Short Introduction*, p.64.

16　Joseph Dan, *Kabbalah: A Very Short Introduction*, p.8.

称东亚数秘术(Numerology)的《易经》。在白晋看来，"伏羲的卦图是把数、重量和长度等量的要素进行最大限度的简化，并合理地体现神的创造活动的神秘数理图像。他认为伏羲神秘的数理图像与希腊的毕达哥拉斯学派(Pythagoreans)相似，毕达哥拉斯学派试图通过神秘的数学和音乐说明世界"。[17] 在毕达哥拉斯学派和基督教喀巴拉的影响下，白晋感觉数学是反映了神创造世界的宗教科学，他努力通过《易经》的数字化表现形式，试图找到数字和符号中隐藏的基督教教理，即创世说、救赎论和圣三位一体等。

白晋的索隐思想受到了赞同利玛窦适应主义的卫匡国的直接影响。更确切地说，白晋通过对《易经》的圣经解释，试图解决卫匡国在《中国上古史》(Sinicae Historiae Decas Prima, 1658)中提出的中国历史纪年与《旧约圣经》年代不一致的问题。白晋把《周易大传》中记述的中国古代神话传说，作为《旧约圣经》故事的体现进行研究。[18] 卫匡国在《中国上古史》中明确地说中国人是亚当(Adam)的子孙，而且认为《易经》是中国人的《妥拉》(Torah，摩西五经)，作为犹太法典起源的神的教诲在中国一直代代相传。他比白晋更早提出了索隐主义的基本研究方向。[19]

白晋发展了卫匡国的学说，并试图统合《圣经》中人类历史和中国古代典籍中记录的历史。具体说明的话，三皇五帝这些中国古代的统治者就是诺亚(Noah)洪水以前的十名族长的另一个名字。尧与诺亚是同一个人物，汉字"船"由舟、八、口组成，意味着诺亚方舟(Noah's Ark)上

---

17 David E. Mungello, *The great encounter of China and the West, 1500~1800*, Lanham, Md and Plymouth, UK: Rowman & Littlefield Publishers, 2013, p.111.

18 (韩)吴淳邦：《清朝初期耶稣会神父白晋的索隐派思想和〈易经〉研究》，载《中国语文论译丛刊》2012年第31辑，中国语文论译学会，第104~105页。

19 吴莉苇：《当诺亚方舟遭遇伏羲神农：启蒙时代欧洲的中国上古史论争》，北京：中国人民大学出版社，2005年，第250~251页。

有八口人。伏羲氏是亚当的第七代子孙即《旧约圣经》中的族长以诺(Enoch),《易经》是从亚当传到以诺的, 或者是以诺直接得到了天主的启示写成的最重要的书。[20]

以白晋的观点, 伏羲氏实际上超越了中国人的身份, 是古代文明中普遍存在的立法者, 是与埃及和希腊的赫尔墨斯、亚历山德里亚的希腊文化(Hellenistic culture)中的托特(Thoth)、阿拉伯的艾德里斯(Edris)或阿德里斯(Adris)、希伯来的以诺、波斯的琐罗亚斯德(Zoroaster)一样的人物。这个普遍存在的立法者把法律、习惯、宗教、科学、文字、语言和书籍传给了古代人。白晋主张古代神圣的智慧存在于古代埃及的司祭、迦勒底(Chaldea)的东方三博士(Magi)、毕达哥拉斯学派、苏格拉底(Socrates)学派、柏拉图(Plato)学派、高卢(Gallia)的预言家(Druids)、印度的婆罗门(Brahman)、中国的孔子和老子的追随者中。[21]

就索隐思想的发展研究来看, 卫匡国主要集中于以《易经》为代表的中国古代文化, 而中国索隐学派的耶稣会士们将其理论扩展到了中国文化整体。白晋对《易经》、《书经》、《诗经》、还有一部分道家著作进行了研究, 他的研究认为这些著作的作者们认识到了基督教上帝的存在并心存敬仰, 他们甚至知道了圣三位一体、人类的堕落、弥赛亚和审判日。白晋把世界历史分为了三个时代或者阶段, 即"人类堕落之前"的时代, "人类堕落之后"的时代和"救世主出现后"的时代, 并且认为在中国的古典和汉字中, 可以清楚地看出这三个时代的存在。[22] 白

---

20 (韩)安宗守:《白晋和莱布尼茨》, 载《哲学论丛》2008年第52辑第2卷, 新韩哲学会, 第222~223页。

21 David E. Mungello, *The great encounter of China and the West, 1500~1800*, p.110.

22 Knud Lundbæk, *Joseph de Prémare(1666~1736), S. J. : Chinese Philology and Figurism*, Aarhus: Aarhus University Press, 1991.(丹麦)龙伯格(Knud Lundbæk):《清代来华传教士马若瑟研究》, 李真、骆洁译, 郑州: 大象出版社, 2009年, 第147页。

晋主张发明汉字的不是中国人，而是全世界的祖先，历史悠久的中国经典就是用这些原始象形文字记录的。汉字是从最初开始作为象形文字即具有预示性的神圣文字，其构造就包含了基督教教义的秘密，他对此进行了论证。

这样的思考方式反映了当时欧洲对于亚当和夏娃(Eve)的语言即"人类语言(lingua humana)"的研究热潮。特别是，白晋对于"伏羲八卦"的关注极大地鼓舞了莱布尼茨，莱布尼茨通过二进制(binary system)对普遍语言进行了研究。莱布尼茨从同样对数秘术感兴趣的白晋那里，知道了《易经》。并且发现，这本著作不是简单的预言手册，而是解读所有象征系统的钥匙和宇宙科学的基础。当时，欧洲的众多思想家为了学术的发展和突破怀疑主义，探索研究了超越宗派和国别的"人类语言"。这种语言是神赋予人类的舌头，因此可以解开造物主的神圣秘密。

莱布尼茨在中国找到了支持他观点的两个依据。第一个是中国的象形文字，相对欧洲抽象的罗马字母，汉字是年代更悠久并且更加贴近自然原貌的文字。因此，汉字被认为最可能成为亚当舌头的继承者，也就是说，巴别塔之前语言(pre-Babel language)可能不是希伯来语而是中国语。第二个是《易经》的二元象征主义(二元符号体系)。所谓《易经》为了实用和实现道德上的指引，通过线条——爻和卦的组合，表现了复杂的象征系统。[23]   白晋从同一角度分析认为，中国的文字是象形文

---

23 (美)J. J. 克拉克(J. J. Clarke)：《东方启蒙：东西方思想的遭遇》，第68页。莱布尼茨从20岁就开始阅读斯比塞尔(Gottlied Spizel, 1639~1691)的《中国文史评析》(De Re Litteraria Sinensium Commentarius, 1660)和阿塔纳修斯·基歇尔(Athanasius Kircher, 1602~1680)的《中国图说》(China Illustrata, 1667)等。斯比塞尔把汉字看做是与埃及象形文字是相同的，并研究了阴阳、易、五行、算盘和炼丹术。基歇尔将所有文化转换为和谐的统一体(a harmonious unity)，认为埃及文化是根本的，所以中国文化来源于埃及。他蔑视地认为中国是埃及的堕落殖民地，汉字是对埃及形象文字的肤浅仿制品。莱布尼茨在这种神秘主义的传统中，发表了使其成为符号逻辑学和数学理论学之父的《论组合术》(De Arte Combinatoria, 1666)，其来源很明显

字, 因此应当进行象征性的解释。而且得出结论, 中国的古代典籍作为历史文献, 不能只从文字的角度进行解释, 应当从隐喻的视角进行解读。白晋根据《创世纪》解释为中国人是《圣经》中一个民族的后裔, 这个民族辗转来到东亚, 所以中国人保存下来的象形文字是《圣经》时代的遗物。[24]

白晋在1701年11月寄给莱布尼茨的信中, 分析伏羲的名字认为他是与希腊的赫尔墨斯一样的人物。"伏"字是"人"和"犬"字组成的, 恰恰与赫尔墨斯具有的狗的脑袋和人的身体是相同的。白晋进一步说明, "主"字由"、"和"王"组成的, 意味着神, 并将汉字"、"与希伯来语中的"Yod(ʼ)"进行了比较说明。如同汉字、是地位最高的主人的意思, 希伯来语中Yod(ʼ)是神的意思。三个点(、)合起来是三, 体现了圣三位一体的概念, 在希伯来语中也同样, 三个Yod(ʼ)代表着三名神。[25]

可以看出, 白晋的索隐思想立足于欧洲的希伯来精神(Hebraism, 信仰), 即犹太—基督教普遍主义得到了发展。与其他所有耶稣会士一样, 对白晋来说, 希伯来人格神的普遍自我同一性是展开"索隐主义天学"的不变的规范原理。其深层次可以发现天主"天道之精微明录于经, 以启世之愚象"[26]的赫尔墨斯主义理论。通过把象形文字的创造者赫尔墨斯置换为汉字的创始人伏羲氏, 白晋的索隐主义理论得以形

带有汉字象形的特征。Josep Needham, *Science and Civilization in China, v.1-5*, Cambridge: Cambridge Univ. Press, 1954~76.(英)李约瑟(Joseph Needham):《中国的科学和文明》(Ⅲ), (韩)李锡浩等译, 首尔:乙酉文化社, 1998年, 第205~206页; David E. Mungello, *Curious Land: Jesuit Accommodation and the Origins of Sinology*, p.31.

24 David E. Mungello, *The great encounter of China and the West, 1500~1800*, pp.109~110.

25 (韩)安宗守:《白晋和莱布尼茨》, 第223~225页。

26 (法)白晋(Joachim Bouvet):《天学本义》, 梵蒂冈图书馆 Borg. Cinese. 316~318。

成。从这种东西方的文明融通型观点出发，白晋最终主张索隐主义的"耶儒同源论"。

十七世纪欧洲的赫尔墨斯主义者阿塔纳修斯·基歇尔(Athanasius Kircher, 1602~1680)在《中国图说》(China Illustrata, 1667)中，把象形文字视为世界上最古老的语言，具有神秘神圣的重要启示性。不过白晋指出，伏羲氏所著的中国古代典籍《易经》是最古老的著述，其卦象具有把所有现象压缩到量化要素的数、重量、量度等的秘诀。如同在基督启示之前，赫尔墨斯具有了预见未来神圣秘密的能力一样，白晋认为在古老的中国古籍经典中，以预言的方式记载了基督教的秘密。[27] 这种索隐主义的基本观点来源于耶稣会天学开创者利玛窦的适应策略，即中国古代存在具有"天"和"上帝"位格的唯一神。白晋认为"天"是大和一的含义组合，这两个字的意义合二为一，就是指精神上的天——基督教神。他基于这样的想法阐述道："上古之儒近于天学。故其敬天者，明识有皇上帝至尊无对，全能至神至灵，赏罚善恶，至公无私，真为万有之根本主宰。"[28]

在东方学的范畴中，利玛窦的"适应主义天学"是以正面的先儒宽容(tolérance)即"互惠交流形象——承认(真儒古教)"和负面的后儒不宽容(intolérance)即"排他压迫形象——排斥(俗儒理学)"的文化二分(古今二分)的他者形象为基础形成的。白晋从《圣经》普遍主义的立场，并和利玛窦的二分法形式呼应，向当时的中国人指出，因为长期的历史积累和外来的不良影响"中华经书所载，本天学之旨，奈失其传之真"。[29] 同

27 David E. Mungello, *Curious Land: Jesuit Accommodation and the Origins of Sinology*, p.31.
28 (法)白晋(Joachim Bouvet)：《古今敬天鉴·自序》，第231页。
29 (法)白晋(Joachim Bouvet)：《古今敬天鉴·自序》，第233页。

时强调说"西土诸国存天学本义，天主《圣经》之真传，今据之以解中华之经书，深足发明天学之微旨"。[30]

白晋试图通过解释圣书，证明古代中国圣贤们知道基督教的"神"，并且中国人和欧洲人有着共同的祖先。在这些论证过程中，形成了他的索隐主义天学，以说明中国文化起源于《圣经》作为目标，"明中华经典与西土天主《圣经》，其大本原惟一无二。"[31] 这就超越了利玛窦主张的先儒和后儒的区别——"容古斥今"，是以"古今肯定"的文化同一视角为基础进行的研究。白晋的《圣经》普遍同一视角的范围不仅包括了新儒学(Neo-Confucianism，理学)还包含了道家。魏若望(John W. Witek, S. J.)记述道"白晋的态度已经超出了利玛窦，宣称中国人无论新老都已知道以天和上帝之名所冠称的神的真义。这一观点建立在他对经典文本、士人的观点以及中国俗谚的解释上。"[32]

白晋主张，基督教的神性(deity)不仅体现在了天和上帝当中，而且包含在利玛窦排斥的"新儒学"概念之中。这种概念的扩大与十七世纪后半时期清朝政府把对儒教传统的解读主要局限在"宋代新儒学"不无关系，是在政府允许的中国文化范畴内探索天学的构成原理。白晋肯定了儒学的本体论范畴中"太极"和"理"的超越性(至高性)、主宰性。他说："太极，谓至极无上。以主宰万化之理言，易固生生不已，变化无端矣。然必有至一不变之理，主宰于中，以为生生之本，太极是也。"[33]

利玛窦排除了理学中"太极—理"的本体论含义，把"太极—理"与基督教的绝对性相区分，将其局限为缺少灵觉(理性能力和知觉能力)的属性

30 (法)白晋(Joachim Bouvet)：《古今敬天鉴·自序》，第233~234页。
31 (法)白晋(Joachim Bouvet)：《古今敬天鉴·自序》，第234页。
32 (美)魏若望(John W. Witek, S. J.)：《耶稣会士傅圣泽神甫传：索隐派思想在中国及欧洲》，第123页。
33 (法)白晋(Joachim Bouvet)：《古今敬天鉴》，第236页。

(依赖者, accidens)范畴。在利玛窦之后，耶稣会主流派继承了这种思维方式和概念，强调了新儒学与古代儒学的不连续性，意图排斥在中华文明圈作为儒学的延续和扩展的新儒学。但是，白晋试图打破利玛窦最初建立的各种禁忌，把"太极"、"理"和"性"等作为天主的同义词进行解释。白晋认为，太极和理无异于创造万物的真主(天主)，他试图通过为后儒的本体论赋予天主教"神"的属性，将其再定义为《圣经》的含义。这里的问题是，表现为天主的"理"能否成为连接神学和儒学的中介，即是否包含了基督教中创造天地万物的根源概念。

白晋在解读《易经》系辞传上第十一章的"易有太极，是生两仪"时，说道"考天主圣经，造物主所化之类无数，然尽于有灵无灵。能明理不能明理，乃万物万灵二等而已。"[34] 白晋认为不管有没有灵魂，都能表现出基督教"神"的属性。这种属性就是"无极而太极"，"太极—理"是万物万灵的主宰，也就是天主。他阐述道"万物万形之妙，一一皆合于造物主：所怀至灵至一不变当然之理，而明显其造者之无极而太极之至能至明至神之德。…万灵所属至神至灵至一不变之理，真为万物万灵根本主宰。"[35] 这里所说的新儒学的本体论概念与利玛窦是完全不同的。既然白晋把天主属性的至灵、至一、至能、全明、全神等赋予了"太极—理"，那只能是天主。

这种古今肯定的观点对莱布尼茨的索隐主义儒教观的形成，产生了深远的影响，他相信"理"与欧洲文明的第一原理(First principle, 第一性原理)、神是一致的。莱布尼茨认为八卦的构图与自己构想的二进制相通，中国人的"理"概念与自己的理神论(deism, 自然神论)性神观相似。[36]

34　(法)白晋(Joachim Bouvet)：《古今敬天鉴》，第236页。
35　(法)白晋(Joachim Bouvet)：《古今敬天鉴》，第236页。
36　(韩)朴东泉、(韩)洪淳镛：《莱布尼茨的理神论性基督教观与索隐主义儒教观的相互总之，如果说耶稣会主流派将基督教"神"的属性加入了原始儒学的上帝概念中，那么白晋就是发展了利玛窦的原则，把"天主"属性的至灵、至一、至能、至明、至神等赋予了新儒学的"理"。无论是承认儒家宗教性的适应主义者，还是持相反观点的龙华民(Nicolas Longobardi, 1556~1654)等保守主义者，都共同批判了新儒学属于无神论和唯物论。但可以看出，索隐主义者白晋的观点与他们是完全不同的。

3. 马若瑟的东亚形象：耶儒融通及古今肯定的深化

白晋学派的马若瑟是法国耶稣会著名的中国索隐学派神父。他致力于中国文化的研究，在关于中华文明的学识、知识创造性和著作数量方面，是当时来华传教士中最出色的。他众多的研究成果与白晋的著作一起被认为是法国耶稣会东亚学(天学)时代索隐主义思想的奠基之作。马若瑟名龙周，字若瑟，笔名是温古子。他于1666年7月17日出生于法国诺曼底(Normandie)科唐坦半岛(Cotentin peninsula)北端的瑟堡城(Cherbourg)。长大以后，马若瑟于1683年加入了耶稣会，并于1696年在拉弗莱彻学院(Collège de la Flèche)学习神学的时候，与教授数学的傅圣泽相识，并成为终生的知己。

马若瑟成为派往中国的十二名耶稣会传教团成员之一，这个传教团由康熙皇帝的特使白晋领导。1698年3月，他与巴多明(Dominique Parrenin, 1665~1741)、雷孝思(Jean-Baptiste Régis, 1663~1738)等从法国拉罗谢尔(La Rochelle)乘坐安斐特利特号(L'Amphitrite)向中国出发了。[37]

影响》，载《政治思想研究》2014年第20辑第1号，韩国政治思想学会，第61页。

37 1693年，白晋作为康熙皇帝的特使被派往法国的时候，路易十四为表示对康熙皇帝的感谢，同意白晋招募一些新的法国耶稣会士返回中国。白晋选了十二个人赴华。

1698年10月，马若瑟到达了澳门(Macao)，11月初去了广州，1699年被分配到江西传教。之后，他辗转于饶州、建昌、南昌、九江等地，除了1714年为了帮助白晋进行《易经》的研究而在北京度过了两年时间以外，二十多年一直居住在江西。1724年因为雍正皇帝弹压基督教，他被流放到了广州，1733年又被驱逐到澳门，1736年9月在那里离开了人世。[38]

　　十七世纪，欧洲开始出现了一种推理性的神学思潮，这成为了一个比较小的在华耶稣会士团体——"中国索隐学派"形成的起点。龙伯格(Knud Lundbæk)把新思潮的理论根据归纳成了以下两点。"其一，尽管基本的天主教教义有些模糊，但在世界各地到处可见；其二，古老的《圣经》释经学技巧，特别是被称为象征式的注释，例如《旧约》中的人、物、事件是《新约》中相应的人、物、事件的神秘预象"[39] 白晋继承了这一新思潮，马若瑟的索隐思想则是直接或间接地受到了白晋的影响。在中华索隐学派的创立者白晋的指导下，马若瑟能够理解中国经典中汉字背后所隐含的神秘含义。不仅如此，他还深入探究了索隐派研究的核心——《易经》，很快成为了一名《易经》主义者。[40]

　　1698年3月7日，马诺瑟、另外七人和白晋一起登上了安斐特利特号，其他四人乘坐的是驶往东印度的海军战船，其中两人在好望角登上了白晋一行乘坐的安斐特利特号。这艘船于同年11月7日抵达广州。大约六个月后，傅圣泽和殷弘绪(François-Xavier d'Entrecolles, 1662~1741)也到达中国。张西平：《欧洲早期汉学史：中西文化交流与西方汉学的兴起》，北京：中华书局，2009年，第552页。

38　但是费赖之认为，马若瑟"似在1735年殁于澳门，日月未详，而殁地亦不能必为澳门也。"(法)费赖之(Louis Pfister)：《在华耶稣会士列传及书目》上册，第526页。

39　(丹麦)龙伯格(Knud Lundbæk)：《清代来华传教士马若瑟研究》，第5页。

40　关于马若瑟来华初期与白晋的交往关系，可以参考龙伯格的研究。"马若瑟是白晋的学生，他的很多观点来自于其师白晋。早在马若瑟和其他耶稣会士在白晋带领下来华的途中，他就受到了白晋的影响。在旅途中，白晋讲述中国文字的方式一定感染了马若瑟。"另外，"当1714年马若瑟被召至北京工作时…白晋让马若瑟来协助自己进行索隐派研究。…但是这两个性格迥异的人之间显然是存在着激烈冲突的。"(丹马若瑟的东西方语著作、译书和书信没有正式的统计，根据费赖之(Louis Pfister)收集的书目达到了四十一种。[41] 其中，遗漏了《经传议论》、《天学总论》、《儒教实义》等著作，特别是《经传议论》由十二个部分，即《六书论》、《六经总论》、《易经》、《书论》、《诗论》、《春秋论》、《礼乐论》、《四书论》、《诸子杂书论》、《汉儒论》、《宋儒论》、《经学定论》组成。[42] 这样看的话，马若瑟的著作达到了五十多种。根据方豪的研究，现存的《经传议论》的未发行原稿中只有卷六《春秋论》留存下来了。方豪指出，因为马若瑟没有按照原来确定的顺序写作，因此《春秋论》是唯一完成的作品。[43] 即使如此，如法国学者维吉尔·毕诺(Virgile Pinot)所说"马若瑟神父的著作多得无法计算"[44]。

马若瑟不仅具有学术研究才能，而且汉文的水平是在华耶稣会士中最高的之一。他的主要索隐学著作包括西文的《关于中国书籍和文字的一篇论文——选自梅尔希奥·达拉·布列加译自易西斯女神腰带的一封信》(Dissertation sur les lettres et les livres de Chine, tirée d'une lettre au R. P. de Briga, interpréte de la bande d'Isis)、《象形字典文稿》(Essay de Dictionnaire jeroglyphique)、《中国古籍中之基督教主要教条之遗迹》(Selecta quaedam vestigia praecipuorum Christianae Relligionis dogmatum, ex antiquis Sinarum libris eruta)、《关于中国一神说之信札》(Lettre sur le

麦)龙伯格(Knud Lundbæk)：《清代来华传教士马若瑟研究》，第149~150页。

41 (法)费赖之(Louis Pfister)：《在华耶稣会士列传及书目》上册，第529~537页。

42 刘耘华：《诠释的圆环：明末清初传教士对儒家经典的解释及其本土回应》，北京：北京大学出版社，2006年，第275页。

43 方豪：《明末清初天主教适应儒家学说之研究》，见《方豪六十自定稿》上册，台北：台湾学生书局，1969年，第243页。

44 Virgile Pinot, La Chine et la formation de l'esprit Philosophique en France(1640~1740), Paris: Guenther, 1932.(法)维吉尔·毕诺(Virgile Pinot)：《中国对法国哲学思想形成的影响》，耿昇译，北京：商务印书馆，2000年，第162页。

monotheisme des chinois)、《易经理解》(Notices Critiques pour entrer dans l'intelligence de l'Y King)等。[45] 此外，最早的体系化的中文语法书《汉语札记》(Notices sur la langue chinoise)，翻译著作《中国悲剧赵氏孤儿》(Tchao-chi-cou-euih, ou l'orphelin de la maison de Tchao, tragédie Chinoise)等也广为人知。汉文著作还有《六书实义》、《儒教实义》、《信经直解》、汉文基督教小说《梦美土记》、《儒交信》等。这些汉文书籍马若瑟当然是以自己的索隐思想为基础撰写的。

但是，由于在马若瑟的这些著作中表现出来的极端性和创造性的索隐主义倾向与罗马教廷(Curia Romana)和耶稣会的主流思想相冲突，大部分在他的生前未能出版。马若瑟与其他在华的索隐主义者一样，因为索隐主义的主张而承受了许多痛苦。他被人在罗马宣教部揭发举报已有数次。费赖之把当时的历史情况说明如下。"1727年10月18日耶稣会会长奉命立将若瑟从中国召还，但在1728年2月宣教部念其才能，据其1727年12月5日之请求，许将处分减轻。凡假定为其所撰赞成中国礼仪之文字，宣誓否认至确为自撰之文字，应向宣教部明白否认。1736年10月5日召回之令重申，然若瑟已殁。"[46]

从某种意义上讲，在华索隐主义是在解答卫匡国提出的《圣经》编年史疑问及相关问题的过程中形成的。卫匡国认为中国人在相当长的时间里，认识到了基督教唯一神、人格神的存在，并且通过《易经》等中国古籍经典表达出了神的教义。但是，卫匡国只是提出了一个假说，具体的证明是由白晋及其弟子们完成的。卫匡国在《中国上古史》中，突破性地指出在诺亚洪水以前东亚就有人类活动。十七世纪《圣经》关于人类史的观点是除了诺亚和他的子孙以外，所有的人类都在大洪水

45　参阅(丹麦)龙伯格(Knud Lundbæk)：《清代来华传教士马若瑟研究》，第156~186页。
46　(法)费赖之(Louis Pfister)：《在华耶稣会士列传及书目》上册，第527页。

时灭亡了，诺亚成为了所有人类的祖先。但是，如果其他民族在大洪水以前就存在，那么诺亚是人类祖先的观点就受到了威胁。[47]

为了解决这个问题，白晋作为索隐主义代表在解读《易经》救世主内容(形象)的同时，不单纯把《易经》看做是中国人的文献，而是与以诺(赫尔墨斯·特利斯墨吉斯忒斯)联系起来，认为其中包含了犹太—基督教的传统。严格地说，"赫尔墨斯主义和索隐主义是启示神学的变形。将《圣经》中没有涉及的其他文明的历史包含到《圣经》中来，是赫尔墨斯·特利斯墨吉斯忒斯这个假定的天使的角色，索隐主义的职责就是找到相关的表象和证据"[48]。通过这些工作，索隐主义者们希望说明儒教文明和其哲学与基督教的起源是相同的。

从这样的视角，白晋推测在大洪水结束以后，诺亚的长子闪(Shem)把悠久的基督教传统，特别是《以诺书》的抄本带到了东亚。当然，主流派耶稣会士也持有这样的索隐主义观点。具有代表性的例子是李明(Louis Daniel Le Comte, 1655~1728)，他认为"诺亚的儿女散布到了东亚大地，很可能建立了这个王国；大洪水时期，他们领教了造物主的威力，从而也认识了造物主，连其子子孙孙都对他有莫名的畏惧。时至今日，从中国人的历史中还可以找到那些雪泥鸿爪，所以这一点几乎是不容置疑的。"[49]

尽管有这些索隐主义倾向，但是稳健的主流派耶稣会士们对古代中国编年史的可靠性和古代中国典籍的可行性进行了论证，而且只是单

---

47 David E. Mungello, *Curious Land: Jesuit Accommodation and the Origins of Sinology*, pp.127~128.

48 (韩)朴东泉、(韩)洪淳镛：《莱布尼茨的理神论性基督教观与索隐主义儒教观的相互影响》，第52页。

49 Louis Le Comte, *Nouveaux mémoires sur l'état présent de la Chine*(1687~1692), Paris: J. Anisson, 1697~1700.(法)李明(Louis Le Comte)：《中国近事报道(1687~1692)》，郭强、龙云、李伟译，郑州：大象出版社，2004年，第256页。

纯地用历史记述和观察者的角度接触这些著作。与此相反，激进的索隐派认为中国古代的经典不是简单的历史记录，其中包含了基督教深奥的象征性意义，并且投身到了对其解读的工作之中。这样的尝试就是"《圣经》普遍性文化形象"，即对所有人类文明的起源都试图从犹太—基督教的立场进行解释的世界观和价值观起到了作用。如果犹太人以外的民族不希望堕落的话，就应当接受犹太—基督教。索隐主义者从这种观点出发，认为由于中国人不理解基督教，所以对中国上古文献的大部分解释是错误的。

因为持有这种观点，索隐学派耶稣会士主张自己具有《圣经》这个法宝，能够解释中国上古文献中蕴含的作为神秘真理的天主启示。在中国古籍经典形成的时候，传播到东亚的基督教最早的神的灵感和启示起到了重要的作用。在这种"耶儒同源"的看法上，马若瑟超过了白晋。他引用了比以诺更早发明文字并撰述经书的古代埃及的神塞特(Seth, Set, Setekh)的传说，主张以诺只是将口口相传的传说集成了起来，传说的起源可以追溯到塞特甚至亚当。[50] 这样的话，相当于中国人接收了天主传给亚当、亚当又传给塞特的教义。

这个赫尔墨斯主义(古代神学)思潮在欧洲的文艺复兴(Renaissance)时期复活，在和中国传教相关的法国耶稣会的白晋、马若瑟等的带领下，表现为儒教东方的索隐主义。[51] 而且中国索隐学派的思想脉络是与"基督教喀巴拉"相互关连的。基督教喀巴拉主义者乔瓦尼·皮科·德拉·米兰多拉和约翰内斯·罗伊希林著作中的喀巴拉与他们用作资料的中世纪"犹太教喀巴拉"，从根本上是不同的。两者的关注重点也有相

50　(法)维吉尔·毕诺(Virgile Pinot)：《中国对法国哲学思想形成的影响》，第408页。

51　David E. Mungello, *Curious Land: Jesuit Accommodation and the Origins of Sinology*, pp.307~308.

当大的差异。犹太教喀巴拉非常重视创造的秘密和无限的神性产生的原质(sephirot, 数)体系。但是，基督教学者们认为这些不是重要的事情。他们认为自己具有圣三位一体的神学，并且把它和自己理解的喀巴拉进行了融合。对于作为女性力量的舍金纳(shekhinah)和神性世界内起作用的情欲的隐喻描述关系也没有兴趣。基督教学者们认为"佐哈尔(Zohar)喀巴拉"中善与恶的二元论不是重要的内容，还无视诫命的执行对天上的过程产生的神力(theurgy)效果。神秘主义上的体验、幻想、精神振奋也不是其关注的内容。[52]

由此看来，基督教喀巴拉的成员们与其说是神秘主义者，不如说是学者、科学家、哲学家。这些特点成为了决定中国索隐学派的学术方向和性质的重要因素。在欧洲的古代神学、基督教喀巴拉、以及白晋学术等宗教传统的影响下，马若瑟公开指出中国古代典籍整体都包含了基督教神的启示，意在将中华的传统历史与《圣经》的世界历史联系起来。1733年10月，马若瑟致傅尔蒙(Étienne Fourmont, 1683~1745)的信札曾明白地解说道："余作此种疏证及其他一切撰述之目的，即在使全世界人咸知，基督教与世界同样古老，中国创造象形文字和编辑经书之人，必已早知有天主。"[53] 他认为通过象征的解释方法，解读中国经书的真正内涵，保持经历了悠久岁月的犹太—基督教的神秘，这些经书才能成为先知的预言书。

这种索隐主义的思想替代了利玛窦划定的"古今二分(容古斥今)"。它改变了适应主义与古代儒教和谐并存、但在创造性和人格性等问题上与新儒学存在矛盾的思维方式。马若瑟的文明间文化形象与白晋大同小异，适用于包含新儒学的全盘中国文化。从《圣经》普遍视角，他的

---

52 Joseph Dan, *Kabbalah: A Very Short Introduction*, pp.65~66.
53 转引自(法)费赖之(Louis Pfister)：《在华耶稣会士列传及书目》上册，第527页。

索隐主义天学明确主张先儒和后儒的相互尊重和文化同一的他者形象
——"古今肯定"。白晋则相对谨慎，他仍然依靠利玛窦的排他性压迫形
象，至少在文字表面上认为后儒对于先秦典籍解读是误读和曲解。但
是，马若瑟主张放弃利玛窦费尽心思做出的两者间的区分，指出基督
教神性不仅体现于天和上帝，而且包括道、太极、性和理。即，不仅
上古时代的圣贤而且新儒学的二程子、朱子等都认识到了《圣经》中的
唯一神和人格神。

　　虽然本质上多少有些不同，但这种新儒学与神学上的和解也得到了
现代中国学者的拥护。因此，现在来看索隐主义宽容的"古今肯定"具
有一定的合理性。秦家懿(Julia Ching)认为不仅在儒教古代经典中，可
以找到人格神的概念，而且新儒学在后期的哲学传统中，也强调了精
神和主观性的神、以及过程和生成的神。根据他的研究：对朱熹来
说，"天"和"上帝"指的是某种至高无上的主宰者"神"。朱熹虽然曾努力
去除这些名称中的"神人同形论"的含义，但同时他也承认支配世界的
神的存在。朱熹把原理的作用和主宰者的统治视为是相同的，指出这
两者都来自"太极"，万物的起源和作为原理的太极是一体化的。秦家
懿得出的结论是，朱熹相比人格性的绝对者更强调作为形而上学绝对
者的神，坚信至高神的存在。[54]

　　马若瑟的索隐主义天学适用了普遍的基督教框架，其关键课题是证
明中国文明和基督教有着相同的理念和起源。东西方文化的交流是通
过希伯来唯一神、人格神的普遍自我同一视角为媒介实现的。不过，
这不是神学普遍主义单向的自觉产物，而是在与中国文化持续的相互

54　Julia Ching, *Confucianism and Christianity: A Comparative Study*, Tokyo: Sophia
Institute of Oriental Religions, 1977; New York: Harper & Row, 1978. 秦家懿(Julia
Ching)：《儒教和基督教：东西方文化的比较研究》，任赞淳等译，首尔：曙光社，
1993年，第147~187页。

作用过程中产生的。马若瑟认为，在中国古代典籍和汉字中，可以找到基督教的神和律法存在的证据。他运用了独特的索隐主义方法，即"除开特别重视《易经》之外，还都注重从汉字分析、类比联想、利用有争议的经典解释、有选择的翻译等方面入手"[55]。

马若瑟使用象征性方式解释中国文化的时候，并不是要从中找到一般的历史事实，其目的在于探求基督教深奥的真理。马若瑟相信在中国古代经书中包含有基督教的大部分秘密，而中华东方语言作为神圣的象征，是人类最宝贵的成果，汉字里面蕴含了上古时代原始启示的痕迹。这种观点与他的索隐思想是密切相关的。事实上"汉字、汉语对马若瑟来说不仅仅是一种语言、一种文字，同时也是一种理想，是他信仰的根源所在"[56]。在1728年9月致傅尔蒙的信札中，他从神学的角度，非常推崇中国文字，写道："上帝一定引导了那个创造汉字的人，为的是把他降生之后启示给人类的第一个真理传递给最遥远地方的子孙后代。"[57]

雷慕沙(Jean Pierre Abel Rémusat, 1788~1832)评价说："传教中国诸传教师中，于中国文学造诣最深者，当推马若瑟与宋君荣(Antoine Gaubil, 1689~1759)二神甫。兹二人之中国文学，非当时之同辈与其他欧洲人所能及。"[58] 马若瑟所著的《梦美土记》、《儒交信》是索隐主义的文学代表作。这两部著作是十八世纪初为了向中国人传播基督教，将索隐派的神学观点运用章回体和梦境寓言体加以表现的最早的基督教汉文小说。通过这些文学作品，马若瑟意在从中国古代儒家经典和文字中找

---

55 刘耘华：《诠释的圆环：明末清初传教士对儒家经典的解释及其本土回应》，第278页。
56 张西平：《欧洲早期汉学史：中西文化交流与西方汉学的兴起》，第561页。
57 转引自(丹麦)龙伯格(Knud Lundbæk)：《清代来华传教士马若瑟研究》，第36页。
58 转引自(法)费赖之(Louis Pfister)：《在华耶稣会士列传及书目》上册，第528页。

到基督教的教理，并探讨索隐派的"耶儒融通(相通)论"。特别是书名《儒交信》就体现了耶儒融通论，"儒"指儒教，"信"代表基督教，而"交"是交汇融通的意思。《儒交信》代表了儒教和基督教是融通的，两种宗教互不违背，可以同时信仰。[59]

马若瑟的索隐思想是从中国人对"天"的敬慕发端的。中国古代典籍中的"天"包含了作为"皇天上帝"的人格主宰天的意味。众所周知，从人类轴心时代(Axial age，公元前800年至前200年之间)前传承下来的天的观念中存在"昭事上帝"的唯一神和人格神的痕迹，耶稣会在中国尝试的神学本土化正是以此作为发端的。在同一文脉中，马若瑟的"汉文著作——天学"的构成，也可以说是针对基督教的唯一神，并将儒教人格的、意志的、主宰的"天"概念进行变形和扩大的产物。

马若瑟在《儒教实义》引用了《说文解字》的解释，注意到"天"是由一和大组成的。他通过指出其本义是具有人格和意志的唯一、至高无上的"皇天"，试图赋予它《圣经》的含义。马若瑟说："天字本义，从一从大，一大为天。至一而不贰，至大而无对者，天也。"[60] 基于这种观点，他认为"其称皇者，则为自王自有，自源自本，无始无终者也。…其称天者；则惟一惟大，而无可比者也。其称上帝者，上则为至尊而可敬，帝则为真主而可望。至尊上主，则为大父母而可爱者也。其称皇天上帝者至矣。"[61]

马若瑟认为"汉文的经书是写在大洪水以前的文献，即便后来这些经书给秦始皇烧毁了很多，但这些汉字保留下来了全部的秘密"[62]。这

---

59 (韩)吴淳邦：《马若瑟的清代初期中文基督教小说研究》，载《中国小说论丛》2011年第35辑，韩国中国小说学会，第237、第253页。

60 (法)马若瑟(Joseph de Prémare)：《儒教实义》，见《明末清初耶稣会思想文献汇编》第二卷(第十四册)，北京：北京大学宗教研究所，2003年，第76页。

61 (法)马若瑟(Joseph de Prémare)：《儒教实义》，第77页。

样的索隐主义认识源于试图解决当时耶稣会遇到的中国传教难题。他在1728年9月致傅尔蒙的信札中谈到："我们已经向中国人说明我们神圣的奥秘，然而他们尚不能相信，如果我们将汉字的秘密告诉他们，他们一定会景仰的。"[63]《六书实义》试图在中国的文字和古籍中寻找神性的教义，其中可以看到马若瑟的索隐主义观点。马若瑟非常重视《说文解字》的指事理论，着重研究了、、一、二、三的解释，试图阐明其中圣三位一体的相互关系。他认为在代表或象征皇天上帝的"主"字笔画中，"、"代表最高之主的实体，以及与它不可分开的一、二、三象征最高之主的三个位格。[64]

对马若瑟来说，"天"是皇天上帝和真主，代表了自在和永在的本体和本源。他强调"惟皇上帝，万物之本，万理之原，为能造成之确矣。"[65]这里的皇上帝是犹太—基督教中唯一神、人格神的另一种说法。马若瑟从孔子"天"概念的二重性出发，阐述道"有形之天者，乃神天之显象，上帝之荣宫，主宰之明验而矣。"[66]通过这样的论证过程，马若瑟试图用上帝的主宰天来代替有形的天即自然天。这个外在超越的上帝身上投射了"独有独尊，能造万物，能灭所造"[67]的造物主的观念。

《儒教实义》在对儒家经典的诠释上比白晋的《古今敬天鉴》更明显地打破了利玛窦关于先儒和后儒、经典和注疏的二元界分(不连续性)，强调了中国文化传统的连续性——"自宋至今，儒者心中仍然保存了上帝之实意"[68]。马若瑟在儒教文明方面的学识和修养比白晋更加深厚。例

62　张西平：《欧洲早期汉学史：中西文化交流与西方汉学的兴起》，第561页。

63　转引自(丹麦)龙伯格(Knud Lundbæk)：《清代来华传教士马若瑟研究》，第35页。

64　(丹麦)龙伯格(Knud Lundbæk)：《清代来华传教士马若瑟研究》，第201~203页。

65　(法)马若瑟(Joseph de Prémare)：《儒教实义》，第77页。

66　(法)马若瑟(Joseph de Prémare)：《儒教实义》，第77页。

67　(法)马若瑟(Joseph de Prémare)：《儒教实义》，第81页。

如, 白晋在《古今敬天鉴》中将中国经书的内容与基督教的圣三位一体等教义牵强附会地对应起来,《儒教实义》则与之存在根本的不同。马若瑟的著作完全以中国典籍和中国学者对经典的注疏为基础, 基督教的立场是隐而未见的。这种做法在整个明末清初传教士的著作中很少见。[69] 在推动基督教和新儒学的和谐、相融方面, 马若瑟比白晋更加积极。

如书名《儒教实义》所示, 马若瑟是在耶稣会的中国传教历史上第一个将儒学由"家(儒家)"改称为"教(儒教)"的传教士。不认为儒学是哲学的一个流派, 而是将其宗教化, 并同时肯定先儒和后儒, 把历史和现实结合了起来。[70] 实际上中国人基本不使用儒教这种说法, 这个词汇是西洋式的概念, 对应了十七世纪欧洲人造出的词汇"Confucianism"。中国人一般把这种哲学思想称为儒学、其学术集团称为儒家。这种学术思想在孔子以前就存在了, 孔子自己也承认只是传承了古人的智慧, 并不是自己的发明创造(《论语》7-1,"述而不作"), 可以知道儒家思想代表了古代流传下来的传统智慧。[71]

马若瑟《儒教实义》中的儒教涵盖了先儒和后儒。之所以如此记述这本书, 与白晋的情况相同, 均是意识到清代初期新儒学传统主义氛围的结果。先儒和后儒并重的文化形象代码是基于希伯来唯一神、人格神形成的, 即以所谓"皇天上帝"的普遍同一视角的他者形象为基础。中国人自古以来遵从古经大训, 事奉皇天上帝, 马若瑟认为这正是儒

68　刘耘华:《诠释的圆环:明末清初传教士对儒家经典的解释及其本土回应》, 第281页。

69　刘耘华:《诠释的圆环:明末清初传教士对儒家经典的解释及其本土回应》, 第281~282页。

70　张西平:《欧洲早期汉学史:中西文化交流与西方汉学的兴起》, 第580页、第584页。

71　David E. Mungello, *The great encounter of China and the West, 1500~1800*, pp.54~55, pp.114~115.

教的实义。他在《儒教实义》中，提出了"上帝之实义，其载古经，不可疑也。至于宋儒或谓其绝，信乎？"[72]的疑问，又用"否，不然也，好事者为之也"[73]进行了否定回答。随后说"由宋至今，儒者师经，而上帝之实义存焉。"[74]

马若瑟认为儒教经典中的真理是对皇天上帝的信仰，是否相信这一点正是判别正儒、醇儒、真儒的重要尺度。以此作为"索隐主义天学"的核心标准，他指出"自宋至今，凡为醇儒者，皆信古经大训，皆事皇天上帝，亦不可疑也。"[75] 特别是马若瑟之所以认同后儒，是因为他们对经文的诠释，"未尝不尊称皇天上帝，以超出庶类，而为万物之主宰也"[76]。他把欧洲的陡斯(Deus)称谓成皇天上帝是想以委婉的方式揭示出基督教的深奥真理，也是贯通后儒诸家思想的真正本意。

4. 结语

爱德华·萨义德式的近现代东方学局限于负面的他者形象，具有僵化短视的狭隘性，本文旨在对此进行批判和修正，并公开讨论其对策性意义的正面东方学，即东西方文明的"互惠交流形象"。清朝前期以法国耶稣会时代的"索隐主义天学"作为媒介的东西方相遇当中，寻找了相应的历史模型。这样的目的与孟德卫(David E. Mungello)对人类文明未来的预测是一脉相通的，他说"比起以西方的傲慢和对中国的被蔑

72　(法)马若瑟(Joseph de Prémare)：《儒教实义》，第78页。

73　(法)马若瑟(Joseph de Prémare)：《儒教实义》，第78页。

74　(法)马若瑟(Joseph de Prémare)：《儒教实义》，第78页。

75　(法)马若瑟(Joseph de Prémare)：《儒教实义》，第79页。

76　(法)马若瑟(Joseph de Prémare)：《儒教实义》，第105页。

视为特征的1800~2000年的情况, 中国和西方的未来一定会成为1500
~1800年的样子, 相互产生互惠的影响。"[77]

在对"耶稣会传教士东亚学——天学"的历史进行整体考察的时候,
如果说适应主义是对中国儒学进行神学(神性)解读的链接阶段, 那么
"索隐主义"就是强化和深化阶段。法国耶稣会索隐主义者的著作与初
期适应主义者有明显的差别。利玛窦、艾儒略(Giulio Aleni, 1582~1649)
等小心翼翼地寻找基督教和儒学之间的连接和沟通的支点, 而白晋、
马若瑟等对儒学的范畴和命题进行了融合适应主义和赫尔墨斯主义的
大胆解读。这样的尝试超越了寻找儒教和基督教相通点的阶段, 进展
到东西方文明融通, 即耶儒同源、耶儒一体的话语(discourse)了。在这
条延续线上, 如果说适应主义天学是从"厚古薄今(容古斥今)"的文化两
分视角产生的, 那么索隐主义天学则是由"古今并重(古今肯定)"的文化
同一视角构成的。

中国索隐学派对儒教文化的正面诠释和其形象是以犹太—基督教普
遍主义为基础建立的。可以说希伯来唯一神和人格神的普遍世界观是
形成索隐主义"互惠交流代码"的绝对文化因子。这种相互尊重、相互
承认的"他者形象"体现了包含新儒学的中国文化与基督教是互不冲突
的同盟关系。为了正确理解《圣经》普遍主义的"索隐主义天学", 需要
使用比较文化学的研究模式, 以创造性、开放性的方式把握文明间的
文化形象。因为如果不先进行准备工作, 就无法理解单一文明(singular
civilization)意义的基督教普遍主义是如何成为互惠交流形象的。

萨义德阐述了东方和西方之间存在本质差异的存在论、认识论的黑
白理论, 最终表示:"将知识分子从东方主义体系的束缚中解放出

---

77 David E. Mungello, *The great encounter of China and the West, 1500~1800*, p.160.

来。"[78]   这种论断预示了在本文中至今为止验证的"对策性比较文化学"。在华索隐学派传教士们提出的东西方文明融通型的模式, 为当今人类社会的文明交流、对话、创新提供宝贵的知识灵感。它超越了"我和你"的差异, 包含了"我们"成为一体的含义, 是相互协作, 弥补对方的不足, 并探索融合与调和的理论。他们对异国文明的认识方法以及最佳文明愿景——互惠交流的探索, 可以说是进步的人文主义努力和崇高的文化创造过程。更何况, 以往适应主义导致的儒教文化传统的两分式破裂(古今二分)局面, 在法国耶稣会索隐主义中被缝合(古今肯定)的事实, 在更加理想的"耶稣会传教士东亚学——天学"完成方面则显得更加举足轻重。

---

78   (美)爱德华·萨义德(Edward W. Said):《1995年后记》, 见《东方学》(韩译本), (韩)朴洪圭译, 坡州 : 教保文库, 2015年, 第580〜581页。

명청시기 내화 서양 선교사의 회화예술 교류에 관한 고찰
明清时期西方来华传教士绘画艺术交流考略

량융펑梁永峰

1. 绪论

　　自15世纪~17世纪的地理大发现以来，西方传教士逐渐来到中国，在明清时期(1368~1912年)展开了广泛的文化艺术交流，不仅传播基督教，还带来了西方的艺术、科技和文化，尤其在绘画艺术方面对中国产生了深远影响。

　　明朝中晚期，西方传教士罗明坚、利玛窦、乔瓦尼、艾儒略等人带来了基督教油画、版画等西方艺术形式，并开办美术培训学校，培养本土艺术人才，标志着中国早期跨文化艺术融合的开始。游文辉、倪雅谷等中国画家在他们的作品中体现了这种创新和融合，标志着中国本土画家最初的西洋绘画实践。清朝初中期，尤其是乾隆时期，中西绘画艺术交流达到了鼎盛，形成了清朝宫廷艺术独特的"中西合璧"现象。这种"中西合璧"主要表现在西洋绘画与中国艺术的融合，以及中国绘画对西洋技法的借鉴两个方面。西方传教士画家如王致诚、郎世宁和艾启蒙等人，以西洋画技法为基础，吸收中国传统绘画的用色与构成，融入中国文化元素和审美观念，创造了具有中国特色的宫廷绘画艺术风格。郎世宁的学生班达里沙、孙威凤等中国画家在学习和继承郎世宁绘画技法方面已非常成熟。另一方面，中国本土艺术家如焦秉贞和冷枚等在保持中国传统绘画特色基础上，借鉴西方透视、光影等技法，增强了画面的立体感和真实感，创作出具有时代特色的中国传统绘画作品。

明清时期西方来华传教士艺术交流情况，金尼阁(意)出版的利玛窦《中国书札》(1615年)、毕方济(意)出版的《画答》(1629年)、B·劳佛(美)的《中国的基督教艺术》(1910年)、程君房的《程氏墨苑》(明)、杜庭珠的《德门随意录》(明)、胡敬的《国朝院画录》(清)、张照的《石渠宝笈》(清)等文献中均有记载。本文查阅了诸多中外文献，以明清时期西方传教士来华的艺术交流为主线，尝试涵盖从早期到鼎盛时期的中西绘画交流，体现这一过程中创新与融合。本文尽量选取能代表中西交流与进展的代表性人物和作品，由于笔墨有限，无法详尽述及历史上所有中外艺术家，谨以此文向他们的贡献致敬。

2. 绘画艺术交流的早期(明朝中晚期)

1) 西方宗教绘画的传入

"对西方油画在中国传播具有建功立业意义的传教士有罗明坚[1]、利玛窦和乔瓦尼。[2]"而罗明坚(Michele Ruggieri)是将西方油画传入中国最早的人物。"1579年意大利耶稣会传教士罗明坚，奉命来华到广东设立教堂，当他经澳门转入广东肇庆时，当地总督检查罗明坚所携带的物品中'发现了一些笔致精细的彩绘圣像画'"[3]，这些"笔致精细的彩绘圣

---

1 罗明坚，(1543~1607年)，明末来华的传教士。字复初。生于意大利那波利。"传教士汉学时期"西方汉学的真正奠基人之一。代表作品有《葡华辞典》《天主圣教实录》《中国地图集》《祖传天主十诫》。

2 胡光华, 中国明清油画, 湖南美术出版社, 2021.12, 第2页

像画"则是西方同时期宗教油画作品，是西方油画第一次进入古代中国。罗明坚在肇庆等地建立小教堂，教堂里悬挂油画圣母像和一些宗教画，引导中国民众参拜并进行传教。罗明坚作为最早来华，并在中国长期居住的意大利传教士，他的贡献，不仅在于他个人的传教和文化传播成就，更在于他为中西方文化交流所铺设的道路，为后来的交流和融合打下了坚实的基础。

1583年7月，罗明坚第一次将利玛窦[4](Matteo Ricci, 1552~1610)带入中国，成为利玛窦入华的引路人。罗明坚之后，将西方绘画在中国扩大传播的重要的人物则是意大利传教士利玛窦。利玛窦等较早来华的传教士由于担心当时中国人的排斥和怀疑，并没有直接进行耶稣教会的传教，而是利用一些从西洋带来的宗教绘画和铜版画复制品等作为礼品，尽可能地想办法接近当时有地位的士大夫、高官和皇帝，利玛窦，触发了西方绘画艺术在中国的传播，取得皇宫贵族的信任。

在《利玛窦中国书扎》第四章里有着这样的记载：

几乎所有的贵客都会参观我们的圣堂，敬拜精心装饰在祭台上的救主圣像和圣母像。尽管我们很清楚，他们中的大部分人是出于对我们的绘画、印刷品、圣像和钟表的好奇才来的。然而对我们来说，这都是进行福传的良机，向他们介绍我们的基督信仰道理、指出迷信的虚假[5]。

利玛窦深深发现了当时的中国人对基督教并没有兴趣，而是对他们带来的绘画艺术品等很感兴趣。于是，他抓住机会，通过宗教绘画、印刷品、圣像、钟表等艺术品作为手段，取得中国人的信任和交往机

3　同上。

4　利玛窦(Matteo Ricci 1552~1610)，号西泰，又号西江，意大利人，明朝万历年间来华传教的耶苏会士，中西文化交流史上作过贡献的著名人物。

5　(意)利玛窦着，芸娸译，利玛窦中国书札，宗教文化出版社，北京，2006.08，第151页

会。他把《圣母圣子和施洗约翰》油画赠送给山东漕运总督的夫人；把《圣母图》进献给明神宗，把'天主图像一幅，天主母图像二幅'进献给万历皇帝。"他还常将一些西方宗教绘画挂在家中，让来访的文人观看。[6]"这些作品"由于细节十分精美"，成功地吸引了中国皇帝对西方绘画的兴趣，皇帝下令宫廷画师在利玛窦的指导下进行复制。利玛窦赠送给山东漕运总督夫人的《圣母圣子和施洗约翰》油画如今已无保存，而利玛窦献给明神宗的《天主图像》，据台湾学者陈慧宏考证，很可能是现存罗马大圣母堂的《圣路加式(St. Luke)圣母抱子像》(图1)的复制品。陈慧宏在《两幅耶稣会士的圣母圣像——兼论明末天主教的「宗教」》一文中引证：

利氏记录传入中国的圣路加氏圣母像，以及他送给明神宗的圣母图，便是圣路加式古像的复制品。

1569年，时任耶稣会总长的 Francis Borgia(在位 1565~1572)，向教宗 Pius V(在1566~1572)请求复制此像，此像因而随着耶稣会传教士传到亚洲及美洲。复本有木板油画及铜版雕印两种形式，都被带入中国；日本东京国立博物馆收藏一件木板油画，可能是欧洲复本之一，或在日本耶稣会学院仿制[7]。

通过陈慧宏、张蓓蓓[8]、John E.Macall[9]及Gauvin Alexander Bailey[10]

6　张西平着,跟随利玛窦到中国,五洲传播出版社,2006.09,第100页

7　陈慧宏, 两幅耶稣会士的圣母圣像——兼论明末天主教的「宗教」, 台大历史学报第59期, 2017年6月, 第49~118页

8　张蓓蓓, 耶稣会圣母崇拜及其在艺术中的倡导, 文化雅志, 2016. 第77~92页
　　http://www.icm.gov.mo/rc/viewer/10098/

9　John E.Macall, "Early Jesuit Art in the Far East, I, The Pioneer", in Artibus Asiae, No.10, 1947, pp.124~130.

10　Gauvin Alexander Bailey, Art on the Jesuit Missions in Asia and Latin America, 1542~1773, p.91.

图一 罗马大圣母堂(Santa Maria Maggiore, Rome) 圣路加式(St. Luke)圣母抱子像, 木板上彩。

图二 澳门圣若瑟修道院藏圣母抱子像 98×76cm铜板油彩,双面绘制。约17-18 世纪 约16-17世纪

图三(1-4)《程氏墨苑》出版的《利玛窦题宝像图》四幅画：《信而步海, 疑而即沉》、《二徒闻实, 即舍虚空》、《淫色秽气, 自速天火》和《天主图》。

等诸多学者的考证，种种迹象表明，利玛窦最初从欧洲带来的圣母像即为《圣路加式(St. Luke)圣母抱子像》摹本，并带入中国通过油画修士进行了多次临摹复制在中国传播。

澳门圣若瑟修道院（St. Joseph's Seminary）藏有一幅珍贵的双面圣母像油画摹本(图二)。它们或是稍晚寄自欧洲，或于澳门当地再仿，无法

证实，不过可从此本推想送给万历的圣母象样貌[11]。

随着传教的活动进展，利玛窦后来不断地将更多的宗教绘画、水彩画、版画等引入中国。1605年，利玛窦与安徽歙县制墨家程大约会见时，"利玛窦将他翻刻的这四幅画以及他所配的中文和拉丁文说明文字一起给了明代版画家程大约，程大约将之收人《程氏墨苑》中发表，下时广受欢迎。[12]"《程氏墨苑》中的四幅天主教画作在当时引起了广泛反响，不仅促进了天主教在中国的传播，也在更广泛的文化层面上，推动了中西方文明的交流和融合。这一事件成为了中西文化交流史上的一个重要里程碑，对后来的文化交流产生了深远的影响。1615年，传教士金尼阁(Nicolas Trigault)将利玛窦撰写的《札记》翻译成拉丁文，并出版了题为《中国布教记》的书籍。这本书的出版在当时引起了广泛关注，并通过它，我们能够了解到利玛窦在中国进行传教活动的诸多细节和策略，尤其是他如何巧妙地利用欧洲绘画、版刻以及具有欧洲特征的艺术品，来发挥巨大的宣传作用。[13] 另外，艾儒略(Giulio Aleni, 1582~1649) 1610年抵达澳门，1637年著《天主降生事迹图》及附图《出像经解》，有57幅西洋宗教画，亦为西化的中国版画。

2) 早期对中国画家的影响

随着利玛窦通过宗教绘画的传播和中国上层社会交往取得的成功，

---

11 Inventário Fotográfico de Objectos de Arte Sacra Existentes nas Igejas de Macau: Escultura e Pintura (Macao: Direcção dos Serviços de Educação e Cultura, 1981), no.P-24.

12 张西平着,跟随利玛窦到中国,五洲传播出版社,2006.09,第101页

13 (法)伯希和，利玛窦时代传入中国的绘画与版刻(1) http://www.cnarts.net/cweb/arti/digest.asp?type=%D2%D5%CA%F5%CE%C4%D5%AA&category=%C0%FA%CA%B7&page=2&id=879

逐渐吸引了一批擅长绘画的中国修士对西洋绘画进行学习研究。利玛窦将西方宗教绘画引入中国，开启了中西艺术交流的先河。这些宗教绘画以其精美的细节、独特的透视法和光影效果，深深吸引着那些精通绘画的中国修士们。

1582年，科拉·尼阁劳·乔瓦尼(Cola Nicola Giovenni, 1560~?)与利玛窦等人乘船抵达中国澳门，开始了传教之旅。乔瓦尼不仅是传教士，而且是一个油画家。有学者认为，乔瓦尼是在中国教授西方油画的第一人。1583年，乔瓦尼在澳门大三巴教堂绘制了一幅《救世主》祭坛画。据澳门研究者考证，这是西方传教士在中国绘制的首幅油画。乔瓦尼在1582年被派往日本，并在在长崎和有马分别开始了美术学校，由于中国和日本同属一个教区，因而中国擅画的见习修士经常被派往日本学习绘画。前往日本学习的有游文辉、石宏基、倪雅谷等人。1614年，乔瓦尼在澳门的圣保罗教堂开设绘画学校，传授西洋油画技法。这事中国历史上第一个油画培训学校。因此，澳门成为了西方油画传入中国的首站。1629年，毕方济神甫(Sambiaso)出版了一篇名为《画答》的专论，被认为是第一篇讲授西方绘画理论的作品。书中通过讲解一些西洋绘画的道理，并蕴含基督教的宗教哲理。利玛窦、艾儒略、乔瓦尼、毕方济等西方传教士对中国画家早期学习西洋绘画的影响至关重要。

在方豪神父出版的《中国天主教史人物传》描述了中国最早的一批学习西洋绘画的中国修士：

在利玛窦身边曾经有数位善画的中国修士。比如游文辉、倪雅谷、徐必登、丘良禀、丘良厚、石宏基。其中游文辉作为"粗通绘事的教友"，曾经在1610年左右绘制《利玛窦》油画肖像；而倪雅谷"艺术造诣相当高，学的是西画"，他于1606年受命赴澳门，为新建的三巴寺教堂作《升天图》;1607年,又至南昌初学院,期间绘制过中国式的彩色木刻"门神"等,同时他也被推测曾经创作过一幅木板油画《圣弥额尔大天神》。作为中国本土画家最初从事油画实践的代表者,游、倪二氏受到后世有关研究者的关注。[14]

　　游文辉(1575~1633)创作的《利玛窦像》(图四)被认为是中国人所绘的第一幅油画。画中展现了利玛窦放弃传统的十字型神帽,换上了一顶独特的帽子,身穿中国士人的服装,表现出浓厚的中国风格。这种装扮与利玛窦在写给欧洲的信中描述的情况相符。尽管游文辉当时仍是西方绘画的初学者,但他的写实技巧令人赞叹。这幅画不仅体现了中西文化的交融,更是西方艺术在中国的开端,因而在中国油画史上占有重要地位。倪雅谷(1579~1638)是乔瓦尼最得意的弟子,也是利玛窦身边最重要的助手。他母亲是日本人,父亲是中国人。倪雅谷来到中国后,主要任务为教堂创作壁画。现存于澳门天主教艺术博物馆的《圣弥额尔大王神像》(图五)被认为是他的作品。这幅画绘制在木板上,描绘了一位身着红衣、展翅的角色,手持传道用具,面部呈现出明显的明暗对比,衣服用金线勾勒。作品展现了东方艺术家对西方绘画技巧的吸收。倪雅谷的贡献不仅帮助利玛窦完成了教堂的艺术创作,也为西方艺术在中国的传播奠定了基础。

　　游文辉和倪雅谷等人的创作不仅丰富了中国的宗教艺术形式,也标志着中国本土画家最初的油画实践。他们的作品和艺术成就为中西艺术的融合提供了宝贵的实例,体现了中国早期跨文化交流中的创新和融合。

14　方豪, 中国天主教史人物传, 宗教文化出版社, 2007.08,第117页

图四　游文辉《利玛窦像》1610年　　　　图五　倪雅谷《圣弥额尔大王神像》17世纪
布上油画 120x95cm　罗马耶稣堂藏　　　　　　木板油彩 267cm×156cm
　　　　　　　　　　　　　　　　　　　　　澳门圣若瑟修道院博物部藏

　　我们不仅可以从早期中国修士存世的西洋绘画可以窥见一斑，也可
以从在西安發現的中國風格卷軸式《仿圣路加式圣母像》[15](图六)立像和
大英博物馆收藏的《中国式圣母像》(图七)可以发现，当时基督教在中国
的传播状况，以及具有中国特色的西洋宗教绘画在中国民间的流传。
两幅绘画表现的都是中国式的圣母像，提款分别为"唐寅"和"苏台唐寅
敬绘"。 唐寅(1470～1523)，字伯虎，号六如，江苏苏州人，是明代著名
的画家、诗人和书法家。他以山水画和花鸟画闻名，尤其擅长工笔与
写意相结合的风格。对两幅作品分析，两幅中国式圣母像是结合了中
国传统艺术风格与基督教文化的独特表现形式。作品将圣母玛利亚的

15　此画是由人类学家伯索．罗孚(Berthold Laufer, 1874～1934)1910 年从西安所得。伯
　　索．罗孚，生于德国科隆，移民美国，东方学家与汉学家。1901年-1904年，1908年
　　-1910年，1923年多次在中国进行长期考察，对中国的玉器，瓷器，象牙雕刻，牌搂
　　等都有研究。

图六 中国式仿圣路加式圣母像, 17-18 世纪(?)
题款：唐寅
纸本卷轴丝装上彩, 西安, 美国芝加哥菲尔德博物
馆(The Field Musuem, Chicago, U.S.)藏。 图片及
版权：The Field Musuem, Image No. A114604_
02d, No. A114604_08d, Cat. No. 116027,
Photographer John Weinstein.

图七 中国式圣母像, (约18-19世纪)
题款：苏台唐寅敬绘, (约18-19世纪)
纸本上彩, 186×73cm
大英博物馆(British Museum)藏。
由 W Bateson 夫人于 1926 年捐赠。图片及
版权：British Museum, Museum number
1926,0410,0.16

形象与中国的服饰、面容和背景元素相结合, 例如东亚女性的脸孔、
东方儿童的发型、莲花、鸽子、书籍等, 可以看出画面人物造型构图
使用的基督教的圣母子特征, 而又吸收了中国元素, 甚至把东方对佛
教的形象进行了吸收, 此处的圣母像更像东方人所信奉的观音菩萨。
既保留了中国传统绘画的特点, 又吸收了西洋绘画的立体表现要素,
体现了中西文化的融合。但两幅绘画制作上来说, 略显粗糙, 无论是
笔墨表现或是绘画意境, 都达不到唐寅的艺术高度, 再加上唐寅生存
年代也与传教士进入中国的年代略有误差, 因而推断两幅画是民间画

师所作，是借唐寅之名抬高画作知名度而已，所以许多学者认为两幅画为托名"唐寅"的民间绘画作品。"在一般情祝下，托名于前人，多为民间画师的惯常伎俩；但如此粗鄙简陋、令人一望而知的作伪手法应当与艺术毫无关系，而在于强化掩人耳目的社会效用。而沿着这一思路，上述圣像图式的种种改动或许可以从一个新的角度加以解释。[16]"尽管如此，我们可以窥见当时西方来华传教士在中国活动的影响，以及宗教绘画在中国的广泛传播。

3. 绘画艺术交流的鼎盛时期(清朝初中期)

清朝入关以来，沿袭了明朝重视传教士的，从顺治帝到康熙、雍正、尤其是乾隆时期，中西绘画艺术交流达到了鼎盛时期，形成了清朝宫廷艺术独特的"中西合璧"现象。这种"中西合璧"表现在两个方面，一方面是西洋绘画与中国艺术的融合，西方传教士画家以西洋画技法为基础，吸收中国传统绘画的用色与构成，融入了中国的文化元素和审美观念。另一方面是中国绘画对西洋画技法的借鉴，中国本土艺术家在以中国传统绘画艺术基础上，在透视、光影等方面表现上借鉴与运用西方技法。

1) 西洋绘画与中国艺术的融合

在清朝初期，顺治皇帝重用汤若望为清廷修订历法，命他为秦天监，赐他太常邵青称号，后又授通政使，进秩正一品。"顺治帝'因人容

---

16 戚印平，观音、妈祖与圣母—圣像东传的若干问题与考察，《南国学术》第九卷第四期（2019年11月），第582~592页

教', 将传教士与教廷、西学与西教、宽容与信奉, 作了某种程度的区分与取舍。这种思想对后世颇有影响。[17]"再到康熙皇帝看重西学,"康熙皇帝研究西欧科学的好学心, 也导致这位皇帝对于我们天主教的研究。[18]"1692年, 康熙颁布了著名的"宽容敕令", 正式解除禁教令, 允许传教士在中国自由传教。传教士们认为, 这道敕令开启了天主教在中国的"黄金时代"。之后, 大量西方传教士进入中国, 成为中西方艺术文化交流的主要桥梁。他们逐渐将西方文艺复兴后的绘画风格引入中国, 并有许多传教士画家进入宫廷供职。这个过程在美术史上被称为"西画东渐"。雍正时期, 以"收其人必尽其用, 安其俗不成其教"为原则安置西方传教士, 其中擅长绘画的传教士被纳入宫中, 成为宫廷画师。郎世宁(Giuseppe Castiglione, 1688~1766年)和王致诚等人在此期间受到了重用。到了乾隆年间, 欧洲传教士和画家的地位进一步提升, 乾隆皇帝格外重视他们的才华, 并破例给予奖励。"乾隆帝对绘画有着极其浓厚的兴趣, 对来华的传教士画家颇为青睐。郎世宁、王致诚、艾启蒙、潘廷章、安德义、贺清泰都是他的御用画家。其中, 郎世宁、王致诚与他的关系尤为密切。[19]"乾隆授予郎世宁苑卿的头衔、官封三品, 王致诚也被授予四顶礼帽。越来越多的传教士画家进入到清宫, 这些宫廷供职的西洋画师留下了许多传世作品, 这些画作背后隐藏着传教士与清代皇帝之间的关系, 以及他们在中国的生活经历。

　　谈到清朝的西方传教士画家, 首先应该提到的是郎世宁。郎世宁是意大利米兰的天主教耶稣会修士和画家, 于1715年(清康熙五十四年)来

17　吴伯娅, 从新出版的清代档案看天主教传华史, 中华文史网, http://www.historychina.net/qsyj/ztyj/zwgx/2005-01-25/25368.shtml
18　(法)白晋着, 赵晨译:《康熙皇帝》, 黑龙江人民出版社1981年版, 第44页, 第57页。
19　上同17.

到中国传教，不久后进入皇宫担任宫廷画家，历经康熙、雍正、乾隆三朝，在中国从事绘画工作超过50年，并参与了圆明园西洋楼的设计，是清代宫廷十大画家之一。《聚瑞图》(图八)是我们目前所见郎世宁最早的绘画作品，是雍正元年郎世宁为雍正皇帝登基呈献的画作，"画幅右上角上书"聚瑞图"三字，并有三行款识。此图运用欧洲明暗法，光源统一，造型准确，立体感强，有夺真之妙，但又没有像西洋画那样画出背景，这是此画的缺憾，美中不足之处。一般他的有些作品倘没有画背景，往往由中国画家添画背景，以弥补这一缺憾。同时，此画没有强调空间、层次、虚实的统一与变化。构图上也极工整均称。[20]"有三行款识为"皇上御极元年,符瑞叠呈,分岐合颖之谷,实于原野,同心并蒂之莲,开于禁池,臣郎世宁拜观之下,谨汇写瓶花,以记祥应。雍正元年九月十五日海西臣郎世宁恭画"，之后，他在宫中创作了大量纪实、人物、鸟兽等绘画作品，深受三代皇帝的喜爱与重视。

郎世宁是在宫廷时间最长，留存作品最多，影响最大的西方传教士画家。郎世宁所绘制的帝王像可以代表他西洋艺术技法与中国本土文化融合的肖像画的最高水平。《乾隆皇帝大阅图轴》是郎世宁在宫廷的杰出帝王肖像作品之一，描绘了乾隆皇帝在京郊南苑阅兵的场景。乾隆皇帝身着铠甲，头戴金盔，骑在骏马上，英姿勃发，表现了清朝皇帝的尚武精神。画中的乾隆皇帝神态威严而自信，五官立体，盔甲金属质感强烈，体现了强烈的写实风格。郎世宁的画作结合了西洋画法和中国技法，注重解剖结构和立体感，深受皇帝赞赏。体现了他将欧洲绘画技法与清代宫廷绘画"中西合璧"的特色。我们可以通过正如意大利学者马克·马西罗所言：

20　蒋文光主编,中国历代名画鉴赏 下,金盾出版社,2004.09,第2282页在将欧洲学到的知识和形成的记忆与中国新环境联系起来的过程中，郎世宁的意大利绘画基础训练和认知模式发挥了很好的作用。这样一种行为不仅是对技术和过程的理解，也包含了表达帝国宫廷政治语言的努力。最后，郎世宁设计并实际参与了为中国观众创作的通景画工作，这是一种不限于固有的透视知识的绘画形式，使他能够以更灵活的方式面对不同的任务，丰富了郎世宁的中西融合过程[21]。

图八《聚瑞图》郎世宁 173x86.1cm 绢本设色， 台北故宫博物院藏

郎世宁的风格融合了西方写实技法和中国传统绘画元素，将西方的透视法和油画技法融入中国的传统绘画中，创造了许多极具特色的作品，形成了独特的"中西合璧"风格。郎世宁善于运用透视法、解剖学和光影效果，使他的作品在保持中国特色的同时增添了强烈的立体感和真实感。在中国宫廷，郎世宁的绘画风格受到极大的赞赏，特别是清朝皇帝康熙、雍正和乾隆。他的作品不仅包括肖像画、花鸟画，还涉及大型的历史画和风景画。郎世宁的创作在一定程度上改变了清代宫廷绘画的面貌，使其在保持中国传统艺术精神的同时，吸收了西方绘画的技巧和观念。

21　(意)马克·马西罗，毛立平译，重估郎世宁的使命---将意大利绘画风格融入清朝作品，清史研究，第三期，2009.08，第84页

图九 《乾隆皇帝大阅图》轴，清乾隆，郎世宁绘，绢本设色，
纵332.5厘米，横232厘米。北京故宫博物院藏

在众多外籍画家中，除了著名的郎世宁，还有王致诚(Jean Denis Attiret, 法)、艾启蒙(Jgnatius Sickeltart, 捷)、安德义(Jean-Damascène Sallusti, 意)、贺清泰(Louis Antoine de Poirot, 法)和潘廷章(Joseph Panzi, 意)等人，他们对中欧文化交流作出了重要贡献，并深刻影响了清代宫廷绘画的风格。这些画家创造了中西合璧的新体绘画，尽管曾受到一些批评和质疑，但作为十八世纪上半叶清廷中出现的一种新画体，他们的作品在画坛上独树一帜，得到了清帝的认可，并且延续近百年。

以郎世宁、王致诚等西方传教士为代表，他们将西洋绘画技法尽可能地与中国传统艺术进行融合，创造了独特的艺术风格。这种融合主要体现在以下几个方面：首先，他们以西洋画技法为基础，吸收了中国传统绘画的用色与构图。例如，郎世宁在他的作品中采用了欧洲的透视法和明暗处理，使得画面具有强烈的立体感和真实感。然而，他也结合了中国画的传统用色和构图方式，使作品在具有西方写实技巧的同时，保留了中国画的韵味和意境。其次，这些传教士画家在创作中融入了中国的文化元素和审美观念。王致诚等人在宫廷绘画中，注重细节描绘和场景布局，通过引入中国传统的山水画、花鸟画元素，创造出既有西方画法的细腻逼真，又有中国画法的诗意美感的作品。郎世宁、王致诚等传教士画家成功地将西洋绘画技法与中国传统艺术融合在一起，形成了独具特色的"中西合璧"艺术风格。这种风格不仅丰富了清代绘画的表现手法，也在中西文化交流史上留下了重要的印记。

图十 《乾隆射箭图》屏，清乾隆，王致诚绘，纸本，油画，纵95厘米，横213.7厘米。北京故宫博物院藏，图版权号:故00008760

2) 中国传统绘画对西洋画技法的借鉴

郎世宁等西方传教士不仅在中国进行大量艺术创作，还通过教授和影响中国本土画家，传播了西方绘画技法。这些技法包括透视、光影处理以及解剖学知识等，使中国画家在创作过程中能够运用更为多样的表现手法。通过这种文化交流，清代宫廷绘画不仅保留了传统的工笔细描和山水花鸟等特色，还融合了西方绘画的写实风格和技法，形成了独特的中西合璧的艺术风貌。宫廷画师们在郎世宁等人的指导下，不断尝试新的绘画技法和主题，创作出许多具有创新性的作品。这种艺术交流不仅丰富了中国绘画的表现形式，也促进了中西文化的互动与融合，成为清代文化史上浓墨重彩的一笔。同时，西方传教士在中国的活动也为西方了解东方文化提供了宝贵的机会，推动了中西方在艺术和文化领域的双向交流和共同发展。

根据清档案材料，在雍正年间，郎世宁已有向宫内中国学生传授绘画的记载，经统计，经郎世宁培养出来的中国学生有：班达里沙、八十、孙威凤、王玠、葛曙、永泰、汤振基、戴恒、戴正、张为邦、丁观鹏、王幼学、王儒学、戴越、沈源、林朝楷等十余人[22]。

目前，郎世宁学生的许多作品已无留存。我们通过现有可考的几幅作品可感受郎世宁通过传授西洋绘画技法对他们作品的影响。

现存台北国立故宫博物院的《人参花图》，是班达里沙的存世作品。班达里沙(生卒年不详)，满洲人。康熙时宫廷画家。师从郎世宁。《人参花图》作品尺寸为136.1x74.2CM，使用朝鲜纸，经上矾后，以油彩绘成。画法仿西洋绘技，是故宫藏品中较早罕见之作品[23]。因年久画面上泛起白色。班达里沙的《人参花图》是台北国立故宫博物院的珍贵藏品之一，画中展现的人参花姿态优雅，色彩鲜艳，细节处理精致，充分体现了艺术家高超的绘画技巧。这幅作品在技法上模仿西洋绘画风

22　根据杨伯达《清宫廷画家挨郎世宁年谱—兼在华耶稣会士史事稽年》一文统计，摘自《故宫博物院院刊》，1988年第2期，

23　参见台北国立故宫博物院网站。清 班达里沙人参花。https://theme.npm.edu.tw/opendata/DigitImageSets.aspx?sNo=04022450

格, 画面的构图采用了西方静物画的形式, 花盆部分运用了明暗法, 使得整体效果立体感十足。花架的设计合理地运用了西洋透视法, 增强了画面的深度和空间感。特别是花架右下角淡淡的阴影, 显示了对光影效果的细腻处理, 可见作品在吸收和融合西洋绘画技法上取得了显著的成就。班达里沙的这幅作品在某种程度上反映了郎世宁等传教士画家对中国传统绘画的影响, 使得东西方绘画技法在这一时期的交融与互动得以体现。这幅《人参花图》作为早期吸收西洋技法的艺术珍品, 更为研究东西方绘画技法的融合提供了宝贵的资料。

孙威凤(生卒年不详)是康熙、雍正时期宫廷画家, 他的《西洋供犬图》是最能体现其学习郎世宁绘画风格的作品。画中的犬造型逼真, 结构细节处理精细, 皮毛的质感通过光影和细腻的笔触得到了立体展现。这种精细入微的描绘手法, 使画作更接近于西方的写生作品, 突破了传统中国绘画的表现手法。在这幅画中, 孙威凤充分运用了郎世宁传授的西洋绘画技法, 如透视法和光影处理, 使得犬的形象栩栩如生, 几乎完全脱离了中国传统绘画的平面感和意象表达。这种东西方艺术的融合, 不仅展示了孙威凤在绘画技法上的高超造诣, 也反映了中西文化交流对艺术创作的深远影响。孙威凤作为探索中西画法融合的最早的艺术先行者, 其作品《西洋供犬图》因此成为研究中西绘画技法交流的重要作品, 同时也体现了孙威凤对郎世宁风格的深刻理解和成功应用。

《德门随意录》[24]记载：威凤字翔九,子传父业,雍正时期亦以绘事供奉内廷, 记载甚为寥寥。清廷内务府"各作成做活计清档"有几处关于郎世宁曾有向中国宫廷画家传授传授欧洲绘画技法的记载, 涉及到孙威

24　《德门随意录》杜庭珠着, 杜庭珠, [明]字怡谷, 秀水(今浙江嘉兴)人。官知县。工山水。与锡山杜紫纶同客京师。尝为紫纶画"落花人独立, 微雨燕双飞。"诗意图。

凤的有雍正元年(1723)他与班
达里沙、八十、王玠、葛曙、
永泰等六位"画油画人"师从郎
氏学习西画技法，这批供职如
意馆的中国宫廷画家，是探索
中西画法融合的最早的艺术先
行者。其代表性作品有《西洋
供犬图》轴等。描绘西洋贡
犬，画家用细腻写实的笔法，
将动物皮毛的质感与光泽处理
的形象而逼真，表现出高超的
写生技巧。从地面浅淡的投
影，甚或对杂草的写实处理来
看，已经很难再说它是传统意
义上的中国画了，这种用中国
画的工具与材料进行的艺术创
作，无疑是中西绘画技法进一
步完美融合的结果[25]。

图十一 《人参花图》班达里沙 136.1x74.2CM
台北故宫博物院藏
图档编号：K2A002507N000000000PAA

我们通过郎世宁的《十骏犬茹黄豹》与孙威凤的《西洋供犬图》艺术特
色进行比较，会发现，郎世宁的《十骏犬茹黄豹》和孙威凤的《西洋供犬
图》在艺术特色上有许多相似之处，展示了两位艺术家在绘画技法和
风格上的直接关系。郎世宁这种技法与西方写实主义绘画有着密切的
联系，强调物体的真实质感和空间感。孙威凤明显借鉴了郎世宁的技

25　中文百科https://www.newton.com.tw/wiki/%E5%AD%AB%E5%A8%81%E9%B3%
B3/3866031

法。两幅作品都采用了西洋绘画的透视法，使得画面中的犬更加生动和立体。这种技法的运用，不仅增强了画面的空间感，还使得动物形象更加真实自然。这一艺术特色的相似性，直接反映了孙威凤深受郎世宁影响，并成功将其技法融入自己的创作中。通过对《十骏犬茹黄豹》和《西洋供犬图》的比较，可以清楚地看到，孙威凤在学习和继承郎世宁绘画技法方面非常成熟。

　　在清朝康熙、雍正、乾隆年间，西洋绘画风冲击着中国本土的艺术家，还有一些虽然没有直接师从郎世宁，但由于当时宫廷西洋画风的盛行，或多或少的受西洋绘画风格的影响。这些画家在继承中国传统画风的基础上，吸收并借鉴了西洋绘画的特点，特别是在空间透视和立体表现方面取得了显著的进步。例如宫廷画家焦秉贞、冷枚、丁观鹏等纷纷融入了西方绘画技法。他们巧妙地将西方的透视法、光影效果等元素与中国传统的线条、构图和笔墨技巧相结合，创造出一种独具特色的新绘画风格。这种创新不仅丰富了中国绘画的表现力和视觉效果，还赋予了作品更为逼真的层次感和立体感。由于这种融合中西的绘画风格既保留了中国画的神韵，又引入了西方绘画的科学性和技术性，深受皇帝的高度赞赏和重视。宫廷画家们通过这种技法的创新，不仅在艺术创作上达到了新的高度，也促进了中西文化的交流与融合，为后世留下了宝贵的艺术遗产。他们的作品在皇室的支持和

图十三(左)郎世宁《十骏犬茹黄豹》
247.5x163.7CM
台北故宫博物院藏
图档编号：K2A003736N000000000
0PAA

推崇下，成为宫廷艺术的重要组成部分，体现了清代宫廷画作的独特
风采和艺术成就。

焦秉贞(1621~1691年)是清朝著名的宫廷画家，他在康熙年间供职于
宫廷画院，以其卓越的艺术才能和创新的绘画技法而闻名于世。焦秉
贞擅画人物，吸收西洋画法，重明暗，楼台界画，刻划精工，绘有《仕
女图》、《耕织图》等[26]。在其绘画生涯中，他不仅继承了中国传统绘画
的优秀技艺，还积极吸收西方绘画的元素，尤其是在空间透视和光影
效果方面取得了显著的进步。焦秉贞的作品既有中国画的柔美和灵
动，又融入了西方绘画的真实感和立体感。他善于运用细腻的笔触和
精致的构图，将传统中国画中的线条美与西方绘画中的光影表现巧妙
结合，使画面更具层次感和生动感。他的《仕女图》、《耕织图》等作品
不仅展现了他的艺术造诣，也反映了中西文化交融的特点。《历朝贤后
故事图》册(图十四)是焦秉贞取材历代有良好德行的皇后、太后的故
事，是他仕女画中的代表作品。北京故宫博物院研究员傅东光对焦秉
贞该图中的仕女及建筑绘画进行了这样的评价：

"在12开的册页中，所绘仕女形象柔弱，设色浓艳，富有装饰性。图
上建筑物的绘制采用欧洲焦点透视的方法，有别于中国的传统界画。[27]"

在宫廷画院任职期间，焦秉贞深受康熙皇帝的赏识和重用，他的绘
画风格对后来的宫廷画家如冷枚、陈枚、唐岱、丁观鹏等产生了深远
的影响。焦秉贞的艺术成就不仅在当时获得了极高的评价，也为后世
留下了丰富的文化遗产。他在绘画技法上的创新和对中西融合的探
索，为清代宫廷绘画的发展做出了重要贡献。

26　蒋义海,中国画知识大辞典,东南大学出版社,2015.12,第220页

27　见北京故宫博物院官网 https://www.dpm.org.cn/collection/paint/228989.html?hl
　　=%E7%84%A6%E7%A7%89%E8%B4%9E

图十四
《历朝贤后故事图》册之一，焦秉贞绘，绢本，设色，12开，每开纵30.8厘米
，横37.4厘米。北京故宫博物院藏，图版权号：故00005632

冷枚(约1669~1742年)，字吉臣，号金门画史，山东胶州人，是清代著名宫廷画家焦秉贞的弟子。他擅长画人物和界画，尤其精通仕女画。他所描绘的人物形象工丽妍雅，笔墨洁净，色彩韶秀，具有极高的艺术价值。他在描绘屋宇器皿时，笔触极其精细，作品生动有致，充满了生活气息和艺术魅力。冷枚师承焦秉贞，并在其基础上吸收了一些西洋画法，如写生画的透视、远近、明暗和对比等技法。他善于将这些西方绘画元素与中国传统绘画技巧相结合，形成了工笔中带有写意的独特风格。他的作品典丽妍雅，既传承了师傅的技艺，又融会贯通，展现了他个人的艺术追求和创新精神。冷枚的代表作品有《避暑山庄图》《四季花鸟图》等，这些作品不仅展示了他精湛的绘画技艺，也体现了中西绘画技法的融合与创新。故宫博物院研究馆研究员李湜对冷枚的《避暑山庄图》中建筑物的绘画表现进行了评价：

建筑物的描绘，作者在传统的工笔界画基础上，又巧妙地吸收了欧洲的透视法，并将二者融合在一起，从而更科学、客观地表现出建筑物的物理结构，同时也加强了画面的纵深感。此图同时是一幅反映康熙时期避暑山庄建筑的图样，对于我们了解避暑山庄的建筑沿革有着重要的图像价值。[28]

总体来讲，作为受西方影响的中国画家分为两类，一类是直接学习西洋画的画家，画风和西洋传教士较为接近。例如班达里沙和孙威凤作为郎世宁的学生，成功地学习并掌握了西方绘画艺术形式，在他们的作品中充分体现了这种技法的应用。他们将郎世宁带来的欧洲透视法、光影处理、解剖学知识等融入绘画，使这些技法得以传承和发扬。班达里沙和孙威凤在师从郎世宁的过程中，熟练掌握了这些西方技法，并在自己的创作中结合了中国传统绘画的元素，形成了独具特色的中西合璧风格。

另一类中国画家是在整体保持中国传统绘画风

图十五

清，冷枚作，绢本，设色，纵254.8厘米，横172.5厘米。
北京故宫博物院藏，版权号：故00008210

格的基础上, 积极借鉴和运用西洋画技法, 进行艺术创新。焦秉贞和
冷枚等本土艺术家在保留中国传统绘画艺术特色的基础上, 尝试将西
方的透视、光影等技法融入到自己的作品中。焦秉贞的画作保持了传
统中国画的笔墨韵味, 但在构图和明暗处理上引入了西方的技巧, 使
画面更具立体感和真实感。冷枚则在传统山水画的建筑表现上, 通过
西方透视法的应用, 增强了画面的空间感和层次感。他们在继承中国
传统绘画的基础上, 充分利用西方技法的优势, 创作出许多具有时代
特色的作品。

　　这种中西合璧的艺术风格, 不仅在清代宫廷绘画中占据重要地位,
也在中国绘画史上留下了浓墨重彩的一笔。他们的努力和创新, 不仅
为清代绘画注入了新的活力, 也为后来的艺术家们提供了宝贵的经验
和灵感。这种融合与创新的精神, 正是中西文化交流的重要成果之
一, 对中国艺术的发展产生了深远的影响。

4. 结语

　　自地理大发现以来, 欧亚之间的交流显著加速, 特别是在明朝中晚
期, 西方传教士逐渐来到中国, 以绘画艺术为媒介打开了中国上层社
会的大门。最早进入中国的西方艺术形式是宗教油画和宗教版画, 这
些艺术作品标志着西方艺术在中国的初步传播, 并在明代中晚期吸引
了一部分中国修士学习西方绘画技法。清初期和中期, 大量西洋画家
进入中国, 许多人成为宫廷画家, 受到重用。尤其是在乾隆年间, 中
西绘画的交流达到了鼎盛时期。这种交流得益于明清时期的对外开放
政策, 使得西方艺术在中国得以广泛传播和发展。西方绘画艺术进入
中国后, 其艺术形态在受到中国传统文化元素和审美观念影响的同

时，也发生了相应的变化。这些传教士和艺术家的作品不再是纯粹的西洋绘画，而是演变成具有西洋艺术风格的中国绘画。这一变化体现了中西文化的融合与互动。中国画家在受到西洋绘画艺术的影响后，开始吸收西洋绘画中的透视、光影等立体表现技法，并进行大胆的融合与创新。在清朝宫廷，随着中西方画家之间的相互影响与交流，逐渐形成了一种被称为"中西合璧"的新画体。这种新画体不仅保留了中国传统绘画的独特风格，同时也融入了西方绘画的技法和元素，创造出一种新的艺术形式。西方传教士在明清时期的交流不仅限于绘画领域，他们在书法、工艺、建筑和科技等多个领域也取得了显著成果。

明清时期的西方传教士不仅在绘画艺术领域对中国产生了深远影响，他们在多个领域的交流与贡献都为中西文化融合做出了重要贡献。本研究的下一步将从书法、工艺、建筑和科技等不同领域展开深入探讨，以揭示中西文化交流的丰富内涵和广泛影响。

제2부

·

지구화시대 새로운 문명표준 모색
: 다원보편적 종교담론과
동아시아 지역문화 연구

21세기 세계화 시대의 종교: 신학적 소묘

Religion in the Global World of the 21st Century
: A theological sketch

크리스티안 단츠Christian Danz

　21세기 세계화 시대에, 종교라는 용어는 모든 역사적 종교와 종교적 전통을 아우르는 일반적 용어가 되었다. 종교는 하나의 범세계적 개념이다.[1] 그럼에도, 근대적 의미의 종교개념은 몇 가지 난점이 없지 않다. 종교의 다양성과 다수성을 전제하고는 있지만, 근대적 종교 개념은 이러한 종교의 다수성을 일원론적으로 해체하는 경향이 있다. 그것은 근대적 종교 개념이 이 세계의 종교들을 그러한 종교의 저변에 존재하는 일반자의 역사적 특수성으로 파악하기 때문이다. 반대로, 이 글에서는 일반적 종교 개념을 배제하고 종교가 무엇인지에 대한 복수의 이해방식에 주목할 것을 제안한다. 종교 개념의 복수화에 의해서만, 이하에서 진술되는 논제에 따라 오늘날의 세계화 시대에 종교에 대한 적절한 이해에 도달할 수 있는 것이다.

　필자가 진술하는 내용의 구조는 이러한 논제로부터 귀결된다. 필자의 진술은 근대적 종교 개념의 발생과, 그에 연루된 문제들에 관한

---

[1] Cf. P. Beyer, Religuion in Global Society, London/New York 2006; Y. Suarsana, Gott, ein Gefüge. Poststrukturalistische Überlegungen zur Theologie der Religionen, Göttingen 2021.

기억을 상기시키는 것으로 시작한다. 두 번째 절에서는, 일반적 종교 개념을 배제하고 그 개념을 기독교에 국한하자는 제안이 이루어진다. 셋째로, 이러한 내용을 배경으로, 종교에 대한 범세계적 담론의 결과들이 논급될 것이다.

1. 종교와 종교의 문제들에 관한 근대의 담론들

종교 개념은 유럽 계몽주의의 산물이다. 기독교 역사를 배경으로, 유럽의 계몽주의가 일반적인 종교 개념을 만들어낸 후, 이 개념은 종교와 여타의 문화적 형식을 구분하고 종교만의 본질을 거명하고 있다.[2] 근대적 종교 개념에 구성적 요소가 되는 것은 종교와 비종교 간의 차이이다. 하나의 일반적 개념으로서, 근대적 종교개념은 개인의 내적 종교성과 그것의 제도화뿐만 아니라, 그러한 종교성이 명시적으로 표현되는 외적인 상징의 형식을 모두 아우른다. 아울러 그 개념은 한 사람의 종교 뿐 아니라 모든 종교에 적용된다. 종교가 나타나는 외적인 상징형식이 서로 다를 수 있기는 하지만, 그 형식들은 하나의 공통되며 불변적인 본질에 기초해 있고, 그 본질은 계몽된 논쟁에서 매우 다른 방식으로 규정될 수 있다. 그러므로 공통된 것은 종교를 종교가 되게 하는 내적 본질이며, 그 종교들이 표현되는 외적 형식이 아니다.[3] 이러한 형식들은 역사적 변화에 종속돼 있다. 기독교의 역사에서

---

2   Cf. F. Wagner, Was ist Religion? Studien zu ihrem Begriff und Thema in Geschichte und Gegenwart, Gütersloh 1986; J.Z. Smith, Religion, Religions, Religious, in: ders, Relation Religion. Essays in the Study of Religion, Chicago/London 2004, 179~196; M. Bergunder, Was ist Religion? Kulturwissenschaftliche Überlegungen zum Gegenstand der Religionswissenschaft, in: ZfR 19 (2011), 3~55.

유래하는 종교 개념이 비유럽 문화로 전달되면서, 해당 문화의 종교를 인정하고 그 종교들을 종교로 용인하는 것이 가능해졌다. 이러한 종교에는 우선적으로 유대교, 이슬람교, 그리고 이교도가 있다.[4] 이모든 종교들은 저변에 놓여 있는 내적 종교의 역사적 표현이자 특수성이다. 기독교 역시 일반적인 내적 종교의 역사적 특수화일 뿐이다. 그것이 비록 일반적인 내적 종교와 동일한 것은 아니지만, 그럼에도 기독교는 그러한 내적 종교에 가장 부합하며, 그리하여 사람들은 여전히 20세기에도 모든 종교들 가운데 기독교라는 종교에 가장 높은 지위를 허락할 수 있는 것이다.[5]

그러한 일반적 종교개념에 대한 비판은, 그 개념이 유럽 계몽주의 시대에 만들어진 것이기 때문에, 최근 들어서야 목소리를 내기 시작했다. 이미 20세기 전반기의 개신교 신학은 신학의 토대로서 종교 개념을 해체하고 기독교의 특수성에 초점을 맞춘 (기독교) 종교에 대한 새로운 기술을 정교하게 만들어냈다.[6] 20세기 후반기에, 신구조주의와 탈식민주의는 종교 개념이 하나의 서구적 구성물임을 폭로했다.[7]

---

3   이것은 임마누엘 칸트의 종교 개념에 모범적으로 표현되어 있다. This is exemplarily expressed in Immanuel Kant's definition of religion. Cf. I. Kant, Die Religion innerhalb der Grenzen der bloßen Vernunft, B 154 = Werke in zehn Bänden, ed. by W. Weischedel, vol. 7, Darmstadt 1983, 768: "오직 하나의 (참된) 종교만이 존재한다. 그러나 다양한 종류의 신앙이 존재할 수 있다."

4   Cf. Smith, Religion, Religious, 179~196.

5   Cf. E. Troeltsch, Die Absolutheit des Christentums und die Religionsgeschichte (1902/1912), with the theses of 1901 and the handwritten additions (= KGA, vol. 5), ed. by T. Rendtorff in collaboration with S. Pautler, Berlin/New York 1998.

6   그러나 이 신학자들은 여전히 일관되게 기독교와 관련된 그들의 종교 구성의 일반적 타당성을 고수한다. Cf. K. Barth, Die kirchliche Dogmatik, vol. I/2, Zollikon-Zürich5 1960, 304~397; P. Tillich, Religionsphilosophie, in:1 Frühe Hauptwerke (= Gesammelte Werke, vol. 1), Stuttgart 1959, 297~364.

7   Cf. T. Asad, Genealogies of Religion. Disciplines and Reasons of Power in

여타의 문화적 형식과는 상이한 보편적 형식으로서 종교는 특별히 유럽적인 구성물일 뿐 아니라, 그러한 종교 개념이 근대 초기 유럽문화 자체에 그랬던 것만큼이나, 무엇보다 비유럽 문화에 이질적인 것이었다.[8] 고대 기독교와 다른 문화들 모두, 근대 종교 개념이 요구하는 것처럼 종교와 비종교를 구분하지는 않는다. 그 결과, 종교 개념을 전근대 문화나 비유럽 문화에 적용하는 것은 이미 분석적 차원에서 문제적인 것이다. 이러한 문화들은 단지 근대적 종교 개념에 구성적인 차이점들을 알지 못할 뿐이다. 그러므로 종교 개념과 더불어, 특별히 유럽적인 자기 이해를 외래 문화에 전달할 뿐 아니라, 이러한 자기 이해와 더불어 또한 식민주의를 영속화하는 것이다.[9] 종교 개념이 지배의 도구가 되기 때문에, 그것은 하나의 분석적 개념으로서는 중단되어야만 하는 것이다.

일반적 종교 개념은, 그것이 아무리 상세하게 규정된다 하더라도, 사실상 문제가 없지 않다. 이것은 단지 그 개념의 규정에만 관련된 것은 아니다. 보다 심각하게는, 하나의 일반적 개념으로서 종교는 인정을 받은 종교들 간의 차이를 일원론적으로 폐지하는 것이다. 차이는 역사적 종교들의 표면에 관계하지, 그 종교들의 종교적 핵심과 관련되는 것은 아니다. 이것은 모든 종교에서도 마찬가지다.[10] 그렇지

Christianity and Islam, Baltimore 1993; B. Nongbri, Before Religion. A History of a Modern Concept, New Haven/London 2013. On the debate, cf. M. Riesebrodt, Cultus und Heilsgeschehen. Eine Theorie der Religionen, München 2007, 17~42.

8 Cf. Nongbri, Before Religion, 4: "'종교'와 '종교적임'에 관한 근대적 개념은 '종교적인 것'으로서 그 무엇과 '비종교적인 것'으로서 여타의 것에 대한 고립이자 명명이다."

9 Cf. A. Yountae, A Decolonial Theory of Religion: Race, Coloniality, and Secularity in the Americas, in JAAR 88 (2020), 947~980.

10 이것은 존 힉의 이른바 종교 다원주의 신학과 페리 슈미트 로이켈에게서 그의 신학이 스콜라적이고 전근대적인 방식으로 지속되고 있다는 사실에서 너무나도 명확해

않으면 그 종교들은 종교가 아닐 것이다. 이처럼 보편적 종교 개념은, 이러한 차이들을 단지 비본질적 껍질로 간주할 수 있기 때문에 역사적 종교의 특수성을 해체한다. 그리하여, 종교 개념은 그 개념에 대한 비판이 수용되고 일반적 종교 개념이 포기될 때에만 유지될 수 있다. 이미 이론적 차원에서 다양한 종교 안에 종교의 본질이 매우 상이한 방식으로 규정돼 있다는 사실에 대한 인정을 포함하는 종교 개념을 안출하는 것이 필요하다. 그러한 종교 개념의 다원화는 오직 그 개념에 대한 해명을 특정한 종교에 제한하고 그것을 다른 종교들에 전이하지 않음으로써만 성취될 수 있다. 오직 이러한 방식으로만 종교 자체에 대한 이해가 이미 다수라는 가능성이 용인되고 시인될 수 있는 것이다. 이러한 이유에서, 종교 개념을 근거짓는 일은 이하에서 기독교에 국한될 것이다. 의사소통의 독립된 방식으로서 종교 개념을 안출하는 것은 종교이론적 토론과 그 방법론적 문제들을 배경으로 수행된다. 그러나 종교 개념은 그것의 신학적 토대의 구성물로 남는다.

2. 기독교에 대한 해명으로서 종교 개념

종교를 기술하기 위해서는, 그것의 진술만을 조회하는 것으로는 불충분하다. 오히려, 종교를 수행하기 위한 종교적 수행의 지식이 종교 개념의 일부가 되어야 한다. 이미 언급한 대로, 이것은 기독교에 국한되며, 개별 종교들을 포괄하는 일반적 종교 개념은 거부된다. 여기서

진다. Cf. J. Hick, An Interpretation of Religion. Human Responses to the Transcendent, New Haven 1989; P. Schmidt-Leukel, God Without Borders. Eine christliche und pluralistische Theologie der Religionen, Gütersloh 2005. Cf. C. Danz, Nochmals: Monistischer Pluralismus oder pluralismusoffene Theologie? Eine Duplik auf Perry Schmidt-Leukel, in: ThR 86 (2021), 106~119.

논점은 기독교를 실제적이거나 참된 종교로 이해하는 것이 아니라, 종교란 무엇인가에 대한 이해의 복수성을 인정하는 것이 이미 종교에 대한 이론적 구성의 차원에서 존재한다는 것이다. 역사적 종교들은 그 종교들의 저변에 공통적으로 놓여 있는 일반자의 특수화로 이해될 수 없다. 반대로, 종교는 의사소통의 종교적 사용에 구속돼 있는 사건으로 이해되어야 한다. 기독교는 종교적 의사소통의 외부에 주어져 있는, 그 의사소통과 독립된 전제들로부터 발생하는 것이 아니라, 그 의사소통 안에서, 그리고 그로부터 발생하는 것이다. 의사소통은 자기 자신으로부터 자기 자신을 구성하고 그것의 근거를 자기 안에 갖는다. 따라서 신학은 그로부터, 그리고 그것을 통하여 종교로서 기독교가 발생한 구조를 해명할 필요가 있다. 기독교적 의사소통은 내용과 전유, 그리고 표명이라는 삼중적 상호관계 속에 존재한다. 이러한 상호관계로부터, 그리고 이러한 상호관계로서 기독교는 존재하는 것이다.[11]

기독교는 그 자신의, 차별화된 의사소통 형식으로서 문화 속에 이미 존재하고 있을 때에만 실존할 수 있다.[12] 그 문화 속에서 전수되는, 주어진 기독교적 의사소통 없이는, 기독교는 하나의 종교로서 실존할 수 없다. 기독교는 이미 그 자체를 전제하고 있고 기독교적 의사소통으로서 그 자신에게 의존해 있다. 자기 자신으로부터 유래함으로써, 기독교는 인류학적 성향이나 종교적 대상에 기초해 있지 않다. 성향과 대상은 모두 기독교적 전통의 실체화다. 그리하여, 기독교는 그 자

---

11 Cf. C. Danz, Gottes Geist. Eine Pneumatologie, Tübingen 2019, 101~139; Jesus zwischen Judentum und Christentum. Eine christologische und religionstheologische Skizze, Tübingen 2020, 158~166; F. Wittekind, Theologie religiöser Rede. Ein systematischer Grundriss, Tübingen 2018, 29~55.

12 하나의 종교로서 기독교가 어떻게 동시에 등장했던 유대교의 지평 안에서 그 자신의 종교로서 차별화되는지에 관한 문제에 관하여는, cf. Danz, Jesus zwischen Judentum und Christentum, 177~207.

신을 전제하지만, 기독교적 의사소통의 전달 형식 속에서만 그러한 것이다. 이러한 의사소통이 기독교적인 것으로 인정받기 위해서는, 그것이 내용의 관점에서, 즉 예수 그리스도에 대한 기억의 관점에서 규정되어야 한다.[13] 그러나 기억으로서 그 문화 속에서 전수된 기독교적 기억은 아직 종교 그 자체가 아니라, 그 종교를 위한 참고사항일 뿐이다. 예수 그리스도에 관한 전수된 기억은, 그 기억이 사람들에 의해 종교로 사용될 때에만, 즉 그것이 그 자체로 전유될 때에만 종교가 된다.

주어진 기독교적 의사소통의 전유는 기독교의 두 번째 구조적 계기를 형성한다. 이 계기는 첫번째 계기에 추가되어야 하는데, 수용된 것에 대한 이해는 아직 전통 속에 포함되지 않기 때문이다. 예수 그리스도에 대한 기억을 인간이 종교로 이해하는 것은 그 기억 자체의 구조적 계기를 재현하는 데, 그것은 첫 번째 계기와 관련이 있지만 그로부터 도출 가능한 것도 그것으로 환원 가능한 것도 아니다. 종교는 오직 기독교적 의사소통이 그것을 종교로 이해하는 사람들에 의해 전유될 때만 발생한다. 의사소통은 그들에 의해 종교의 표상으로 이해되어야 한다. 이것은 그들이 전달된 메시지의 내용과 그것의 종교적 의미를 구분해야만 함을 의미한다.[14] 이러한 구분 없이는 기독교는 발생하지 않으며, 의사소통에 대한 이해는 도출 불가능하며 도출 불가능한 것으로 남는다. 예수 그리스도에 대한 기억의 전달은 언제고 비종교적인, 미학적인, 역사적인, 정치적인 방식 등으로도 이해될 수 있

---

13 Cf. Danz, God's Spirit, 194~203.

14 이해는 전달된 내용과 그것의 실제적이거나 진정한 이해가 아니라 그것의 종교적
   의 사아의 구분을 의미한다. 정보와 정보전달의 구성적 요소로서 의사소통의 차이로
   서 이해에 관하여는, cf. N. Luhmann, Social Systems. Grundriß einer allgemeinen
   Theorie, Frankfurt a.M.5 1994, 191~241.

기 때문이다. 오직 종교적 이해 속에서만 주어진 기독교적 전통은 개인에게 종교적 호칭이 되는바, 그러나 그것은 이해하며 전유하는 가운데서만 하나의 선결조건으로 발생한다. 하지만 이것은 의사소통 안에서 명시화되어야 한다.

그러나 기독교적 의사소통은, 셋째로, 예수 그리스도에 대한 이해하며 전유된 기억이 사람들에 의해 그들의 종교적 의사소통 속에서 사용될 때에만 종교로 구성된다. 또한 기독교의 상징적 표현은 그것 자체의 구조적 계기를 표현한다. 그것은 처음의 두 계기들과 연관돼 있으나, 그것들로부터 도출될 수는 없다. 기독교의 종교적 의사소통은 그것이 의사소통 안에서 상징적으로 명시화되고 구체화될 때에만 성공한다. 문화 속에서 가시화됨으로써만 기독교적 의사소통은 실존을 획득한다. 단순히 내적인 종교는 가시적이지도 인식 가능하지도 않다. 그러한 종교는 전달될 수도 없는데, 모든 의사소통은 구체화되어야 할 필요가 있기 때문이다. 이와 같이 구조적 요소들이 거명되었는데, 그러한 맥락으로부터 기독교는 종교로서 발생한다. 기독교는 그러한 요소들 가운데 어느 하나로 거슬러 올라갈 수 없다. 기독교적 의사소통은 종교로서 이해되는 가운데 전유된 예수에 대한 기억이, 사람들에 의해 그들의 종교에 대한 상징적 명시화를 위해 사용되고 종교가 의사소통을 통해 전달된 내용을 의미할 때 성취된다. 기독교는 따라서 종교적 객체도 종교적 주체도 아니며 특정한 기초 위에 두거나 전제되어야 하거나 하는 어떤 경험도 그 결과도 아니다. 이 모든 것은 오직 기독교적 의사소통의 성공 안에서만 발생한다. 그러한 의사소통의 재현적 내용이 의사소통 밖에 있는 대상들을 지칭하는 것도 아니다. 오히려, 그러한 내용들은 그 의사소통 안에서 생산되고 그 의사소통이 뜻하는 종교적 의미를 지칭한다. 그러나 기독교의 내용적 규정은 단순히 종교의 표현은 아니다. 기독교의 내용적 규정은 동시에 그러한 의사소통 내에서 반성적 기능을 갖는다. 그 규정은 의사소통 안에서, 그리고 의사소통을 위해서 기독교가 어떻게 종교로서 투명하게 작동하는지를 표현한다. 하느님과 예수 그리스도 그리고 성령은 기독교를 그것의 내용과 전유, 그리고 예수 그리스도에 대한 전유된 기억을 상징적으로 표현할 항구적 필요성에 의해 규정된 전통에 결속시킴을 상징한다. 이런 식으로, 그러한 규정의 내용은 기독교와 그 내용의 자기지칭적이고 자기자신에게 투명한 종교로 기능함을 표현한다. 지금까지 개관한 종교 개념으로부터 종교에 대한 범세계적 담론을 위해 어떤 결론이 따라 나오는가?

3. 종교 이론에 관한 논쟁을 위한 종교 개념의 논리적 결과들

일반적 종교 개념은, 우리가 본 것처럼, 종교의 특수성을 무효화한다. 인류학적 종교 개념의 틀 내에서, 종교는 그 종교들에 공통된 하나의 일반자, 곧 종교의 본질의 특수성들로 나타난다. 종교들 간의 차이는 오직 표면적인 차원과만 관련이 있을 뿐, 모든 종교에서 동일한 참으로 종교적인 것과 관련된 것은 아니다. 그러한 표면적 종교이해는 21세기의 글로벌 시대에는 불충분한데, 그것은 종교들의 특수성을 무효화하기 때문이다. 더구나 그러한 종교 개념은 종교에 대한 유럽의 이해를 비유럽 문화로 전달하는 것이다. 대조적으로, 종교에 대한 범세계적 담론들은 종교들의 특수성에 관한 것이어야 한다. 그러므로, 신학에서 종교들의 다원성을 인정하는 것으로는 충분치 않으며, 다른 종교들이 종교가 무엇인가에 관해 기독교와는 다른 방식으로 이해하고 규정하는 종교에 대한 이론적 기술 속에 이미 종교의 다원성이 포함되어야 한다.

이러한 이유로, 종교에 대한 담론에서 일반적인 종교 개념을 단념해야만 한다. 이렇게 함으로써만 기독교 신학 안에서 종교에 대한 이해의 다원성을 인정할 가능성을 개방할 수 있다. 이것이 정확히 신학적 종교 개념을 제안된 방식대로 기독교에 제한하는 기능인 것이다. 그러므로, 이것은 오직 기독교만이 종교라거나 심지어 참된 종교라고 주장하는 문제가 아니다. 또한 그것은 종교 개념을 오직 기독교만을 위해 남겨두는 문제도 아니며 더 이상 다른 종교들과의 관계 속에서 종교에 대해 이야기하는 것도 아니다. 신학적 종교 개념을 기독교에 제한함으로써 종교의 개념과 '종교'라는 말이 구분되어야만 한다. 신학에서 종교의 개념은, 위에서 제시된 것처럼, 하나의 종교로서 기독교에 대한 정신적 파악에 기여한다. 종교 개념은 다른 종교들을 지칭하지 않으며, 종교적 다원성을 위한 상위의 틀로서 기능하지도 않는다. '종교'라는 말은, 다른 한편, 하나의 가주어로 사용되어야 하며, 내용에 있어 비규정적인 것으로 남아 있어야 한다. 이런 식으로, 종교라는 말은 각각의 경우에 다른 종교에 의한 그것의 가능한 내용적 충전에 대하여 개방되는 것이다.

종교 개념과 종교라는 말 사이에 제안된 바와 같은 차이를 우리가 채용하게 된다면, 비기독교 종교들의 다양성과 특수성을 고려하여 종교가 무엇인가에 대한 이해의 복수성을 허용하는 것이 가능한 것이다. 종교에 대한 범세계적 담론의 과제는 그렇다면 어떻게 다른 종교들이 종교를 이해하며 그 종교들이 어떻게 그 자체로 종교로서 기능하는지를 논구하고 해명하는 것이다. 종교에 대한 담론과 대화의 출발점은 그렇다면 더 이상 모든 종교들에 의해 공유된 공통의 근거가 아니라, 그 종교들의 차이와 특수성인 것이다. 더욱이 그러한 접근은, 앞서 제시된 바와 같이, 유럽의 종교 개념에 구성적인 차이들을 다른 종교적 문화에 전가하고 그것을 포괄주의적 방식으로 전유하는 것을 회피하게 될 것이다. 오직 이러한 방식으로만 다른 종교적 문화와의 만남이 개방되며, 그러한 만남은 눈높이에서 발생하고 종교들의 다수성을 일원론적으로 환원하지 않으면서 그러한 다수성을 인정한다.

옮긴이: 오흥명

【원문】

Religion in the Global World of the 21st Century
：A theological sketch

In the global world of the 21st century, the term religion has become a general term encompassing all historical religions and religious traditions.[15] Religion is a global concept. Nevertheless, the modern concept of religion is not without its difficulties. Although it assumes a variety and diversity of religions, the concept of religion has the tendency to monistically dissolve this diversity of religions. For the modern concept of religion grasps the religions of this world as historical particularities of a general underlying them. In contrast, it is proposed here to dispense with a general concept of religion and to focus attention on the plurality of understandings of what

---

15 Cf. P. Beyer, Religuion in Global Society, London/New York 2006; Y. Suarsana, Gott, ein Gefüge. Poststrukturalistische Überlegungen zur Theologie der Religionen, Göttingen 2021.

religion is. Only by pluralizing the concept of religion, according to the thesis of the following remarks, does one arrive at an adequate understanding of religion in the global world of today.

The structure of my remarks results from this thesis. It begins with a reminder of the genesis of the modern concept of religion and the problems associated with it. In the second section, the proposal is made to dispense with a general concept of religion and to limit it to Christianity. Third, against this background, the consequences for the global discourse on religion can be named.

1. Modern discourses on religion and their problems

The concept of religion is a product of the European Enlighten-ment. Against the background of the Christian histories, it created the general concept of religion, which distinguishes religion from other cultural forms and names an essence peculiar to it. [16]

Constitutive for the modern concept of religion is the difference between religion and non-religion. As a general concept, it encompasses the inner religiosity of the individual and the external symbolic forms in which it is articulated, as well as its institu-tionalizations. And it applies to all religions, not only to one's own.

---

[16] Cf. F. Wagner, Was ist Religion? Studien zu ihrem Begriff und Thema in Geschichte und Gegenwart, Gütersloh 1986; J.Z. Smith, Religion, Religions, Religious, in: ders, Relation Religion. Essays in the Study of Religion, Chicago/ London 2004, 179~196; M. Bergunder, Was ist Religion? Kultur-wissenschaftliche Überlegungen zum Gegenstand der Religionswissenschaft, in: ZfR 19 (2011), 3~55.

Although the external symbolic forms in which religion appears may differ from one another, they are based on a common and invariant essence, which can be determined in highly different ways in the enlightened debates. Common, therefore, is their inner essence, that which makes religion religion, and not their external forms in which they are articulated.[17] These are subject to historical change. With the transfer of the concept of religion, which originated in the history of Christianity, to non-European cultures, it is possible to recognize their religions and to tolerate them as religions. These are first of all the religion of the Jews, the Muslims and the ,heathen'.[18] All these religions are historical expressions and particularities of an underlying inner religion. Christianity, too, is only a historical particularization of the general inner religion. Although it is not identical with this, it corresponds to it nevertheless most, so that one can grant still up to the 20th century to the Christian religion a highest position under the religions.[19]

Criticism against such a general concept of religion, as it was created in the age of the European Enlightenment, has not been

---

[17] This is exemplarily expressed in Immanuel Kant's definition of religion. Cf. I. Kant, Die Religion innerhalb der Grenzen der bloßen Vernunft, B 154 = Werke in zehn Bänden, ed. by W. Weischedel, vol. 7, Darmstadt 1983, 768: "There is only *one* (true) *religion*; but there can be many kinds of *faith.*"

[18] Cf. Smith, Religion, Religious, 179~196.

[19] Cf. E. Troeltsch, Die Absolutheit des Christentums und die Religionsgeschichte (1902/1912), with the theses of 1901 and the handwritten additions (= KGA, vol. 5), ed. by T. Rendtorff in collaboration with S. Pautler, Berlin/New York 1998.

voiced only recently. Already the Protestant theology of the first half of the 20th century dissolved the concept of religion as the basis of theology and elaborated new descriptions of (Christian) religion that focus on its specificity.[20] In the second half of the century, neo-structuralism and post-colonialism exposed the concept of religion as a modern Western construct.[21] Religion as a universal form distinct from other cultural forms was not only a specifically European construct, it was above all as alien to non-European cultures as it was to pre-modern European culture itself.[22] Neither ancient Christianity nor other cultures distinguish between religion and non-religion, as the modern concept of religion demands. Consequently, applying the concept of religion to pre-modern or non-European cultures is already problematic on an analytical level. These cultures simply do not know the distinctions constitutive for the modern concept of religion. With the concept of religion, therefore, one not only transfers a specifically European self-understanding to foreign

---

[20] However, these theologians still consistently hold to the general validity of their constructions of religion related to Christianity. Cf. K. Barth, Die kirchliche Dogmatik, vol. I/2, Zollikon-Zürich5 1960, 304~397; P. Tillich, Religionsphilosophie, in:1 Frühe Hauptwerke (= Gesammelte Werke, vol. 1), Stuttgart 1959, 297~364.

[21] Cf. T. Asad, Genealogies of Religion. Disciplines and Reasons of Power in Christianity and Islam, Baltimore 1993; B. Nongbri, Before Religion. A History of a Modern Concept, New Haven/London 2013. On the debate, cf. M. Riesebrodt, Cultus und Heilsgeschehen. Eine Theorie der Religionen, München 2007, 17~42.

[22] Cf. Nongbri, Before Religion, 4: "What is modern about the ideas of 'religions' and 'being religious' is the isolation and naming of some things as 'religious' and others as 'not religious.'"

cultures, but with this self-understanding one also perpetuates colonialism.[23] Since it is an instrument of domination, the concept of religion should be dropped as an analytical concept.

A general concept of religion, however it may be determined in detail, is indeed not without problems. These concern not only its determination. More seriously, as a general concept it monistically abolishes differences between religions that are conceded. Differences concern the surface of the historical religions, but not their religious core. This is the same in all religions.[24] Otherwise they would not be religions. Thus a universal concept of religion dissolves the specificity of the historical religions, since it can regard these merely as an unessential shell. Thus, the concept of religion can only be held on to if the criticism of it is taken up and a general concept of religion is dropped. It is necessary to work out a concept of religion which already on the level of theory includes the recognition that in the diverse religions what is religion is determined in highly different ways. Such a pluralization of the concept of religion can only be achieved by limiting the explication of the concept to a specific

---

23 Cf. A. Yountae, A Decolonial Theory of Religion: Race, Coloniality, and Secularity in the Americas, in JAAR 88 (2020), 947~980.

24 This becomes abundantly clear in the so-called pluralistic theology of religion of John Hick and its scholastic-pre-modern continuation in Perry Schmidt-Leukel. Cf. J. Hick, An Interpretation of Religion. Human Responses to the Transcendent, New Haven 1989; P. Schmidt-Leukel, God Without Borders. Eine christliche und pluralistische Theologie der Religionen, Gütersloh 2005. Cf. C. Danz, Nochmals: Monistischer Pluralismus oder pluralismusoffene Theologie? Eine Duplik auf Perry Schmidt-Leukel, in: ThR 86 (2021), 106~119.

religion and not transferring it to other religions. Only in this way is the possibility conceded and acknowledged that the understanding of religion itself is already plural. For this reason, the grounding of the concept of religion will be limited to Christianity in the following. Its elaboration as a separate form of communication is carried out against the background of the religion-theoretical debate and its methodological problems. However, the concept of religion remains a construct of its theological foundation.

2. The concept of religion as an explication of the Christian religion

To describe religion, it is not enough to refer merely to its statements. Rather, the knowledge of the religion practitioners to practice religion must be part of the concept of religion. As mentioned, this is limited to Christianity, and a general concept of religion that encompasses the individual religions is rejected. The point here is not to understand Christianity as the actual or true religion, but to concede a plurality of understandings of what religion is already at the level of the theoretical construction of religion. Historical religions, so the thesis, cannot be understood as particularizations of a general underlying them in common. In contrast, religion is to be understood as an event bound to the religious use of communication. The Christian religion does not arise from presuppositions that are given outside and independent of religious communication, but in and from it. It constitutes itself from itself and has its grounding in itself. It is thus incumbent upon theology to explicate the structure from and through which Christianity as religion arises. Christian-religious communication exists in a tripolar interrelationship of content, appropriation, and articulation. Out of and as this interrelation the Christian religion exists.[25]

The Christian religion can only come into being if it already exists in the culture as its own, differentiated form of communication.[26] Without a given Christian-religious communication, which is passed on in the culture, Christianity cannot exist as a religion. The Christian religion already presupposes itself and is dependent on itself as Christian-religious communication. By originating from itself, it is based neither on an anthropological disposition nor on a religious object. Both, disposition and object, are hypostatization of the Christian-religious tradition. Thus, the Christian religion presupposes itself, but only in the form of the transmission of Christian-religious communication. In order for this to be recognized as Christian, it must be determined in terms of content, namely as a memory of Jesus Christ.[27] But the Christian-religious memory, which is passed on in

25 Cf. C. Danz, Gottes Geist. Eine Pneumatologie, Tübingen 2019, 101~139; Jesus zwischen Judentum und Christentum. Eine christologische und religions-theologische Skizze, Tübingen 2020, 158~166; F. Wittekind, Theologie religiöser Rede. Ein systematischer Grundriss, Tübingen 2018, 29~55.

26 On the question of how Christianity as a religion differentiated itself as a religion of its own within the horizon of Judaism, which emerged at the same time, cf. Danz, Jesus zwischen Judentum und Christentum, 177~207.

the culture as memory, is not yet religion itself, but only reference to it. The handed down memory of Jesus Christ becomes religion only when it is used by people as religion, i.e. when it is appropriated as such.

Appropriation of the given Christian-religious communication forms the second structural moment of the Christian religion. It must be added to the first, since an understanding reception is not yet contained in the tradition. The understanding of the memory of Jesus Christ as religion by human beings represents its own structural moment, which is related to the first one, but neither derivable from it nor reducible to it. Religion arises only when the Christian-religious communication is appropriated by people understanding it as religion. Communication must be understood by them as a representation of religion. This means that they must distinguish between the content of the message that is communi- cated and its religious meaning.[28] Without this distinction the Christian religion does not come about, but the understanding of the communication is and remains underivable. For the communi- cation of the memory of Jesus Christ can be understood at any time also non-religiously, aesthetically, historically, politically etc.. Only in religious understanding does the

---

27 Cf. Danz, God's Spirit, 194~203.

28 Understanding means the distinction between communicated content and its religious meaning and not actual or authentic understanding. On understanding as a distinction between information and communication as a constitutive element of communication, cf. N. Luhmann, Social Systems. Grundri β einer allgemeinen Theorie, Frankfurt a.M.5 1994, 191~241.

given Christian-religious tradition become religious address to the individual, which, however, arises as a prerequisite only in the understanding appropriation. Religious meaning therefore exists only in religion. However, this must be articulated in communication.

But Christian-religious communication is constituted as religion only when, thirdly, the understandingly appropriated memory of Jesus Christ is used by people in their religious communication. Also the symbolic articulation of the Christian religion represents an own structural moment of it. It is related to the first two moments, but it cannot be derived from them. Christian religious communication succeeds only when it is symbolically articulated and embodied in communication. For only by coming to visibility in culture does it gain existence. A merely inner religion is neither visible nor recognizable. It could not be communicated either, because every communication is bound to embodiments.

Thus the three structural elements are named, from whose context the Christian religion as religion arises. It cannot be traced back to one of its elements. Christian religious communication succeeds in that the memory of Jesus, appropriated understandingly as religion, is used by people for the symbolic articulation of their religion and religion is meant with the communicated contents. The Christian religion is thus neither a religious object nor a religious subject nor any experiences and affects to be put on the basis or to be presupposed. All this arises only in it, in the success of the Christian-religious communication. Nor do its representational contents refer to objects outside the communication. Rather, they designate the religious sense that is produced in and meant by the communication. But the content determinations of the Christian religion are not merely an expression of religion. The content determinations of the Christian religion have at the same time a reflexive function in it. They represent in it and for it how Christianity functions transparently as religion. God, Jesus Christ and the Holy Spirit symbolize the binding of the Christian religion to a tradition determined by its content, its appropriation and the permanent necessity to represent the appropriated memory of Jesus Christ symbolically. In this way, their contents represent the Christian religion and their self-referential and self-transparent functioning as religion. What follows from the outlined concept of religion for the global discourses on religion?

3. Consequences of the concept of religion for debates on the theory of religion

A general concept of religion, as we have seen, cancels out the particularity of religions. Within the framework of an anthropological concept of religion, religions appear as particularities of a general common to them, an essence of religion. The differences between religions concern only the surface, not the actual religious, which is the same in all religions. Such an understanding of religion is insufficient in the global world of the 21st century, since it cancels out the specificity of religions. Moreover, such a concept of religion transfers the European understanding of religion to non-European cultures. In contrast, global discourses on religion must be about the particularity of religions. Thus, it is not enough to acknowledge a pluralism of religions in theology, but it must be included in the theoretical description of religion that other religions already understand and determine what religion is differently from Christianity.

For this reason, a general concept of religion in the discourse on religion must be dropped. Only this opens the possibility in a Christian theology to recognize a plurality of understanding of religion. This is precisely the function of the proposed restriction of the theological concept of religion to the Christian religion. Thus, it is not a matter of claiming that only Christianity is religion or even the true religion. Nor is it a matter of reserving the concept of religion only for Christianity and no longer speaking of religion in relation to other religions. By limiting the theological concept of religion to the Christian religion, a distinction must be made between the concept of religion and the word ‚religion'. The concept of religion in theology serves the mental comprehension of Christianity as a religion, as suggested above. It does not refer to other religions, nor does it function as a superordinate framework for religious plurality. The word ‚religion', on the other hand, is to be used as a placeholder and left indeterminate in content. In this way, the word religion becomes open for its possible content fillings by other religions in each case.

If one adopts the proposed distinction between the concept of religion and the word religion, then it is possible to take into account the diversity and particularity of non-Christian religions and to grant a plurality already of the understanding of what religion is. The task of global discourses on religion is then to explore and clarify how other religions understand religion and how they function in themselves as religion. The starting point of the discourses and dialogues on religion would then no longer be a common ground shared by all religions, but the differences and particularities of the religions. Moreover, such an approach, like the one proposed, would avoid transferring distinctions that are constitutive for the European concept of religion to other religious cultures and appropriating them in an inclusive way. Only in this way is an encounter with other religious cultures opened up, which takes place on an eye level and recognizes the plurality of religions without reducing them monistically.

범세계적 민주주의 윤리학

: 다중적 근대성, 동서관계의 새로운 패러다임과 개방적이고 자유로운 다원주의 사회의 상호 강화 및 공동 실현

The global ethics of democracy: Multiple modernities, new paradigms of East-West relations and the mutual enrichment and co-realization of open and free pluralistic societies

폴 실라스 피터슨Paul Silas Peterson

1. "범세계적인 민주주의 윤리"가 존재하는가? 근본적인 개념적 상호관계에 관한 몇 가지 기초적 질문과 생각들

이 논의의 제목에 언급된 중대한 논제들과 개념들을 다루기에 앞서, 그리고 중심적인 논증을 수립하기에 앞서, 필자는 범세계적 민주주의 윤리라는 생각에 관한 몇 가지 상대적으로 개방된 질문과 함께 시작해서, 이 질문들에 대한 잠정적 대답을 제시하고자 한다. 잠정적 대답은 호혜의 원칙에 기초한 범세계적 민주주의 윤리라는 개념을 위한 본질적 제안 속으로 합류하게 될 것이다. 이와 더불어, 필자는 변화하는 동서 관계의 보다 광범위한 틀을 이루고 있는 질문을 다루기에 앞서, 근대성의 지속적인 모호함과 복합성을 강조하고자 한다. 전체적으로, 필자는 오늘날 전 세계에 걸쳐 점증하는 긴장과 전쟁, 제국주의적 위협 및 불안정을 감안하여 희망과 보편적인 인류 번영의 목적이라는 지평 위에서 화해의 이념에 주의를 환기하고자 한다.

그러나 우선, 필자는 개인적인 동기를 가진 문제에 관해 이야기를 하고자 한다. 서구세계는 말할 것도 없고, 오늘날 전 세계에 걸쳐 민주적 문화 내에서 여러 가지 부정적인 상황전개가 이루어지고 있다. 이러한 상황전개는 많은 학자들과 연구단체들에 의해 연구되어 왔다. 필자는 여러분들이 국제적인 규모로 이루어지는 이러한 경향들을 두드러지게 보여주는, 여기 PDF에 수록된 그래프들과 연구들을 참조했으면 한다. 그동안 진행되어온 다양한 층위의 "민주주의 건강상태"가 여기에 표현돼 있다. 특별히, 집회의 자유와 정치 결사의 자유, 자유롭고 공정한 선거, 의사의 자유, 시민권, 권력의 분립, 표현의 자유 및 법치와 같은 문제들이 일차적인 기준이다. 20세기 후반과 21세기 초반에 존재하는 장기간의 상향 이후, 2012년 이래 이러한 지표들은 이제 부정적 추세로 접어들었다.

이제 나의 첫 번째 질문으로 돌아오자. 민주주의 "윤리"라는 것이 존재하는가? 민주주의가 그 어떤 내재적인 윤리적 개념을 전제하거나 요구하거나 아니면 산출하기라도 하는가? 민주적 질서 내부에 정치적 질서가 명시적으로나 암묵적으로 도출해내는 - 그런 다음 정치적 질서가 배양하는 기초적인 도덕적 충동이 존재하는가? 비록 최소한의 것으로 남는다 하더라도, 어떤 규범적인 민주주의 개념에 도달하는 것은 학계 내에서 불가피한 일인지도 모른다. 시카고 대학의 톰 긴스버그가 명문화한 국제법에서 확립된 입장은 정확한 문제에 관해 설득력을 발휘한다. 그는 미합중국의 인권선언(1948)에 의거하여 세 가지 요소를 꼽는다. 민주주의는 "(1) 법률상 성인이 투표할 수 있고 선거에 진 사람들은 동의하는 경쟁적 선거를 특징으로 하는 정부, (2) 표현과 집회, 그리고 공직에 출마할 수 있는 가능성 같은 일단의 최소한의 권리가 평등한 토대 위에서 모두를 위해 보호되는 정부, 그리고

(3) 법률이 행정부를 지배하는 정부"다.[1] 여기서 필자는 표현의 자유와 관련된 (2)번 항목에 관한 긴스버그의 정의에 언론과 집회의 자유 등을 추가하고자 한다. 비록 우리가, 필자가 규범적인 것으로 간주하는 국제법으로부터 그 개념의 기본적 정의를 전제한다 하더라도, 동일한 개념이 또 다른 의미에서 접근 가능한 것이다.

이와는 다른 의미에서 우리는, 그 개념의 생명력을 좇아, 철학적 방식의 성찰 속에서 그 개념의 이론적 기초로부터 작업해 나갈 수도 있을 것이다. 그 개념 자체 내에는, 어렵지 않게 주장할 수 있는 것처럼, 적어도 최소한의 의미에서 차이가 나는 타자, 곧 추상적인 한 사람의 타자로서만이 아니라, 공유된 전체의 참여자로서 타자에 대한 근본적 의식과 수용이 존재한다. 그 결과, 전체의 상호 동등한 구원성으로서 이 타자에 대한 수용은 (적어도 그것이 깊이 내면화되었을 때), 높은 수준의 강도로, "다양성을 긍정하는" 개방성의 형태와 맞물려 있는 동일한 성질 및 충동과 분리될 수 없다. 그리하여 그들의 공유된 미래를 확보할 자유로운 시민들에 의해 확립된 자유의 정치적 질서로서 국민적 규칙인 민주주의는, 개념의 공유된 시장으로부터, 혹은 공적 영역으로부터 전체의 구성원 및 단체들을 배제하거나 그들에게 굴욕

---

[1] Tom Ginsburg, Democracies and International Law (Cambridge, United Kingdom: Cambridge University Press, 2021), 21. 긴스버그는 이를 "상대적으로 근거가 박약하고 자유주의적인 정의"라고 부르지만, 그러나 그가 보여주는 바와 같이, 보편적 인권선언 18절에서 21절까지의 내용과 일맥상통한다. 미국의 경우에 상세하게 논의돼 왔고 이제는 다시 유럽으로 선회하고 있는 한 가지 중요한 문제는, 민주주의에 있어 적법성의 문제이다. 적법성은 사회가 그것의 확립된 제도를 신뢰할 때, 그리고 "권력을 지닌 자들이 정치적 과정 속에 존재하는 거의 모든 중요한 행위자들이나 잠재적 행위자들에 의해 수용된 과정을 통해 그들의 지위를 획득했을 때" 등장한다. Lipset and Lakin, The Democratic Century, 210. 이 문제의 또 다른 본질적 측면은 "표현의 자유" 속에 상정된 바와 같은 공적 담론이다. See Alain Touraine, What is democracy? (Boulder, Colo.: Westview Press, 1997).

감을 주거나, 혹은 그들을 축출할 때 그 용어의 공적 개념 속에 존재하는 그것의 자기이해에 미치지 못하는 것이다. 그러한 배제의 순간들 속에서, 비록 이러한 전통이 추방의 관습이 있었던 아테네 만큼이나 오래된 것이라 하더라도, 집단적이고 공유된 자기규제 안에 존재하는 공동체의 형식으로서 민주주의의 상위원리들은 침식되고 불리하게 작용한다. 그로 인해, 민주주의 개념에 대한 정의의 명시화로부터 배제될 수 없는, "자유주의의 최소치"나 최소한의 "다양성을 긍정하는" 자유 상의 개방성, 전체 내부에 의사결정 능력이 있는 동료 인간으로서 타자에 대한 긍정과 같은 것이 존재하는 것이다. 이러한 의미에서, 상세히 설명하고 난 이후라면, 소수자의 대우에 관한 도덕적 문제들과, 민주적 절차를 가능하게 하는 공정성을 가능하게 하는 것, 그리고 서로 동등한 사람들을 위한 표현의 자유에 관한 기초적 문제들은 민주주의 개념으로부터 폐기될 수 없다. 이질성에 대한 기본적 긍정은 인류 번영을 목적으로 하는 민주적 질서의 근본 기둥인 것이다.

선거를 기초로 한 정치적 질서의 단순한 형식으로서, 혹은 제한된 의미에서 통치의 형식으로서 민주주의에 대한 요청은, 그 개념의 의미심장한 충동을 파악한다. 그러나 그에 대한 검토를 하자 마자, 이것은 그 체제의 기능에 대한 표면적 수준의 명시화가 된다. 그 본질에 있어 민주주의의 개념은 다른 유권자들과 합법적인 것으로 간주되는 하부문화들, 그리고 전체 내부에 있는, 사회 전체의 존경스러운 참여자에 대한 인정을 용인해야만 한다. 민주주의는, 의식의 상위 수준에서 그것의 공적 개념 속에서는, 그리고 그에 대한 학문적 연구 안에서는, 포괄과 평등, 인간 존엄의 개념과 자유의 원칙을 구체화하는 도덕적 이상이다. 비록 민주주의가 통치의 형식이라 하더라도, 민주주의는 통치의 형식 이상의 것이다. 민주주의는 실제로 삶의 방식이자, 다양한 공동체들이 그들 간의 긴장과 불일치의 한가운데서 차이 속에서 공존하는 한 가지 방식이기 때문이다. 그에 반해 민주주의에 대한 현대의 연구에서 자주 사용되는 또 다른 용어인 선거를 통한 독재정치는, 평등과 포괄, 혹은 참여의 공정성과 같은 이러한 상위의 이상이 아니라, 선거라는 절차적 요소만을 특징으로 한다. 이것은 저변에 존재하는 규범적 주장을 시사하지만, 해당 주제의 질적 본성을 남김없이 설명하는 것은 아니다.

긴스버그에 의해 명시된 바와 같은 규범적이고 정의적인 민주주의 이론과는 대조적으로, 민주주의 개념에 대한 내재적 접근은 직관적인 자의식 속에 있는 의식의 한 형태로서 발전 도상에 있는 개념적 본성을 추적하고자 한다. 이러한 의미에서의 반성은 우리가 그 안에서 살고 있고 우리 자신을 그 틀의 일부 - 그 안에 깊숙이 연루된 것으로서 - 로 인식하고 있는 인간적 삶의 지역적 범위에 있어 분명히 더 강하게 나타난다. 그러나 이러한 문제에서 공식적인 법칙은 존재하지 않으며, 민족주의, 국가주의, 그리고 인종주의적 파시즘의 이념뿐 아니라 권위주의적인 공산주의 개념의 다양한 표현들은 모두 인간 실존의 시역적 틀을 파괴하거나 극복하고 인간 존재와 인간 본성의 서사를 제공할 수 있었다. 그러한 서사는, 그러한 서사를 받아들이는 이들에게 대단히 강렬하고 매혹적이어서 새로운 정체성을 형성하는 힘이 되었고, 그 힘 속에서 개인과 지역은 상실되거나 다시 태어나고, 그리하여 근본적으로 재해석되어 전체주의적 지배의 부담스런 용인에 기여하게 된다. 이것은 지역주의자의 중앙집권적 배제라고 불릴 수 있다. 그럼에도, 민주주의적 문화에 대한 직관적 자의식의 본질은 사람들에 의해 수용된, 그리고 공유된 자유의 공동체 내에 존재하는 다른 이들과 이러한 집단적 표상에 의해 규정되는 각각의 국가적 맥락을 위한 원칙들이, 동시에 이 지역적 맥락이나 국가적 맥락에 배타적인 것으로 간주된다면, 진정 진심으로 수용될 수 없다는 것을 알고 있다. 그러한 주장은 "우리만" 혹은 "오직 우리 민족만" 법률 하에서 살아갈 수 있다는, 즉 표현의 자유와 자유 선거, 동등하게 대우받을 권리 및 경쟁적 정책에 기초한 정치질서 안에 살 수 있다는 사실을 암시할 것이다. 민주적 의식과 그러한 의식으로부터 유래하고 그러한 의식을 육성하는 문화는 전체의 일부로서 타자에 대한 기본적 긍정 안에 있는 이 같은 보편적 역동을 거부할 수 없다. 사람들이 가장 자연스럽게 지역적, 가족적, 지역주의적, 그리고는 전국적인 국가 수준의 맥락을 상호 연결의 세 번째 영역, 곧 타자성과 공동체성 안에서 수용되고 긍정된 세 번째 영역을 추구하고, 전체의 일부로서 그리고 동시에 그 속에 있는 공동 결정인자로서 타자를 이해하는 것이 아마도 공유된 전체의 일부로서 타자에 대한 자각의 과정에서 세 번째 단계일 것이다.

개념적으로, 이렇게 보편자의 영역 속으로 뛰어드는 것은 실제로 가족적, 지역적이거나 지역주의적, 그리고 전국적인 국가적 수준의 맥락 속에서 전체의 공동 구성인자로서 타자에 대한 자의식과 직관적인 자기의식이라는 기본적 관념에 대한 강조나 그로부터의 이탈로 얼마간 이동하는 것일 뿐이다. 그러나 이 작은 발걸음에 대한 거부, 이 의식에 대한 거절은, 특별히 이차 세계 대전이라는 파국 이후에 대부분의 사람들이 그리리라고 생각했던 것보다 더 깊이 자리잡고 있다. 사실, 우리는 보편적인 상호관계의 이념과 우리의 공존에 대한, 상호 의존적이고 상호 연결된 존재로서 우리의 실존에 대한 기본적 의식에 관한 이러한 문제들로 다시 돌아가야 한다. 이러한 의식의 형태는, 비록 안정보장이사회에서 벌어진 최근의 사건들이 이 위대한 전통에 대해 매우 부정적인 설명을 가하기는 했지만, 형식적인 의미에서 유엔이라는 기구를 통해 표현된다.

　의식과 자의식의 주관적 수준에 놓여 있는 개념에 대한 이러한 접근을 넘어서서, 필자는 이제 문화적 영역에서 그 개념에 대한 또 다른 형식적 표현을 논구하고, 비록 비환원적이고 열려 있는 방식으로 이기는 하지만, 하나의 문화적 현상으로서 민주주의 윤리에 대한 문제를 논하고자 한다.

2. 경제적, 사회적, 문화적 패러다임

　경제적 사회적 발전과 민주주의의 안정성 간의 연결은, 1959년에 출판된, 영어권에서 민주주의에 관해 가장 많이 인용된 논문들 중 하나인 정치학자 시무어 마틴 립셋의 논문 "민주주의의 사회적 요건" 이후의 연구에서 주요한 발견이었다.[2] 2007년과 2008년 금융위기와 2008년에서 2010년에 이르는 유럽 채무 위기 이후의 사회 정치적 격변은 이러한 논제를 재확인해줄 뿐이다. 사회적, 경제적 불안정은 민주주의와 민주주의적 규범 및 문화에 부정적인 영향을 미치고, 이러한 규범 및 문화는 반세계시민주의와 반체제적 수사학의 불길을 부추기는 경향이 있다. 서구적 관점에서, 필자는 서구 세계에서 살아가는 비용과 더불어 현재 벌어지고 있는 일과 그 일이 우리의 민주주의에 끼치게 될 결과에 관해 우려하고 있다. 민주주의적 안정성의 경제적 차원이 존재하기는 하지만, 인간의 사회성과 문화, 종교를 포함한 전

2　Seymour Martin Lipset, "Some Social Requisites of Democracy: Economic Development and Political Legitimacy," American Political Science Review 53 (March 1959): 69-105; Adam Przeworski et al., Democracy and Development: Political Institutions and Well-Being in the World, 1950-1990 (New York: Cambridge University Press, 2000).

통의 다른 특징들 또한 민주주의적 문화를 강화하고 심화하는 데 본질
적이다. 프로테스탄티즘의 경제적 문화적 충격에 관한 막스 베버의
유명한 논증을 여기서 반복할 수도 없고, 그에 관한 논쟁을 다룰 수도
없지만, 그러한 논증과 논쟁은 문화에 가하는, 나아가 사회와 정치,
그리고 경제에 미치는 종교의 충격에 대한 선명한 증언이다. 우리가
그러한 영향의 흐름이 정 반대방향으로, 즉 정치적, 사회적, 문화적
영역에서 종교적 영역으로 흘러갈 수 있다는 사실을 기꺼이 긍정해야
만 하기는 한다. 그러나 여기서 근본적인 질문은, 민주주의의 토대 및
민주주의가 인간적 전통과 제도, 문화 및 종교와 맺고 있는 관계와
관련돼 있으며, 이러한 의미에서, 문화적 민주주의 이론에 대해 이야
기하는 의미심장한 증거가 존재한다.

　일단 강력한 민주주의적 의식이 출현하고 나면, 우선 그것이 진정
으로 인간의 자기이해와 사회성의 보다 심층적 차원에서 확립되었다
면, 전쟁과 기아조차도 그것을 쉽사리 자리에서 몰아내어 되돌릴 수
없다. 시무어 마틴 립셋과 제이슨 M. 라킨은 여기에 주의를 환기시켰
는데, 그러한 사실은 1930년대 초 독일 바이마르 공화국의 붕괴 시절
많은 역사가들에 의해 마찬가지로 인정돼 왔던 것이다. 독일과 미국
두 사회를 집중적으로 고통 속에 몰아넣었던 실업이 폭증하면서, 두
나라의 경제는 대공황으로 쇄파되었다. 그러나 그들 중 하나인 독일
경제는 급진적 우익 정당인 국가사회주의로 급선회한 후 혼란을 바로
잡고 민주주의를 전복시킨 반면, 미국은 뉴딜 정책을 수립하고 극단
주의를 거부하면서 체제 내에서의 온건한 변화를 장려했다. 그 시기
에, 독일인들은 여전히 일차 세계대전의 그늘 속에 살고 있었고 문화
적, 종교적 차원에서 민주적 체제에 대한 기본적 긍정은 깊거나 강하
지 않았다. 1930년대의 이러한 사례에서, 단순하고 합리적인 선택 모

델이나 경제이론이나 어떤 다른 심리학적 트라우마 개념이 이러한 차
이를 다 설명할 수는 없다. 실제로, 분석의 문화적 종교적 차원은 우리
가 이 일이 왜 일어났는가를, 민주주의가 한 경우에는 위기를 극복할
수 있었던 반면 다른 경우에는 그럴 수 없었던 이유를 이해하는 데
중요한 도움을 제공한다.[3]

민주주의적 문화의 기원에 관한 문화적 이론들은 대단히 교훈적이
지만, 그러나 그러한 이론들이 문화적, 사회적, 정치적 발전을 더 광범
위한 지적이고 종교적인 배경으로부터 고립시킬 때, 그것들 또한 지
나치게 제한적일 수 있다.[4] 물론, 민주주의가 하나의 문화나 종교에
접합돼 있는 것은 아니다. 립셋과 라킨이 주장하는 것처럼, "모든 문
화는 민주주의 문화처럼 보이게 변화할 수 있다."[5] 그들이 부르는 바
와 같은 이 근본적인 민주주의 문화는, 그들이 정말로 원하는 것은
종교적 통치로부터 정치적인 것의 자유를 긍정하고, 정치적 질서 내
에서 종교의 자유나 분리를 긍정하고자 하기 때문에, 신정체제에 대
한 거부를, 그로 인해 그들이 "세속주의"라고 부르는 것에 대한 긍정
을 수반한다. 비록 세속주의라는 용어가 이러한 단계에서 그다지 적
절하게 선택된 것은 아니라고 해도 말이다. 신정체제에 대한 이러한

---

3   Lipset and Lakin, The Democratic Century, 206.
4   에밀 뒤르켐(자유 민주주의를 일종의 종교로 보았던), 막스 베버, 에른스트 트뢸취,
    알렉시스 드 토크빌, 그리고 칼 맑스 모두 프로테스탄티즘과 근대 민주주의 사이에
    서 모종의 상호관계를 보았다. 어떤 현대 역사가들은 그러한 상호관계가 1640년대
    에서 1660년대의 영국 혁명기 서구세계의 자유주의적인 근대적 민주주의의 대중적
    의식의 본래의 온상으로 바라본다. See Michael Walzer, The revolution of the
    saints: A study in the origins of radical politics (Cambridge, Mass.: Harvard Univ.
    Press, 1965); David Zaret, Origins of Democratic Culture: Printing, Petitions, and
    the Public Sphere in Early-Modern England (Princeton, NJ: Princeton Univ.
    Press, 2000).
5   Seymour Martin Lipset and Jason M. Lakin, The Democratic Century (Norman:
    University of Oklahoma Press, 2004), 197.

거부와 함께, 그들은 민주주의 문화가 "자유주의적 개인주의"와 "법
치에 대한 존중 및 복종"에 대한 긍정을 수반한다고 주장한다.[6] 그들
은 또한 민주주의 문화를 "관용과 절제, 세속주의와 법칙에 대한 존
중"[7]이라고 부른다. 실제로, "민주주의적이기를 바라는 모든 문화는
이러한 가치들을 받아들여야만 하며 그러한 가치들을 그 자신에게 맞
추어야 한다."[8] 이러한 "민주적 가치"는 아마도 어떤 주어진 문화적
전통 속에 존재할지도 모르지만, 중요한 것은 그 가치들이 우세해지
고, 민주적 문화를 지지하지 않는 목소리들과 충동들을 균형 있게 만
들어서 그것을 완화시킬 수 있는 것이다.

민주적 문화의 본성은 사회성의 기초 단계에서 개념화될 수 있다.
민주적 문화가 번성하기 위해, 그러한 문화들은 다양한 긴장을 완화
하는 시민문화와 인간을 특정한 구속과 의무를 지닌 하나의 가족, 하
나의 공동체 내에 존재하는 지역주의적 환경의 일부로 바라보는 관점,
그리고 많은 경우에, 종교적 공동체들과 또한 동시에 국가 내에 존재
하는 법치의 국가와 법치의 주체에 대한 참여자를 요구한다. 정치학
자 가브리엘 A. 아몬드와 시드니 버바는 19세기에 등장하는 이러한
안정적 민주주의 형태를 "의사소통과 설득에 기초한 다원주의적 문
화, 합의와 다양성의 문화, 변화를 인정하지만 그 변화를 조정하는 문

---

6 Ibid., 197~198.

7 Ibid., 202.

8 Ibid., 198. 명백히, 립셋과 라킨은 이러한 진술들을 세계에서 가장 종교적인 국가들
   중 하나인 미합중국에서 작성했고, 알렉시스 토크빌 자신의 분석에 따라 이러한
   종교성을 공공연히 인정한다. 그들이 2004년 출판된 이 저술에서 미합중국에 관해
   쓴 바와 같이, "미국 또한 미국의 민주적인 문화와 날카롭게 대비되는 비관용과
   공산주의적 신조를 위한 주머니를 지니고 있다. 모든 문화적 가치와 마찬가지로,
   민주적 문화를 구성하는 것들은 여타의 가치들, 즉 빈번하게 덜 민주적인 가치들과
   영구적인 긴장 속에 존재한다. 안정적인 민주주의는, 특히나 엘리트들 가운데서는,
   절대적인 것이 아니라 상대적인 민주주의적 가치의 우선성에 의존한다." Ibid., 198.

화"로 묘사한다. 이러한 시민 문화는 "다양성과 합의주의, 합리주의와
전통주의"의 문화로서, "의회주의와 대의제도, 집단적 정당과 중립적
인 관료, 연합하여 협상하는 이익단체, 그리고 자율적이고 중립적인
의사소통 매체"[9]를 수반한다. 이 시민적인 민주주의 문화는 19세기
미국과 영국에서, 그리고 네덜란드, 스위스, 스칸디나비아와 같은 유
럽의 일부에서 확산되고 있었던 것으로 보일 수 있지만, 전통적인 권
력 구조와 귀족정 체제 및 권위의 양식이 깊이 뿌리내리고 있던 현실
에 직면하여 강력한 다층적 시민사회를 발전시켜 나가는 데 더 오랜
시간이 걸렸던 프랑스와 독일 혹은 이탈리아와 동일한 강도로 그랬던
것은 아니다. 시민들에게 더 큰 가치와 중요성을 부여했던 이러한 근
대화의 경향들이 등장하면서, 이처럼 강고한 전통과 귀족정 권력 체
제와의 만남은, 아몬드와 버바가 기술하고 있는 것처럼, "너무 거대하
고 너무나 타협의 여지가 없는 것이어서 정치적 합의의 공유된 문화의
출현을 허용할 수 없었다."[10] "지배적인 엘리트들"은 "20세기 전반의
좌파에 의해 제시된, 구조적이고 정치적인 변화를 위한 온건한 요구"
에 건설적인 방식으로 대응하지 못했고 이로 인해 "구조적으로 소외
된, 20세기 후반의 좌파인 혁명적 사회주의자와 신디칼리스트와 무정
부주의자들의 성장"[11]으로 귀결되었다. 대조적으로, 서구 세계의 견고
하게 확립된 민주주의는 온건한 정치 문화를 발전시켜 나갔는데, 그

---

9 Gabriel A. Almond and Sidney Verba, The civic culture: Political attitudes and democracy in five nations (Princeton, N.J.: Princeton Univ. Press, 1963; third printing: London: Sage, 1989), 6. 그들의 평가에서는, "19세기가 경과하면서, 민주적 문화와 하부구조는 영국보다 미국에서 더 신속하고 더 명확했는데, 그것은 미국이 새롭고 급속하게 팽창하는 사회였기 때문이고, 상대적으로 전통적인 제도들에 의해 방해를 받지 않았기 때문이다." Ibid.

10 Almond and Verba, The civic culture, 7.

11 Ibid., 28.

러한 정치문화는 급진적 대립에 관한 새로운 담론들 속에서 우리가
오늘날 잊어가고 있는 그 무엇이다. 물론, 그러한 정치문화는 처음에
는 제한적으로만 받아들여졌다. 아프리카계 미국인과 아메리카 원주
민들 같은 사람들의 전 계급은 이러한 문화로부터 오랫동안 배제되어
있었다. 그럼에도, 이 "시민 문화와 개방된 정체"는 쉽사리 망각되지
않았고, 미래에 중대한 결과를 가져왔던 것이다.[12]

안정적인 민주주의 시민 문화에 대한 탐색에서, 아몬드와 버바는
민주적인 생각을 함양하고 "정치적 문화"를 찾고자 했던 "일단의 태
도"[13]에 초점을 맞추었다. 상당히 설득력 있어 보이는 그들의 사회학
적 분석에서, 그들은 시민을 "참가자와 주체, 지역주의적 방향설정의
특정한 혼합"으로 바라보고, "시민 문화는 시민과 주체, 그리고 지역
주의자들의 특정한 혼합이다."[14] 이러한 역동적인 사회학적 분석은 시
민을 다원적 영역에 동시에 연루된 개인으로 바라보며, 중재적 의미
에서 "개인은 정치적 과정의 참가자가 되지만, 그들은 주체와 지역주
의자로서의 정체성을 포기하지는 않는다."[15]" 일치는 이 세 가지 영역
에서 시민들을 통해 성장하고, "균현잡힌 정치적 문화"가 수립되는데,
"그러한 문화 속에는 정치적 활동과 개입, 그리고 합리성이 존재하면
서 수동성과 전통성, 그리고 지역주의적 가치에 대한 헌신과 균형을
이루고 있다."[16] 립셋과 라킨, 아몬드와 버바가 문화적 차원에서 바라
보는 것처럼, 수립된 민주주의의 정상적 작동 속에서, 인간 삶의 다양
한 영역들이 통합되고, 시민은 지역 공동체 내에 존재하는 인간 존재

---

12 Ibid., 7.
13 Ibid., 12.
14 Ibid., 19.
15 Ibid., 30.
16 Ibid., 30.

의 다른 영역들과의 결속력 있는 연결과 상호관계를 파괴하지 않으면
서 실제적인 참가자나 법치 아래 존재하는 한 사람의 시민으로서 정치
적 과정에 참여하는 "개방된 지지자"[17]가 된다.

　인정할 수 있는 것이지만, 이러한 문화적 분석은 서양의 전통과 귀
족정 체제 라는 오래된 전통과 새로운 반동적 반민주주의 운동에 맞선
민주주의 문화를 향한 국제적 투쟁에 강하게 초점을 맞추고 있다. 비
슷한 이야기들이 세계 안의 다른 전통들에 대해서도 이야기될 수 있
다. 사실상, 근대 서양 전통은 오늘날의 세계를 규정하는 유일한 것이
아니며, 근대성 자체에 대한 우리의 이해를 규정해야 하는 유일한 것
도 아니다.

3. 다원적 근대성과 새로운 동서 관계의 패러다임

　적어도 예루살렘 대학의 사회학 교수인 슈무엘 N. 아이젠슈타트의
"복합적 근대성"이라는 제목을 가진 논문 이후로, 우리는 본질적으로
서구화 과정인, 일원론적 근대화 개념에 훨씬 더 비판적이 되었다. 이
낡은 관점은, 아이젠슈타트가 기술하는 것처럼, "'고전적인' 근대화
이론들의 관점에서" 바라본 것이다. "그러한 이론들은 모두, 비록 암
묵적으로만 그렇다 하더라도, 근대 유럽에서 발전된 것과 같은 근대
성이라는 문화적 기획과 거기에서 등장한 기본적인 제도적 구성이 궁
극적으로는 모든 근대화하는 사회들과 근대적인 사회들에서 패권을
장악할 것이라고 추정했다. 근대성의 확장과 더불어, 그러한 기획과
구성은 전 세계에 걸쳐 우세를 점하게 될 것이다."[18] 아이젠슈타트는

17　Lipset and Lakin, The Democratic Century, 200.

"구조적 차별화를 향한 일반적 추세가 이러한 사회들 – 가족 생활과, 경제적 정치적 구조들, 도시화, 근대교육 및 대중매체, 그리고 개인주의적 방향설정 – 대부분에서 광범위한 제도에 걸쳐서 성장했다고 주장하지만, 그것들이 전개되는 상이한 시기에 따라 이러한 영역들이 복합적인 제도적 이념적 유형들을 유발하면서 정의되고 조직되는 방식은 대단히 다양하다."[19] 실제로, "비서구사회에서 전개된 수많은 운동들은 강한 반서구적 주제나 심지어 반근대적 주제들을 명시화하지만, 그러나 여전히 모든 것들은 확연하게 근대적이다."[20] 이 논문 속에서 그가 주장하는 기본적 논점은 다음과 같은 문장으로 요약된다: "'복합적 근대성'이라는 용어의 가장 중요한 함의들 가운데 하나는 근대성과 서구화가 동일하지 않다는 것이다. 비록 그것이 역사적으로 선행했다는 권리를 누리고 여전히 다른 이들에게 기본적인 참고사항이 되고 있기는 하지만, 근대화의 서구적 유형은 유일하게 '진정한' 근대성은 아니다."[21] 더욱이, 우리는 서구 세계에서 이루어지는 많은 발전들이, 이러한 관점에서 볼 때, 확연하게 반근대적인("서양의 근대성"이라는 의미에서) 것이라고 간주해야 한다.

동서관계의 새로운 패러다임이 한편으로는 하나의 해석학적 해체의 담론으로, 다른 한편으로는 서사적 재구성으로 등장했던 것이 정확히 이 지점이다. 문헌들은 방대하고 깊이 있지만, 여기서 다 요약을 할 수는 없다. 지오반니 아리기의 "베이징의 아담 스미스: 21세기의 혈통들" 같은 저술들은 그 이야기의 중심에서 중국 경제질서의 발전

---

18 S. N. Eisenstadt, "Multiple Modernities," in Daedalus 129/1 (2000), 1～29, here: 1.
19 Ibid., 1f.
20 Ibid., 2.
21 Ibid., 3.

에 대한 새로운 그림을 그렸다.[22] 독일의 상황에서, 위르겐 오스터하
멜 같은 역사가들은 범세계적 관점에서 상호관계의 역사요, 식민주의
와 노예제도 그리고 인종차별과 같은 부정의의 역사로서 역사를 다시
쓰려고 시도했다.[23] 우리가 민주주의 자체에 대한 특정한 질문을 생각
할 때, 우리는 식민주의와 지역적 민주주의에 대한 거부에 있어 서양
세계의 대단히 문제적인 유산을 인정해야만 한다. 민주주의 그 자체
는 이러한 새로운 패러다임의 이동 안에서 재논의되고 있는 핵심적
국면이 되었다.

4. 해석학적 논쟁 속의 민주주의

  "민주주의"라는 용어는 최근 몇 년 동안에 해석상의 논쟁에 주제가
되어왔다. 전 세계 국가들의 공동체에서 비민주적 권력조차 자신들을
지칭하기 위해 사용하는 용어 가운데 하나가 민주주의인데, 그 국가
들은 민주주의를 주어진 상황에 맞추어 재정의하기 때문이다. 이러한
현상은 사실상 전세계 거의 모든 국가들에 의해 진보적인 민주적 자기
묘사의 채택을 목격했던 20세기의 일반적 경향을 따르는 것이다. 언
론의 자유나 표현의 자유, 혹은 이동의 자유, 자유경제, 결사의 자유,
혹은 자유 선거를 허락하지 않는 수 많은 권위주의적 정치 체제들도
자신들을 민주적 질서로 바라보거나 소개한다. 이러한 사실은 우리가
"민주주의"라는 용어를 어떻게 이해하고 또 사용하고 있는지에 관한

22 Giovanni Arrighi, Adam Smith in Beijing: Lineages of the Twenty-First Century
    (New York: Verso Press, 2007).

23 See Jürgen Osterhammel, Die Verwandlung der Welt: Eine Geschichte des 19.
    Jahrhunderts (München: Beck, 2009).

질문을 제기한다. 우리가 이 용어를 사용할 때, 그리고 이 용어가 우리의 특정한 학술적이고 일반적인 맥락에서 사용될 때, 비록 그 의미가 왕왕 매우 상이한 것이라 할지라도 우리는 우리가 다른 이들과 공유하고 있는 한 단어를 사용하는 것이다. 오늘날 미국에서는, 극우 진영에 있는 많은 사람들이, 심지어 여러 객관적이고 합법적인 사례들에 의해 재검표되고 검사가 이루어진 선거 결과를 거부하면서도, 자신들을 민주주의의 대변자들로 바라보고, 민주적 질서를 긍정한다고 주장한다. 동양적 맥락에서는 한 가지 다른 현상이 확인될 수 있다. 장순차오(위스콘신-매디슨 대학)가 설명하는 것처럼, 중국과 같은 여러 나라들에서 민주주의적 질서에 대한 본질적으로 상이한 개념들이 존재한다. 그는 "중국의 수많은 사람들이 그들의 국가가 민주적이라고 진심으로 믿는다. 이러한 현상의 배후에 존재하는 한 가지 역사적 이유는, 전통적인 중국의 정치 문화 속에 '인민에 의한' 통치보다는 '인민을 위한' 통치를 강조하는 이른바 '인민중심' 사상이 존재한다는 것"이라고 주장한다.[24] 유사하게, 다니엘 벨은 종이표지로 출판된 그의 책 "중국모델"의 서문에서, 그를 비판하는 사람들 가운데 많은 이들이 "('역사의 목적'으로서) 자유민주주의는 유일하게 옹호할 수 있는 정부형태라는 견해에 대한 재귀적 믿음을 지니고 있다. 보다 정확하게는, 한 사람당 한 표가 정치지도자를 선택하는 도덕적으로 합법적인 유일한 방식이며, 다른 제안을 하는 것은 도덕적으로 비뚤어진 것"[25]이라고 주장

---

24 Xunchao Zhang, Why China cares about the label of democracy," in East Asia Forum, Jan. 27, 2022 https://www.eastasiaforum.org/2022/01/27/why-china-cares-about-the-label-of-democracy/

25 Daniel Bell, The China Model: Political Meritocracy and the Limits of Democracy (Princeton: Princeton University Press, 2015), ix. More recently, Eric Li, "Eric Li on the failure of liberal democracy and the rise of China's way", in The Economist, Dec. 8, 2021, https://www.economist.com/by-invitation/2021/12/

한다.

이와 같은 새로운 패러다임은 근본적인 윤리적 질문들을 제기한다. 특히, 우리가 "민주주의"에 관해 이야기할 때 우리는 무엇에 관해 이야기하고 있는 것인가? 이 개념은 "문화적으로" 얼마나 변화 가능한가? 어떤 민주주의가 규범적 우선성을 가지는가? 그리고 특정한 문화적 상황이 이러한 논쟁에서 어떤 역할을 수행하는 것인가? 예를 들어, 러시아 연방과 중화인민공화국은 다음과 같은 내용의 성명을 발표한 적이 있다: "민주주의를 수립함에 있어 어느 것에나 다 들어맞는 모형은 존재하지 않는다. 한 국가는 사회적, 정치적 체계와 역사적 배경, 전통, 그리고 특유의 문화적 특성들에 근거하여, 특정한 국가에 가장 적합한 민주주의를 시행하는 그러한 형식과 방법을 선택할 수 있다. 그들의 국가가 민주적인 것인지의 여부를 결정하는 것은 오직 그 국가의 국민들에게 달려 있다."[26] 위에서 개진된 규범적 설명은, 진정으로 민주주의적 이념을 대표하는 것으로서 이러한 주장의 정당성에 심각한 의문을 제기하겠지만, 민주주의에 대한 해석은, 근대성 자체에 대한 해석과 마찬가지로 지속적인 반성과 비판의 문제다. 공유된 전체의 공농결정인자로서 일부를 이루는 타자에 대한 개방성 안에 존재하는 민주적 문화의 내재적 본성은, 위에서 개진된 것처럼, 자유 내부에서 상호적인 강화에 대한 근본적 전망을 수반한다. 이에 관하여는 본 논문의 마지막 부분에서 논하고자 한다.

08/eric-li-on-the-failure-of-liberal-democracy-and-the-rise-of-chinas-way see also Eric Li, "Xi Jinping Is a 'Good Emperor,'" in Foreign Policy, May 14, 2020, https://foreignpolicy.com/2020/05/14/xi-jinping-good-emperor-coronavirus/

26 "Joint Statement of the Russian Federation and the People's Republic of China on the International Relations Entering a New Era and the Global Sustainable Development", February 4, 2022, http://en.kremlin.ru/supplement/5770

5. 개방되고 자유로운 다원적 사회의 상호강화 및 공동실현

지역적, 국가적, 국제적 차원에서 "상호강화"와 "공동실현"의 이상
은 우리의 공적 담론에서 경시되어왔다. 그러한 이상은 대중의 마음
속에서 사라져버렸고, 결국 우리에게 손실을 초래했다. 서구세계로의
이주에 관한 논쟁들이 부분적으로 여기에 대한 책임이 있다. 그러나
우리가 우리의 범세계적 정치질서와 그것을 민주주의로 인도하는 윤
리적 원리들의 본성을 고려할 때 이 문제로 되돌아갈 필요가 있다.
"윈-윈" 관계라는 기본적 견해는 이러한 사실을 경제적 관점에서 표
현해주지만, 비물질적이고, 주관적이며, 문화적인 영역에서, 그리고
인격발달과 종교의 관점에서 동일한 견해에 대한 더 깊은 무언가가
존재한다. 한 사람의 기독교 신학자로서, 필자는 이 시점에서 균형의
종교적 혹은 철학적 개념들과, 불교의 수도승들의 연설 속에서도 찾
아볼 수 있는 그 무엇으로서, 동양의 도가적 전통에 속하는 '무위'에
관해 언급하고자 한다. 무위는 행위 상의 조화라는 개념인데, 외적으
로 확인될 수 있는 사람들의 정신적 상태이자 윤리적이고 종교적인
이상이다. 그것은 주관성의 내적 세계와 외적 세계 모두에 관계된다.
에드워드 G. 슬링러랜드가 주장하듯, 그것은 "객관성의 가장 높은 정
도를 표현하는데, 그것은 한 사람의 체현된 정신이 개인보다 더 큰
무언가에, 즉 하늘의 뜻이나 도에 의해 제시된 질서에 순응하는 것은
오직 무위 속에서만 가능하기 때문이다. 이것이 무위의 상태가 하나
의 '종교적' 이상으로 간주되어야 하는 이유인데, 개인이 우주 안에서
그 자신의 고유한 자리를 깨닫는 것은 오직 무위에 도달함으로써 가능
하기 때문이다."[27] 아마도 무위의 감정은 실제로 "상호 강화"와 "공동

---

27 Edward G. Slingerland, Effortless action: Wu-wei as conceptual metaphor and

실현"의 깨달음을 위한 지적 틀일지도 모른다. 또한, 그 자체로, 서양
에 의한 무위의 수용은 이 위대한 동양적 전통으로부터 유래한 상호강
화의 사례이기도 하다. 기독교의 종교적 전통 안에서, 그리고 유대교
안에서, 궁극적 결단을 위하여 이웃을 사랑하고 하나님을 신뢰한다는
생각은 무위에 가장 가깝게 다가서는 것이다. 아마도 서양에서는 무
위에 관해 더 많은 것을 이야기해야 할 것이다.

"상호강화"와 "공동실현"이라는 원리 안에서 범세계적 민주주의의
윤리는 타자에 대한, 그리하여 타자의 자유에 대한 개방성을 함축한
다. 또한 이러한 원리 안에서, 다원성에 대한 근본적 긍정은 기초를
이루는 것이다. 삶의 방식이자 인간으로서 타자와 함께하는 방식으로
서 민주주의의 높은 이상은, 지역적 맥락에서 뿐만 아니라 국가적 맥
락과 국제적 맥락에서도, 그 개념의 본질에 대한 더 밀도 있는 기술로
부터 오늘의 우리들에게 유익을 얻게 해줄 것이다.

옮긴이: 오흥명

【원문】

The global ethics of democracy: Multiple modernities, new
paradigms of East—West relations and the mutual enrichment
and co—realization of open and free pluralistic societies

1. Is there a "global ethics of democracy"?
Some opening questions and thoughts about basic

---

spiritual ideal in early China (Oxford: Oxford University Press, 2003), 8.

conceptual interrelationships

Before turning to the critical issues and concepts addressed in the title of this talk, and to the central argument to be established, I would like to begin with a few relatively open questions about the idea of a global ethics of democracy, and offer a few tentative responses to these questions. The tentative responses will flow into an essential proposal for a conception of a global ethics of democracy based upon the tenets of reciprocity. With this, I would like to highlight the enduring ambiguity and plurality of modernity, before turning to the broader framework-question of changing East-West relations. On the whole, I wish to draw attention to the ideals of reconciliation on the horizon of hope and the goal universal human flourishing in light of increasing tensions, war, imperial threats and insecurity across the world today, which speak a different language and offer us a very different future.

To begin, however, I would like to address the issue of personal motivation. There are many negative developments in democratic culture across the world today, and not least in the Western world. This development has been studied by many scholars and research groups. I would like to refer you to the graphs and studies that are posted here in a PDF document which highlight these trends on the international scale. Various scales of "democratic health" have been developed to bring this to expression. Specifically, issues such as the freedom to gather and to organize political groups, free and fair elections, freedom of opinion, civil rights, the division of power, the freedom of speech and the rule of law are the primary criteria. After a long shift upward in the latter part of the 20th century and in the beginning of the 21st century, since 2012 these indices have now entered a negative trend.

Now to my first basic question: Is there an "ethics" of democracy? Does democracy presume or require or even generate a certain inherent ethical concept? Is there a basic moral impulse within democratic order, from which the political order draws explicitly or implicitly – and which the political order in turn cultivates? Arriving at some normative conception of democracy may be inevitable among academics, even if it may remain rather minimal. An established position in international law articulated by Tom Ginsburg of the University of Chicago is convincing on the definitional question. He lists three elements in accordance with the United Nations Universal Declaration of Human Rights (1948): a democracy is a "(1) government characterized by competitive elections, in which the modal adult can vote and the losers concede; (2) in which a minimal set of rights to speech, association and the ability to run for office are protected for all on an equal basis; and (3) in which the rule of law governs administration."[28] Here I would add to Ginsburg's

---

[28] Tom Ginsburg, *Democracies and International Law* (Cambridge, United Kingdom: Cambridge University Press, 2021), 21. He calls this "a relatively thin and liberal definition", yet, as he shows, it is consistent with the Universal Declaration of Human Rights, art. 18~21. A major question that has been discussed at length in the American case, and which is now returning to Europe is the question of legitimacy in democracy. Legitimacy emerges when society trusts its established institutions and when "Those in power have gained their

definition at point (2) the rights to speech, *and freedom of the press*, association, etc. Even if we may presume this basic definition of the concept from international law, which I hold to be normative, the same concept can be approached in another sense.

In this other sense one can also work up from the theoretical basis of the idea in a philosophical mode of reflection, following the entelechy of the concept. Within the concept itself, as one may well argue, there is a fundamental awareness and acceptance of the other in difference in at least the minimal sense as not only an other in abstraction, but also as a participant in the shared whole. In turn, this acceptance of the other as a co-equal member of the whole (at least when it is deeply internalized), is inseparable from the same qualities and impulses, at a higher level of intensity, associated with forms of "diversity affirmative" openness. Thus democracy, the rule of the people, as a political order of freedom established by the free to secure their shared future, falls short of its self-understanding in the public conception of the term when it excludes members and groups of the whole from the shared marketplace of ideas, or from the public sphere, or seeks to humiliate them, or drive them out. In such moments of exclusion, although this tradition is as old as Athens in the practice of banishment, the higher principles of democracy as

---

position through processes accepted as proper by almost all significant actors or potential actors in the political process." Lipset and Lakin, *The Democratic Century*, 210. Another essential aspect of the question is public discourse as assumed in "rights to speech"; see Alain Touraine, *What is democracy?* (Boulder, Colo.: Westview Press, 1997).

a form of community in collective and shared self-rule are eroded and worked against. Thus, there is something like a "minimum of liberalism" or minimal "diversity affirmative" openness in freedom, the affirmation of the other as co-determinative human being, a co-elector within the whole, that cannot be taken out of the definitional articulation of the democratic idea. In this sense, once elaborated upon, moral questions about the treatment of minorities, basic questions about the enablement of fairness in the democratic process, and the freedom of expression for the co-equals, cannot be jettisoned from the concept of democracy. A basic affirmation of heterogeneity is a fundamental pillar of the democratic order aimed at human flourishing.

The postulation of democracy as a mere form of political order on the basis of election, or a form of rule in the limited sense, grasps the seminal impulse of the idea. Yet upon investigation, this becomes a surface level articulation of the function of the system. The idea in its essence must allow for a recognition of the other electors and subcultures as legitimate and respectable participants in and of the whole. Democracy is, in the public conception of it at the higher levels of awareness, and in the academic study of it, a moral ideal embodying the principle of inclusion and equality, conceptions of human dignity and freedom. Democracy is more than a form of rule, even if it is this, for it is actually a way of life, a way communities exist together in difference amidst their tensions and disagreements. Electoral autocracy, by contrast, another term that is often used in contemporary research of democracy, signifies a political order that is not characterized by these higher ideals of equality, inclusion, or fairness in participation, but only the procedural element of election. This would suggest an underlying normative claim, but it does not exhaust the qualitative nature of the subject matter.

In contrast to a normative and definitional theory of democracy, as articulated by Ginsburg, the endogenic approach to the idea seeks to follow the conceptual nature in development as a form of consciousness in intuitive self-awareness. This sense of reflection is clearly stronger in the local frameworks of human life, in which we live and in which we recognize ourselves as a part – as deeply involved within them. Yet there is not a formal law in this matter, and various expressions of nationalism, statism, and racist ideologies of fascism as well as authoritarian conceptions of communism have all been able to destroy or overcome local frameworks of human existence and provide narratives of human being and human nature that are apparently so intense and so enthralling for those who have embraced them that these narratives become a new identity forming power in which the individual and the local is lost, or reborn, and thus radically reinterpreted to serve the demanding embrace of totalitarian domination. This can be called the centralist elimination of the parochial. Nevertheless, the essence of the intuitive self-awareness of democratic culture knows that the principles embraced by one and for others within the shared community of freedom and the respective national context determined by this collective representation, cannot be truly embraced in all sincerity if they are, at the same time, held to be exclusive to this local or national context. Such a claim would suggest that "we alone" or "only our people" are able to live in freedom under the law, to live in a political order based upon freedoms of speech, free election, rights to equal treatment and competitive politics. Democratic consciousness and the culture springing from it and nurturing it, cannot reject this universal dynamic within the basic affirmation of the other as a part of the whole. It is probably a third step in the process of the realization of the other as a part of the shared whole, following most naturally the local, familial, the parochial, and then the national context as a third realm of interconnection, one embraced and affirmed in otherness and togetherness, knowing the other as a part of the whole and simultaneously co-determinative within its.

Conceptually, this jump into the realm of the universal is really only a small shift in emphasis or movement from the basic idea of the self-consciousness and intuitive self-awareness of the other as a co-determinative of the whole in the familial, local or parochial, and national state-level contexts. Yet the refusal of this small step, the rejection of this awareness, is deeper seated than most thought it would be, especially after the destruction of World War Two. Indeed, we must return again to these questions today regarding the idea of universal inter-relationships and the basic awareness of our being-together, our existence as inter-dependent and inter-connected beings. This form of consciousness is brought to expression in a formal sense in the institution of the United Nations, even if recent events at the security council have shed a very negative light on this great tradition.

Moving beyond this approach to the concept at the subjective level of consciousness and self-awareness, I would like to now address another formal expression of it in the realm of culture, and address the question of the ethics of democracy as a cultural phenomenon - yet in a way that is non-reductive, and open.

2. An economic, social and cultural paradigm

The link between economic and social development and the stability of democracy has been a major finding of research since the political scientist Seymour Martin Lipset's essay on the "Social Requisites of Democracy" from 1959, one of the most cited essays on democracy in English.[29] The social and political upheaval following the 2007~2008 Global Financial Crisis and the European Debt Crisis from 2008 to 2010 confirm this this thesis but again. Social and economic insecurity has a negative effect on democracies and democratic norms and cultures, and they tend to stoke the fires of anti-cosmopolitanism and anti-establishment rhetoric. From a

---

29 Seymour Martin Lipset, "Some Social Requisites of Democracy: Economic Development and Political Legitimacy," American Political Science Review 53 (March 1959): 69-105; Adam Przeworski et al., Democracy and Development: Political Institutions and Well-Being in the World, 1950-1990 (New York: Cambridge University Press, 2000).

Western perspective, I am concerned about what is now happening with the cost of living in the Western world and the consequences this will have on our democracies. While there is an economic dimension of democratic stability, other features of human sociality, culture and tradition, including religion, are also essential in the strengthening and deepening of democratic culture. Max Weber's famous arguments about the economic and cultural impact of Protestantism cannot be repeated here, nor can the debates about it be addressed, but they are a clear testament to impact of religion on culture, and, in turn, on society, politics and economics. While we must readily affirm that flows of influence can go the opposite direction – from the political, social, cultural to the religious realm. The basic question here, however, is concerned with the underpinnings of democracy and the relationship it has to other realms of human tradition, institution, culture and religion, and in this sense, there is significant evidence that speaks to the cultural theory of democracy.

Once a strong democratic consciousness emerges, even war and starvation cannot easily unseat it and turn it back, if it was, in the first place, truly established in the deeper levels of human self-understanding and sociality. Seymour Martin Lipset and Jason M. Lakin draw attention to this, which has been affirmed equally by many historians of the fall of the Weimar Republic in Germany in the early 1930s. Both the German and American economies were crushed by the Great Depression, as unemployment exploded leading both societies to suffered intensively, yet one of them, the German one, turned quickly to support the radical rightwing party of National Socialism to order the chaos and overturn democracy, while the Americans promoted a moderate change within the system, establishing the New Deal and rejecting extremism. At that time, the Germans were still living in the shadow of World War I and the basic affirmation, at the cultural and religious level, of the democratic system was not deep or strong. In this case of the 1930s, simple rational choice models, economic theory or some other psychological conception of trauma cannot fully explain this divergence. Indeed, the cultural and religious level of analysis is critical for helping us to understand why this happened, why democracy in one case could overcome the crisis, and in the other, could not.[30]

Cultural theories of the origins of democratic culture are highly instructive, yet they can also be too restricting when they isolate cultural, social and political developments from the broader intellectual and religious backgrounds.[31] Of course, democracy is not

---

30 Lipset and Lakin, *The Democratic Century*, 206.

31 Emil Durkheim (who saw liberal democracy as a kind of religion), Max Weber, Ernst Troeltsch, Alexis de Tocqueville and Karl Marx, all saw some correlations between Protestantism and the origins of modern democracy. Some contemporary historians see as the original seedbed of liberal modern democratic public consciousness in the Western world in the English Revolution of the 1640s to 1660s. See Michael Walzer, *The revolution of the saints: A study in the origins of radical politics* (Cambridge, Mass.: Harvard Univ. Press, 1965); David Zaret, *Origins of Democratic Culture: Printing, Petitions, and the Public Sphere in Early-Modern England* (Princeton, NJ: Princeton Univ. Press, 2000).

wed to one culture or religion. As Lipset and Lakin argue, "all cultures can change to look like the culture of democracy."[32] This basic culture of democracy, as they call it, entails a rejection of theocratic systems, and thus an affirmation of what they call "secularism", although this term is poorly chosen at this juncture, for they really want to affirm the freedom of the political from religious rule, and the freedom of religion within this political order, a separation. With this rejection of theocratic systems, they argue that democratic culture entails an affirmation of "liberal individualism" and a "respect for and obeisance to the rule of law".[33] They also call it "tolerance, moderation, secularism, and respect for the rule of law".[34] Indeed, "any culture that wishes to become democratic must swallow these values and adapt them to its own."[35] These "democratic values" may be in any given cultural tradition, but what matters is that they become predominant, and are able to balance out and moderate those voices and impulses that do not support the democratic culture.

---

[32] Seymour Martin Lipset and Jason M. Lakin, *The Democratic Century* (Norman: University of Oklahoma Press, 2004), 197.

[33] Ibid., 197~198.

[34] Ibid., 202.

[35] Ibid., 198. Obviously, Lipset and Lakin wrote these lines in one of the most religious countries in the world, the United States, and they openly acknowledge this religiosity following Alexis de Tocqueville's own analysis. As they wrote in this publication from 2004 about the United States: "It also has pockets of intolerance and communitarian credos that stand in sharp contrast to its democratic culture. As with all cultural values, those that constitute a democratic culture are in perennial tension with other, often less democratic values. Stable democracy depends on the relative, not the absolute, primacy of democratic values, particularly among elites." Ibid., 198.

The nature of the democratic culture may be conceptualized on the basic level of sociality. In order for the democratic cultures to flourish, they require a civic culture which moderates the various tensions, a view of a human being as a part of a parochial setting in a family, in a community with specific bonds and obligations, and in many cases, religious communities, and also simultaneously a participant in the state and subject of the rule of law within the state. The political scientists Gabriel A. Almond and Sidney Verba describe this stable democratic form emerging in the 19th century as a "pluralistic culture based on communication and persuasion, a culture of consensus and diversity, a culture that permitted changed but moderated it." This civic culture is a culture of "diversity and consensualism, rationalism and traditionalism", entailing "parliamentarism and representation, the aggregative political party and the responsible and neutral bureaucracy, the associational and bargaining interest groups, and the autonomous and neutral media of communication."[36] This civic democratic culture can be seen expanding in the 19th century in the United States and in Britain and in parts of Europe, such as the Netherlands, Switzerland and Scandinavia, but not with the same force in France, Germany or Italy, which took longer to

---

[36] Gabriel A. Almond and Sidney Verba, *The civic culture: Political attitudes and democracy in five nations* (Princeton, N.J.: Princeton Univ. Press, 1963; third printing: London: Sage, 1989), 6. In their assessment, "in the course of the nineteenth century the development of the democratic culture and infrastructure was more rapid and more unequivocal in the United States than in Britain, since the United States was a new and rapidly expanding society and relatively unimpeded by traditional institutions." Ibid.

develop a strong multi-leveled civil society in face of the deep entrenchment of traditional power structures, aristocratic systems and modes of authority. As these modernizing tendencies, which gave more value and weight to the citizen, emerged, the encounters with these established traditions and aristocratic systems of power were, as Almond and Verba write, "too massive and too uncompromising to permit the emergence of a shared culture of political accommodation."[37] The "dominant elites" failed to respond in a constructive way to the "moderate demands for structural and polity changes put forward with the left in the first half of the nineteenth century" and this led to the "development of the structurally alienated, revolutionary socialist, syndicalist, and anarchist left of the second half of the nineteenth century."[38] By contrast, established democracies in the Western world cultivated political cultures of moderation, something that we are forgetting today in the new discourses of radical opposition. Of course, it was first limited in inclusion; for whole classes of people, such as African Americans and Native Americans, were excluded from this for a long time. Nevertheless, this "civic culture and the open polity" would not be quickly forgotten, and it had significant consequences for the future.[39]

In their search for the civic culture of stable democracies, Almond and Verba focused on a "cluster of attitudes"[40] that nourish the

---

[37] Almond and Verba, *The civic culture*, 7.

[38] Ibid., 28.

[39] Ibid., 7.

democratic idea and sought to identify the "political culture".[41] In their sociological analysis, which I find quite convincing, they see the citizen as a "particular mix of participant, subject, and parochial orientations, and the civic culture is a particular mix of citizens, subjects, and parochials."[42] This dynamic sociological analysis sees the citizen as an individual involved in multiple realms simultaneously and in a mediatory sense: "Individuals become participants in the political process, but they do not give up their orientations as subjects or as parochials."[43] Congruency develops in this three realms through the citizen, and a "balanced political culture" is established "in which political activity, involvement, and rationality exist but are balanced with passivity, traditionality, and commitment to parochial values."[44] In the normal operation of established democracy, as Lipset, Lakin, Almond and Verba see it at the cultural level, the various realms of human life are integrated, and the citizen is an "open partisan"[45], participating in the political process as a real participant without destroying the binding connections and interrelationship with the other realms of human being in local community, or as a citizen under the rule of law.

Admittedly, this cultural analysis is strongly focused on the Western

---

40 Almond and Verba, *The civic culture*, 9.
41 Ibid., 12.
42 Ibid., 19.
43 Ibid., 30.
44 Ibid., 30.
45 Lipset and Lakin, *The Democratic Century*, 200.

tradition and the internal struggles for a democratic culture against older traditions of aristocratic order and new-reactionary anti-democratic movements. Similar stories can be told of other traditions in the world. Indeed, the Western tradition of modernity is not the only one determining the world today and it is not the only one that should determine our understanding of modernity itself.

3. Multiple modernities and new paradigms of East-West relations

At least since the essay bearing the title "Multiple modernities" from Shmuel N. Eisenstadt, professor of sociology of the University of Jerusalem, we have become far more critical of monolithic conceptions of modernization as essentially a process of Westernization. This older view, as described by Eisenstadt, is seen in the "view of the 'classical' theories of modernization [⋯]. They all assumed, even if only implicitly, that the cultural program of modernity as it developed in modern Europe and the basic institutional constellations that emerged there would ultimately take over in all modernizing and modern societies; with the expansion of modernity, they would prevail throughout the world."[46] While Eisenstadt held that "a general trend toward structural differentiation developed across a wide range of institutions in most of these societies – in family life, economic and

---

[46]   S. N. Eisenstadt, "Multiple Modernities," in *Daedalus* 129/1 (2000), 1~29, here: 1.

political structures, urbanization, modern education, mass communication, and individualistic orientations – the ways in which these arenas were defined and organized varied greatly, in different periods of their development, giving rise to multiple institutional and ideological patterns."[47] Indeed, "many of the movements that developed in non-Western societies articulated strong anti-Western or even antimodern themes, yet all were distinctively modern."[48] The basic point he made in this essay was summarized in this sentence: "One of the most important implications of the term 'multiple modernities' is that modernity and Westernization are not identical; Western patterns of modernity are not the only 'authentic' modernities, though they enjoy historical precedence and continue to be a basic reference point for others."[49] Furthermore, we must hold that many developments in the Western world are, from this perspective, distinctly anti-modern (in the sense of "Western modernity").

It is precisely at this point where the new paradigms of East-West relations have emerged as a discourse of hermeneutic deconstruction, on the one-hand, and narrative reconstruction, on the other. The literature is wide and deep, and cannot be summarized here. Works such as *Adam Smith in Beijing: Lineages of the Twenty-first Century* by Giovanni Arrighi have painted a new picture of the development of the economic order with China at the center of the story.[50] In the

---

47 Ibid., 1f.
48 Ibid., 2.
49 Ibid., 3.

German context, historians such as Jürgen Osterhammel have sought to rewrite history from a global perspective, as a story of interrelationship amid the injustice of colonialism, slavery and racism.[51] When we think of the specific question of democracy itself, we must acknowledge the deeply problematic legacy of the Western world in colonialism and the rejection of local democracies. Democracy itself has become a key aspect that is readdressed within this new paradigm shift.

4. Democracy in hermeneutical dispute

The term "democracy" has been the subject of an interpretive debate in recent years. It is one of the terms that even non-democratic powers in the world community of nations use to refer to themselves, as they redefine democracy to fit the given situation. This follows the general trend of the twentieth century which has seen the progressive adoption of the democratic self-description by virtually all nations of the world. Even many authoritarian political orders that do not permit the freedom of the press, the freedom of speech or the freedom of movement, the free economy, the freedom of association, or free elections see themselves, or presents themselves, as democratic orders. This raises questions about how

---

50 Giovanni Arrighi, *Adam Smith in Beijing: Lineages of the Twenty-First Century* (New York: Verso Press, 2007).

51 See Jürgen Osterhammel, *Die Verwandlung der Welt: Eine Geschichte des 19. Jahrhunderts* (München: Beck, 2009).

we understand and use the term "democracy." When we use the term, and when it is used in our specific academic and medial contexts, we are using a word that we share with others, even if the meanings are often very different. In the United States today, many people on the far rightwing see themselves as proponents of democracy, and claim to affirm the democratic order, even while they reject the results of elections that have been recounted and examined by multiple objective legal instances. In the Eastern context, a different phenomenon can be identified. As Xunchao Zhang (University of Wisconsin-Madison) explains, there are essentially different conceptions of democratic order in countries like China. He argues that "Plenty of people in China genuinely believe their country is democratic. One historical reason behind this is the presence of so-called 'people-oriented (minben)' thought in traditional Chinese political culture, which emphasises governance 'for the people', rather than government 'by the people'."[52] Similarly, Daniel Bell argues in the preface to the paperback edition of his book *The China Model*, that many of his critics have a "reflexive attachment to the view that liberal democracy is the only defensible form of government (the 'end of history'): more precisely, one person, one vote is the only morally legitimate way of selecting political rulers and it is morally perverse to suggest otherwise."[53]

---

52 Xunchao Zhang, Why China cares about the label of democracy," in *East Asia Forum*, Jan. 27, 2022 https://www.eastasiaforum.org/2022/01/27/why-china-cares-about-the-label-of-democracy/

These new paradigms raise basic ethical questions. Specifically: what are we talking about when we talk about "democracy"? How "culturally" malleable is this idea? Which democracy has normative priority? And which role does the specific cultural situation play in these debates? For example, the Russian Federation and the People's Republic of China recently released a statement that states: "There is no one-size-fits-all template to guide countries in establishing democracy. A nation can choose such forms and methods of implementing democracy that would best suit its particular state, based on its social and political system, its historical background, traditions and unique cultural characteristics. It is only up to the people of the country to decide whether their State is a democratic one."[54] While the normative account developed above would deeply question the legitimacy of these claims as authentically representative of the democratic idea, the interpretation of democracy, like the interpretation of modernity itself, is a matter of continual reflection and criticism. The inherent nature of democratic culture in openness to the other as a co-determinative part of the shared whole, as

---

[53] Daniel Bell, *The China Model: Political Meritocracy and the Limits of Democracy* (Princeton: Princeton University Press, 2015), ix. More recently, Eric Li, "Eric Li on the failure of liberal democracy and the rise of China's way", in *The Economist*, Dec. 8, 2021, https://www.economist.com/by-invitation/2021/12/08/eric-li-on-the-failure-of-liberal-democracy-and-the-rise-of-chinas-way see also Eric Li, "Xi Jinping Is a 'Good Emperor,'" in *Foreign Policy*, May 14, 2020, https://foreignpolicy.com/2020/05/14/xi-jinping-good-emperor-coronavirus/

[54] "Joint Statement of the Russian Federation and the People's Republic of China on the International Relations Entering a New Era and the Global Sustainable Development", February 4, 2022, http://en.kremlin.ru/supplement/5770

developed above, entails a basic outlook of mutual enrichment within freedom, that I would like to address in the final elements of my talk.

5. The mutual enrichment and co-realization of open and free pluralistic societies

The ideals of "mutual enrichment" and "co-realization" at the local, national and international levels, have been neglected in our public discourses. They have disappeared in the public mind, and to our detriment. The debates about immigration in the Western world are partly responsible for this. Yet there is a need to return to this as we consider the nature of our global political order and the ethical principles guiding it in democracy. The basic idea of "win-win" relationships bring this to expression in economic terms, but there is something deeper to the same idea in the realm of the immaterial, subjective, cultural and in terms of personality development and religion. As a Christian theologian, I would like to mention at this juncture the religious or philosophical conceptions of balance and *wu-wei* in the Eastern tradition of Daoism, something that is also found in the oratory of the forest monks in Buddhism. This has been translated as the principle of action in non-action or "effortless action". *Wu-wei* is a concept of harmony in action, the mental state of people which can be outwardly identified, an ethical and religious ideal. It correlates to both the internal world of subjectivity and the external world. As Edward G. Slingerland argues, it "represents the highest degree of objectivity, for it is only in wu-wei that one's embodied mind conforms to the something larger than the individual — the will of Heaven or the order presented by the Way. This is why the state of wu-wei should be seen as a *religious* ideal, for it is only by attaining it that the individual realizes his or her proper place in the cosmos."[55] Perhaps the sentiment of *wu-wei* is actually an intellectual framework for the realization of "mutual enrichment" and "co-realization". In its own right, as well, a Western reception of it is an example of mutual enrichment from this great tradition of the East. In the religious tradition of Christianity, and in Judaism, the idea of loving your neighbor and trusting in God for the ultimate resolution is the closest we get to this. Perhaps we need to talk more about *wu-wei* in the West.

The ethics of global democracy in the principles of "mutual enrichment" and "co-realization" imply openness to the other, and thus the freedom of the other. In these principles, as well, the basic affirmation of plurality is fundamental. The high ideal of democracy as a way of life and a way of being human with others, not only in the local context, but in the national context and internationally, would benefit today from thicker descriptions of the essence of the concept.

Thank you for your patience and attention.

---

55 Edward G. Slingerland, *Effortless action: Wu-wei as conceptual metaphor and spiritual ideal in early China* (Oxford: Oxford University Press, 2003), 8.

영혼靈魂과 성학性學
: 『성학추술性學㽞述』의 철학적 인간학과 유교적 변용

김선희

1. 들어가며

고대 그리스 철학의 인간 이해의 전통에서 출발한 라틴어 'anima'를 우리는 '영혼(靈魂)'이라 부른다. 영혼이라는 단어는 동아시아 전체가 공유하는 언어적 관습 중 하나다. 그러나 이 용어가 16세기 말에 중국에 들어온 예수회 선교사 마테오 리치(Matteo Ricci, 利瑪竇, 1552~1610)가 고안한 신조어이자 번역어라는 사실은 거의 알려져 있지 않다. 영혼은 마테오 리치가 스콜라 철학의 영혼 개념을 전하기 위해 전략적으로 고안하여 합성한 신조어다.[1] 만약 현대의 우리가 '영혼'이라는 단어의 기원에 대해 예민하지 않다면 그것은 축적된 시간이 그 맥락을 지웠기 때문이라기보다는 그만큼 저 용어가 전통적인 동아시아의 인간 이해와 자연스럽게 합치되었기 때문일 것이다.

주지하듯 오랫동안 서구 세계의 이념적, 문화적, 철학적 표준 역할을 하던 기독교적 세계관을 넘어 인간과 과학의 이름으로 세계를 설명하는 개념과 이론이 제출되기 전까지, anima 즉 '영혼'은 단순히 신앙의 가능 근거로서 인간의 자기 인식 혹은 자아에 대한 문학적 수사에

---

[1] 상세한 것은 다음을 참조. 김선희, 『마테오 리치와 주희 그리고 정약용』, 심산, 2012, 287~350면.

한정되지 않았다. 이 개념은 서양 철학의 전통에서 오랫동안 강력하고 권위적인 인간 이해의 이념이자 규준 역할을 해왔기 때문이다. 주지하듯 이 이념의 뼈대와 구조를 제공한 것은 아리스토텔레스의 『영혼에 관하여(De Anima)』와 이를 기독교 철학으로 재조명한 토마스 아퀴나스의 『신학대전(Summa Theologica)』이었다. '영혼'을 둘러싼 이론과 개념이 일정 수준에서 표준화된 것은 다양한 혼(魂, anima)의 정의를 다루었던 아리스토텔레스에서 출발해 아비첸나(Avicenna, 980~1037) 등의 이슬람 철학자들을 경유한 뒤, 중세 신학의 전통에서 이론적 긴장을 정리한 토마스 아퀴나스(Thomas Aquinas, 1225~1274)에 이르러서였다. 영혼에 대한 표준화된 이론과 개념이 유럽의 수도원과 학교를 떠나 낯선 동아시아 지식장에 유입된 것은 상업적 목적에서 중국에 진출하려던 포르투갈 상선을 따라 중국에 들어온 예수회 선교사들에 의해서였다.

기독교 신을 전달해야 했던 예수회원들에게 복잡하고 사변적일 뿐 아니라 근본적으로 중국 세계관과 충돌하는 중세 스콜라 철학의 영혼론을 중국 지식인들이 수용가능한 용어와 개념으로 전하는 일은 단순히 통사 구조를 전환하여 유사한 대응어를 배치하는 수준을 넘어서는 매우 복잡하고도 난이도 높은 과업이었다. 이 토대를 닦은 것은 리마두(利瑪竇) 즉 마테오 리치(Matteo Ricci, 1552~1610)였다. 마테오 리치는 오직 신에 의해 인간에 부여되어 육체가 소멸한 뒤에도 영원불멸하며 이성적 사유라는 특수한 기능을 통해 인간을 인간답게 하는 '이성혼(anima rationalis)' 또는 '지성혼(anima intellectiva)'을 '영혼(靈魂)'이라는 신조어로 번역함으로써 스콜라적 영혼론의 체계와 구조를 중국화하고자 했다. 그 과정에서 마테오 리치는 실체와 속성, 사원인 같은 서양 철학의 핵심 개념들을 자립자(自立者), 의뢰자(依賴者), 사원행(四

元行)과 같은 중국 용어로 번역하는 등 영혼론에 관련된 중요한 스콜라 철학 개념들을 중국화했다.

그러나 이 번역 과정은 스콜라 철학의 표준적 교과서 즉 아퀴나스의 『신학대전』을 단순 번역하는 과정으로는 결코 도달할 수 없는 복잡한 임무였다. 그 이유 중 하나는 원본의 맥락에서 이탈한 이론과 개념을 최종적으로 검사하고 수용 여부를 결정하는 것은 전달자가 아니라 자신들의 지적 체계에서 그 합리성을 검토하는 수용자들이라는 점이다. 예수회원들의 역할은 백지 상태와 같은 중국인들에게 낯선 스콜라 철학을 학습시키는 일이 아니었다. 중국에는 이미 우주와 인간의 구조와 기능에 대한, 스콜라 철학 만큼이나 표준화된 강력한 권위의 이론 체계가 구축되어 있었다. 결국 마테오 리치는 스콜라 신학과 철학의 핵심을 담은 『천주실의(天主實義)』를 통해 기독교적 세계관과 직접적으로 충돌하는 성리학의 형이상학적 이론들을 해체하면서 부분적으로 연결 가능한 개념과 용어를 활용하여 두 체계를 절충하고자 했다. 그에 따라 마테오 리치는 '불멸하는 영혼을 가진 이성적 인간'에 관한 이론과 개념들을 동아시아인들에게 전달하는데 일정 정도 성공한다. 조선까지 확산된 『천주실의』의 파장 즉 성호 이익(星湖 李瀷), 다산 정약용(茶山 丁若鏞) 등 조선 유학자들의 심성론에 남은 낯선 흔적들이 이를 증명해줄 것이다.

그러나 결과적으로 마테오 리치가 전한 영혼론은 동아시아 지식인들에게는 물론 예수회 내에서도 표준적 지식으로 확정되지 못했다. 『천주실의』가 유통된 뒤에도 여러 권의 영혼론 관련 저서가 간행되었다는 점이 이를 보여준다.[2] 이 논문에서 살펴볼 이탈리아 출신 예수회

---

2 이 논문에서 다룰 알레니의 『성학추술』 외에도 삼비아시의 『영언여작(靈言蠡勺)』, 롱고바르디의 『영혼도체설(靈魂道體說)』 등이 스콜라 철학의 영혼론을 다루고 있는

선교사 애유략(艾儒略) 즉 줄리오 알레니(Giulio Aleni, 1582~1649)[3]의
『성학추술(性學黜述)』역시 그러한 시도 중 하나다. 『성학추술』은 영
혼론을 동아시아에 전달하려는 예수회의 노력이 전통적 동아시아의
지적 맥락에 부딪치며 형성된 이론적 긴장과 그에 대한 스콜라주의
대응이 담긴 다층적인 텍스트다. 이 다층성의 핵심은 단순히 영혼론에
한정되지 않는, 다시 말해 신체를 포함하여 인간의 본질과 기능을 논하
는 일종의 '철학적 인간학(philosophical anthropology)'에 기원한다.

　이 연구는 스콜라주의의 철학과 생리학-의학이 통합되어 있는 독
특한 서학서『성학추술(性學黜述)』에 나타나는 알레니의 이론적 기획
과 전략을 검토하려는 시도이다. 이를 통해 정신과 육체를 통합적으
로 이해하려는 스콜라주의의 철학적 인간학이 유학-성리학의 이론과
대면하는 과정에서 어떤 구도로 전달되는지, 어떻게 원본과 다른 맥
락을 형성하는지 살펴보려는 것이다. 중국에서 출판된 다른 영혼론
관련 서학서들과 달리『성학추술』은 영혼론뿐 아니라 인체에 관한 생
리학-의학 심지어 동물에 관한 자연학적 내용을 함께 다루고 있다.
다시 말해 알레니는 스콜라 철학은 물론 중국적 전통에서도 시도된
적 없는 방식으로 영혼의 작용을 육체의 구조와 기능에 연동하는 통합
적 인간 이해를 제안하고 있는 것이다.

　이러한 맥락에서『성학추술』에 나타나는 인간론은 중세 유럽에서

_____

한문서학서들이다.

3　이탈리아 출신의 예수회 선교사 줄리오 알레니(Giulio Aleni, 1582~1649)는 중국
　사람들에 의해 '서양에서 온 공자[西來孔子]'로 추앙받았을 정도로 예수회원들 가운
　데서도 두드러진 활약을 펼친 인물이다. 그는 아리스토텔레스의 철학적 인간학을
　다룬『성학추술』외에 인문 지리서인『직방외기(職方外紀)』, 유럽의 교육 체계를 해
　설한『서학범(西學凡)』, 중국인들과의 대화를 기록한 전교 일기『구탁일초(口鐸日
　抄)』,『만물진원(萬物眞原)』,『삼산론학기(三山論學記)』,『천주강생언행기략(天主降
　生言行紀略)』등 30여 종 가까운 저술을 남겼다.

주해된 아리스토텔레스 철학이라는 원본의 맥락에서 이탈한 지식이
동아시아의 지적 전통과 어떻게 대면하고 그리하여 어떻게 절충되는
지 보여주는 하나의 사례라고 볼 수 있다. 이 절충과 혼합을 통해 예수
회 선교사들의 번역이 일정한 수준에서 유교화 과정을 거쳤다는 점을
확인할 수 있을 것이다.

2. 『성학추술』의 구성과 전략

1) 『성학추술』 연구의 토대와 경향

알레니가 저술한 『성학추술』은 『천주실의』나 『영언여작(靈言蠡勺)』
등 유사한 주제를 다룬 다른 서학서들에 비해 국내에서 거의 주목되지
않았던 서학서다. 다산의 성기호설을 서학과 비교하는 과정에서 『성
학추술』을 다룬 연구[4]가 제출되었을 뿐 독립적으로 이 책에 주목하는
연구는 찾아보기 어렵다. 이 책이 조선에 유입되었거나 유통된 흔적
이 명확히 드러나지 않는다는 점도 『성학추술』 관련 연구가 활발하지
않았던 이유라고 볼 수 있다.[5]

관련 연구의 새로운 지평을 연 것은 2020년 출간된 『성학추술』의

---

[4] 다음의 연구가 대표적이다. 정인재, 「서학의 아니마론과 다산 심성론」, 『교회사연
구』 39, 한국교회사연구소, 2012; 김선희, 『중세 기독교적 세계관의 유교적 변용에
관한 연구』 이화여대 박사논문, 2008; 「영명으로서의 인간—『성학추술』을 통해 본
정약용의 인간론」, 『東洋哲學研究』 60, 동양철학연구회, 2009.

[5] 최근 동국대 역사문화연구소가 총 7권으로 간행한 『조선시대 서학 관련 자료 집성
및 번역·해제』 (경인문화사, 2020)에도 『성학추술』은 포함되어 있지 않다. 이러한
경향은 해외에서도 다르지 않다. 연구자들이 『성학추술』의 원본에 쉽게 접근할 수
있게 된 것은 2002년에 Nicolas Standaert(鐘鳴旦)와 Adrian Dudink(杜鼎克)이 로마
의 예수회 서고에 보관되어 있던 Japonica-Sinica I-IV를 영인한 『耶蘇會羅馬檔案館
明清天主敎文獻(Chinese christian texts from the roman archives of the society
of Jesus)』이 간행된 이후라고 할 수 있다.

영역본, *A Brief Introduction to the Study of Human Nature* (2020)이
다.[6] Thierry Meynard와 Dawei Pan이 영역한 이 책에는 『성학추술』
의 저본이 상세히 분석되어 있어 이론과 개념의 맥락과 변용 과정을
추적할 수 있는 중요한 전거들을 제공한다. 본 논문 역시 이 영역본으
로부터 『성학추술』 저본에 관한 여러 정보를 활용하였다.

　Willard J. Peterson이 서구 자연 철학의 중국 유입을 다룬 "Western
Natural Philosophy Published in Late Ming China"(1973)[7]에서 『성
학추술』이 아리스토텔레스의 『영혼론』(De Anima)과 『자연학 소론집』
(Parva naturalia)에 대한 예수회의 여러 주해서들을 바탕으로 저술되었
음을 보고한 후 여러 연구에서 생리학-의학 혹은 자연학적 관점에서
『성학추술』을 다룬 바 있다.[8] 이 연구들은 대체로 『성학추술』에 담긴
서양 의학을 소개하고 그 이론들이 당대 중국 의학 이론과 어떻게 절
충되는지를 규명하는데 초점이 맞추어져 있다. 영혼론 혹은 인간론의
관점에서 『성학추술』을 다룬 연구들은 그다지 많지 않았으나 최근 관
련 연구들이 제출되고 있다. 예를 들어 『성학추술』에 도입된 아리스
토텔레스 영혼론을 분석한 董少新(2015)[9]의 연구와 『성학추술』 권1의
「魂性諸稱異同」을 분석하여 스콜라 철학의 핵심 개념이 어떻게 번역

6　Giulio Aleni, *A Brief Introduction to the Study of Human Nature*, Trans. by Thierry Meynard, S.J & Dawei Pan, Brill, 2020.
7　Willard J. Peterson, "Western Natural Philosophy Published in Late Ming China", *Proceedings of the American Philosophical Society*, Vol.117, No.4, American Philosophical Society, 1973.
8　다음 연구들이 대표적이다. Qiong Zhang, "Hybridizing scholastic psychology with Chinese medicine: a seventeenth-century Chinese Catholic's conceptions of xin (mind and heart)", *Early science and medicine* Vol. 13, No. 4., Brill, 2008., Dawei Pan, "Remembering by Heart: Giulio Aleni on the Heart, Brain, and Soul" *Dao*, 19, 2020.
9　董少新, 「明末亞里士多德靈魂學說之傳入―以艾儒略《性學觕述》為中心」 『西學東漸研究』, 商務印書館, 2015.

되었는지 조명한 連凡(2017)[10]의 연구가 그런 사례들이다.

한편 심(心)이 인식론적 기관이면서 동시에 신체적 기관이라는 점에 천착해 스콜라 의학에 입각해 의학적 아이디어를 영혼론에 통합하고자 한 『성학추술』의 전략과 그에 대한 동아시아 의학에 대한 영향을 분석하고자 한 연구도 있다. Dawei Pan(2020)은 기억을 담당하는 두 신체 기관인 심장과 뇌에 관한 『성학추술』의 접근을 통해 스콜라적 영혼론에 도입된 스콜라 의학이 만든 긴장이 『성학추술』에 어떻게 나타났는지 분석한 바 있다.[11] 이런 맥락에서 생리학-의학을 도입하여 인간의 영혼 혹은 영성(靈性)을 설명함으로써 영혼의 작용을 육체의 구조와 기능에 연동하는 통합적 인간관을 제안하고자 한 『성학추술』의 시도를 동서 모두의 전통에서 이질적인 시도로 평가하며, 알레니의 시도에 내재된 일종의 유교화 과정을 분석하고자 하는 본 논문의 접근 방식은 선행 연구들과 일정한 차별성을 갖는다고 볼 수 있다.[12]

---

10 連凡, 「艾儒略《性學觕述》与耶儒魂性会通」『北京化工大学学报』 2017 第3期, 2017.

11 인체의 특정 기관과 연동된 능력 중 일부는 영혼의 능력과도 연동되어 있는데 심장 혹은 뇌에 토대를 둔다는 점에서 신체 기관과 연관되지만 신체와 무관한 이성적 능력이기도 하다는 점에서 두 가지 유형으로 나뉘는 '기억'이 대표적이다. Dawei Pan은 알레니가 두 유형의 기억을 설명하는 과정에서 신체 기관에 초점을 둔 결과 이성혼을 파악하기 더욱 어려워지며 신체 기관에 초점을 둔 결과 몸 전체에 존재한다고 주장되는 영혼, 특히 신체 기관을 갖지 않는 이성혼이 신체 안에서 어떻게 작동하는지 설명하기 어려웠다고 평가한다. 결과적으로 하위 수준의 신체적 기억을 정교하게 설명할수록 이성적 기억을 설명하기 어려워지며 그에 따라 물질적인 것과 비물질적인 것 사이의 간격이 더 커졌다는 것이다. Dawei Pan(2020), 98.

12 임월혜의 연구 역시 본 연구와 유사한 관점에서 『성학추술』의 영성을 성리학의 성론을 비교한 바 있다. 林月惠, 「靈魂(anima)與靈性: 艾儒略《性學觕述》與宋明理學的相遇」, 『哲學與文化』 47卷 20期, 2020. 林月惠는 스콜라 철학의 영혼 이론을 전하기 위해 예수회원들이 택한 성(性)이 기를 연상시키는 혼(魂)보다 더 큰 혼란을 초래할 수 있다고 평가한 제르네의 입장과 달리, 성리학의 심성론이 가톨릭 신학과 철학의 동아시아 토착화에 기여할 수 있다고 주장한다. 林月惠(2020), 59. 특히 이 연구는 알레니가 성리학의 심성론적 개념을 많이 차용했음에도 심성론과 영혼론의 근본적 차이를 이해하지 못했는데 이는 알레니가 근본적으로 실체 이론과 실재론(realism)

사실상 영혼론과 생리학-의학 담론을 통합함으로써 신학적 형이상
학으로서의 초성학(超性學)과 대비되는 인간학[性學]을 수립하고자 했
던 알레니의 전략은 어떤 식으로든 이론적 긴장을 피할 수 없었다.
신체 기관과 연관되지 않고 신체 내에 공간적인 위상을 갖지 않는 영
혼을 중심으로 인간을 설명해온 스콜라 철학은 신체를 중심으로 인간
의 능력을 설명하고자 했던 생리학-의학 담론과 완전히 합치될 수 없
기 때문이다.[13] 더 나아가 신체와 정신적 작용을 완전히 분리하지 않는
동아시아 전통과의 절충 역시 알레니에게 지울 수 없는 긴장과 이격을
가져왔다. 본 연구는 그 긴장과 절충을 유교적 변용이라는 관점에서
검토해볼 것이다.

『성학추술』은 스페인과 포르투갈 대학에서 간행된 아리스토텔레
스의 두 저술 『영혼에 관하여』(De anima)와 『자연학 소론집』(Parva
naturalia)가 통합된 저술로 알려져 있었지만[14] 최근 영역본이 간행되면
서 이 책의 저본이 포르투갈의 코임브라 대학에서 만들어진 아리스토
텔레스 저작들의 철학적 주해서라는 사실이 드러났으며『자연학 소론
집』 외에도 여러 권의 아리스토텔레스 저술이 포함되어 있다는 사실
이 규명되었다.[15] 선행 연구에 따르면『성학추술』(1623)[16]은 코임브라

에 입각해서 성리학의 성 개념을 파악함으로써 그 안에 담긴 형이상학 및 도덕 형이
상학의 함의를 발견하지 못했기 때문이라고 평가한다. 林月惠(2020), 67.

13 스콜라 의학에 기독교 철학이 포괄할 수 없는 헬레니즘 이론이 포함되어 있었다는
점도 문제가 된다. Dawei Pan은 이를 다음과 같이 설명한다. '스콜라주의는 처음부
터 신체 중심의 정신 개념을 거부했다. 비록 그 핵심 사상은 14세기 이후 교회가
채택한 공식적인 관점인 아리스토텔레스-토미즘 사상을 반영하고 있지만, 스콜라
의학의 많은 부분은 기독교에서 유효하지 않은 경쟁 학파와 개념들을 포함하는 헬레
니즘 의학을 기반으로 한다. 영혼에 관한 특정한 헬레니즘적 개념을 거부하는 것은
스콜라 철학의 중요한 관심사였다.『성학추술』에서도 헬레니즘적 개념들은 거부되
었다.' Dawei Pan(2020), 95.

14 Willard J. Peterson(1973), 297.

15 Giulio Aleni(2020).

대학의 예수회원들이 간행한 8권의 아리스토텔레스 저술에 대한 주
해서 즉 *Cursus Conimbricensis* [라틴어 원제는 *Commentarii Collegii
Conimbricensis Societatis Iesu*, 이후 코임브라 주해서로 표기] 가운데 『영혼에
관하여』(De anima)를 중심으로 『생성과 소멸에 관하여』(De generatione
et corruptione), 『자연학』(Physica), 『자연학 소론집』(Parva naturalia) 등
을 편집하여 정리한 것이다. 코임브라 주해서는 3년 반에 이르는 교과
과정을 위해 1592년부터 1606년까지 출판된 코임브라 대학 소속 예
수회 교수들이 공동 작업을 한 결과물로, 『형이상학』을 제외한 아리
스토텔레스 저술에 대한 철학적 주해서로 알려져 있다.[17]

알레니는 『성학추술』에서 코임브라 주해서의 교과서적 내용을 간
략히 정리하는 한편 기존 텍스트들의 순서나 배열 방식을 바꾸는 방식
으로 스콜라 철학과 의학을 중국어로 번역한다. 더 흥미로운 것은 알
레니가 단순히 저본의 내용을 축약한 것이 아니라 중국 전통에서 도출
된 관련 개념 혹은 논제를 삽입하는 방식으로 원래의 텍스트를 상당히
변형한다는 점이다. 특히 영역본이 『성학추술』이 코임브라 주해서 가
운데 어떤 저술을 어떤 장절에 활용했는지 비교하는 표를 제공하고
있어서[18] 다른 영혼론 관련 저술과 변별되는 『성학추술』의 전략과 특
징을 파악하는데 상당한 도움을 준다.

알레니가 주로 참고한 것은 아리스토텔레스 인간학의 핵심을 다룬

---

16 영역자들은 이 책이 1623년에 출판된 것으로 비정한다. Giulio Aleni, *A Brief
   Introduction to the Study of Human Nature*, Trans. by Thierry Meynard, S.J
   & DaweiPan, Brill, 2020., XVII.
17 Cristiano Casalini, *Aristotle in Coimbra: The Cursus Conimbricensis and the
   Education at the College of Arts*, Routledge, 2016, 1. 이 연구에 따르면 코임브라
   주해서들은 저자가 명시되어 있지 않지만 편집을 주도한 것은 Manuel de Góis (1543
   ~1597)라고 한다.
18 Giulio Aleni(2020), Appendix.

두 편의 저술 즉 『영혼에 관하여』와 『자연학 소론집』에 대한 주석서였다.[19] 『자연학 소론집』은 몸과 혼에 공통된 자연 현상을 다루는 8편의 논문들의 모음을 통칭하는 것으로, 인간뿐 아니라 동물에도 해당되는 감각, 기억, 욕구, 삶과 죽음, 건강과 병 등의 주제를 다루고 있다.[20] 그러나 알레니는 코임브라 주해서를 그대로 사용한 것이 아니라 나름의 기획에 따라 새로운 방식으로 구성한다. 『성학추술』의 목차는 다음과 같다.

> 권1 ㉠ 生覺靈三魂總論 ㉡靈性諸稱異同 ㉢靈性必有 ㉣靈性非氣 ㉤人
> 有一魂 ㉥人物不共一性 ㉦人性非造物主之分體 ㉧靈性非緣天地
> 非緣父母所賦 ㉨靈性非緣外來非緣內出 ㉩靈性僞造物主化生賦畀
>
> 권2 ㉠靈魂爲神與形軀判然爲二 ㉡靈性身後永在不滅 ㉢靈魂不滅善惡
> 同然 ㉣靈魂離身自有明覺以受苦樂 ㉤靈魂身後不輪廻人世
>
> 권3 ㉠約論生長 ㉡論四液
>
> 권4 ㉠總論知覺外官 ㉡目之官 ㉢耳之官 ㉣鼻之官 ㉤口之官 ㉥觸之官
>
> 권5 ㉠總論知覺內職 ㉡論總知之職 ㉢論受相之職 ㉣論分別之職 ㉤論
> 涉記之職
>
> 권6 ㉠辯覺性靈性 ㉡論嗜欲與愛欲 ㉢論運動
>
> 권7 ㉠記心法 ㉡記心辨 ㉢論寤寐 ㉣論夢 ㉤破夢
>
> 권8 ㉠論呼吸 ㉡論壽夭 ㉢論老稚 ㉣論生死

권1과 권2에 보이는 영혼에 관한 공통된 규정들은 아리스토텔레스의 『영혼에 관하여』를 토대로 중국 맥락을 의식해 변용한 것이다. 『영혼에 관하여』에는 영혼의 작용과 관련된 시각, 청각, 후각, 미각, 촉각 등 감각 대상과 감각, 통각 등의 내용이 포함되어 있기 때문에 권4와

---

19 Giulio Aleni(2020), ix.

20 아리스토텔레스, 김진성 역주, 『자연학 소론집』 이제이북스, 2015, 10면.

권5에서 이를 다루고 있다. 한편 『자연학 소론집』의 본래의 목차에서 "1.감각과 감각 대상에 관하여"는 권4에, "2.기억과 기억해냄에 관하여"는 권5와 권7에 "3.잠과 깨어있음에 대하여"와 "4.꿈에 관하여"는 권7에, "6.수명의 길고 짧음에 관하여", "7.젊음과 늙음에 관하여, 삶과 죽음에 관하여", "8.호흡에 관하여"는 권8의 부분에 집중적으로 혹은 부분적으로 다루어져 있다. 『자연학 소론집』 가운데 『성학추술』에서 빠진 것은 "5.잠 속의 예언에 관하여"이며 생장과 체액을 다루고 있는 권3의 "약론생장(約論生長)", "논사액(論四液)"은 『자연학 소론집』에 직접적으로 나오지 않는 내용이다. 권6의 경우 『영혼에 관하여』에서 관련 내용을 확인할 수 있는데 "논운동(論運動)"의 경우 해당 주제를 명시적으로 확인하기 어렵다.

영역자들(Meynard, Pan)에 따르면 권2의 ⓒ靈魂身後不輪廻人世, 권3의 ㉠約論生長 ㉡論四液은 아리스토텔레스 인간학의 두 축인 『영혼에 관하여』나 『자연학 소론집』이 아니라 생성과 소멸에 관한 일반론을 다루고 있는 아리스토텔레스의 저작 『생성과 소멸에 관하여』에 대한 코임브라 주해서 즉 *Commentarii Collegii Conimbricensis Societatis Iesu In duos libros De generatione et corruptione*를 참고한 것이다.[21] 특히 알레니는 영혼론의 핵심적 내용을 다루고 있는 권2의 경우 『영혼에 관하여』는 코임브라 주해서가 아니라 다른 저술들을 활용한다.

선행 연구에 따르면 코임브라 주해서 가운데 『영혼에 관하여』에 관한 주해서 *Commentarii Collegii Conimbricensis Societatis Jesu in libros de anima Aristotelis Stagiritae* (1595)에는 Cosme de Magalhàes 의 『다섯 가지 감각과 문제에 관하여』(Tractatio aliquot problematum ad

---

21 Giulio Aleni(2020), 371.

quinque sensus spectantium)와 Baltasar Álvares의 『분리된 영혼에 관하여』(Tractatus de Anima Separata)가 첨부되어 있는데 알레니는 『성학추술』에서 이 저작들을 활용하고 있다.[22] 알레니가 단일한 저작의 번역 대신 다양한 텍스트들을 절충적으로 활용한 것은 당시 예수회의 입장에서 중국인들에게 스콜라적 영혼의 구조와 기능을 이해시키기 위해 전보다 정교한 논리와 이론이 필요했음을 의미할 것이다.

이를 위해 알레니는 예수회원들의 표준적 교과서 『신학대전』이 아닌 코임브라 주해서를 택한다. 코임브라 예수회 교수들이 교과 과정을 위해 아리스토텔레스 저작들을 주해하기로 선택한 것은 당시까지 철학 사전 역할(the lexicon of philosophy)을 하던 아리스토텔레스의 학문적 위상 때문이었다.[23] 선행 연구는 코임브라 주해서들이 토렌트 공의회 정신에 따라 공통적인 기독교 철학에 포함되어야 할 내용들을 체계적으로 안내했을 뿐 아니라 '철학자' 아리스토텔레스의 저술들을 인문학 과정이 아닌 '철학' 과정으로 다루고 있었다는 점에서 코임브라 예수회의 성격을 드러내는 데 효과적으로 기여했다고 평가한다.[24] 『성학추술』 외에도 『영언여작』, 『명리탐(名理探)』 등 코임브라 주해서를 활용한 한문서학서들 역시 이러한 점을 충분히 의식하고 있었을 것이다. 코임브라 주해서 외에도 아리스토텔레스 철학에 대한 다른 주해서들이 존재했다는 점에서 왜 예수회원들이 코임브라 주해서를 저본으로 택했는지 규명하는 것은 하나의 과제겠지만 적어도 알레니의 선택과 결과가 인간의 존재와 본질을 묻는 스콜라주의에 구축된 일종의 철학적 인간학을 전달하기 위한 시도였다는 평가가 가능할 것이다.

---

22 Giulio Aleni(2020), XXIV.
23 Cristiano Casalini(2017), 57.
24 Giulio Aleni(2020), XVI.

그러나 알레니의 기획은 코임브라 주해서의 체계적 번역과는 거리가 멀었다. 알레니가 기본적으로는 코임브라 주해서들의 내용을 활용하되 이를 자신만의 독자적인 기준에 따라『성학추술』에 재배치하기 때문이다. 이는 영혼에 관련된 이론들보다 생리학적 주제를 다룬 내용에서 두드러진다. 이 책에서 생리학적 내용이 상당한 비중을 차지한다는 점은 남창(南昌) 출신의 기독교인 주시형(朱時亨)이 쓴 서문에도 드러난다. '(이 책은) (신체) '기관[官]'과 그 '기능[職]'을 세세히 열거하고 형체[形]와 이름[名]을 상세히 보여주는 데 이르러서는 계구(戒懼)에 방법이 있고 조존(操存)에 방법이 있으니, 이 작업은 이미 '의리를 정밀히 하여 신묘한 경지에 들어간 것'이다.[25] 결과적으로『성학추술』은 생장(生長), 체액(體液), 눈과 귀 등 지각을 담당하는 외부 기관[知覺外官] 등 생리학이자 자연학, 의학에 해당하는 정보들을 권3부터 권8에 배치하면서 인간의 신체적 구조와 생리적 기능을 영혼과 하나의 저술 안에서 통합적으로 다루고자 한다.

알레니는 왜 서로 다른 저작들을 하나의 책으로 포괄하고자 하는가? 스콜라주의의 맥락에서 명백히 영혼론과 의학으로 분리되어 있던 두 분과를 왜 하나의 저술 혹은 하나의 이론틀에서 통합하고자 하는가? 무엇보다 알레니는 왜 저본의 순서를 따르지 않고 별도의 구성으로 주해서들을 배치하고 다른 텍스트들과 혼합하는가?『자연학 소론집』자체가 일종의 논문 모음집 형식으로, 각각의 장이 체계적으로 구성되었다고 보기 어렵다는 점[26]을 통해 설명하는 것도 가능할 것이

---

25 至於細列官職, 詳示形名, 戒懼有方, 操存有法, 業已精義入神矣.『성학추술』「性學觕述引」

26 번역자의 해제에 따르면 아리스토텔레스는 단일성을 염두에 두지 않고 소논문들을 하나씩 저술한 것으로 추정된다. 아리스토텔레스(2015), 10면.

다. 그러나 이보다는 알레니가 처한 당시의 상황을 통해 설명하는 편이 유용할 것이다. 중국인들을 이해시키기 위해 알레니는 유럽적 맥락에서 이미 체계화된 영혼론의 구조가 아니라 중국적 상황에 맞게 체계 혹은 프레임부터 다시 짜야했던 것이다. 알레니가 구성한 새로운 체계는 영혼론에 생리학을 결합하는 독특한 구조로 이루어져 있다. 영혼론이나 생리학을 전문적으로 다룬 서학서들은 존재하지만[27] 『성학추술』처럼 영혼론과 생리학을 연동하는 구성은 『성학추술』 이전에 시도되지 않았기 때문이다.

이런 맥락에서 스콜라 의학에 토대를 둔 해부학적 기관과 그에 관한 생리학적 지식을 동아시아에 전달하는 과정에서 발생한 절충과 혼합 역시 『성학추술』의 유교적 변용을 이해하는 중심축이다. 다만 이 논문에서는 '영성'에 담긴 영혼론의 전달과 변용에 초점을 두고자 한다는 점에서 관련 내용에 대한 집중적인 분석은 별도의 후속 연구에서 다루기로 하고[28] 우선 알레니의 전략과 유사하게 생리학을 영혼론과 통합하고자 한 다른 서학서들을 검토하고자 한다. 영혼의 구조와 기능에 대한 스콜라 철학의 이론들을 상세히 설명한다는 점에서 유사하면서도 다른 삼비아시의 『영언여작』과, 『성학추술』과 유사하게 인간을 형(形)과 신(神)의 결합으로 설명하며 생리학과 영혼론을 결합하고자 했던 뢰몽독(賴蒙篤) 즉 라이문도 델 바레(Raimundo del Valle, 1613~1683)의 『형신실의(形神實義)』가 『성학추술』의 변별적 특성을 보여줄

---

27 『천주실의』를 비롯해 『성학추술』과 유사한 시기에 저술된 『영언여작』이 전자라면, 해부학과 생리학적 정보를 담은 『태서인신설개(泰西人身說槪)』(1620년 추정)는 후자에 속한다.

28 이 논문은 알레니가 전한 영혼론에 시도된 유교적 변용을 검토하려는 시도로, 『성학추술』의 생리학적 내용까지 다루기엔 논점이 분산될 가능성이 있다는 점에서 의학-생리학적 내용을 다루고 있는 권3에서 권8까지의 내용은 별도의 논제를 통해 후속 논문에서 다루고자 한다.

참조점이 될 수 있을 것이다.

2) 『영언여작』과 『형신실의』 사이

최초로 스콜라 철학의 영혼론을 중국어로 번역한 것은 루지에리의
『천주실록(天主實錄)』(1584)이었다. 루지에리는 중국인 조력자의 도움
을 받아 교리서를 번역했는데 그 과정에서 anima를 중국의 전통적인
혼백(魂魄) 관념을 담고 있는 '혼령(魂靈)'이라는 용어로 번역한다. 이
용어는 사실상 완전히 비물질적이며 질료와 결합된 인간의 형상인(形
相因)으로서 육체와는 독립적으로 존재한다는 영혼 관념을 물질적 의
미와 뒤섞는 결과를 가져왔다. 혼은 물질적 관념인 기의 파생어였기
때문이다. 중국어와 중국 고전, 중국 철학을 본격적으로 학습하고 연
구했던 마테오 리치는 이 문제를 해결하기 위해 '영혼'이라는 신조어
를 제안한다.[29]

우선 마테오 리치는 죽어도 소멸하지 않는 것으로 알려진 전통적
중국 개념 혼(魂)을 영혼의 대응어로 선택한다. 그리고 이 위에 성리학
과 양명학에서 일종의 인식론적 능력과 연관되어 있는 허령명각(虛靈
明覺), 영명(靈明) 등의 개념에서 스콜라 철학의 이성 개념의 흔적을
찾아내 이로부터 영(靈)[30]이라는 개념을 추출하여 혼에 덧붙임으로써
스콜라 철학의 이성혼을 중국인들에게 전달한다. 이 전략과 기획은
중국과 조선인들에게 영혼론이 유학-성리학 전통의 심성론과 같은

---

29 상세한 것은 김선희, 앞의 책, 93~107면, 312~336면 참조.

30 林月惠(2020)의 논문을 비롯해 『성학추술』의 영역자 중 한 사람인 Dawei Pan(2020)
의 연구도 영성을 'spiritual nature'로 번역한다. 그러나 성리학적 맥락의 허령명각
(虛靈明覺)이나 양명학의 영명(靈明) 등 중국 전통의 맥락을 고려했을 때 본 논문의
관점에서 영의 적절한 번역은 종교적 성격이 드러나는 'spiritual' 보다는 'rational'에
가깝다고 생각한다.

범주의 학문이라는 사실을 납득시켰다는 점에서 일정 정도 성공한다.

　조선 유학자 성호 이익(星湖 李瀷, 1681~1763)은 서학의 핵심이 무엇인지 묻는 제자 신후담(愼後聃, 1702~1761)에게 '(『천주실의』에) 이르기를 "초목(草木)에는 생혼(生魂)이 있고, 금수(禽獸)에는 각혼(覺魂)이 있으며, 사람에게는 영혼(靈魂)이 있다"고 하였는데 이것이 그들 학문에서 논하는 대략적인 요체이다. 이는 비록 우리 유학의 심성론과 같지는 않으나 또한 어찌 그것이 반드시 그렇지 않음을 알겠는가?(又云草木有生魂, 禽獸有覺魂, 人有靈魂, 此其論學之大要也. 此雖與吾儒心性之說不同, 而亦安知其必不然也.)'[31]라고 말하며 성리학의 관점에서 낯선 영혼론을 전통적 심성론의 범주와 연동한다. 이렇게 심성론에 연접된 서학의 영혼론은 중국과 조선의 지식인들에게 일정한 파장과 영향을 남겼다.[32]

　스콜라 철학 영혼론의 이론과 개념을 소개한 『천주실의』에 이어 스콜라 철학의 영혼론을 본격적으로 다룬 것은 필방제(畢方濟) 즉 프란치스코 삼비아시(Franciscus Sambiasi, 1582~1649)[33]가 구술하고 명말의 관료 지식인 서광계(徐光啓, 1562~1633)가 정리한 것으로 알려진 『영언여작(靈言蠡勺)』(1624)이다.[34] 『천주실의』가 유통된 이후 어느 정도 시간이 흐른 뒤로, 예수회 내부에 중국인들을 설득하기 위해 영혼 문

31　신후담, 김선희 역, 『신후담의 돈와서학변』, 사람의무늬, 2014, 42~43면.
32　스콜라 철학의 영혼론을 유학-성리학의 심성론 체계에서 가장 효율적으로 활용한 철학자로 다산 정약용을 들 수 있다. 상세한 것은 다음을 참조. 김선희, 앞의 책, 459~544면.
33　삼비아시에 관해서는 다음을 참조. 方豪,『中國天主敎史人物傳』中華書局, 1988, 198~207면., 徐宗澤,『明淸間耶蘇會士譯著提要』, 上海書店, 1994., 김철범, 「『영언여작』과 조선 지식계의 수용 양상」, 프란치스코 삼비아시, 김철범 신창석 역, 『영언여작』 일조각, 2007, 231~266면.
34　선행 연구에 따르면 『영언여작』은 1624년에 간행되었지만 초고는 그 이전인 1617년 경에 저술된 것으로 추정된다. 삼비아시의 구술을 서광계가 기록했다는 점에서 삼비아시가 교난을 피해 서광계의 집에 기거한 1617년에 저술되었을 것으로 추정된다. 김철범, 앞의 책, 237면.

제만을 집중적으로 다루는 새로운 이론서가 필요하다는 인식이 있었을 것으로 보인다.

『영언여작』은 각 2장으로 이루어진 상하 2권으로 구성되어 있는데 상권은 영혼의 기능으로서의 인식 문제를 집중적으로 다루며 하권에서는 영혼의 존엄성과 영혼이 목적으로서의 최고선을 지향한다는 신학적 내용이 중점적으로 서술되어 있다. 식물혼과 동물혼의 기능에 해당하는 생능과 각능에 대한 서설적 해설을 거친 뒤 이어지는 상권 2장 「論亞尼瑪之靈能」에서 기억(論記含者), 이성(論明悟者), 의지(論愛欲者) 등 영혼의 세 가지 능력에 대해 집중적으로 논한다. 구성적 특징 외에 『영언여작』을 관통하는 중요한 특징 중 하나는 마테오 리치가 제안한 영혼 외에 '아니마(亞尼瑪)'라는 음차어를 사용한다는 점이다. 서문에서 삼비아시는 다음과 같이 말한다.

> 아니마[번역하면 영혼(靈魂), 또는 영성(靈性)이다]의 학문은 필로소피아[번역하면 격물궁리(格物窮理)의 학문이다] 가운데 가장 유익하고 가장 존귀하다.[35]

삼비아시는 첫 문장부터 『천주실의』에서 정식화된 용어 '영혼' 대신 라틴어 anima를 음차한 亞尼瑪를 사용한 뒤 저작 전체에서 일관되게 사용한다. 이는 완전히 비물질적인 스콜라적 영혼 개념을 기(氣) 즉 물질적 개념과 분리되지 않는 혼(魂)이라는 용어로 표현한 데서 오는 이론적 긴장을 해결하기 위한 전략적 선택이라고 할 수 있다.[36] 『영언여작』의 차별성은 다른 영혼론 관련 서학서에 비해 신의 은총

35　亞尼瑪 [譯言靈魂, 亦言靈性] 之學, 於費祿蘇非亞 [譯言格物窮理之學] 中, 爲最益, 爲最尊. 『영언여작』

36　김선희, 앞의 책, 355~357면.

등 신학적 주제를 상세히 소개한다는 점이다. 신의 은총은 계시 신앙에서 핵심적인 내용이지만 『천주실의』나 『성학추술』에는 계시 신앙에 관한 내용이 분명하게 제시되어 있지 않다. 물론 『성학추술』에도 행위에 대한 상벌과 그에 따른 심판, 지옥 등의 계시 신앙적 요소가 등장한다. 그러나 비중이 크지 않으며 전체적인 논의의 중심은 혼의 세 기능과 그와 긴밀히 연결된 인체에 대한 해부학적, 생리학적 정보와 지식이다. 『천주실의』의 경우 처음부터 계시 신앙적 요소를 배제하고 이성의 빛으로 중국인들을 설득하겠다는 의도가 분명했고[37] 『성학추술』 역시 이러한 기조에 있었지만 그것만으로는 충분한 설명이 되기 어렵다. 그보다는 이 책의 목적의식이 구성상의 특징을 설명하기에 더 타당할 것이다. 『성학추술』은 처음부터 신학이 아니라 '인간학'을 전달하기 위해 저술된 문헌이라는 점에서 그렇다. 알레니는 「성학자서(性學自敍)」에서 다음과 같이 말한다.

> 우주의 피조물 중 인성보다 더 기이한 것은 없고, 인성보다 더 큰 것은 없다. (중략) 게다가 시작이 있는 것과 없는 것의 경계와 (시작이 있는 것은 만물을 가리키고, 시작이 없는 것은 천주를 가리킨다) 형체가 있는 것과 없는 것들의 연결에 거하며 천지의 온갖 변화(乾坤萬化)의 종통이 된다. 이것이 성학(性學)이 천학(天學)과 인학(人學)의 총괄로서 별도의 큰 길을 내어 여러 학문으로 하여금 각각 올바름을 얻게 하는 까닭이다.[38]

---

37 마테오 리치는 유럽에 새로운 책의 저술 계획을 보고하면서 '이 새로운 책은 성서의 권위에 기초하기보다는 전체적으로 이성이라는 자연의 빛(natural light of reason)에서 도출된 논증으로 이루어져 있습니다. 이런 방법에 따라 (이성과 신앙)의 길은 동등해지고 신앙과 신성한 계시의 지식에 의존하는 신비의 수용을 분명하게 할 것입니다'라고 밝힌 바 있다. 김선희, 앞의 책, 102~103면.

38 宇宙受造之物, 畸莫畸於人性, 廓莫廓於人性(…)且居有始無始之界. (有始指萬物, 無始指天主). 有形無形之聯, 爲乾坤萬化之統宗也. 是性學爲天學人學之總, 另闢廓途,

이 문장에서 천학과 인학은 각각 신학과 인간학을 의미하는 것으로
스콜라 철학의 두 축을 가리킨다. 이어지는 문장에서 알레니는 아우
구스티누스를 따라 학문의 두 범주를 '성학(性學)'과 '초성지학(超性之
學)'이라고 표현한다.

> 성 어거스틴이 말하기를 사물을 탐구(格物)하고자 하면 그 요체는
> 두 가지가 있다. 하나는 인성을 논한 것이요, 또 다른 하나는 조물주를
> 논한 것이다. 인성을 살피는 것은 사람들로 하여금 자신을 알게 하며
> 조물주를 살피는 것은 사람들로 하여금 자신이 본래 어디서 왔고 어디
> 로 가게 되는지 알게 한다. 하나는 성학(性學)이고, 하나는 초성지학
> (超性之學)이다. 하나는 인간으로 하여금 참된 행복을 엿볼 수 있게 하
> 고, 하나는 인간으로 하여금 그 참된 행복을 실제로 얻게 한다.[39]

여기서 알레니가 제안하는 성학(性學)은 사실상 인성을 논하는 학문
[人性之論]으로서 인간을 다루는 인간학[人學]이며 이는 조물주를 논하
는 학문[造物主之論]으로서 성을 초월하는 학문[超性之學] 즉 신학[天學]
과 대비된다. 천학과 인학 가운데 알레니는 인학이 더 절실한 학문이
라고 주장한다. 자신을 알아야 조물주와 조물주가 펼친 세계를 온전
히 이해할 수 있기 때문이다.

> 오직 자신을 알아야만 자기의 영성이 유래한 바가 있어, 만 가지 형
> 상보다 훨씬 아름답고, 온갖 사물들을 모두 담을 수 있어 감히 자포자
> 기하지 않게 된다. 자신을 안다는 것은 자신과 모든 사물들이 본래 조

俾諸學咸得其正焉. 『성학추술』「성학자서」

39 聖奧斯定曰, 欲格物者, 其要端有二. 一爲人性之論, 一爲造物主之論. 瞯人性者, 俾人
   認己. 瞯造物主者, 俾人認己之原始要終. 一爲性學, 一爲超性之學. 一令人窺見眞福,
   一令人實獲眞福也. 『성학추술』「성학자서」

물주에 속하며, 조물주에 의해 생겨났다는 것을 아는 것이다. 조물주
가 생명의 기원임을 엿보게 되면 천지 사이에 번식하는 온갖 생물들의
이치를 쉽게 간파하게 되며, 여기서 또 궁극적 법칙을 터득하게 된다.
따라서 훌륭한 학자는 반드시 이치를 궁구하고 본성을 다하는 것을 공
부의 극치로 여기는 것이다.[40]

이를 바탕으로 알레니는 성학 즉 인학의 내용을 아리스토텔레스를
따라 철학적 인간학 즉 영혼의 구조와 기능에 대해 논하는 영혼론과
생리학적으로 인간을 이해하는 자연학으로 구성한다. 한 가지 주목할
것은 알레니는 영혼론과 생리학 가운데 생리학에 더 큰 비중을 두는
것으로 보인다는 점이다. De Carvalho는 코임브라 주해서의 73%가
자연학과 관련이 있다는 점에서 알레니의 자연학적, 육체적 관점이
코임브라 주해서의 원텍스트를 무시하지 않았다는 점을 분명히 인정
해야 한다고 주장한다. 알레니가 생물학적 인간학에 더 큰 비중을 두
었고 따라서 철학적으로 말하면 삶과 죽음 사이 놓인 모든 그리고 각
개인의 존재론과 역사를 구성하고자 했다는 것이다.[41]

『성학추술』과 유사한 전략에서 영혼론과 생리학을 통합적으로 전
달하고자 했던 『형신실의』(1673) 역시 중요한 참조점이 될 수 있다.
이 책은 제목으로 알 수 있듯 애초에 인간의 형(形) 즉 육체와 신(神)
즉 영혼을 모두 포괄하려는 의도에서 기획된 것이다. 『성학추술』의
가장 큰 차이는 『형신실의』가 영혼론이 아니라 생리학에 해당하는 내
용을 전면에 배치하고 후반부에 가서야 전자에 비해 적은 비중으로

---

40 維認己則知己之靈性有由來. 美逾萬象, 韜含匪小, 定罔敢自暴棄. 認己則知己與凡物
原屬造物主攸生. 闚造物主爲生生之原, 則兩間攸殖繁品, 厥理易喩, 斯又得一畢之法
也. 故善學者, 必以窮理盡性爲極焉. 『성학추술』 「성학자서」

41 Giulio Aleni(2020), XXII.

영혼론에 해당하는 내용을 정리하고 있다는 점이다. 이 책은 『초성학
요(超性學要)』처럼 『신학대전』을 발췌 정리한 서학서 중 하나라고 알
려져 있고 라이문도 역시 서문에서 토마스 아퀴나스를 따른다고 밝히
고 있지만 이 책을 『신학대전』에 대한 온전한 축약본으로 보기는 어
렵다. 아퀴나스의 『신학대전』은 자연학이나 생리학적 내용을 본격적
으로 다루지 않기 때문이다.

이 책의 큰 특징 중 하나는 마테오 리치나 알레니와 달리 중국의
전통적 사유를 부정적으로 평가하고 있다는 점이다.

> 어찌하여 사람이 이 세상에 태어나 어둡고 몽매한 데 처하여 다만
> 천지(天地), 리기(理氣), 음양(陰陽), 성(性), 도(道)와 같은 이론으로
> 망령되이 헤아려 천주[主]를 알지 못할 뿐 아니라 또한 인간이 인간이
> 된 까닭을 알지 못하는가.[42]

라이문도는 이기론이나 음양, 성, 도 같은 성리학의 핵심 개념이
인간을 이해하는 데 도움이 되지 않는다고 깎아내린다. 이 지점에서
중국인들을 설득하기 위해 절충적으로 성리학 개념들을 활용[43]하며
무엇보다 성(性) 개념을 저술 전체에서 활용하는 『성학추술』과 경로
가 달라지게 된다.

한편 형에 해당하는 의학-생리학적 담론에 중점을 둔 다른 서학서

---

42 奈何人生斯世, 昧昧以處, 非惟不知主, 而妄測以天地理氣陰陽性道等說, 亦且不知人
    之所以爲人. 『형신실의』 「形神實義自序」

43 '따라서 훌륭한 학자는 필히 이치를 궁구하고 본성을 다하는 것을 공부의 극치로
    여긴다. (故善學者, 必以窮理盡性爲極焉. 「性學自序」)', '영성(靈性)이라고 하고 천성
    (天性)이라고도 하니, 조물주가 사람에게 품부해 준 의리의 성이 아니겠는가.(若夫言
    靈性, 言天性, 非云造物主所賦人義理之性乎. 「권1」) 같은 대목에서 확인할 수 있듯
    책 전반에 걸쳐 성리학적 용어들을 활용한다.

들도 있다. 중국 이름 등옥함(鄧玉函)으로 알려진 요한 테렌츠 쉬렉
(Johann Terrenz Schreck, 1576~1630)이 지은『태서인신설개(泰西人身說
概)』는 중국에서 간행된 최초의 해부학과 생리학 전문서로 평가받는
다. 이 책의 권1은 뼈, 연골, 근육, 피부, 힘줄, 림프, 지방, 혈관, 맥박,
피부와 혈액 등 중요한 의학 개념들을 정리하고 권2는 지각과 기억술
의 원리와 눈, 귀, 코, 혀, 사지 감각 및 언어를 질문과 답변 형식으로
정리하고 있다.[44] 탕약망(湯若望) 즉 요한 아담 샬 폰 벨(Johann Adam
Schall von Bell, 1591~1666)이 저술한『주제군징(主制羣徵)』(1628) 역시
생리학적 정보를 다루고 있다. 특히「이인신향징(以人身向徵)」이라는
장에 인체 해부학과 생리학적 지식이 집중적으로 설명되어 있다. 이
장은 갈레노스의 이론을 바탕으로 심장, 뇌, 간 등 해부학적 기관의
기능에 대해 설명하는 한편 뼈와 근육, 혈액의 생성 원리와 역할, 신경
의 구조와 같은 생리학적 지식이 축약되어 있다.[45]

　인체를 다루는 의학–생리학 이론이 영혼론과 모순 없이 연결되어
있는 것은 아리스토텔레스로 대표되는 고대 그리스 철학에서 이어진
중세 철학의 중요한 특징이라고 할 수 있다. 신학적 맥락에서 의학–생
리학 역시 영혼의 장소이자 영혼이 활용하는 도구를 설명하는 이론이

44　영역본에 따르면 권2는 이탈리아의 해부학자인 Costanzo Varolio(1543-1575)의
　　Anatomiae sive de resolutione corporis humani ad Caesarem Mediovillanum
　　libri iiii. Eiusdem Varolii et Hier. Mercurialis De nervis Opticis, nonnullisque
　　aliis, preter communem opinione[m] in humano capite observatis. Epistolae
　　(Francofurti : Apud Joannem Wechelum & Petrum Fischerum consortes, 1591)를
　　활용한 것으로 알려져 있다.

45　최근『주제군징』을 다룬 연구들이 나오고 있다. 김보름,『주제군징(主制群徵)』의
　　전래와 수용 : 인체론에 대한 한・중・일의 이해를 중심으로」,『儒學硏究』50, 충남
　　대 유학연구소, 2020;「서학서 번역의 현황과 과제―『주제군징』을 중심으로」,『공존
　　의 인간학』4, 전주대 한국고전학연구소, 2020; 여인석,「『주제군징(主制群徵)』에
　　나타난 서양의학 이론과 중국과 조선에서의 수용 양상」,『의사학』21-2, 대한의사학
　　회, 2012.

라는 점에서 신학의 일부를 형성한다. 생리학을 다루는 서학서들은
영혼의 도구로서의 신체를 통해 인간의 영혼을 설명하는 측면이 있지
만 이보다 더 큰 목적은 신체의 기능과 구조를 통해 신의 창조와 인간
에 대한 설계, 무엇보다 우주와 인간을 창조한 신의 목적을 동아시아
인들에게 전달하려는 것이다. 이런 맥락에서 선행 연구는 『주제군징』
이 '자연의 각 부분이 그 목적을 이루기 위해 만들어졌다는 아리스토
텔레스의 목적론적 세계관을 바탕에 깔고 있으며, 그 목적들은 결국
창조주의 존재를 증명하는 방향으로 수렴된다는 주장을 담고 있다.
전체가 만물에 깃든 신의 목적을 보여주기 위해 저술된 책'[46]이라고
평가한다. 『주제군징』에서 다루고 있는 인체 생리학과 의학은 인간에
깃든 신의 목적론적 설계를 보여주는 중요한 사례인 셈이다.

   이 지점에서 『성학추술』은 의학-생리학을 다룬 다른 서학서들과
구분된다. 의학-생리학 지식에 집중하는 서학서들과 비교했을 때 영
혼론과 생리학을 포괄해 '성학'으로 부르는 『성학추술』에서 생리학적
내용은 신의 목적을 보여주는 사례라기 보다는 사변적 영혼론부터 해
부학과 생리학 지식에 이르는 인간학의 스펙트럼 전체를 포괄하는 복
합적이고 총괄적인 인간 이해를 전달하기 위한 부분이라고 볼 수 있
다. 이런 맥락에서 본다면 『성학추술』은 영혼론과 의학-생리학 중심
서학서의 매개적, 절충적 위치에 놓여있다고 평가할 수 있다. 한편
『성학추술』은 다른 방면에서 매개적이며 절충적인 인간 이해를 보여
준다. 이때 『성학추술』의 전면에 오는 지식 혹은 이론 체계는 인간에
대한 성리학적 전통이다.

---

46 여인석, 앞의 글, 255면.

3. 『성학추술』의 유교화 전략

1) 영혼(靈魂)에서 영성(靈性)으로

알레니의 전략은 그가 물질적 원리인 기(氣)를 연상시키는 '영혼'이
아니라 성리학 이론의 핵심적 개념 중 하나인 '성(性)'을 전면에 내세
워 영혼론을 포함하는 스콜라 철학적 인간관을 설명하고자 했다는 점
에서 드러난다. 특히 그는 마테오 리치가 제안한 영혼이 아니라 '영성
(靈性)'이라는 새로운 표현을 전면에 배치하고 적극적으로 활용한다.[47]

알레니는 삼비아시가 사용한 아니마라는 개념은 사용하지 않지만
영혼 외에 영명(靈明), 신명(神明) 등 다양한 용어로 인간의 혼을 표현
한다. 이 외에 알레니는 새로운 용어를 적극적으로 활용하는데 그것
이 바로 '영성(靈性)'이다. 사실 영성이라는 표현은 삼비아시 또한 사
용한 바 있다. 『영언여작』 역시 영혼과 영성을 병칭하지만 실제 본문
에서는 영성이라는 표현을 적극적으로 활용하지 않는다. 이에 비해
알레니는 영성을 분명한 목적의식 아래서 사용한다. '영성'을 전면에
배치한 알레니의 의도와 전략은 권1에 배치된 「혼성제칭이론(魂性諸稱
異論)」에서 확인할 수 있다. 알레니는 본격적으로 영혼론을 설명하기
에 앞서 '혼'과 '성'이라는 개념의 동이(同異)에 대해 논한다. 이에 질문
자로 설정된 중국 지식인의 관점에서 혼이 궁극적으로 기에 속한다는
점을 지적하면서 리(理)에 속하는 성(性)과 구분해야 한다고 주장한다.

> 우리 중국에서 혼(魂)과 성(性)이라는 글자는 비슷한 것처럼 보이지
> 만 서로 뜻이 다른 듯하다. 혼은 기에 속하고 성은 리에 속한다. 지금
> 사용하는 혼과 성이라는 두 글자 역시 차이가 있는 것이 아닌가?[48]

---

47 관련 연구는 김선희, 앞의 책, 376~382면에 상세하다.

이 질문은 그간 혼이라는 개념으로 인해 발생했던 모종의 오해를 적극적으로 해명하기 위한 전략적 질문이라고 볼 수 있다. 알레니에 게는 마테오 리치로부터 이어진 '혼'의 개념망을 완전히 포기하지 않으면서도 '혼'과 '기'를 분리시킬 새로운 표현이 필요했을 것이다. 우선 알레니는 '생명 활동의 근원[生活之原]'이라고 규정함으로써 혼을 영혼론의 문맥에 견인하여 정의한 뒤 이를 다시 다양한 국면에 배치하고 적용함으로써 전통적인 혼의 의미를 약화시키고 새로운 개념망을 형성하고자 한다.

> 혼은 생명 활동의 원리다. 여기에 '생(生)'이라는 글자를 붙이면 초목이 생장 양육할 수 있는 능력을 가리킨다. '각(覺)'이라는 글자를 붙이면 금수가 촉각 운동할 수 있는 능력을 가리킨다. '영(靈)'자나 '신(神)'자를 붙이면 사람이 이치를 밝히고 추론할 수 있는 근원을 가리킨다. 총괄하면 사람은 영신(靈神)과 육체[肉軀] 두 가지로 이루어진다. 하나는 안이고 다른 하나는 밖이다. 하나는 신(神)이고 다른 하나는 형(形)이다. 하나는 혼(魂)이며 다른 하나가 백(魄)이다. 하나는 어리석은 것[頑]이고 다른 하나는 영명한 것[靈]이다. 하나는 주인이고 다른 하나는 하인이다. 하나는 귀하고 다른 하나는 천하다. 하나는 소체(小體)이고 다른 하나는 대체(大體)이다.[49]

같은 전략으로 알레니는 중국어의 글자가 의미를 확정하기 어려운

---

48 我中士魂字與性字, 似乎異義. 魂屬氣, 性屬理. 今所用魂性二字, 亦有別否.『성학추술』권1

49 魂字生活之原. 加以生字, 則指草木所以能生長養育. 加以覺字, 則指禽獸所以能觸覺運動. 加以靈字或神字, 則指人所以能明理推論之原也. 總之人以靈神肉軀二者而成. 一爲內, 一爲外, 一爲神, 一爲形, 一爲魂, 一爲魄, 一爲頑, 一爲靈, 一爲主, 一爲僕, 一爲貴,一爲賤, 一爲小體, 一爲大體.『성학추술』권1

포괄성과 복합성을 가지고 있음을 지적한다.

중국에서 글자를 사용하는 것은 매우 유동적이어서 글에 따라 각각
그 의미를 부여받는다. 글자는 비록 같지만, 뜻은 크게 다를 수 있다.
모두 상하 문맥으로 추론해야 알 수 있다. '성(性)'이라는 글자는 사용
범위가 매우 넓다. 비록 영명하지 않은 존재[不靈之物]라 할지라도 '성'
이라는 글자를 사용할 수 있다.[50]

그러나 인간의 경우는 특수하다. 인간에게 성은 기에 속하는 것이
아니라 영명한 비물질적 본질이기 때문이다.

우리의 본성이 순수한 신령(神靈)이라면 결코 기에 속하지 않는다.
기에 연유하는 것은 사행(四行)의 하나니 (기)는 우주 안에 가득 차 있
고 무디고 어두워 결코 영명하다고 일컬을 수 없다. (중략) 성은 성이
고 기는 기이다.[51]

이러한 전제에서 알레니는 사람의 본성으로서의 영성을 영혼과 같
은 것이라고 확정한다.

이와 같이 논한다면 (사람의) 내면의 신령한 대체[內神大體]를 혹은
영성(靈性)이라고 할 수 있는데 이는 영명한 본체를 가리키는 것으로
본래 사람의 본성을 말한다. 또 이를 가리켜 영혼(靈魂)이라고도 하는
것은 생혼, 각혼과 구별하기 위해서이다. 또는 영심(靈心)이라고도 할

---

50 曰中華用字甚活著書各有其意. 字雖同, 意或大異. 率以上下文推其旨也. 性字之用甚
    寬. 雖於不靈之物亦恒有之.『성학추술』권1
51 以草木生魂爲生氣之發育, 以禽獸之覺魂爲血氣之精華, 於理固近. 蓋草木幼生氣, 禽
    獸有覺氣, 氣聚而生, 氣散而滅故也. 若乃吾人之性, 純爲神靈, 絶不屬氣. 緣氣本乃四
    行之一, 瀰漫宇內, 頑然冥然, 不可謂靈. 性自性, 氣自氣.『성학추술』권1

수 있다. 신체 기관인 심장과 구별하기 위해서이다. 또는 영신(靈神)이
라고도 말할 수 있다. 신체(神體)란 영명하여 형기에 속하지 않음을 가
리키는 것이다. (중략) 총괄하면 명칭은 각기 다르지만 가리키는 본체
는 오직 하나일 뿐이다.[52]

이후 본론에서 알레니는 '靈性原爲神體'(권2), '靈魂神體'(권2), '人
性爲無形妙體'(권2) 등 영혼의 비물질성을 강조하는 동일한 의미의 문
장에 영성(靈性), 영혼(靈魂), 인성(人性) 등 서로 다른 용어들을 혼용한
다.[53] 제목뿐 아니라 세부의 맥락에서도 영성 혹은 인성이라는 용어를
영혼의 대체어로 사용한 것이다. 결과적으로 알레니가 사용한 '성(性)'
은 매우 전략적인 선택이었다고 볼 수 있다. 주지하듯 성은 '성리(性
理)'학의 가장 핵심적인 개념이기 때문이다. 알레니는 성이라는 유학-
성리학적 개념을 전면에 배치하는 전략으로 성리학과의 교두보를 마
련한다. 알레니가 '영성(靈性) 또는 천성(天性)은 조물주가 부여한 사람
의 의리의 본성(若夫言靈性言天性, 非云造物主所賦人義理之性乎.『성학추술』 권
1)'이라고 말할 때, 성리학적 배경의 중국 지식인이라면 누구라도 성
리학의 성 개념을 떠올렸을 것이다.

사실 성을 영혼론의 문맥에서 재정의하려는 시도는 마테오 리치로
부터 나타난다. 마테오 리치는 '본성이란 다른 것이 아니고, 바로 각

---

52 如此論之, 其內神大體, 或謂之靈性, 指其靈明之體, 本爲人之性也. 或謂之靈魂, 以別
    於生覺二魂也. 或謂之靈心, 以別於內塊之心也. 或謂之靈神, 神體指其靈明而不屬形
    氣者,(…)總之稱各不一, 而所指之體惟一.『성학추술』 권1
53 알레니는 맥락에 따라 이성혼 개념인 영성보다 인성을 더 포괄적인 의미로 사용하기
    도 한다. '인성은 원래 천주로부터 말미암아 부여된 것이니 육체에 의존하지 않는다.
    육체는 또한 영성으로 인하여 존재하므로 영성이 아니면 육체는 존재할 수 없다.
    그러므로 육체가 비록 죽더라도 영성은 사라질 수 없다.(人性原繇天主特賦, 不因肉
    軀, 肉軀且緣靈性而存, 非靈性賴肉軀而存也. 故肉軀雖死, 靈性能不亡也.)'『성학추
    술』 권2

물류(物類)의 본체(本體)일 뿐이다. 물류(物類)란 부류가 같으면 본성도 같고 부류가 다르면 본성도 다르다는 것을 말한다. 본(本)이란 무릇 다른 부류의 이치 가운데 있으면 곧 이 부류의 본성이 아니라는 것을 말한다. 체(體)란 무릇 그 사물의 경계 안에 있지 않으면 역시 그 사물의 본성이 아니라는 말이다.'[54]라고 말하며 성 개념을 영혼론에 연결한 바 있다. 마테오 리치는 성을 본, 체 등의 개념과 함께 스콜라 철학적 맥락에서 설명하고자 한다. 이에 비해 알레니는 '성지당연(性之當然)' 등의 표현을 통해 알 수 있듯 보다 적극적인 태도로 성리학적 의미와 연동하며 성을 풀이하고 있다.

> 천주가 사람과 사물을 창조한 것은 반드시 (각자의) 본성의 당연함을 토대로 이를 북돋은 것이다. 예를 들어 하늘은 덮도록 만들고 땅은 싣도록 만들며 눈은 차게 불은 뜨겁게 만들었으니 이는 곧 항상 각각의 본성에 적합하게 하려는 것으로 어찌 다시 그 고유한 바가 바뀌겠는가. 그러므로 사람의 영명은 본래 불멸하는 본체로서, 반드시 만들어진 최초의 의도로 돌아가 그 본성을 변화시켜 다시 훼손하여 없앨 수 없다.[55]

이런 맥락에서 '의리지성'의 성에 영을 합성한 영성이라는 개념은 알레니가 성리학의 인간 이해를 전면적으로 부정하지 않고 일정한 수준에서 양자의 소통 가능성을 인정하고 있음을 보여준다. 마테오 리치가 고대 유학의 윤리학을 긍정하면서도 적극적으로 성리학의 이기

---

54 夫性也者, 非他, 乃各物類之本體耳. 曰各物類也, 則同類同性, 異類異性. 曰本也, 則凡在別類理中, 卽非玆類本性. 曰體也, 則凡个在其物之體界內, 亦非性也.『천주실의』권7

55 顧天主化生人物, 必復因其性之當然而篤之也. 如造天以覆, 造地以載, 雪以寒, 火以熱, 則必使常各適其性, 寧復變所固有, 令天載地覆, 雪熱而火寒耶. 是故賦人以靈明, 本當不滅之體, 必不反其造成之初意, 改變其性而復毁滅之也.『성학추술』권2

론과 심성론을 배제하는 전략을 사용했다면 알레니는 성리학과의 직접적인 충돌을 피하는 대신 여전히 스콜라 철학의 영혼 관념을 분명히 전달하면서도 몇몇 용어의 변경을 통해 성리학과의 소통 가능성을 열어둔다. 알레니는 성리학을 연상시키는 '성학(性學)'이라는 표현을 전면에 배치함으로써 허용가능한 최대치로 성리학적 인간 이해를 영혼론의 문맥에 연접시킨 것이다.

선행 연구는 성이 물질을 배제하는 스콜라적 영혼과 마찬가지로 기를 배제하는 형이상학적 개념이라는 점에서 스콜라 철학의 영성 혹은 영혼 개념과 소통 가능성이 있다고 평가한다.[56] 두 이론에 소통 가능성이 있다는 이러한 주장은 일정 정도 타당성이 있다고 보인다. 그러나 사실상 심 개념이 물질적 계기인 기(氣)와 완전히 구분되지 않는 중국 전통의 입장에서, 성 개념을 형이상학적으로 파악한다는 것이 무엇을 의미하는지, 이런 평가가 알레니의 철학적 토대인 실재론과 어떻게 구분될 수 있는지 이 선행 연구는 분명히 제시하고 있지 않다. '영성(靈性)'은 심성론과 생리학, 의학을 포괄하고 혼이라는 개념이 주는 혼란을 피하기 위해 알레니가 절충적으로 제안한 개념으로, 엄밀히 말해 성리학의 성 개념과 직접적으로 대응하지 않는다. 더 검토할 문제는 성 개념이 아니라 실제로 영혼론에 보다 연접해있는 심 개념이다.

---

56 선행 연구는 다음과 같이 결론내린다. '영성(靈性) 및 송명 유학에서 중요한 심성론 개념인 대체(大體, [心]), 영명지체(靈明之體), 진아(眞我), 명덕(明德), 미발지중(未發之中) 등으로 영혼을 표현함으로써 육신(肉身), 형해(形骸), 체백(體魄) 등 소멸하고 변화하는 기 혹은 질에 대응시키는 것은 당연히 "성즉리", "심즉리", "리는 취산하지 않으며 기에는 취산이 있다."는 등의 송명 유학의 철학적 사고에 가깝다. 천주교의 영혼과 대응하는 것은 리에 의해 성립하는 성 또는 심 같은 심성론의 개념이다.' 林月惠, 앞의 글, 68.

2) 중국 전통의 절충적 활용

살펴보았듯 알레니는 중국 전통의 용어를 최대한 활용하고 그 전통적인 용법과 맥락을 인정한다. 중국 철학의 전통적 개념이 모호하게 활용되고 있음을 간파한 알레니는 다층적인 의미망 가운데 스콜라 철학의 맥락에서 수용가능한 맥락만을 한정적으로 승인하여 중국과 서양의 격차를 좁히고자 한다. 알레니는 이미 마테오 리치로부터 시작된 언어적 전유를 적극적으로 활용한다. 그러한 예 중 하나가 중국 전통의 심 개념을 절충적으로 수용하는 것이다.

> 마음은 진실로 신령한 군주이다. 이른바 심이라는 것에는 혈육지심도 있고 지각지심도 있다. 혈육은 (몸) 가운데서 거하고 지각은 몸 전체에 편재한다. 몸의 중앙에 있는 심장은 특별히 그 위치를 가리키는 것이다. 온몸에 퍼져있는 것은 대군(大君)이 모든 것을 총괄하는 지위에 있음을 가리킨다.[57]

알레니는 중국인들이 심이라는 하나의 단어로 인체의 기관인 심장과 사유 능력을 모두 표현한다는 점을 잘 알고 있었다. 그러나 스콜라철학의 입장에서 하나의 단어에 서로 이질적인 육체와 정신의 의미가 모두 담겨 있다는 점을 쉽게 인정하기는 어려웠을 것이다. 그럼에도 불구하고 알레니는 심의 이중적 의미를 본론에서 모두 사용한다.
'심장이 호흡하는 기'[58]라거나 '심장은 아프면 통증을 느끼고 마비되면 마비를 느끼며 더우면 더위를 느끼고 추우면 추위를 느낀다.'[59]

---

57 答曰心爲靈君固也. 第所謂心, 有血肉之心, 有知覺之心. 血肉居中. 知覺偏體. 中央方寸. 特其位耳. 其編於百體者. 猶大君之無不管攝位. 『성학추술』 권7

58 人心呼吸之氣. 『성학추술』 권2

59 人心痛則覺痛, 痺則覺痺, 熱則覺熱, 寒則覺寒. 『성학추술』 권6

등의 문장에 보이는 심은 인체 기관을 가리키는 것이다. 나아가 '기욕이 심장에 깃들어 있듯 여러 감각의 직분은 뇌에 달려 있다.'[60]는 문장에서 볼 수 있듯 인체 기관으로서 심장을 영혼의 기능이 작동하거나 머무는 기관으로 묘사하는 경우도 있다.

그러나 '대개 사람의 마음은 삶을 좋아하고 죽음을 싫어하지 않음이 없으나 또한 육체에 반드시 다함이 있다는 것도 안다.'[61]거나 '무릇 명의(明醫)가 사람의 몸에 생긴 병을 치료할 때는 반드시 정신을 맑게 하여 그 맥을 살피는데 하물며 사람 마음의 병을 치료하려 할 때 몽롱하고 멍할 수가 있겠는가.'[62], '사람들이 초목과 마찬가지로 썩기를 바라지 않는다고 말하는데 여기에서 바로 내가 말한 바, 사람의 본심이 불멸의 경계를 지향함을 볼 수 있으니 그로 인해 신명이 영원히 존재함을 추론할 수 있다.'[63] 등에서 보이는 심은 인간의 정신이거나 심리적 경향 혹은 본성적 지향을 의미한다. 나아가 알레니는 '학자는 능히 의리의 마음[理義之心]을 형상이 없는 눈으로 삼아 반조하여 돈오할 수 있다.[64]'는 문장처럼 확인할 수 있듯 '의리지심'이라는 마음에 관한 성리학적 용어를 영혼의 능력을 설명하는 문맥에 사용하기도 한다.

결과적으로 알레니는 영혼론과 생리학의 문맥 모두에서 중국적 심의 의미를 활용하고 있다. 이런 전략은 비물질적 영혼과 물질적 육체를 명확히 구분하는 스콜라 철학의 관점에서는 쉽게 받아들일 수 없었

---

60 嗜欲之寓在心, 猶諸覺之職在腦也. 『성학추술』 권6

61 蓋人心無不愛生惡死, 然亦無不知肉驅必有盡. 『성학추술』 권2

62 明醫欲療人身疾, 必澄神以按其脉, 矧欲療人心疾, 而可瞢瞢圖乎. 『성학추술』 「성학자서」

63 吾子所云人不甘與草木同腐, 故欲垂此姓名, 正見吾所言人之本心向於不滅之境, 因而推其神之永在也. 『성학추술』 권2

64 學者克以理義之心, 爲無象之目, 反照頓悟上矣. 『성학추술』 「성학자서」

겠지만 심을 인간의 신체, 의식, 감정, 본성적 경향 등 중층적이고 다
층적인 맥락에서 사용하던 중국인들의 거부감을 줄이는 데 효과가 있
었을 것이다. 알레니는 개념과 이론에서 중국적 맥락을 절충적으로
연결함으로써 양자의 이론적 절충점을 확보하고자 했을 것이다. 이런
맥락에서 본다면 기(氣) 역시 알레니가 영혼론의 관점에서 다루기 복
잡한 개념이었다. 우선 알레니는 인간의 상태를 신(神)과 기(氣)로 파
악하는 전통적인 용법을 그대로 사용한다.

> 가난하고 병들어 고통스럽고 괴로운 환란 가운데 있더라도 홀연히
> 도덕적이고 즐거운 상념이 생기면 곧 정신이 맑아지고 기가 안정되어
> [神清氣定] 그 몸 주변의 고통을 잊을 수 있음을 깨닫게 된다. 이러한
> 고통과 즐거움은 이미 육체와 무관한데 어찌 신묘한 영혼이 하는 일이
> 아니겠는가.[65]

그렇다고 알레니가 전통적인 맥락에서 심과 신 모두에 관여하는 기
의 복합성을 모두 수용하는 것은 아니다. 성리학적 맥락에서 정상(精
爽)은 '심은 기의 정상(心者, 氣之精爽. 『주자어류』 권5)'이라는 문장이 보
여주듯 기의 가장 맑고 투명한 정수의 상태로서 곧 심의 영명함을 가
리키는 용어였다. 알레니는 이를 혈기의 양태라는 의미로 사용함으로
써 물질적 차원에 한정하고자 한다.

> 이른바 존심양성을 잘할 수 있고 정신이 안정되는 것 역시 두 가지
> 설이 있다. 혹자는 혈기가 정하고 맑으면[精爽] 눈과 귀로 받아들이는
> 것을 안에 잘 모아 저장하여 곧 조금씩 혈기에 보탬이 되므로 피곤에

---

65 其貧病苦勞痛楚患難之中, 忽生一道德樂境之想, 便覺神清氣定, 怡然忘其周身之痛.
此苦樂既不關于肉軀, 豈非神魂之為乎? 『성학추술』 권2

이르지 않을 수 있다고 논하고 다른 이는 마음과 생각이 거두어들이면 일체 응수가 각기 그 정도에 맞추어 저절로 근육과 뼈대를 강하고 단단하게 할 수 있으니 나이가 들어도 장수할 수 있다고 논한다.[66]

결론적으로 알레니는 성, 심, 기 등 인간을 설명하는 중국의 전통적 개념들을 절충적으로 사용하는 방식으로 스콜라적 영혼론과 성리학의 심성론을 연결한다. 물론 이 절충의 과정은 단순하지 않았을 것이다. 『성학추술』은 완성되기 이전에 원고의 일부가 「영성편(靈性篇)」과 「영성추술(靈性物述)」이라는 제목으로 출간된 바 있다는 점을 통해서도 이를 확인할 수 있다.[67] 영혼이 영성으로 대체되고 최종적으로 영성을 넘어 성학이라는 표제로 확정되기까지의 변화는 남경교난 등 중국에서의 전교 상황과 영향이 있을 것이다.

그러나 더 근본적인 절충의 배경은 외적인 상황에 한정되지 않는다. 어차피 코임브라 주해서건 『신학대전』이건 어떤 유럽의 원본도 중국에 그대로 번역되거나 그 체계 그대로 복제될 수 없는 필연적인 조건이 내재해 있기 때문이다. 중국인들은 자발적인 학습자나 수용자가 아니라 자신들의 고유한 세계관과 이념 위에 구축된 언어와 관념 이론들을 통해 독자적인 방식으로 세계와 인간을 설명해 온 지적 주도권자들이었다. 이 지적 주도권에 대화를 청하는 방식 다시 말해 번역이라는 기획은 처음부터 동아시아인들이 범주적으로 이해할 수 있는 흐름과 구성을 통해서만 효과를 발휘할 수 있었다.

---

66 所謂善能存養, 精神完固, 夫亦有二說焉. 或論血氣精爽, 縣人收視返聽, 翕藏於内, 則能稍益血氣, 不致疲困. 或論心思收攝, 一切應酬, 各中其度, 自可以強間筋骸而多歷年筭. 總之可剝喪、可暫留者, 皆屬有形. 至論靈體, 必不因善惡變易而分其存滅也. 且夫形神相較, 神強而形弱, 以神散形猶可言恤, 以形散神豈其然乎.『성학추술』 권2

67 Giulio Aleni(2020), 16.

　일반적으로 이 시기 예수회원들에 의해 도입된 서양 지식의 전이에 대해 우리는 그 지적 주도권 혹은 체제의 기획과 세부 내용의 구성에 대한 운영의 전권이 예수회원들 혹은 유럽의 지적 전통에 있다고 생각하기 쉽다. 그러나『성학추술』의 사례는 결코 어떤 원본도 전달의 맥락에서 체제와 세부를 보존한 채 도입될 수 없으며 반드시 본래 존재하고 있던 지적 전통과의 대화를 통해서만 이전될 수 있음을 보여준다. 예수회원들의 입장에서 중국인들에게 유럽의 철학적 인간학을 전달하기 위해서는 자신들이 배운 유럽의 교과 과정을 그대로 옮겨올 수 없었을 것이다. 무엇보다 중국인들에게 이질적인 맥락과 개념을 전달하기 위해 새로운 틀을 기획하지 않을 수 없었을 것이다. 저본이 된 코임브라 주해서의 순서를 그대로 따르지 않는『성학추술』의 구성과 순서가 알레니의 고민과 그 대응을 잘 보여준다.

　영혼론에 해당하는 권1과 권2가 끝나고 이어지는 권3이 '생장에 대한 대략적인 논의[約論生長]와 사체액이론[論四液] 등 생리학-의학적 내용을 집중적으로 다루며 마지막 권8이 '삶과 죽음을 논함[論生死]' 즉 육체의 죽음 문제로 종결되는 것은 스콜라적 인간론을 중국 지식인들에게 전달하기 위해 알레니 스스로가 고안한 논리적 흐름이라고 볼 수 있다. 다시 말해 알레니는 영혼의 구조와 기능을 한 축으로, 다시 생장에서 출발하여 외적 감각 기관의 기능과 내적 기관의 기능을 거쳐 삶과 죽음의 문제를 다른 축으로 삼아 정신과 육체의 총합으로서 스콜라적 인간관을 중국인들에게 전달하고자 했던 것이다. 이 시도를 평가하는 기준은 알레니가 얼마나 원본을 중국어 맥락으로 성공적으로 옮겨 왔는가가 아니라 얼마나 동아시아 지식인들의 관심과 이해를 끌어내는가, 동아시아 지식인들이 어떤 맥락에서 어떤 의도로 알레니의 인간 이해를 수용하는가에 놓여 있다. 예를 들어 구식사(瞿式耜, 1590~

1650)는 이 책의 효용을 다음과 같이 서술한다.

　무릇 학문이란 사람과 금수의 분별보다 큰 것이 없으니 이것이 우임
금이 인심(人心)의 위태로움과 도심(道心)의 은미함이라는 종지를 끌
어온 까닭이다. 뭇 사물에 밝다는 것은 바로 인륜을 살핀다는 것이다.
저들은 태어난 바가 곧 성이라고 말하지만 맹자는 이를 (사람을) 개나
소로 여기는 것이라며 단번에 배척했다. 인성은 조금도 느슨할 수 없
으니 바로 각혼이 밝지 않아 장차 천하 만세에 마침내 금수로 귀결되
지 않고는 그치지 않을 것을 염려한 것이다.[68]

　구식사 같은 중국 지식인에게 삼혼설과 영혼론은 금수와 인간의 차
이를 규명하기 위한 이론적 시도이며 『성학추술』은 인간의 영명함을
확인함으로써 인간이 금수의 차원으로 타락하지 않도록 하기 위한 이
론적 규명으로 받아들여졌던 것이다. 구식사의 평가는 영혼을 이해시
키기 위해 성리학적 개념들을 절충적으로 활용했던 전략이 어떤 효과
를 거두었는지를 보여준다. 그런 맥락에서 『성학추술』의 가장 큰 변
별성은 저본인 코임브라 주해서를 얼마나 혹은 어떤 정확도로 어떻게
활용했는가가 아니라 코임브라 주해서에 없는, 오로지 중국적 상황에
서만 유효한 「혼과 성 등 여러 명칭의 차이와 동일성(魂性諸稱異同)」,
「영성은 반드시 존재한다(靈性必有)」, 「영성은 기가 아니다(靈性非氣)」,
「사람과 사물은 같은 성을 공유하지 않는다(人物不共一性)」와 같은 절
에서 찾아야 할 것이다. 혼, 기, 성 등 유학-성리학적 인간론의 핵심
개념으로 인해 형성된 이론적 긴장이 더해지면서 『성학추술』은 코임

브라 주해서와 목표와 지향, 구도와 전략이 다른 새로운 인간론을 구성하고 제안하게 된 것이다.

4. 나가며

여러 맥락과 관점에서 『성학추술』은 여러 국면에서 조명되어야 할 흥미로운 텍스트다. 알레니는 코임브라 주해서에 담긴 아리스토텔레스의 철학적 인간학을 적극적으로 활용하면서도 체계와 순서를 새롭게 짜고 강조점을 전환함으로써 중국화를 시도한다. 인간을 이해하기 위한 독자적 이론과 개념을 확보하고 있던 중국인들을 합리적으로 설득하는 과정에서 예수회가 온전히 저본에 기댈 수 없었을 것이고 중국의 전통 이론과 개념들을 포괄하거나 거부하는 방식을 포함해 하나의 논리적 흐름을 새롭게 구성하지 않을 수 없었을 것이다. 이 과정에서 유럽적 맥락에서라면 다룰 필요가 없는 물질성과 영혼의 구별이라거나, 신체와 정신에 모두 속한 심의 복잡한 위상 등이 서학서에 포함되게 되었다. 유럽적 맥락에서 이탈한 아리스토텔레스 영혼론 중 일부는 예수회원늘이 기대하듯 동아시아 지식인 전체가 아니라 극소수의 유학자에게만 공명을 일으키기도 했다. 다음 연구에서 다룰 예정이지만 알레니는 자연학적 주제에 상당한 분량을 할애하는 코임브라 주해서에 약한 인간의 도덕적 측면과 아리스토텔레스 영혼론에서 비중있게 다루어지지 않는 '의지' 문제를 보강하여 『성학추술』에 담았다.

한편 알레니는 여러 문맥에서 생리학적 관점에서 뇌의 해부학적 특징을 바탕으로 기억을 비롯해 인간의 인지적인 능력을 뇌를 통해 설명함으로써 뇌를 인체의 핵심 기관으로 제시하고 있다. 물론 기억의 장소로서 뇌를 언급하는 『영언여작』이나 인체 해부학과 생리학이 담겨 있는 『주제군징』에서도 뇌에 관한 이론이 등장하지만 아리스토텔레스 이론에 근거하고 있다는 점에서 『성학추술』의 뇌론은 다른 서학서들과 성격이 다르다. 이런 맥락에서 앞으로의 과제는 『성학추술』의 철학적 인간학을 보다 정교하게 분석하고 동아시아 지식인들이 이를 어떤 관점과 각도, 의도와 목적에서 수용하고 변용했는지를 살피는 일일 것이다.

한문 서학서와 한국 천주교 창설
: 문서를 통한 자생적 천주교 수용을 중심으로

신의식

1. 들어가는 말

중국에서 예수회 선교사들은 한문서학서로 문서선교를 하였는데, 그 시작은 미켈레 루지에리의 『천주성교실록(天主聖教實錄)』(1584)이며, 대표적인 서적으로는 중국뿐 아니라 우리나라, 일본, 베트남에도 많은 영향을 준 마테오 리치의 『천주실의(天主實義)』(1603)이다. 중국에 도착했던 예수회 선교사들은 일본 선교의 실패를 거울삼아 중국 황제의 천주교 입교와 문서를 통한 동아시아 선교 즉 중국, 일본, 조선, 베트남 등의 한자문화권을 공략하기 위해서는 문서선교의 중요성을 인식하고 있었다. 이들은 중국에 도착하기 전에 이미 일본에서 교리서를 일역(日譯)하는 과정에서 이미 한문을 통한 문서 선교가 시작됐고, 프란치스코 하비에르-발리냐니 발리냐노- 마테오 리치로 이어지면서 동아시아 선교를 염두에 둔 한자를 통한 문서선교가 시작되었다고 할 수 있다.[1]

---

[1] 예수회 선교사들이 중국에서 성공적으로 정착할 수 있었던 원인과 배경은 첫째, 과학 지식에 대한 중국의 수요, 둘째, 황실에 파고드는 선교정책, 셋째, 압박 속에서 더욱 굳어지는 신앙심, 넷째, 일반인의 교도에 대한 신뢰감, 다섯째, 중국 문자와 유교에 능통한 선교사의 학식, 여섯째, 서적을 통한 전교의 신속한 확산, 일곱째 교우들의 용감한 호교 자세, 여덟째, 천주교와 유교의 조화를 위한 교도들의 노력

"문장을 써내는 것 자체는 큰 성취다. 하물며 평범하지 않은 중국어 책, 그것도 전국 열다섯 개 성에서 두루 통용되어야 할 책을 쓰는 것은 대단한 일이었다. 게다가 중국 서적은 일본, 조선, 베트남의 백성들도 읽을 수 있었다. 왜냐하면 이 나라 문인들도 모두 중국 글자를 알기 때문이다…. 실정이 이러하다면, 우리가 쓴 책은 중국 사람만이 아니라 전체 중국 문화권에 영향을 미칠 것이다."[2]

서양 선교사들은 한문서학서를 통해 중국 지도층인 사대부 계층의 환심을 사며 그들과의 접촉을 가능하게 하였고, 그들의 협조를 얻어 중국 사회에 정착할 수 있었다.[3] 전교 수단으로 활용한 한문서학서는 그리스도교 전교에는 물론, 동양의 지식과 학문에 지대한 영향을 미쳐 후세에 가장 큰 결과물로 남게 되었다.[4] 중국에서 명(明)·청(淸) 연간에 한역 또는 저술된 서학서는 모두 410종 이상인데 그 가운데 1801년 신유박해[5]가 있기 전까지 우리나라에 도입된 한문서학서는

등이다. 方豪, 『中西交通史』 下卷, 臺北: 中國文化大學出版社, 1983, 982~992쪽; 예수회 선교사들이 중국 사회에 성공적으로 정착할 수 있었던 요인은 첫째, '보유론'(補儒論)의 적응주의 선교정책, 둘째, 서양 근세의 과학기술 전수, 셋째, 한문으로 번역된 서학 서적의 보급으로 말하고 있다. 금장태, 「조선서학의 전개와 과제」, 『신학과철학』 제20호, 2012년, 47쪽.

2 마테오 리치 저, 신진호·전미경 역., 『마테오 리치의 중국 선교사II』 (서울: 지식을 만드는 지식, 2013), 5부 2장 마테오 리치의 중국어 저작 참조.

3 崔韶子, 『東西文化交流史研究』 서울: 三英社, 1990, 70쪽.

4 장정란, 『그리스도교의 중국 전래와 동서문화의 대립』 부산: 부산교회사연구소, 1997년 참조.

5 신유박해(1801): "성학(聖學:儒學)이 흥하면 사학(邪學)은 자멸할 것"이라고 믿고 있던 정조가 1800년 서거하자, 이어 즉위한 순조와 함께 정순왕후 김 씨의 수렴청정을 계기로 노론 강경 세력이 정권을 장악했다. 정조 재위 시대 유력하게 성장한 남인 세력을 숙청하기 위한 구실로 천주교 탄압으로 이어졌고, 그 결과 1795년 북경 교구에서 파견하여 조선에 들어와 선교하던 최초의 외국인 선교사인 중국인 주문모 야고버 신부와 남인계의 거두인 이가환을 포함한 300여 천주교 신자들이 순교한 박해이다.

총 216종이며 그중 천주교 서적은 120여 종이다.[6]

중국의 한문서학서는 저술시기별로 구분될 수 있다. 1580년부터 1619년까지는 제1기로 약 40년간에 40여 종이 저술 간행되었는데 전교류 종교서와 과학서가 각각 절반씩을 차지한다. 제2기는 1620년부터 1643년 명 왕조 멸망때까지 약 40년간 종교서는 80여 종, 과학서 50여 종 등 130여 종이 간행되었다. 청 왕조가 건국된 1644년부터 순치제 통치기인 1661년까지 20년간 제3기에는 종교서 40종, 과학서 5종 등 총 45종이 저술 간행되었으며, 1622년 강희제 즉위에서부터 1700년까지 40년간 제4기에는 종교서 77종, 과학서 57종 등 모두 115종이 저술 간행되었다. 1700년 이후 제5기에는 70종의 한문서학서가 간행되었는데 대부분은 전교를 위한 종교서였다.[7]

이러한 한문서학서가 조선에 전래된 서학을 시기별 구분을 하면 다음과 같다. 첫째 시기는 서학 접촉기로 1603~1750년까지의 시기로 연행사절이 호기심적인 관심에서 흠천감, 사천주당(동, 서, 남, 북당)을 방문하면서 북경의 개화된 서학과 접촉하여 서학자료를 조선으로 도입하는 시기라고 할 수 있다.[8] 둘째 시기는 18세기 중엽 시기로 서학 탐구기라고 할 수 있다. 이 시기를 대표할만한 사람은 성호 이익(李瀷)이다. 서학 연구의 비조라고도 불리는 이익은 서학에 대해 다각도의 깊이 있는 연구를 진행했다. 이후 성호의 제자들은 성호학파를 이루었는데, 이들 이익의 제자들은 두 부류로 분류될 수 있는데, 순암(順菴)

6 동국역사문화연구소에서 출간한 『조선시대 서학 관련 자료 집성 및 번역·해제 1, 2 3, 4, 5-1, 5-2, 6』 서울: 경인문화사, 2020년에는 조선시대에 전래된 한문서학서에 대한 서지학적인 정보와 해제가 수록되어 있다; 장정란, 「총론:조선지식인의 서학연구」, 『동국사학』 64집, 2018년, 12쪽.
7 장정란, 앞의 논문, 9~10쪽.
8 李元淳, 『朝鮮西學史硏究』 서울: 一志社, 1989년, 14쪽.

안정복(安鼎福), 돈와(遯窩) 신후담(愼後聃, 1702~1761) 등은 서학을 배
척하고 천주교가 사교라는 입장이었으나, 다른 한 부류인 녹암(鹿庵)
권철신(權哲身), 광암(廣巖) 이벽(李檗), 다산(茶山) 정약용(丁若鏞)은 서
학 및 종교로서 서학을 연구하는 태도를 보였다.[9] 이 시기에 일부는
서양의 선진과학을 수용하는 쪽으로 일부는 서학에서 신앙을 찾아보
는 모습의 부류가 나뉘게 되었다. 셋째 시기는 서학 실천기로서
1777~1801년까지이다. 이 시기는 천주학(天主學 또는 天學)으로 연구
해오던 천주 신앙과 그리스도교적 윤리를 현실 생활에 실천하고자 하
는 의향을 갖게 되는 시기로 가장 먼저 종교생활로 서교(西敎, 천주교)
를 실천한 사람은 홍유한(洪儒漢, 1736~?)이었다. 그가 어떤 천주교 관
련 서적을 읽었는지 정확히는 알 수 없으나 학업을 중단하고 소백산에
가서 종교생활을 시작했고, 13년간 기도와 명상으로 지냈다. 이러한
일은 후일 권철신의 그에 대한 추도문을 보면 알 수 있는데, 그의 열렬
한 신앙생활과 금욕적 생활을 잘 말해주고 있으며, 은둔적이며 관념
적인 면도 지니고 있었음을 보여주고 있다. 그러나 이벽(李檗, 1754~
86?)은 현실 생활에서 보유론적인 천주신앙을 스스로 깨우쳤으며, 본
격적인 천주 신앙을 실천했으며, 천진암 주어사 강학회(天眞庵走漁寺講
學會)를 통해 역관 최창현(崔昌賢), 김범우(金範禹), 최인길(崔仁吉) 등을
천주교로 인도하였다.[10] 특히 이벽은 연행사절의 서장관 자제로 북경
을 다녀온 이승훈(李承薰)이 1784년 북당에서 영세를 받고 귀국하는
것을 계기로 권일신(權日身) 등이 중심이 되어 정기적 신앙집회를 가지
면서 한국천주교회의 창설을 보게 되었다.[11] 그러나 천주교 창설자들

---

9 李元淳, 앞의 책, 15쪽, 242쪽.

10 李元淳, 앞의 책, 244쪽.

11 李元淳, 앞의 책, 16쪽; 또 李元淳은 앞의 책, 268쪽에서는 조선 서학을 西學接觸齎來

은 을사추조적발(乙巳秋曹摘發) 사건[12], 반회사건(泮會事件)[13], 진산사건
(珍山事件)[14] 등의 압박을 받으면서도 천주교인이 3000명으로 늘어나
는 성과를 보였다.[15] 넷째로는 1801년부터 시작한 서학 탄압기로 대
대적인 박해로 1만 명 이상의 순교자를 배출하면서도 끝내 신앙을 고
수하면서 교회를 발전시켜 나왔던 시기이다.[16]

　본 논문에서 필자는 연행사절을 통한 서학 즉 한문서학서의 조선
유입 그리고 조선 학자들의 연구 이후 종교로서의 배격하는 부류와
신앙으로 받아들여 한국천주교의 창설까지 이루어낸 부류로 구분하
여 살펴볼 수 있다. 한국천주교 창설 이후 교세 확장을 위해 한글 교리
서 간행까지 그 연원을 살펴보는데 의의가 있다. 본 논문의 연구 기간
은 한문서학서가 전래된 초기 시기부터 1839년 기해박해까지의 기간
에 대해 살펴볼 것이다. 이 기간까지로 설정한 이유는 기해박해 이후

　　期로 17세기 초에서 18세기 전반에 이르는 약 120년간이고, 西學檢討硏究期는 18세
　　기 중엽을 전후한 반세기이며, 西學實踐受難期는 1784년으로부터 약 반세기 기간으
　　로 3단계로 구분하고 있다.

12　1785년 봄 천주 교우들이 명례동(明禮洞) 김범우(金範禹)의 집에서 신앙집회를 하다
　　가 형조(刑曹)에 적발 연행되었고 그 결과 김범우가 최초의 순교자로 순교한 사건을
　　말한다.

13　1787년 10월경에 이승훈이 성균관 소재의 특수지역인 반촌(泮村, 지금의 명륜동·혜
　　화동) 김석태(金石太) 집에서 이승훈이 정약용 등과 함께 천주교 교리를 토론하다가
　　이기경(李基慶, 1756~1819)에게 목격당하여 이기경(李基慶, 1756~1819)이 천주교
　　배척론자인 홍낙안(洪樂安)에게 폭로하니 척사 유생들의 상소가 잇달았고, 그로 인
　　해 서학서의 도입과 유포가 문제되어 1788년에는 전국천주교 관계 서학서의 색출
　　및 소각하는 조처가 내려졌고, 이어 박해가 일어나게 된 한 원인이 되었다. 이원순,
　　앞의 책, 16~17쪽.

14　신해박해(辛亥迫害)라고도 말하는데, 1791년 5월 전라도 진산 땅에서 천주교인 윤지
　　충 바오로와 권상연 야고버가 분주폐사(焚主廢祀) 문제로 일어난 사건으로 유교식
　　제사를 거부하고 조상 즉 어머니의 장례에 신주를 만들지 않았으며, 집안의 다른
　　신주들을 비공개적으로 소각한 사건으로 이 둘은 체포되어 순교했고 순교터에는
　　전주교구 전동성당이 세워졌다.

15　李元淳, 앞의 책, 16~17쪽.

16　李元淳, 앞의 책, 17~18쪽.

로는 한문서학서의 보급이 박해로 인해 침체되어졌으며 신앙 생활도 모두 비공식적인 면에서 진행되었기 때문에 이전과는 구분되어졌기 때문이다. 한문서학서가 한국천주교 개창에 어떠한 영향을 주었는지와 또 천주교 성직자가 없던 시기(1795년 조선에 들어왔던 주문모 신부가 1801년 신유박해 때 순교하고는 1836년 1월 모방 신부가 조선에 들어 오기전에는 약 35년간 조선에는 사제가 없었다.)에 어떻게 신앙이 유지되고 전파될 수 있었는지에 대한 부분의 연구는 자못 유의미하다고 할 수 있다. 왜냐하면 한국천주교는 세계 어느 곳에서도 그 유래를 찾아볼 수 없는 자발적 천주교회의 탄생을 이루어낸 특별함 때문이다. 서학이라는 선진학문에 대한 호기심에서 비롯하여 학구적 연구와 거듭된 진리 탐구를 하면서 스스로 신앙으로 받아들였다는 점은 실로 한국천주교만이 지니는 유일무이한 특징이고 강점이기 때문이다.

　이를 위해 필자는 한문서학서와 한국천주교 창설의 연관관계를 설명할 것이다. 서학 사상과 문물을 받아들였던 연행사의 역할과 그들이 들여온 한문서학서는 어떠한 영향을 주었으며, 중국과 조선 지식인이 서학을 신앙으로 받아들이게 된 계기는 무엇이었으며, 또 신앙을 받아들이는데 양국의 지식인들은 어떤 어려움을 지녔는지도 간단히 살펴볼 것이다. 한문서학서가 조선에서는 자발적인 천주교 수용을 넘어 한국천주교의 창설로 이어졌고, 아울러 성직자가 없는 35년 동안 탄압과 박해를 받으면서도 평신도에 의해 교세가 확장되었다는 것은 실로 놀라지 않을 수 없는 일일 것이다. 더 나아가 문서로 배운 교리와 스스로 깨우친 신앙으로 순교에 까지 이르렀다는 것은 실로 눈에 보이는 기적일 것이다. 본 논문을 통해 한국의 천주교 수용과 교세 확장은 세계사적으로 그 위대함이 다시 한번 부각될 것이다.

2. 조선 연행사가 들여온 한문서학서

우리나라에서 서학 도입의 시작은 연행사절(燕行使節)에 의해 이루어졌다. 이러한 서학이 도입되면서 천주교 교리 내용도 자연스럽게 조선 사대부들이 접하게 되었다. 한문서학서를 접하게 된 기원은 거슬러 올라가 보면 허균(許筠)으로 부터이다. 허균은 1614년에는 천추사(千秋使)[17]로 이듬해인 1615년에는 동지 겸 진주부사(冬至兼陳奏副使)로 북경을 다녀오면서 귀국할 때『태평광기(太平廣記)』를 비롯해 많은 책을 가지고 왔으며, 그 가운데에는 천주교 기도문과 지도가 섞여 있었다고 하나 구체적인 내용이 밝혀져 있지는 않기 때문에 그 시초라고 말하기는 어렵다. 일반적으로 우리나라에 최초로 서학을 소개한 자료는 이수광(李睟光, 1563~1628)의『지봉유설(芝峯類說)』에 기록되어 있는 것을 그 시작으로 보는 것이 타당할 것이다. 1603년 사신으로 중국을 다녀온 이광정(李光庭)이 마테오 리치의「곤여만국전도(坤輿萬國全圖)」를 가져와 이를 보고 감탄한 이수광이 1614년 우리나라 최초의 백과사전인『지봉유설(芝峯類說)』을 편찬하여 조선에 서양 문물과 마테오 리치의『천주실의』등 한문서학서를 처음으로 소개하는 등 우리나라에 한문서학서를 소개하기 시작했다.[18]

---

17 명나라 황태자의 생일을 축하하기 위해 파견된 사절. 1643년 이래로는 천추사는 없어지고 세폐사(歲幣使)가 생겨났다.

18 허균의 중국 방문 일자를 1601년으로 언급하고 있다. 崔韶子, 앞의 책, 221~222쪽; 이원순, 앞의 책, 87쪽; 서학 관련 내용이 수록된 조선 지식인의 백과전서류는 조선에 서학의 확산에 지대한 공헌을 하게 된다. 그 대표적인 서적으로는 이익(李瀷, 1681~1763)의『성호사설(星湖僿說)』, 이긍익(李肯翊, 1736~1806)의『연려실기술(燃藜室記述)』, 이덕무(李德懋, 1741~1793)의『청장관전서(靑莊館全書)』, 정약용(丁若鏞, 1762~1836)의『여유당전서(與猶堂全書)』, 홍한주(洪翰周, 1798~1868)의『지수염필(知水拈筆)』, 이유원(李裕元, 1814~1888)의『임하필기(林下筆記)』이다. 장정란, 앞의 논문, 21~22쪽.

북경을 다녀온 유몽인(1559~1623)의 『어우야담(於于野譚)』의 기록에서도 찾아볼 수 있다. "천축(天竺) 서쪽에 구라파가 있고, 그곳에는 하늘을 섬기는 도(道)가 하나 있다. 그 교는 유교도 아니요 불교도 아니요 도교도 아닌 별난 교이다. 모든 마음가짐이나 행동을 하늘을 어기지 말라 하고, 천존(天尊)의 상(象)을 만들어 놓고 받들어 모신다. 석가와 노자를 배척할 뿐만 아니라 우리의 유교를 원수처럼 여긴다. 우리의 도를 많이 인용하여 말하면서도 큰 근본에서는 현격하게 다르다. 석가의 윤회설도 배척하며 천당과 지옥이 있다고 한다. 또 그 풍속은 결혼하는 것을 금하고 평생 여색을 가까이하지 않는 군자를 뽑아서 교황(敎皇)이라고 이름한다. 교황은 천주의 가르침을 퍼뜨리며 세습으로 물려받는 것이 아니라, 그 무리 가운데에서 가장 현명한 자를 택하여 교황으로 세운다. 그는 사사로운 가정의 생활이 없이 오로지 그 몸을 공무에만 맡기는 것이다. 자식은 물론 없고 억조창생을 모두 자식이라고 한다.

그들의 글은 회회교(回回敎)의 그것과 매우 닮아서 왼쪽으로부터 나가고, 글자는 횡서(橫書)로 쓰게 되어 있으며, 그것을 성현의 말이라고 한다. 그 무리 가운데 천문성상(天文星象)에 정통한 '이마두'[利瑪竇, 마테오 리치(Matteo Ricci)의 한자 독음]라는 자가 있다. 그는 태어나기는 구라파에서 났으며, 서역 8만 리를 주유하며 10여 년간 천금의 재산을 모았다가 그것을 다 버리고 중국에 들어와서 여러 경서를 모두 섭렵하고 성현의 글도 읽고 하여 계묘년에 이르러 책을 쓰니, 모두 상하권으로 여덟 편(編)이 되었다. 모두 천주교의 가르침을 썼는데, 그 끝 편에 다음과 같이 기록했다.

'한나라 애제(哀帝) 원수(元壽) 2년, 동지가 지난 사흘 뒤에 그 나라에 동정녀가 강림하여 남자와 교접이 없이 아이를 배고 낳으니 사내아이라, 이름은 예수라고 했다. 그리고 예수는 세상을 구제하면서 몸소 서역의 신인(神人)이라는 소문이 떠돌았다. 사신을 파견했더니 사신은 반도 채 못 가서 인도로부터 불경을 얻어 가지고 와서 그것이 성교(聖敎)라고 잘못 전해진 일도 있다.'[19]

그러나 어쨌든 이마두라는 자는 이인(異人)이다. 세상을 두루 돌아다니며 천하의 지도를 그렸고, 여러 나라의 말을 알아 중국에 와서는 포교를 했다. 그 포교의 행각은 동남의 여러 오랑캐 나라에도 미치어 존신(尊信)하는 바가 되었다. 전자에 왜장 코니시 유키나가(小西行長)도 이 도를 운위했고, 허균(許筠)이 중국에 들어가서 그 지도와 교지(敎旨) 12장(章)을 갖고 돌아왔으나, 모두 혹세무민(惑世誣民)의 죄임을 면치 못했다.'[20]고 내용이 소개되어 있으며, 이 책 속에『천주실의』(天主實義) 상·하 8편의 편목이 소개되고 촌평이 실려 있다.

1630년 북경에 진주사(陳奏使: 조선시대 대중국관계에서 임시로 파견되던 비정규 사절 또는 그 사신)로 갔던 정두원(鄭斗源)도 서양 문물과 서양 학술서를 지니고 돌아왔는데, 가져온 서적으로는『치력연기(治曆緣起)』,『리마두천문서(利瑪竇天文書)』,『원경서(遠鏡書)』,『천리경설(千里鏡說)』,『직방외기(職方外紀)』,『서양국풍속기(西洋國風俗記)』과『만국전도(萬國全圖)』등이었다.[21]

이후 병자호란의 볼모로 심양(瀋陽)에 잡혀가 있던 소현세자(昭顯世子)는 1645년 귀국하면서 북경에서 교류를 맺고 있던 아담 샬(Adam Schall, 중국명: 湯若望)로부터『리마두천문서(利瑪竇天文書)』,『원경서(遠

19 「이학집변(異學集辨)」, 동국역사문화연구소,『조선시대 서학 관련 자료 집성 및 번역·해제 3』서울: 경인문화사, 2021, 192쪽.
20 유몽인(柳夢寅),『어우야담』(於于野譚), 제13장「서교」(西敎) 참조.
21 李元淳, 앞의 책, 63쪽.

鏡書)』, 『천리경설(千里鏡說)』, 알레니(Aleni, 중국명: 艾儒樂)의 『직방외기(職方外紀)』, 『서양국풍속기(西洋國風俗記)』, 「만국전도(萬國全圖)」, 홍이포(紅夷砲), 자명종(自鳴鐘) 등과 천주교 관련 서적과 성상을 가지고 귀국했다.[22] 그러나 소현세자가 급작스럽게 사망하였기에 천주교 관련 내용은 자연스럽게 사라졌다.

그러나 대대적인 한문서학서의 조선으로의 유입은 명과 청을 방문했던 사행(使行) 사절(使節)에 의해서 이루어질 수 있었다. 조선 전기에는 명나라를 방문하던 사절을 조천사(朝天使)라고 칭한 반면 청의 입관 이후 청을 방문한 사절을 연행사(燕行使)라 불렀다. 청의 도움이 심양(瀋陽)이었던 시기(1637~1644)에는 동지사(冬至使), 정조사(正朝使), 성절사(聖節使), 세폐사(歲幣使)라 부르며, 매년 4회씩 정기적으로 사절을 보냈다. 그 뒤 수도를 연경(燕京, 현재의 북경)으로 옮긴 1645년(인조 23)부터는 대부분이 동지사에 통합되어 연 1회의 정기 사행으로 단일화되었다. 연경에 들어가는 사자(入燕之行的使者)라는 의미로 연행사(燕行使)라 불렀으며, 사대사(事大使), 부경사(赴京使)라는 말로도 불렸다. 사행의 임무는 사대 문서(事大文書)와 조공품(朝貢品)을 가지고 가서 조공(朝貢)과 회사(回謝) 형태로 이루어지는 연행 무역(燕行貿易)을 행했다.

사행원의 구성과 인원은 사행의 종류에 따라 달랐으나, 대부분의 사행은 정사(正使) 1인, 부사(副使) 1인, 서장관(書狀官) 1인 등 24인으로 합계 30명이 원칙이었고, 사행의 총 일행은 200~300명 내외가 되었다. 정사·부사·서장관을 삼사(三使)라고 칭했는데, 특히 서장관은 사행 기간 중에 보고 들은 외교 정보를 매일 기록하였고, 사행단의 비리나 감찰하는 임무를 맡았다. 귀국 후에는 국왕에게 보고 들은 것

---

22 催韶子, 앞의 책, 222쪽.

을 보고할 의무를 지녔다.

대표적인 연행사들의 방문에 대한 기록은 동국역사문화연구소에서 출간한『조선시대 서학 관련 자료 집성 및 번역·해제 1, 2, 3, 4, 5-1, 5-2, 6』(서울: 경인문화사, 2020)와 북경 천주당에 대한 관련 자료는 신익철,「연행사와 북경 천주당-연행록 소재 북경 천주당 기사집성-」『한국사연구휘보』(제162호 2013년 가을호)에 잘 나타나 있다. 그중 몇몇 중요 내용만 간략히 살펴보면 다음과 같다. 김창업(金昌業, 1658~1721)은 1712년 맏형인 김창집(金昌集)이 연행사의 정사로 차출되자 자제군관중 타각(打角)[23]의 신분으로 사행에 동행하게 되었으며, 북경을 다녀와『노가재연행록(老稼齋燕行錄)』을 펴내었다. 북경 남당(南堂)을 방문하여 천주상, 혼천의, 자명종을 보았다고 언급하고 중국의 산천과 풍속, 문물제도와 이때 만난 중국의 유생, 도류(道流:도교를 믿고 그 도를 닦는 사람)과의 대화를 상세히 기록하여 역대 연행록 중에서 가장 뛰어난 책으로 손꼽히고 있다.

이후 1712년 김창업(金昌業)은 동지사 겸 사은사(冬至使兼謝恩使) 정사(正使)로 맏형인 김창집(金昌集)의 타각(打角) 자제군관(子弟軍官)으로 북경에 다녀왔다. 사행한 김창업은 1712년 11월 3일에 서울을 떠나 12월 27일 북경에 도착해서 46일간 머물다가 다음해 2월 15일에 북경을 출발해 3월 30일 서울로 되돌아오기까지 왕복 다섯 달, 일수로 146일간의 기행 견문을 일기로 적어『노가재연행일기(老稼齋燕行日記)』[24]을 펴냈다. 이 연행일기[25]가 알려진 후 북경의 남당, 북당, 동당,

---

23 중국에 보내는 사신 일행의 모든 기구를 관리하는 사람을 말한다.

24 장정란, 앞의 논문, 23쪽 각주 12) 인용.

25 「연행일기(燕行日記)」에서 천주대 즉 남천주당 방문 상황을 기록하고 있다. 동국역사문화연구소,『조선시대 서학 관련 자료 집성 및 번역·해제 5-2』서울: 경인문화사, 2021년, 162쪽.

서당 네 곳의 천주당 방문은 반드시 들리는 명소가 되었다. 특히 네 곳의 천주당 중에서도 조선 사신의 숙소인 옥화관(玉河館)과 가까운 남당은 특히 사신들과 서양 선교사와 접촉을 하며 서학을 배우는 기회를 제공하는 곳이 되었다.[26]

1720년에는 이의현(李宜顯, 1669~1745)이 동지사겸 정조성절진하(冬至使兼正朝聖節進賀)의 정사로 청나라를 다녀와 펴낸 『경자연행잡지(庚子燕行雜識)』에는 연행사의 삼사(정사 이의현, 부사 이교악, 서장관 조영세)는 북경 남당을 방문하여 수아레즈(Suarez, 중국명: 蘇霖), 쾨글러(Kogler, 중국명: 戴進賢) 신부와 역법에 관한 대화를 나누었다는 기록과 구입했던 책 이름과 권수를 꼼꼼히 기록하고 있는데, 51종 1328권의 서적과 서화 10종 15건을 구입했다고 언급하고 있다. 이후 1732년 이의현은 다시 연경의 남당 천주당을 방문하고 난 후『임자연행잡지(壬子燕行雜識)』를 작성하여 쾨글러와 프리데리(Fridelli, 중국명: 費隱) 등 서양 선교사와 대화를 나누었고, 알레니의 『삼산논학기』(三山論學記)와 아담 샬의 『주제군징(主制郡徵)』 각각 한 책과 채색 종이 4장과 백색 종이 10장과 크고 작은 그림 15폭과 흡독석(吸毒石 1개와 고과(苦果, 여주를 말함) 6개를 받은 것을 언급하고 있다.[27]

같은 해에 이이명(李頤命, 1658~1722)은 숙종의 승하를 알리기 위한 고부사(告訃使)로 청나라에 파견되어 아들 이기지(李器之, 1690~1722)와 함께 연경을 다녀오면서 이때 남당에서 수아레즈, 마갈헨즈(Magalhaens, 중국명: 張安多), 카르도소(Cardoso, 중국명: 麥大成), 쾨글러

26 장정란, 『그리스도교의 중국 전래와 동서문화의 대립』, 62~67쪽.
27 「壬子燕行雜識」, 동국역사문화연구소, 『조선시대 서학 관련 자료 집성 및 번역·해제 5-2』 서울: 경인문화사, 2021년, 421~425;『도곡집(陶谷集)』 동국역사문화연구소, 『조선시대 서학 관련 자료 집성 및 번역·해제 5-1』 서울: 경인문화사, 2021년, 283~286쪽.

신부를 만났고, 특히 포르투갈 출신의 수아레즈 신부에게서 포르투갈 말로 '빵들로(pão de ló)'라는 오늘날의 카스테라를 맛보았으며, 오늘날 '빵'이라는 말의 어원이 되었으며, 레시피까지 기록했고, 포도주도 대접받아 먹어봤으며, 식당의 수도 장치들을 체험했다. 서양 그림책을 빌려보았으며 북당(北堂)을 방문하여 자명종, 천리경, 서양 고약 등을 받았다. 이런 적극적으로 천주교에 관심을 보였던 이기지는 모반 혐의로 연루되어 젊은 나이에 요절하게 됨으로써 모든 계획은 수포가 되었다.[28]

김순협(金舜協)은 1729년 8월 10일부터 1730년 1월 18일까지 동지사은정사(冬至謝恩正使)인 종친 여천군(驪川君) 김증(金增, 영조의 8촌 아우) 일행을 따라 중국 연경을 다녀와 사행일기(使行日記)인 『오우당연행록(五友堂燕行錄)』을 작성했다. 김순협은 서천주전을 다녀왔다고 기록하고 있는데, 일기에서 말하는 '서천주전'은 남당이다.[29] 왜냐하면 이 천주전은 정양문을 지나 선무문 안에 있다고 설명하고 있기 때문에 남당이다.[30] 예수의 그림상과 그림상의 좌우에 금빛 글씨로 쓰여 있던 대련을 설명하고 있다. "처음도 끝도 없는 때에 먼저 소리와 모양을 마드시니, 참 주재자이시다[無始無終先作聲形眞主宰]"라고 하였고, 다른 하나에는 "인자함과 의로움을 널리 펼치시니 마침내 사물의 균형을 밝혀 구제하시도다[宣仁宣義聿昭丞濟大權衡]"라고 하였다.[31] 당시 예부시

28 『一庵集』, 동국역사문화연구소, 『조선시대 서학 관련 자료 집성 및 번역·해제 5-1』 서울: 경인문화사, 2021년, 667~671쪽.
29 장정란, 『그리스도교의 중국 전래와 동서문화의 대립』 부산: 부산교회사연구소, 1997년, 62~67쪽.
30 「연행록(燕行錄)」, 동국역사문화연구소, 『조선시대 서학 관련 자료 집성 및 번역·해제 5-2』 서울: 경인문화사, 2021년, 145~146쪽.
31 「연행록(燕行錄)」, 동국역사문화연구소, 『조선시대 서학 관련 자료 집성 및 번역·해제 5-2』 서울: 경인문화사, 2021년, 148쪽.

랑의 직책을 지니고 있던 쾨글러 신부를 만났고, 흡독석(吸毒石: 고름을
빼내는데 효험이 있다고 함)과 알레니의 『만물진원(萬物真原)』[32]과 서광계
의 『벽망(闢妄)』[33] 2권을 보내왔다고 전하고 있다. 특히 26일자 연행록
에는 남당은 이마두(利瑪竇)가 야소회를 모셔서 유럽 나라 바다로 9만
리를 건너 중국에 들여 와 신종(神宗) 즉 명나라 만력제때 들여왔고,
30살 정도의 젊은 사람이라고 예수상을 설명하고 있으며, 성모당의
어머니 모습은 젊은데 한 어린아이를 안고 있는데, 예수였습니다. 또
하느님이라는 데우스(Deus)는 천지 만물을 창조하여 처음과 끝이 없
는 때를 말합니다. 한나라 애제(哀帝) 원수(元壽) 2년 즉 기원전 1년에
유대국의 동녀 마리아에서 태어나 예수라고 일컬어지며 33년을 살고
죽었습니다. 죽은지 3일 만에 살아나고 살아난 지 3일 만에 승천해
가니, 그가 죽은 것은 분명한 사람이었고, 다시 살아나서 승천 것은
분명한 하늘이었다고 말하고 있다.[34]

1760년을 즈음하여 홍대용(1731~1783)은 동양에서는 처음으로 땅
이 움직인다는 지전설(地轉說)을 주장하고 나섰다. 이후 조금씩 알려지

---

32 영조~정조 때 홍정하(洪正河)는 「만물진원증의(萬物真原證疑)」, 『대동정로(大東正
    路)』 권5)를 지어 이 책의 이론을 낱낱이 반박하였다. 홍낙안(洪樂安)에 의하면 1791
    년 진산사건(珍山事件, 廢祭焚主事件) 당시 충청도 예산의 촌민들에게서 한글로 번
    역되거나 등사한 책자 중에 이 책이 있었다고 하며, 1801년 신유박해 때 김건순(金健
    淳)도 공술하기를, 1789년 삼전동인(三田洞人)에게서 이 책을 얻어 보았다고 했다.
33 『闢釋氏諸妄』이라고도 하는데, 불가 의식과 선종에 대한 비평으로 서광계를 유가
    사대부라는 위치에서 천주교도라고 밝히고 기존의 역대 유가 사상가의 말을 빌어
    불교를 비판한 책이다. 『闢妄』에 대한 내용은 張貞蘭, 「徐光啓硏究」, 『西江大學校碩
    士學位論文』, 1970년, 참조; 崔韶子, 앞의 책, 95쪽; 서광계는 『벽석씨제망』의 첫
    문장에서, "석가모니는 사람의 혼이 어디로 돌아가는지 알지 못한다."고 일갈하고
    있다. 鐘鳴旦等主編, 『徐家滙藏書樓明淸天主教文獻』(一), 臺北: 輔仁大學神學院,
    1996年, 37쪽.
34 예수와 하느님과 성모마리아를 잘 설명하고 있다. 「연행록(燕行錄)」, 동국역사문화
    연구소, 『조선시대 서학 관련 자료 집성 및 번역·해제 5-2』 서울: 경인문화사, 2021,
    156~157쪽.

기 시작한 서양 과학에 큰 흥미를 느꼈던 홍대용은 1765년 연행사의 서장관으로 임명된 작은아버지 홍억(檍)의 수행 군관이라는 신분으로 3개월간 북경에 머물수 있는 기회가 있었다. 이때 홍대용은 흠천감정 할러슈타인(Hallerstein, 중국명: 劉松靈)과 흠천감 부감인 고가이슬(Gogeisle, 중국명: 鮑友管) 등을 만나 면담했고 여러 차례 관상대를 방문, 견학하여 천문지식을 습득해 오기도 했다. 홍대용은 귀국 후 할러슈타인과 고가이슬에게 묻고 답한 내용을 『유포문답(劉鮑問答)』으로, 서양의 과학사상 내용을 『의산문답(醫山問答)』이라는 저술하였다.

이후 1773년 동지부사로 중국에 들어간 엄숙(嚴璹)은 1774년 할러슈타인 신부를 만나 풍금을 보았다.

이후 박지원이 1780년 5월 25일부터 10월 27일까지 연경을 거쳐 열하까지 여행하며 감정을 적은 기행문인 『열하일기(熱河日記)』는 조선 사대부들에게 많은 영향을 주었다. 특히 박지원의 『열하일기』에서 서학에 관한 내용은 박지원과 윤가전(尹嘉銓, 1711~1782)[35] 그리고 당시 54세인 왕민호(王民皥)와 나눈 필담 내용을 「곡정필담(鵠汀筆談)」으로 정리했다. 곡정이란 강소 사람 왕민호의 호이다. 곡정을 상대로 지구자전설을 역설하면서 김석문(金錫文)과 홍대용(洪大容)의 천문학설을 소개하고, 천주교 교리와 중국에 전래된 경위에 관해 토론한 내용 등이 기록되어 있다. 풍금과 천주당화가 전래된 얘기도 언급되어 있다.[36]

---

35 윤가전은 자신의 부친인 윤회일(尹會一, 1691~1748)과 탕빈(湯斌), 범문정(範文程), 이광지(李光地), 고팔대(顧八代), 장백행(張伯行)을 공자묘 배향해서 제사 지낼 수 있게 해달라는 청원을 건륭제에게 올렸으나, 건륭제는 요망한 행동이라 하여 윤가전을 체포해 극형인 교수형에 처했다.

36 「鵠汀筆談」, 동국역사문화연구소, 『조선시대 서학 관련 자료 집성 및 번역·해제 5-2』 서울: 경인문화사, 2021, 635~647쪽.

3. 학문 수용과정에서 공서파와 신서파

17세기 초 이수광에 의해 조선에 소개된 서학으로 대변되는 서양 문물과 천주교 교리를 포함한 '서학'은 서양의 과학기술을 수용하는 단편적 단계였으나, 150년이 지난 18세기 중반부터는 성호(星湖) 이익(李瀷)에 와서는 서양의 과학지식을 적극적으로 받아들이려는 노력을 보였다. 성호 이익의 학문적 기반은 퇴계(退溪) 이황(李滉, 1501~1579)의 성리설을 기준으로 하면서도, 율곡(栗谷) 이이(李珥, 1536~1584), 반계(磻溪) 유형원(柳馨遠, 1622~1673)의 사회개혁론을 적극적으로 수용하였다. 이러한 개방적 학문관을 토대로 서학 서적까지 두루 섭렵하였는데, 이익 본인은 서양 과학은 긍정하면서도 천주교 교리에 대해서는 부정적인 인식을 지니고 있었다.

이익의 학풍을 계승한 성호의 제자와 문인들은 서양의 선진학문을 연구하는 부류와 천주교를 신앙으로 받아들이는 부류로 나뉘었다. *순암(順菴) 안정복(安鼎福, 1712~1791)은 역사(歷史), *하빈(河濱) 신후담(愼後聃, 1702~1761)은 박학(博學), 소남(邵南) 윤동규(尹東奎, 1695~1773)는 지리(地理), 현파(玄玻) 윤흥서(尹興緖)는 역산의학(曆算醫學), 농포(農圃) 정상기(鄭尙驥)는 지도(地圖), 황운대(黃運大)는 역산(曆算), 녹암(鹿菴) 권철신(權哲身)은 서학(西學), 권일신(權日身)은 천주교 신봉(天主教信奉), 몽수(蒙叟) 이헌길(李獻吉) 박학의학(博學醫學), *번암(樊岩) 채제공(蔡濟恭)은 박학(博學), 홍유한(洪儒漢)은 천주교 신봉(天主教 信奉), 복암(茯菴) 이기양(李基讓)은 세학(貫學), 만천(蔓川) 이승훈(李承薰)은 천주교 신봉(天主教 信奉), 송목관(松穆館) 이언진(李彥瑱)은 문장(文章), 남고(南皐) 윤지범(尹持範)은 문학(文學), 광암(曠菴) 이벽(李檗)은 천주교 신봉(天主教 信奉), 기암(冀菴) 정약전(丁若銓)은 역산(曆算), 낙하(洛下) 이

학규(李學逵)는 박학(博學), 존재(存齋) 위백규(魏伯珪)는 지리(地理) 부분을 주로 연구하였는데 이들의 내용을 모두 포용한 사람이 다산(茶山) 정약용(丁若鏞)이었으며 다산 이후로는 풍석(楓石) 서유구(徐有榘)는 경제농학(經濟農學)을, 고산자(古山子) 김정호(金正浩)는 지리(地理)에, 혜강(惠岡) 최한기(崔漢綺)는 지리(地理)에, 오주(五洲) 이규경(李圭景)은 박학(博學)을 주로 연구했다. *표시가 있는 사람은 성호에게 직접 수학을 한 사람들이다.[37]

성호 이익의 문하에서 수학한 제자들과 가문의 구성원들은 성호 사후 공서파(攻西派)와 신서파(信西派)로 분기하게 되는데, 신후담(愼後聃, 1702~1761)-안정복(安鼎福, 1712~1791)-황덕길(黃德吉, 1750~1827)-허전(許傳, 1797~1886)으로 이어지는 계열을 공서파로, 이병휴(李秉休, 1710~1776)-권철신(權哲身, 1736~1801)-이가환(李家煥, 1742~1801)-정약전(丁若銓, 1758~1816)-정약용(丁若鏞, 1762~1836) 형제로 이어지는 계열을 신서파로 분류한다.[38] 흥미있던 것은 공서파든 신서파든 한문서학서『천주실의』에 대해서는 모두 관심을 지니고 있었다. 공서파는『천주실의』를 위시한 한문서학서를 연구하여 신후담은『서학변(西學辨)』을, 안정복은『천학고(天學考)』와『천학문답(天學問答)』을 통해 유학적 관점에서 천주교 관련 내용을 비판했고, 신서파의 1784년 한국 천주교의 자생적 창설은『천주실의』가 단초가 된 서학 연구의 연장선상에서 이루어진 결과라는 것을 보면 같은 책을 보고 그 결과는 천양지차임이 아이러니하다. 이벽, 권철신, 권일신, 이승훈, 정약종, 정약용 등 남인 소장학자들은『천주실의』의 논설을 그리스도교 교리로 이해

---

37 李元淳, 앞의 책, 409쪽.

38 「가학벽이연원록(家學闢異淵源錄)」, 동국역사문화연구소,『조선시대 서학 관련 자료 집성 및 번역·해제 4』서울: 경인문화사, 2021년, 13쪽.

하며 신앙으로 승화시켜 신앙 실천 운동을 일으켰으므로 조선 천주교 창설에 이 『천주실의』는 결정적 영향을 주고 있다고 할 수 있다.[39]

한문서학서에 깊은 관심을 갖고 서학 문물에도 많은 흥미갖고 진지하게 연구하였던 성호 자체도 천주교에 대해서는 별다른 관심을 갖지 않았다. 그가 지은 『천주실의』 발문(跋文)에 그의 생각이 잘 나타나 있다. "저 서양은 무슨 이치든 궁구하지 않은 것이 없고, 깊은 이치도 통달하지 않은 것이 없는데 오히려 고착된 관념에 빠져 벗어나지 못하니, 안타깝다."[40]고 말하고 있다.

성호의 제자로 천주교를 비판한 사람은 신후담이 그 시작일 것이다. 신후담은 23세인 1724년에 이익을 찾아가 이익의 실학적 학풍에 감동받아 바로 스승으로 모셨다. 그는 이익과의 만남에서 서학 곧 천주학이라는 새로운 학문을 접하게 되었다. 그는 이러한 학문을 접한 후 『서학변(西學辨)』이라는 책을 남겼는데, 이 책에서 그는 예수회 신부들이 저술한 한문서학서 중 『영언여작』, 『천주실의』, 『직방외기』를 차례로 비판하였다.[41] 신후담은 천주교를 천주와 영혼의 불멸을 내세우고 또 천당과 지옥을 믿는 서학은 어디까지나 불교의 한 종파라고 생각했다.[42] 그러나 이러한 신후담의 주장은 당시에는 알려지지 않았다. 10년 후학인 안정복도 당시에는 신후담의 이러한 주장을 잘 알지 못하였을 것으로 판단된다. 왜냐하면 신후담의 문장이 알려지게 된 것은 1931년 이만채가 『벽위편』을 간행하였는데, 여기에 『서학변』이

---

39 「천주실의(天主實義)」, 동국역사문화연구소, 『조선시대 서학 관련 자료 집성 및 번역·해제 1』 서울: 경인문화사, 2021년, 551쪽.

40 「가학벽이연원록(家學闢異淵源錄)」, 동국역사문화연구소, 『조선시대 서학 관련 자료 집성 및 번역·해제 5-1』 서울: 경인문화사, 2021년, 469쪽.

41 崔韶子, 앞의 책, 238~239쪽.

42 신후담의 천주교에 대한 잘못된 인식에 대해서는 崔奭祐, 『韓國天主敎會의 歷史』 서울: 한국교회사연구소, 1982년, 14~16쪽.

실려있었기 때문이다.

성호의 수제자인 안정복 역시 천주교에 대해서는 공세적인 태도를 보였으며, 그는 1785년 3월『천학고(天學考)』와『천학문답(天學問答)』을 저술해 천주교는 현세보다는 내세를 중시하여 현실은 부정하고 있다고 비판했다. 천주학에 대한 서적이 중국으로부터 우리나라에 전해짐에 나이 어린 후배들이 그 속으로 많이 빠져드니, 이를 걱정하여 천주학의 내력을 서술하여『천학고(天學考)』를 짓고, 천주학의 시비(是非)를 변석하여『천학문답(天學問答)』을 지어 보였다고 했는데, 이때 비판자료가 된 것이『천주실의』,『진도자증』[43],『칠극(七克)』등의 한문서학서였다.[44] 안정복은『천학문답』부록에서 성호 선생이 천주의 설을 믿었는가라는 어떤 사람의 질문에 답한 것을 보면 "성호 선생은 '시헌력에 대해서는 높이 평가했고, 이단의 글이라도 그 말이 옳으면 취해야 한다. 군자가 사람들과 더불어 선을 행하는 데에 있어서 어찌 피차의 구별을 두겠는가. 요는 그 단서를 알아서 취해야 할 것이다.'고 했으며, 성호 선생이 자신과 한 말과『천학실의(天學實義)』의 발문을 가지고 본다면 과연 선생이 천학을 존신(尊信)하였다고 할 수 있겠는가."라고 말하며 "스스로 옳다고 여기면서도 깨닫지 못하는 것을 한탄한다."[45]고 말하고 있다. 안정복이 74세 때인 1785년에 채제공에게 편지를 보내 자신에 대해 "천주학을 배척하는 것이 늙을수록 더욱 장하다고 자주 칭찬한 것"을 언급하며, 불쇠헌기(不衰軒記)란 글을 지었

---

43 『진도자증(眞道自證)』: 프랑스 출신 예수회 선교사 샤바낙(Emericus sw Chanvagnac, 沙守信, ?-1717)이 1718년 한문으로 저술해 간행한 천주교 교리서. 조선 유학자들이 천주교를 반박할 때 자주 거론했던 문서이다.

44 「순암선생연보」, 동국역사문화연구소, 『조선시대 서학 관련 자료 집성 및 번역·해제 5-1』 서울: 경인문화사, 2021년, 586쪽.

45 『순암집』, 「천학문답(天學問答) 부록(附錄)」 동국역사문화연구소, 『조선시대 서학 관련 자료 집성 및 번역·해제 5-1』 서울: 경인문화사, 2021년, 574~575쪽.

는데, 여기서 "'불쇠(不衰)'라는 성상이 두 글자를 내려 포장하시었다." 고 말하며, 천주교의 잘못됨을 반박할 사람은 대감 즉 채제공과 자신 이라고 언급하고 있다.[46] 1785년 『천학고』, 『천학혹문』과 『천학문답』 의 저술은 천주교 배척을 위한 논리적 무장을 하기 위함이며 제자이면 서 사돈인 권철신과 사위이자 권철신의 동생인 권일신에게 수많은 서 찰을 보내면서 천주교를 경계시켰다. 이러한 안정복의 저서는 영남의 유학자들과 위정척사 세력에 천주학의 이해와 사학(邪學)인 천주학을 배척하고 정학인 성리학을 수호하려는 이항로(1792~1868)에게 영향 을 주어 벽위사상(闢衛思想)과 위정척사사상(衛正斥邪思想) 형성에 많은 영향을 끼쳤다.[47]

1791년 신해년 과거 전시(殿試)의 책제는 「속학의 폐단-신해년 응 제(應製)」였는데, 정조대왕의 물음에 윤기는 '문장에서 소품문의 대 두', '경학에서 고증학의 습속 만연', '학술에서 주자학의 침체와 천주 교 성행'으로 답변했으며, 천주교와 관련된 부분으로는 같은 해에 일 어났던 윤지충의 모친 권 씨가 죽자 권상연과 함께 문상을 받고 장례 를 치렀지만, 신주를 불사르고 제사를 지내지 않아 발생한 진산사건 (珍山事件)을 강력히 처리할 것을 주장하면서 다음과 같이 답안을 마무 리하고 있다. "성상께서 못난 사람이라 저의 말을 버리지 않으신다면, 신의 다행이 아니라 실로 우리 유가의 다행입니다."[48] 윤기는 이 시험

---

46 「순암선생연보」, 동국역사문화연구소, 『조선시대 서학 관련 자료 집성 및 번역·해제 5-1』 서울: 경인문화사, 2021년, 591~593쪽.

47 「천학고」, 동국역사문화연구소, 『조선시대 서학 관련 자료 집성 및 번역·해제 4』 서울: 경인문화사, 2021년, 389쪽.

48 「속학의 폐단-신해년 응제(應製)」, 『무명자집(無名子集)』 [無名子는 윤기(尹愭, 1741 ~1826)의 호이고, 이익의 문인(門人)이다.], 동국역사문화연구소, 『조선시대 서학 관련 자료 집성 및 번역·해제 5-1』서울: 경인문화사, 2021년, 358~366쪽, 354쪽, 311쪽.

에서 장원하여 승문원 정자(承文院 正字)[49]에 임명되었다. 이후 천주교를 배격하는 「감회(感懷)」라는 800자(字) 오언(五言) 장편시를 1791년 신해년 10월에 발생한 진산사건이 마무리된 후 짓기 시작해 같은 해 연말에 완성한 것으로 이단을 배척하는 유가(儒家)의 전통, 천주학의 사악(邪惡)한 설에 대한 반감, 천주교 전래 과정과 만연한 근래 상황, 그에 대처하는 조정의 미온적 조치에 대한 우려, 이단 배격을 하지 못하는 데 대한 자괴감 등의 내용을 서술하고 있다.[50]

4. 서학에서 서교로 – 한국천주교 창설

중국에서는 당시 중국인이 천주교에 입교하게 된 경위는 크게 세 부류로 나누어 볼 수 있다. 첫째는 서양 선교사와의 대담을 통해 감화를 받아 입교하게 된 경우이다. 이 경우의 대표적인 사람으로는 서광계를 들 수 있다. 서광계는 마테오 리치와의 대담 그리고 로차 신부로부터 전해 받은 『천주실의(天主實義)』와 『천주십계(天主十誡)』와의 당일 독파하고 교를 받아들일 마음을 세웠다.[51] 선교사와의 대담과 한문서학서는 서광계가 천주교를 신봉하게 되는 중요한 동인이 되었다고 말할 수 있을 것이다.

둘째로는 서양 선진 과학문명에 매혹되어 천주교에 입교하게 된 경우는 이지조가 대표적인 인물로 볼 수 있다. 이지조는 서양 과학기술

49　정자(正字): 홍문관, 승문원, 교서관에 예속된 정9품직.

50　「감회」, 『무명자집(無名子集)』, 동국역사문화연구소, 『조선시대 서학 관련 자료 집성 및 번역·해제 5-1』 서울: 경인문화사, 2021년, 313~322쪽.

51　直隸獻縣耶穌會主教劉准, 『天主敎傳行中國考』 上, 獻縣天主敎, 1926년, 14쪽; 신의식, 「한·중 천주교 선고자 정약종(丁若鍾)과 서광계(徐光啟) 비교 연구」, 『교회사연구』 56집, 한국교회사연구소, 2020년 6월(이하 비교논문으로 지칭), 19~20쪽.

에 대해 완전히 심취되었던 사람으로 입교한 후에도 과학에 대해 꾸준한 관심이 있었고, 이로 인해 과학분야에 조예가 깊게 되었다. 왕평(王苹)은 "명 말의 이지조와 서광계를 '明季助西教士 傳輸西學有力者'로 지칭하며 '광계(光啓)는 문도(問道)로 인하여 서학(西學)하게 되었는데, 지조(芝藻)는 서학(西學)을 사모하다가 서교(西教)에 따르게 되었다.'"[52]고 말하고 있다.

셋째로는 한문서학서를 통해 감동받아 입교하게 된 경우로 그 대표적인 인물로는 왕징을 들 수 있다. 왕징(王徵, 1571~1644)[53]은 만력 44년(1616년)에 친구로부터 판토하(Pantoja, 중국명: 龐迪我, 1571~1618)의 『칠극(七克)』을 받아 본 후로 그 내용에 감화받아 같은 해에 필립보라는 세례명으로 세례를 받게 되었다. 그는 숭정 원년(1628년)에 지은 책인 『외인애인극론(畏人愛人極論)』에서 "천주불가불외(天主不可不畏)인지불가불애(人之不可不愛)"라는 말을 언급하며 천주교 교의의 정수는 "외천애인(畏天愛人)"으로 말하고 있다.

넷째로는 황족인 소노(蘇努, 태조 누르하치의 장자 褚英의 3대손)의 천주교 입교를 살펴볼 수 있다. 황족으로는 소노의 아들 소이금(蘇爾金, 후계 예정자)가 삼비아시(Sambiasi, 畢方濟, 1582~1649)의 『영언여작(靈言蠡

---

52 李元淳, 앞의 책, 11쪽 각주 9)재인용.

53 왕징(王徵): 명대 과학자. 자는 양보(良甫), 호는 규심(葵心), 지리수(支离叟) 등이며, 명대 서안부(西安府) 경양현(泾阳县) 노교진(鲁桥镇) 온풍향(溫丰乡) 영촌리(盈村里) 첨담보(尖担堡) 사람이다. 천계(天啓), 숭정(崇禎) 연간 직예(直隸) 광평부(廣平府) 추관(推官, 刑名 즉 사형 도형의 형법 또는 재판 사무를 관장하던 보좌관), 남직예 양주부 추관(揚州府 推官) 및 산동 안찰사 첨사[僉事, 부안찰사와 같은 직급으로 후에는 분순도(分巡道) 도원(道員)으로 정5품]의 직을 역임했다. 명대에 서방 과학기술을 중국에 들여오는 데 중요한 역할을 담당했다. 후에 슈렉(Johann Schreck, 鄧玉函, 1576~1630)과 함께 『원서기기도설(遠西奇器圖說)』을 편역했고, 천계 7년(1627년)에 출판했다. 왕징은 서방과학의 전파와 문화 교류 촉진에 대해 탁월한 공로가 있어 "남서북왕(南西北王)"(戴念祖, 『中国大百科全书』74卷(第一版)力学 词条：王徵：中国大百科全书出版社, 1985, 491쪽)이라는 칭호로 불리고 있다.

勺)』[54]을 읽고 개종하면서 그 집안에 퍼지게 되는데 이 일가는 13명의 아들 가운데 일찍 요절한 둘째 아들과 9째 아들만 제외하면 나머지 가족은 다 천주교로 개종했다. 그러나 중국인들이 천주교로 개종하는 데 가장 큰 어려움은 조상제사 문제와 축첩 문제가 가장 큰 걸림돌이 었다.[55]

조선에서는 신서파로 불리거나 천주교를 신앙으로 받아들인 대표적인 사람으로 이벽(李檗, 1754~1785?), 이승훈(李承薰, 1756~1801), 최창현(崔昌顯, 1754~1801), 정약용(丁若鏞, 1762~1836), 정하상(丁夏祥, 1795~1839)을 들 수 있다. 이들 중에서 이벽과 이승훈은 한국천주교 창설에 가장 큰 공이 있다고 해도 과언은 아닐 것이다. 이벽은 이익을 스승으로 하는 남인 계열의 학자였으며, 이가환(李家煥, 1742~1801), 정약용, 이승훈, 권철신(權哲身, 1736~1801), 권일신(權日身, 1742~1791) 형제와 교우 관계를 형성하고 있었다. 그는 1777년(정조 1) 권철신, 정약용 등 기호 지방의 남인 학자들과 경기도 광주의 천진암(天眞庵)·주어사(走魚寺)강학회에서 새로운 학문인 실학적인 인식 등 새로운 윤리관을 모색하려는 탐구를 진행했다. 이때 이벽은 이 강학회를 통해 몇 권 안 되는 천주교 서적을 읽으며 진리를 깨우치고자 노력했다. 그러나 이러한 정도로는 제대로 된 천주교를 이해하기를 쉽지 않았다. 이러한 불충분한 지식을 보충시키기 위해서는 북경으로부터 더 많은 천주교 서적의 도입이 필요하다고 생각하고 있었다. 이러한 때에 그의 친구인 이승훈의 부친인 이동욱(李東旭)이 1783년 연행사절의 서장관으로 북경으로 나가게 되었는데, 이승훈이 자제군관으로 함께

---

54 『영언여작(靈言蠡勺)』: 18세기 초에 조선에 전래되어 많은 학자가 읽었고, 신후담(愼後聃)의 『서학변(西學辨)』에서는 비판적으로 인용되어졌다.

55 崔昭子, 앞의 책, 232~233쪽.

북경에 나간다는 말을 이벽이 듣게 되었다. 이에 이벽은 이승훈을 찾
아가 부탁하며 말하기를, 북경에는 천주당(天主堂)이 있는데, 천주당
에는 서양 선비가 전교하고 있으니 방문하여 천주교 서적을 구하는
동시에 영세 받기를 청하면 서양 선비가 영세를 줄 터이니 영세를 받
고 신기한 물건 등을 받아 돌아오라고 신신당부하였다.[56]

1783년 12월 21일 북경 북당을 찾아간 이승훈은 성당에서 그라몽
(de Gramont, 중국명: 梁棟材)로부터 수학과 교리를 배운 후, 1784년 2월
경 그라몽 신부로부터 베드로라는 세례명으로 세례를 받고 『천주실
의』, 『기하원본(幾何原本)』, 『수리정온(數理精蘊)』과 같은 한문서학서
와 상본 등을 받아가지고 귀국하였다.[57] 귀국한 이승훈과 이벽은 가져
온 서적을 탐독하여 도리를 깨우치고 교리에 대한 지식도 제고되었
다.[58] 또 이승훈에게 설명과 정통적인 해석을 들음으로써 풀리지 않았
던 의문을 해소하게 되었다. 1784년 귀국한 이승훈은 이벽과 함께 명
례동 김범우(金範禹)의 집을 신앙집회 장소로 정하고 정기적인 신앙
모임을 가짐으로써 한국천주교회가 창설되었다.[59] 중국 북당에서 세

56 崔奭祐, 「韓國敎會 敎理書의 變遷史」, 『한국교회사의 탐구』, 한국교회사연구소, 1982년, 21쪽.
57 崔奭祐, 앞의 책, 21쪽.
58 『성교절요(聖敎切要)』와 『수진일과(袖珍日課)』를 이승훈이 북경에서 가져온 서적이라고 하고 있으므로, 이러한 책을 탐독하여 도리를 깨우치고 교리에 대한 지식이 제고되었음은 가히 짐작할만하다. 『성교절요』는 아우구스티노 수도회의 오르티즈(Hortis Ortiz, 중국명: 自多瑪) 신부가 저술한 것으로 예수회 신부가 저술한 것으로 성호경, 주님의 기도, 성모송, 신경 등 주요 기도문과 십계명, 교회 사규, 칠성사 등 주요 교리뿐만 아니라 복음 삼덕, 사추덕, 성령 칠은, 칠죄종, 칠극, 진복팔단 등 천주교의 주요 덕목을 설명하고 있다. 『성교절요(聖敎切要)』, 『수진일과(袖珍日課)』, 동국역사문화연구소, 『조선시대 서학 관련 자료 집성 및 번역·해제 5-1』 서울: 경인문화사, 2021년, 234쪽, 264~265쪽; 조광, 「성사에 대한 교회의 가르침: 성교절요(聖敎切要)」, 『경향잡지』, 1994년 3월호.
59 동국역사문화연구소, 『조선시대 서학 관련 자료 집성 및 번역·해제 5-1』 서울: 경인문화사, 2021년, 184~185쪽; 崔昭子, 앞의 책, 244~245쪽.

례를 받고 돌아온 이승훈은 이벽에게 세례자 요한이라는 세례명으로
세례를 주었고, 이벽은 권철신(암브로시오), 권일신(프란치스코 하비에
르), 정약전(안드레아), 정약종(아우구스티노), 정약용(요한), 이윤하(李潤
夏) 등에게 세례를 주었다. 이벽으로부터『성년광익(聖年廣益)』,『천주
실의』,『칠극』등의 한문서학서를 탐독한 이가환이 천주교는 바르고
확실한 것이 아니라는 주장을 하자 이벽은 바로 그를 찾아가 토론을
벌이자 이가환은 설득되어 천주교인이 되었다. 이 일로 이벽은 천주
교에 대한 강렬한 의식과 신심을 지녔을 뿐만 아니라 상당한 교리에
대한 지식을 갖추고 있었음을 알 수 있었다.[60] 또 이승훈이 주축이 되
어 초기 교회 지도자들은 "수성직제도(守聖職制度)"[61]를 시행함으로써
성직자가 없던 한국천주교회를 평신도 중심으로 이끌어 나갈 수 있는
동력이 되어 나갔다.

　이 부분에서 확인해야 할 내용으로는 이벽의 저서로 알려진『성교
요지(聖敎要旨)』에 대한 것이다. 이승훈의『만천유고(蔓川遺稿)』「잡고」
편에 실려있는『성교요지』는 오랜 시간 동안 교회 내부에서 위작 여
부로 갑론을박해왔으나,[62] 이는 후대 중국에서 활동한 미국인 선교사
윌리엄 마틴(William A. P. Martin, 중국명: 丁韙良, 1827~1916)의『認字新

60　李元淳, 앞의 책, 207쪽; 동국역사문화연구소,『조선시대 서학 관련 자료 집성 및
　　번역·해제 5-1』서울: 경인문화사, 2021년, 184~185쪽.

61　일반적으로는 "가성직제도(假聖職制度)"라는 말을 사용하고 있고, "권도성직제(權
　　道聖職制)"라는 용어로도 언급하고 있으나, 필자는 '수성직제도'라는 의미가 가장
　　합당하다는 판단하에서 이곳에서도 '수성직제도'라는 말을 상용하고자 한다. 신의
　　식,「아시아권 국가간 비교를 통해 본 한국 천주교의 특징」,『신학과 철학』Vol
　　48, 215~218쪽 참조; 1789년 '수성직제도'의 유효성에 대한 논란이 일자 북경 구베
　　아(Gouvea, 湯士選)에게 문의하자 평신도가 사제의 역할을 담당한다면 독성죄(瀆聖
　　罪)에 해당하므로 즉시 중단해야 한다는 말을 듣고 1790년에 즉시 평신도로 되돌아
　　갔다.

62　李元淳, 앞의 책, 207~209쪽.

法 常字双千, The Analytical Reader. A Short Method for Learning to Read and Write Chinese』(143쪽 1863년 상해에서 출판)를 누군가 베껴 쓴 위작이라는 연구 결과가 제시되었다.[63]

다음으로는 정약종(丁若鍾, 1760~1801)[64]의 경우를 살펴볼 필요가 있다. 정약종은 과거를 통한 관계로의 진출은 너무 무게가 없다고 생각하여 관직에 나가는 것을 완전히 포기하고, 한동안 老子의 道에 푹 빠져 不死의 법을 연구하였다. 그러나 오래지 않아 이 이론도 알맹이가 없고 우스꽝스럽다는 것을 깨달았다.[65] 27세 때인 1786년 3월 정약종은 중형인 약전으로부터 천주교 교리에 대해 듣게 되자 자신이 믿고 있는 것이 잘못되었다는 것을 알게 되었고, 이로써 천주교에 대한 교리를 듣고 실천하며 따르게 되었다. 정약종이 아우구스티노라는 세례명으로 세례를 받은 시기는 대략 1786년 3월경으로 보여진다.[66]

---

63 윤민구 신부는 2014년에 윤민구, 『초기 한국천주교회사의 쟁점연구』(서울: 국학자료원, 2014년)란 책에서 "이벽의 '성교요지'에 사용되는 용어는 이벽 사후 들어온 개신교식 용어를 사용하고 있으므로 이는 위작"이라고 주장하며 2014년 한국교회사연구소 발표회도 진행함; 2016년 교구 시복시성추진위, '『만천유고』의 『성교요지』 등에 대한 종합적 고찰' 주제 제5차 심포지엄에서도 위작으로 판단; 2019년 5월 18일 장로회 신학대에서 개최한 아시아기독교사학술대회에서 동서그리스도교고문헌연구소의 김현우 연구원과 김석주 부소장은 "중국에서 활동한 미국 개신교 선교사 윌리엄 마틴(1827~1916)이 쓴 「The Analytical Reader」의 「쌍천자문(雙千字文)」과 이벽의 『성교요지』 본문은 너무나 유사하다."는 내용을 발견. 자세히 대조해 본 결과 『성교요지』는 『쌍천자문』의 내용 일부를 빼서 쓴 별쇄본임을 알게 되었다."는 발표를 함; 이벽이 썼다는 『성교요지』는 가짜다/윤민구 신부 『가톨릭신문』 2019. 6. 11.; 현재 많은 학자는 위작으로 보고 있으나 일부 학자들은 위작이 아니라는 주장도 하고 있다.

64 趙珖, 「丁若鍾과 初期 天主敎會」, 『韓國思想史學』 18집, 2002년, 6~7쪽.

65 「帛書」35행; 신의식, 앞의 비교논문, 16쪽.

66 韓國學文獻硏究所編, 『推案及鞫案』1, 1801년 2월 12일. 亞細亞文化社, 1978년. 51쪽; 정약종의 세례에 대해서 정약종은 권일신에게서 천주교 교리를 배워 이승훈으로부터 세례를 받았으며, 권일신이 그의 대부라고 말하고 있다. 『推案及鞫案』1, 1801년 2월 13일, 66~67쪽.

뒤늦게 천주교를 신봉하게 된 정약종 역시 한국천주교회 창설 멤버의
일원이며 평신도 지도자로 중책을 지녔던 정약종은 당시 한문을 해독
하지 못하는 서민층을 위하여 한글로 된 교리해설서를 저술한 것이
상·하 2편으로 된『쥬교요지』이다. 상편은 천주학의 호교론적 이론이
고, 하편은 신덕 도리의 해설로 되어 있다. 정약종의 서교관을 해명함
에 중요한 부분은 상편으로 그의 천주관이나 천주상벌론, 불교배척론
등 그의 사상적 이해를 살필 수 있기 때문이다.[67]『쥬교요지』에 대해
서 조선 최초의 외국인 신부인 중국인 주문모 신부는 예수회 신부인
드 마이아(Moyriac de Mailla, 중국명: 馮秉正, 1669~1748)가 저술한 중국
어 교리서인『성세추요(盛世芻蕘)』보다도 더 요긴하다고 인정할 정도
로 그의 교리 지식이 어떠했는지를 말해주고 있다.[68] 이『쥬교요지』는
신자들에게 필사되어 널리 읽혔고, 앞에서도 언급한 바와 같이 주문
모 신부도『쥬교요지』의 내용이 올바른 것이라고 인정하였으며, 오랫
동안 신자들에게 유익한 교리서요 신학서가 되어왔기 때문에 정약종
을 한국천주교회의 초대 교부(教父) 신학자(神學者)라고 해도 좋을 것
이라고 말하고 있다.[69]『쥬교요지』는 1932년 활판본으로 개정되기까
지 100여 년이 넘게 한국 교회의 교리서 역할을 남낭하였고, 현재까
지 전승되고 있는『쥬교요지』가 총 46책이나 된다는 것을 볼 때,[70]
교리서로서의 그 위상은 대단하다고 할 수 있다. 한국 교회사연구의
권위자인 고최석우 신부 역시 "『주교요지』는 한국교회의 교리서 변천

---

67 李元淳, 앞의 책, 210쪽; 신의식, 앞의 비교논문, 26~27쪽.

68 방상근,「초기 교회에 있어서 명도회의 구성과 성격」,『교회사연구』11집, 1996년,
   219쪽; 신의식, 앞의 비교논문, 37쪽.

69 차기진,「丁若鍾의 교회활동과 신앙」,『교회사연구』15집, 2000년, 41쪽.

70 서종태,「丁若鍾의『주교요지』에 대한 문헌학적 검토」,『한국사상사학』18집, 2002
   년, 197~231쪽.

에 있어 첫 번째 자리를 차지한다."[71]며 그 중요성을 강조하였다. 이러
한 정약종에게도 신앙의 위기가 있었다. 그것은 다름 아닌 부친의 천
주교 신봉금지령이었다. 중국에서와 같이 조선에서도 천주교 신봉에
어려운 점이 있었는데, 그중 하나가 부친의 천주교 신봉금지령이었다.
앞선 이벽의 경우는 부친의 반대에 부딪쳐 자신의 뜻을 제대로 펴지
못하고 생을 마감했으며, 이승훈의 경우는 부친과 동생 치훈(致薰)의
설득에 굴복하여 천주교 서적을 모두 불사르고 동시에 벽이문(闢異文)
을 지어 서학을 배척하고 자신을 변명했다.[72] 이렇듯 당시에는 부친의
뜻을 거스르면서 천주교를 신봉한다는 것은 당시로서는 쉬운 일이 아
니었다.[73]

　세 번째로는 한국천주교회를 위해 가장 영향력 있는 평신도 지도자
로 활약한 인물인 정하상 (바오로)를 살펴볼 필요가 있다. 그는 앞에서
언급한 정약종의 둘째 아들이다. 정약종의 집안은 한국천주교에서 집
안 식구가 모두 순교한 순교자 집안이었다. 정약종 아우구스티노
(1801년 신유박해 순교 복자)과 부인 유조이 체칠리아(1839년 기해박해 순
교 성인), 큰아들 정철상 가롤로(1801년 신유박해 순교 복자), 둘째 아들
정하상 바오로(기해박해 1839년 순교 성인), 딸 정정혜 엘리사벳(1839년
기해박해 순교 성인) 한 집안 식구 모두가 3명은 성인으로, 2명은 복자로
이루어져 있는 가정은 한국 천주교회의 역사에서 정약종 일가가 유일
하지 않나 생각된다. 정하상이 저술한 『상재상서(上宰相書)』는 1839년
기해박해 때 박해의 주동자였던 우의정 이지연(李止淵, 1777~1841)에

71　崔奭祐, 앞의 책, 353~366쪽.
72　崔奭祐, 앞의 책, 100쪽.
73　정약종은 자신의 일기에 "궁흉지언"이라 기록하고 있는데, 그 뜻은 "國有大仇 君也
　　家有大仇 父也"라고 하여 "나라에 큰 원수가 있으니 군주요, 집에 큰 원수가 있으니
　　아비이다"라는 뜻이다. 신의식, 앞의 비교논문, 43~45쪽, 44쪽의 각주 131) 참조.

게 순교를 앞두고 천주교 교리의 정당성을 알리고자 작성한 호교서이다. 이 글은 순한문으로 부록 성격인 '우사(又辭)'까지 합하여 3,466자로 이루어져 있다.[74] 이 글은 장차 그가 체포되었을 때 박해 당국자에게 천주교의 기본 목적을 천명하는 한편 무조건적인 탄압과 박해의 잘못을 깨우쳐 주어야겠다는 호교적 목적에서 작성된 기록이다. 짧은 글로 작성되어 있으나 천주교의 진수를 이만큼 정연하고 간결하게 표현한 기록이 따로 또 없으며, 그러한 가치를 지닌 호교론서이기에 1887년 홍콩의 라이몬디(Giovanni Timoleone Raimondi, 高若望, 1827~1894) 주교가 홍콩의 중국인을 위한 교리학습의 기본자료로 간행하여 활용하였던 것이다.[75] 『상재상서』는 조선에 들어온 한문서학서들을 그대로 모방하지 않고, 시대적인 상황과 조선 문화 안에서 나름대로 이해, 섭취, 소화하여 수용한 것이라 할 수 있다.[76]

4. 나가는 말

서양 선교사들이 중국에 와서 저술한 한문서학서는 중국과 한국의 천주교 전파에 상당한 공헌을 하였다. 한문서학서는 조선뿐만 아니라 일본, 베트남까지 그 영향을 미쳤다. 특히 『천주실의』 같은 경우는 그 영향력이 상당하였음은 자명한 사실이다. 이 세 나라에서 가장 큰 영향을 준 나라는 단연 조선일 것이다. 그 이유는 문서를 통한 자발적

---

74 「상재상서(上)宰相書」 동국역사문화연구소, 『조선시대 서학 관련 자료 집성 및 번역·해제 3』 서울: 경인문화사, 2021년, 135쪽.

75 李元淳, 앞의 책, 213쪽.

76 「상재상서(上宰相書) 동국역사문화연구소, 『조선시대 서학 관련 자료 집성 및 번역·해제 3』 서울: 경인문화사, 2021년, 155쪽.

인 천주교 수용이 일어났기 때문이다.

중국에서 명(明)·청(淸) 연간에 한역 또는 저술된 서학서는 모두 410종 이상인데, 1801년까지 우리나라에 도입된 한문서학서는 216종이었으며, 그 가운데 천주교 서적은 120여 종이었다. 이러한 한문서학서가 조선에 유입된 것은 연행사절의 역할이 대단히 컸다는 것을 본문에서 볼 수 있었다. 연행사절은 하나의 유행처럼 북경의 네 천주당 방문을 하나의 유행처럼 관례적으로 찾아보았다. 이때 사절은 천주당 신부들과의 대담을 나누었고, 한문서학서를 선물로 받아오는 것을 중요한 일의 하나로 인식하였다. 가장 이른 시기에 들여왔고 또 우리나라의 천주교 창설에 많은 도움이 된 한문서학서는『천주실의』, 『영언여작』,『칠극』,『직방외기』서적을 들 수 있다. 이러한 한문서학서는 남인학자들 중심으로 연구를 거듭한 결과 공서파와 신서파 두 부류로 나뉘게 되었다.

이러한 한문서학서는 남인학자들 중에서도 성호 이익을 중심으로 하는 제자들이 주축을 이루는 성호학파에 의해 연구 발전되어졌는데, 아이러니하게도 성호의 제자는 공서파와 신서파로 구분이 되었다. 공서파의 대표적 인물로는 신후담, 안정복 그리고 윤기를 대표 인물로 살펴보았는데, 흥미로운 점은 공서파와 신서파 모두 같이 한문서학서로『천주실의』같은 도서가 그들 사상의 중심 내용이 되었는데, 누구는 서학을 공격하는데 활용하고, 누구는 서학을 수용하는데 활용되었다는 점이 흥미로웠다. 특히 공서파의 대두인 안정복과 신서파의 대두인 권일신이 장인과 사위의 관계로 장인인 안정복은 사위인 권일신이 천주교를 배척하기를 바랐고, 권일신은 장인을 천주교로 개종시키려는 노력을 경주했다.

셋째로는 1783년 12월 21일 북경 북당을 찾아간 이승훈은 성당에서 그라몽(de Gramont, 梁棟材)로부터 수학과 교리를 배운 후, 1784년 2월 경 그라몽 신부로부터 베드로라는 세례명으로 세례를 받고『천주실의』, 『기하원본(幾何原本)』, 『수리정온(數理精蘊)』과 같은 한문서학서와 상본 등을 받아가지고 귀국하였다.[77] 귀국한 이승훈은 이벽과 함께 가져온 서적을 탐독하여 도리를 깨우치게 되었다. 또 이승훈에게 설명과 정통적인 해석을 들음으로써 풀리지 않았던 의문도 풀어졌다. 1784년 귀국한 이승훈은 이벽과 함께 명례동 김범우(金範禹)의 집을 신앙집회 장소로 정하고 정기적인 신앙 모임을 가짐으로써 한국천주교회가 창설되었다. 자발적인 천주교 수용으로 인한 한국천주교의 창설은 세계 유일무이한 사례라고 할 수 있다.

넷째로는 한문서학서를 활용한 한글 교리서를 만들어냄으로써 성직자 없던 시기에 교리를 가르치고 교세를 확장할 수 있는 발판을 마련하였다. 특히 한글 교리서인 정약종이 지은『주교요지』는 한자를 모르던 중산층 이하의 사람들이 천주교 교리에 관심을 갖게 되었고, 이로 인해 천주교인은 급속히 증가하는 추세를 맞게 되었다. 그러나 1801년 신유박해로 인해 천주교의 전교와 신앙생활에 상당한 타격을 받았으며, 신심이 약한 사람들은 천주교 흔적들을 지우려는 모습들이 여러 부분에서 나타나고 있었다.

대표적인 것이『열하일기』의 이본(異本)[78]들에서 서학과 관련된 내용이 대거 삭제되어 있음을 확인할 수 있었다. 이러한 부분의 삭제는

77 崔柬祐, 앞의 책, 21쪽.
78 『행계랍록』 5책, 『행계집(杏溪集)』 1책, 『잡록』(상,하), 『열하일기』(元)(亨)(利)(貞), 『연행음청』(乾), 『황도기략(皇圖紀略)』, 『열하피서록(熱河避暑錄)』 1책, 『공작관집(孔雀館集): 양매시화(楊梅詩話)』 1책, 『정묘중정연암집(丁卯重訂燕巖集): 고정망양록(考定忘羊錄)』 1책으로 보고 있다. 김명호, 「『열하일기』 이본(異本)의 재검토-초고본 계열 필사본을 중심으로-」『東洋學』 제48집, 2010년 8월, 1~19쪽 참조.

서학, 천주당, 서양, 천주당화라는 글자에서 '서학', '천주교', '천주당'
이라는 글자가 삭제되어 재편된 것은 순조 1년(1801년)에 있었던 신유
박해와 관련이 있을 것으로 추측된다. 『열하일기』에서 언급하고 있는
서학관련 내용이 향후 사회에 물의를 빚을까 하는 염려에서 관련 부분
이 모두 삭제되었던 것이다.[79] 그러나 이렇게 조심하던 상황에서도 신
앙으로 받아들였던 사람들의 전교 속도는 전혀 줄어들지 않고 있었다.

이러한 상황에서도 『상교우서』는 서적을 발간함으로써 박해가 임
박해 옴에 있어 어떻게 대처해야 한다는 내용까지를 신자들에게 교육
시킴으로써 환란과 핍박에 대응할 수 있는 지침서를 만들어 놓았다는
것은 당시 평신도들의 탄압과 박해에 대한 대처가 대단했음을 알 수
있다. 또 『상교우서』는 중국 홍콩 지역의 교리서로 활용되기까지 했다.

끝으로 조선 천주교의 창설은 중국 연행사절을 통해 들여온 한문서
학서의 영향이 절대적이었다. 한국천주교의 창설이 독특하고 전 세계
에 유일무이한 것이라고 주장할 수 있다. 그렇다면 어떻게 기념해야
가장 이러한 면이 잘 드러날까를 생각해 보았다. 한문서학서와 한국
천주교회 창설을 어떻게 연결시킬 수 있을까? 한국천주교회 창설의
제반 사건을 극대화시킬 수 있는 방법은 한국판 산티아고 순례길을
만든 넋이다. 서울에서 출발한 이승훈이 북당에서 세례를 받고 돌아
온 길을 "한국천주교 신앙의 신비 빛의 순례길"로 추진하는 것이다.
또 이 길은 1789년 12월 22일(양력 1790년 2월 5일) 조선의 밀사 유유
일이 북경 북당에서 구베아주교로부터 조선 신자로는 최초로 견진성
사를 받은 것도 기념할 수 있는 것이다.[80] 또 이 길은 조선에 최초로
들어온 주문모 야고보 신부가 1705년 4월 5일(음력 윤 2월 16일)에 조

---

79 김명호, 앞의 논문, 15쪽.
80 차기진, 『고난의 밀사』 이천: 어농성지, 2003년, 140~141쪽.

선에서 거행된 최초의 미사인 부활절 미사[81]를 드릴 수 있게 한 것도 바로 이 길이 있었기 때문이다. 그러므로 세상에 이보다 멋진 순례길은 없을 것이다. 이 "한국천주교 신앙의 신비 빛의 순례길"은 신앙을 받아들이기로 결정했던 서울 수표교 이벽의 집에서 출발하여 평양－의주－압록강－구련성－책문－봉황성－연산관－심양－광녕(廣寧)－사하(沙河)－산해관－통주(通州)－북경 잠지구 교당(북당)－통주(通州)－산해관－사하－광녕－심양－연산관－봉황성－책문－구련성－압록강－의주－평양－수표교 이벽의 집 또는 명례방이 있던 김범우의 집 또는 명동성당이 그 최종 목적지가 될 수 있을 것이다. 이 얼마나 멋진 일인가? 이것은 한국천주교만 축하할 일이 아니라 한국에 빛을 안겨준 중국천주교에도 경사스러운 일이 아닐 수 없고, 아울러 침묵의 교회인 북한교회도 평양을 지날 때 장춘교회를 포함시키는 것도 좋은 생각일 것이다.[82] "한국천주교 신앙의 신비 빛의 순례길"선포로 인해 2027년 개최 준비를 하고 있는 세계청년대회가 "평화" 또는 "순교자"라는 캐치프레이즈로 준비하고 있는 상태에서 한국천주교계에서는 하루빨리 "한국천주교 신앙의 신비 빛의 순례길" 선포하여 한국천주교가 대단함을 만방에 알릴 수 있기를 바란다.

---

81 차기진, 앞의 책, 218~221쪽.

82 신의식, 「아시아권 국가간 비교를 통해 본 한국천주교의 특징」 『신학과철학』 Vol.48, 2024 겨울, 214~215쪽.

러시아제국 시대의 국가와 교회의 관계성 그리고 선교에 대한 연구

남정우

1. 들어가는 말

본 고에서는 러시아제국 시대에 국가와 교회의 관계성에 대하여, 그리고 러시아정교회의 교회의 선교에 대하여 고찰하는 것이다.

러시아제국 시대는 표트르 1세(1721~1725)에 의하여 1721년 시작되어 니콜라이 2세(1894~1917)에 의하여 1917년에 막을 내린 기간을 말한다. 뻬쩨르부르그를 수도로 하여 입헌군주체제 아래서 모두 14명의 황제에 의하여 186년 동안 지속되었다. 현대 러시아어로는 'Российская империя(라씨스까야 임뻬리야)'라고 표기된다.

러시아제국 시대의 교회와 국가의 관계성은 긴 역사적과 과정을 통하여 형성된 것이다. 그러므로 먼저 비잔틴제국에서 형성된 교회와 국가의 관계성을 먼저 살펴보고, 러시아제국 시대 이전의 러시아 역사를 살펴보고자 한다.

러시아제국 시대 국가와 교회의 특별한 관계성 속에서 이루어진 러시아정교회의 선교는 여러 가지 측면에서 연구 가치를 지닌다. 종교가 국가의 이데올로기가 될 경우, 그 종교의 위상이 어떻게 변하며, 그 종교의 선교 사역이 일반적으로 어떻게 전개될 것인가를 짐작하는 밑그림을 제공해 준다는 측면에서 가치를 지닌다. 이 세계에 존재하

는 수많은 민족과 국가들은 강대국으로 발돋움 할 때 대부분 종교의
힘을 이용하려고 한다. 그리고 종교는 그러한 분위기에 편승하거나
촉매제로 작용하여 위상을 강화한다. 한 걸음 더 나아가 국가나 민족
의 확장과 더불어 종교의 확장을 꾀한다. 이러한 일련의 발전과정의
모형이 러시아 제국 시대 러시아정교회의 선교 속에 나타나고 있기
때문에 이 연구는 타교파와 타지역에서 나타나는 국가-정치적 선교
의 장점과 단점을 미리 예측해 볼 수 안목을 제공해 줄 것이다.

2. 비잔틴제국에서 교회와 국가

　러시아제국에서 교회와 국가의 관계성은 비잔틴제국의 영향을 받
은 것이다. 그러므로 비잔틴제국에서 교회와 국가의 관계성에 대하여
먼저 살펴보아야 한다. 흔히 비잔틴제국에서 교회와 국가의 관계성을
'황제교황주의'라고 표현한다. 황제교황주의는 국가의 황제가 교회의
인사권을 비롯한 교회의 여러 가지 일에 영향력을 크게 미친 교회정치
형태를 일컫는 말이다. 이런 표현에 대하여 이의를 제기하는 학자들
이 있지만, 중세시대 서유럽에서 교황이 일반 군주들의 임명권을 가
지고 세속사회에 영향력을 크게 미친 '교황-황제주의'와 대비하여 그
렇게 부른다.

　로마제국은 주후 313년 콘스탄틴이 기독교를 공인한 이후 크게 발
전하여 로마제국은 기독교의 국가가 되었으며 황제와 국가는 교회의
발전과 선교를 위하여 모든 지원을 아끼지 않았다. 교회의 발전과 선
교가 곧 황제의 권위를 확립하고 국가의 발전을 위하는 것이라고 믿었
기 때문이다. 반대로 교회의 발전과 선교를 방해한다고 여겨지는 세
력은 곧 황제와 국가의 대적자로 간주되었다. 국가와 교회의 밀월시

대가 열린 것이다. 그러나 주후 330년 로마제국의 수도를 로마에서 콘스탄티노플로 옮긴 이후 로마제국은 정치 행정 군사 분야에서는 하나를 이루었지만, 문화적으로는 이탈리아 로마를 중심으로 한 서로마제국의 문화, 콘스탄티노플을 중심으로 한 동로마제국의 문화가 만들어지기 시작하였다.

그런데 주후 476년 서로마제국의 중심지 로마가 고트족에 의하여 멸망을 당하자 서로마제국 지역에서는 지역주민들을 지도할 구심점을 잃어버렸다. 이때 각 도시마다 존재한 교회가 지역주민들을 영적으로 뿐만 아니라 정신적으로 행정적으로 지도하고 통합하는 구심점이 되었다. 이것이 점차로 자연스럽게 발전하여 중세시대에는 로마의 주교 교황이 세속사회를 지배하는 '교황-황제주의'라고 하는 종교정치문화를 형성하였다. 하지만 동로마제국 지역에서는 황제의 권력과 권위가 확고부동하였다. 이교도들의 침략이 있으면 황제가 군사를 이끌고 나가 격퇴시켰으며, 교회와 성직자들을 안전하게 보호해 주었다. 그리고 콘스탄틴의 정신적 유산을 계승하여 교회의 발전과 선교의 확장을 위하여 지원을 아끼지 않았다. 이로 인하여 동로마제국의 교회는 황제와 국가의 안녕을 위하여 기도하는 것을 자랑스러운 의무로 여겼으며, 황제는 교회의 보호자 역할을 자처하였다. 이러한 분위기와 전통은 비잔틴제국의 황금시대를 이룬 유스티니우스(Justinius I : 527~565)황제 시대에 법전으로 명문화 되었다. 주후 535년 황제는 새로운 법을 만들어 공표하였다.[1] 이 법은 그리스도교 국가에 대한 비잔틴적인 이상(vision)을 잘 반영하고 있다.

---

1   John Meyendorff, *The Byzantine Legacy in the Orthodox Church* (New York: St. Vladimir's Seminary Press, 2001), p.48.

하나님께서 거룩한 자비로 인간에게 하사한 가장 커다란 선물은 사
제직과 황제의 권한이다. 전자는 종교적인 문제를 다루며, 후자는 인
간의 문제를 주재하며 감독한다. 양자(兩者)는 하나이자, 같은 근원으
로부터 생긴 것이며, 그들 모두 인간생활을 아름답게 해 주는 것들이
다. 따라서 사제의 품행만큼 황제의 마음에 가까이 와 닿는 것도 없다.
사제들이 황제들을 대신하여 하나님께 영원한 기도를 드릴 임무를 지
니고 있기 때문이다. 만약 사제들이 모든 일에 있어서 사악한 것으로
부터 자유롭고 하나님에 대한 믿음으로 충만해 있다면, 또한 정의롭고
효율적인 황제의 권위가 그의 임무에 따라 국가를 통치해 간다면, 인
류에게 유익한 무엇인가를 제공할 수 있는 이상적인 조화(συμφωνία
τις ἀγαθή)가 이루어질 것이다.[2]

유스티니아누스의 이러한 주장은 사실 330년대에 콘스탄틴 황제의
궁정교회사가 가이사랴의 유세비우스에 의하여 형성되었으며, 1453
년 비잔틴제국의 몰락 때까지 비잔틴사회를 지배했던 제국의 이념이
었다.[3] 오늘날 정교분리의 상황 속에서 살아가는 서구인들과 한국인

---

2 Ed. R. Schoell, in *Corpus juris civilis III* (Berlin, 1928), pp.35~36. 참고. 이 법에
   대한 해석을 참고하려면, in F Dvornik, *Early Chrinian and Byzilnline Polilical
   Philosophy: Origins and Background 2* (Dumbarton Oaks Studies 9, 2,
   Washington, D.C., 1966), pp.815~19을 보라.

3 문제는 유스티니아누스가 언급한 "조화"의 문제였다. 사제 니콜린은 정교회의 심포
   니아, 곧 조화가 로마가톨릭 교회의 교황-황제주의(교황이 군주를 통제함)와 기독교
   의 영주-교황주의(1618~1648년 新舊敎간 30년 전쟁의 결과로 체결된 Worms협약
   의 내용, 즉, 영주의 지역종교는 영주가 결정한다는 "Cuius Regio, Eius Religio"를
   의미한다)와는 근본적으로 차이가 있다고 주장한다. 그는 이를 뒷받침하기 위해 황
   제 유스티니아누스가 교회와 국가 간의 선한 동의를 이루기 위해 다음의 필수조건들
   을 제시한 것을 인용하였다. ①교회와 국가의 동맹은 군주제, 귀족제, 혹은 공화제의
   세 가지 국가통치 형태에서만 가능하다(아리스토텔레스는 그의 『정치학』에서 전제
   주의란 군주제, 화두정치는 귀족제, 민주주의는 공화제의 변질이라고 언급했다.).
   ②국가권력의 질서와 권능이 존재해야 한다. ③하나님에 대한 정직, 진실, 충성이
   있어야 한다. ④황제직도 사제직도 '하나님의 위대한 선물'이라는 점, 즉 국가권력과
   교회권력이 동등한 가치와 발언권이 있음을 원칙적으로 인정해야 한다. 그런데 실제

들이 보기에 비잔틴제국에서의 교회와 국가의 관계성이 잘 이해되지 않을지 모르지만, 당시 비잔틴제국의 정치지도자들과 성직자들 그리고 백성들은 교회와 국가를 협력과 갈등 관계의 대조되는 실체로 간주하지 않았으며, 사회를 단 하나의 통합된 전체라고 생각했다. 따라서 비잔틴 황제가 시민행정뿐만 아니라, 종교행정에 책임을 지는 것은 당연한 일이었다. 그리고 이민족 선교가 교회의 관심만큼이나 황제의 관심이 된 것은 당연한 일이었다. 하나님의 모방자로서 황제는 자신 안에 종교적인 직분과 정치적인 직분들을 통합시켰다.[4] 황제에게 국가의 목표들과 교회의 목표들은 상호 보완작용을 하는 것이었다. 그리고 그 역도 성립되었다. 즉, 교회의 목표들을 방해하는 것은 곧 국가의 목표들을 방해하는 것이며, 국가의 목표를 방해하는 것은 교회의 목표들을 방해하는 것으로 간주되었다.

3. 비잔틴제국에서의 선교

비잔틴제국(동로마제국)에서는 교회와 국가의 긴밀한 협력관계로 인하여 선교사역에 왕이 직접적으로 참여하는 행위는 자연스러운 일로 간주되었다. 국가의 목표와 교회의 목표가 상호보환(相好報還) 작용을 한다고 믿었기 때문이다. 비잔틴제국의 황제들이 선교사역에 개입

로 심포니아 사상이 현실적으로 실현된 적이 있는가? 전제국가와 교회의 조화론자인 카르타세프 마저도 대체로 "그렇다"라기 보다는 "아니다"쪽이 더 강하다고 하였다. 그는 국가의 폭정과 교회의 교회법적인 자유의 근본적인 약화로 인하여 비잔틴에서도, 러시아에서도 심포니아가 성공하지 못하였다고 지적하였다. Священник А лексей Николин, *Церковь и Государство: История правовы х отношений(교회와 국가: 그 관계의 역사)*(Издание: Сретенского монастыря, 1997), с. 20~21.

4   D. Bosch,『변화하고 있는 선교: 선교 신학의 패러다임 변천』, pp.322~24.

할 때 주요 관점은 비잔틴제국 주변에 존재하는 여러 이교도 민족들을 비잔틴화, 혹은 친(親)비잔틴화 하는 것이었으며, 주로 외교-정치적 차원에서 선교사역을 진행하였다.

비잔틴제국의 절친한 친국가 된 비잔틴교회는 초창기부터 선교사역을 시작하여 아르메니아인, 조지아인, 고트족, 훈족, 하자르족(the Khazar), 그리고 슬라브족에게 복음이 전하였다.[5] 그러나 교회와 국가 간의 독특한 관계성, 즉 황제교황주의적 특성으로 인하여 선교도 제국을 위한 봉사적 차원에서 이루어졌다. 야만족들로 하여금 기독교를 받아들이게 한 것은 단순히 기독교 신자를 만드는 일 이상의 의미를 지닌 것이었다. 선교는 야만족들을 비잔틴제국의 신민으로 만드는 준비 과정이었으며, 비잔틴제국이 그리스도교 세계의 표준이 되어 모든 세계를 통해 나가는 중심이 되어야한다는 확신 때문이었다.[6] 따라서 선교사역은 교회와 국가의 공동사역으로 간주되었다. 6세기 헤라클리우스 황제나 9세기 바실 1세 황제는 발칸지역에 거주하는 이교도들에게 사제와 교사들을 보내어 그들을 정교회화 하는 일에 주도적인 역할을 하였다. 4세기에 에디오피아 국왕 에자나(Ezana)를 개종시키고, 9세기에 불가리아 왕 보리스를 개종시키는 선교사역을 국가가 지원하였다. 비잔틴제국은 정교가 다민족으로 이루어진 제국을 하나로 묶어주는 끈의 역할을 한다고 믿었기 때문에 식민지 동화정책과 동시에 선교사역을 동시에 추진하여 제국의 평화와 일치를 꾀하였다.[7]

---

5 A. Yannoulatos, "The Missionary Activity of the Orthodox Church 6th General Assembly," (Punkaharju, Finland. 30/07~03/08 1964), p.2.

6 Nikolas K. Gvosdev, *An Examination of Church-state Relations in the Byzantine and Russian Empires with an Emphasis on Ideology and Models of Interaction,(Studies in Religion and Society)*(Edwin Mellen Press, 2001), pp.138~46.

7 헤라클리우스 황제는 세르비아민족과 크로아티나 민족을 기독교화하기 위하여 사제

미국에서 닉슨 연구센타(The Nixon Center)의 선임연구원이며, The
National Interest 잡지의 편집장이며, 러시아와 유라시아 정치 외교
분야의 해설가로서 활약하고 있는 니꼴라스 그보스제프(Nikolas K.,
Gvosdev)는 비잔틴제국이 제1기(4~6세기)에 아르메니아, 조지아, 누
비아 그리고 에디오피아를 선교한 일과 제2기(8~10세기)에 하자르족,
슬라브족을 선교한 일들을 분석하고 종합하여, 비잔틴제국교회 선교
사역의 공통된 점들을 다음과 같이 다섯 가지로 요약 정리하였다.[8]

① 지배자들과 엘리트들의 개종에 강조점을 두었다. 비잔틴 선교사
들은 가능한 왕족이나 높은 지도자들이 정교를 수용할 때만이 선교가
성공할 수 있다고 생각하였다. 4세기 초 콘스탄틴 황제의 개종 모델을
숭상하였다. 이 때문에 오늘날까지 정교회는 국가 통치자의 개종과 정
부의 선교적 지원에 초점을 맞춘 선교방식을 선호한다.

② 국가 통치자의 개종명령과 국가 관청의 행정적인 규제를 통하여
대중들의 개종화(改宗化)를 추구하였다. 서구적인 근대 기독교 사상을
지닌 선교사들이 볼 때, 선교란 개인적인 차원에서 인격적으로 예수를
구주로 영접시키는 것을 의미하지만, 고대와 중세의 동방정교회의 세
계 속에서 선교란 일반적으로 어떤 사회나 집단 전체의 기독교화를 통
하여 전체 집단의 개종을 의미하였다. 정교회 세계에서 개인의 신앙과
정체감은 그가 속한 부족이나 민족, 인종이나 세대에 따라서 판단되었
지, 개별적인 식별이나 판단은 통용되지 않았다.[9]

③ 기독교 문서들을 토착 언어로 번역하고 적용함으로 선교하였다
는 사실이다. 정교회 선교사들은 가는 곳마다 현지 언어를 배우고, 그

들을 파송하였다. 바실 1세는 발칸반도에 거주하는 슬라브족들이 선교사들을 요청
하는 수많은 요청을 받았다. Francis Dvornik, *Byzantine Missions among the Slavs,*
(New Brunswick, NJ: Rutgers Uni. Press, 1970), pp.5, 26.
8 Nikolas K. Gvosdev, 위의 책, pp.122~28.
9 Dmitri Obolensky, *Six Byzantine Portraits,* (Oxford: Clarendon Press, 1988), p.74.

언어로 성경과 전례서, 교리서들을 번역하고, 토착성직자들을 세웠다.
그러한 특징을 보인 이유는 우연이 아니라, 민족 언어에 대한 분명한
신학적 이해로부터 나온 것이다.[10] 정교회의 이해에 따르면, 오순절 사
건은 바벨탑의 언어 혼란이라는 속박을 깨뜨렸으며, 모든 언어들을 구
원선포의 도구로 승격시켰다는 이해이다. 정교회 선교사들은 이런 이
해에 기초하여 선교현지의 언어에 대하여 가끔 학습의 어려움을 호소
하는 경우가 있어도 차별의식을 조금도 가지지 않았다. 이러한 신학적
이해로 말미암아 정교회 선교사들은 가는 곳마다 그리스도 신앙의 선
포와 나란히 선교지 민족 언어에 의미심장한 문화적 기여를 하였다.[11]
그 대표적인 9세기 '슬라브족의 사도 끼릴과 메쏘디우스'의 선교활동
을 꼽을 수 있다.[12]

　④ 토착 언어로 번역된 기독교 문서들로 인하여 각 민족별로 정체감
을 발전시켰다.

　⑤ 자율적이면서도 계층적인 성직자 세계의 질서를 형성하였다.

이와 같이 국가와 교회가 협력하는 모습(the symphonic model of
church-state relations)은 이후 정교회를 받아들인 러시아에서 역사적
으로 계속 발전되었다. 뉴욕 블라지미르 정교회신학교 교회사 교수
및 학장을 역임한 일렉산더 슈메만(Alexander Schmemann)은, "교회가
제국에 충성을 약속한 이유는 교회의 사명이 세계선교이며, 선교의
사명은 결코 제한되어서는 안 된다는 사실을 생각했기 때문이었다"[13]
라며, 국가와 교회의 협력적 관계성의 동기를 긍정적으로 해석하였다.

10　Raymund Kottje/ Bernd Moeller, *Alte Kirche und Ostkirche*, 이신건 역『고대교회
　　와 동방교회』(서울: 한국신학연구소, 1995), p.340.

11　위의 책, p.341.

12　위의 책, pp.342~43.

13　Alexander Schmemann, *The Historical Road of Eastern Orthodoxy*, trans. by
　　Lydia W. Kesich(New York: Holt, Rinehart and Winston, 1963), pp.276~77.

비잔틴정교회가 보기에 선교사역은 당시 수많은 이방민족들을 빛으로 인도하는 세계구원의 책임을 다하는 사역으로 간주되었고,[14] "마지막 날에 모든 열방이 시온 산으로 모이게 되며, 기독교인들이 전 세계를 다스리며, 모든 세계가 다 믿게 되는 날"[15]에 대한 예언의 성취로서 이해되었다.

4. 러시아제국에서 교회와 국가

러시아제국 안에서 교회와 국가의 협력관계의 기초는 두 개의 역사적인 사건에 의하여 형성되었다. 첫째는 10세기 말엽 블라지미르 (Владимир, 956~1015)가 황제교황주의적 성향을 지닌 비잔틴정교회를 수용한 사건이고 둘째는 14세기 말엽 모스크바 공후 드미트리 돈스코이(Дмитрий Донской: 1350~1389)가 세르기이(Сергий Лавра Радонишиий, 1314~1392) 수도사의 도움을 받아 1389년 꿀리꼬보(К уликово) 대평원 전투에서 몽골군대를 격퇴한 사건이다.[16] 이후 러시

---

14 14세기 당시 비잔틴 정부는 전 세계에 존재하는 민족이 72개이며, 그중에서 51개 민족이 세례를 받았던 것으로 파악하고 있었다. G. P. A. Fedotov, *The Russian Religious Mind: From the Thirteenth to the Fifteenth Centuries*(Belmont, MA: Nordland, 1975) vol. 2, pp.243~44.

15 위의 책.

16 "꿀리꼬보 전투"란 1380년 러시아군이 킵차크 한국의 군대를 격퇴한 싸움이다. 오랜 동안의 내분을 통일한 킵차크 한국의 실질적 지배자 마마이는 러시아 지배를 강화하기 위해 1378년 원정군을 파견하였으나 보자강에서 패하여 80년 다시 약 15만 군대를 이끌고 러시아 원정을 나섰는데, 미리 사절을 보내 한국에 바칠 세금 증액을 요구하였다. 모스크바대공 드미트리는 이를 거부하고 모스크바와 콜롬나에 여러 러시아 공들의 군대를 집결시켰다. 드미트리가 이끄는 약15만이 넘는 러시아군은 남하하여 돈강 상류 꿀리꼬보 평원에서 킵차크 한국군과 격전을 벌였다. 1380년 9월 러시아군은 열세를 보였으나 복병의 구원에 의해 킵차크 한국군을 멸망시켰다. 참고. Archimantrite Augustine Nikitin, "Russian Orthodox Church: Yesterday,

아 역사를 통하여 교회와 국가의 긴밀한 협력관계가 단계적으로 더욱 강화되는데, 그것을 몇 단계로 나누어 정리하면 다음과 같다.[17]

첫째, 10세기 끼예프 공후 블라지미르는 비잔틴제국의 공주와 결혼함과 동시에 비잔틴정교회를 수용하여 통치이념으로 삼은 역사적인 사건이다. 그가 비잔틴제국의 종교 비잔틴정교를 러시아의 국가로 채택함으로 당시 고도로 발달된 비잔틴의 문화가 본격적으로 끼예프 러시아의 문학, 예술, 법률, 풍속, 관습 등에 깊고 지속적인 영향을 미치게 되었다. 이와 더불어 정교회가 대내적으로는 민족통합을 지속시키는 강력한 이념적 기반이 되었고, 대외적으로는 비잔틴제국과 유대를 강화시켜 주는 촉매의 역할을 수행하였으며, 동시에 국가와 교회와의 긴밀한 협력관계의 기초가 마련되었다.

둘째, 1380년 모스크바 공국(公國)의 지도자 드미트리가 정교회 수도사 세르게이의 도움을 받아서 러시아 연합군을 만들어 100여 년 동안 러시아를 지배해온 몽고군대를 물리친 사건이다. 사실 러시아는 13세기 몽고군대의 침략을 받기 이전에는 몇 개의 주요 도시를 거점으로 하는 영주들이 제각기 자기 영역을 지배하는 분할 영주들의 시대였다. 그런데 정교회 수도사 세르게이의 종교적이고 정신적인 감화를 입은 러시아 영주들이 이기심을 버리고 연합하여 무서운 몽고군대를 물리친 사건은 러시아인들의 자존심을 살려준 엄청난 사건이었다. 이로 인하여 도시 공화국을 중심으로 한 영주 시대가 막을 내리고 중앙정부를 중심으로 한 국가의 형태가 등장하는데, 이때 러시아민족을 위기에서 구원한 정신적인 힘으로서, 그리고 국가통합의 정신적인 토

Today, Tommorrow," 『한국교회사학회지』 제3집 (2003), pp.9~33.

17 *Encyclopaedia of religion and ethics,* vol. X. s. v. "Russian Church," James Hastings(eds.) (New York: T. & T. Clark: Scribner, 1981), pp.867~77.

대로서 정교가 러시아인들의 정신세계와 역사 속에 깊이 뿌리를 내리게 되었다.

셋째, 러시아 황제 이반 3세(1462~1505)이다. 1453년 정교회 세계의 센터였던 콘스탄티노플이 오스만 터키에 의하여 멸망당하자, 당시 비잔틴제국의 정치 문화의 우산 밑에 있던 러시아의 왕들은 이런 시기에 정치적으로 비잔틴제국으로부터 독립하여 자신의 입지를 강화하려는 욕심을 가지기 시작했다. 특별히 이반 3세가 그러했다. 그는 콘스탄티노플의 마지막 황제 요안네스 팔레올로구스(Johannes Palaeologus)의 조카를 두 번째 왕후로 맞이하였다. 그때부터 대공(大公)이라는 칭호를 버리고 황제(Царь)라는 칭호를 사용하고, 자신을 비잔틴 왕계의 합법적인 계승자로 자처하였다. 이제 러시아의 짜르(Царь, 황제)는 비잔틴제국의 전통을 이어받아 지상에서 하나님의 대표자로서 정교회를 보호하고, 정교회를 반대하는 자를 응징해야하는 제2의 콘스탄틴이 된 것이다.

넷째, 표트르 대제이다. 역사적으로 러시아정교회와 국가 간의 관계를 견고하게 만드는데 중요한 역할을 한 인물은 표트르 대제(1682~1725)이다. 그는 신성종무원을 만들어 교회와 국가의 협력관계를 법으로 제도화 하였다.[18] 그러나 신성종무원 제도는 교회-국가 간의 협력 체제가 아니라, 사실 국가에 종속된 교회 체제였다. 강력한 절대왕정체제 위에서 서구화를 통한 부국강병을 추구한 표트르는 정교회를 제한하고 통제하기 위하여 신성종무원이라는 국가기관을 만든 것이 나중에는 신성종무원을 통하여 국가는 교회의 인사, 재산, 신

18　표트르 대제 이후 전개된 신성종무원 시대(1700~1917) 러시아정교회와 국가와의 관계성을 연구한 최고의 참고자료는 모스크바종합대학교 역사학부 표드로프 교수의 책이다. В. А. Федров, *Русская Православная Церковь и Государство(러시아정교회와 국가)*(Москва: Русская Панорама, 2003).

학교육, 심지어 선교까지 감독하였다.

교회를 국가에 종속시키는 조처는 1721년 1월 25일 새로운 "교회 법규(Регламент или Устав Духовной Коллегии)"의 제정으로 법적인 완결이 이루어졌다.[19] 그리고 1725년 1월 25일 표트르는 총대주교제를 폐지하고 대신에 교회 콜레기야(Коллегия, 협의회)를 설립하고 새로운 교회법규의 승인을 발표하였다.[20] 콜레기야의 위원장과 위원 11명은 모두 표트르대제가 임명하였다. 전 위원들은 표트르 앞에서 "나는 (짜르를) 교회 콜레기야의 최고 판결자, 전 러시아의 전제군주시오, 우리의 가장 은혜로우신 군주이심을 맹세로서 인정합니다"라고 충성과 복종을 서약하였다.[21] 이로써 러시아정교회의 최고 수장은 총대주교가 아니라, 사실상 황제가 교회의 실제적인 통치자가 되었다.

표트르 대제 사후(死後) 군주가 된 에카쩨리나 여제(Екатерина Ⅱ)는 1764년 2월 26일 교회의 규제를 더욱 강화하는 칙령을 발표하였다.[22] 결과 814개의 러시아 수도원이 396개로 감소하였다. 그러나 성직자들의 생계수단을 위한 토지를 따로 국가가 제공하여 생계에는

---

19 위의 책, pp.310~31에 "교회법규" 전문이 실려 있다. 참고. 김현택, "표트르 대제의 교회개혁," 『슬라브연구』 11(한국외국어대 러시아연구소, 1995).

20 역사적으로 교회 협의회를 의미하는 '콜레기야(Kollegia)'는 8세기 이전 7번에 걸친 고대 에큐메니컬 공의회 전통을 의미한다. 4세기부터 11세기 동서방교회가 분열하기 전까지 세계 기독교회는 5개의 대관구로 조직되어 있었는데, 선교, 교리, 기타 교회의 중요한 안건이 있을 때마다 5개 대관구에서 각각 해당분야 전문가 대표들을 파송하여 서로 협의하여 결정하는 민주적 전통을 가지고 있었다. 그러나 표트르 시대 만들어진 콜레기야는 겉으로만 협의회이지, 사실은 황제의 하수인들로 구성된 권력 시녀기관이었다. В. А. Федров, *Русская Православная Церковь и Государство*, с. 159 이하.

21 В. А. Федров, *Русская Православная Церковь и Государство*, с. 157~58.

22 В. А. Федров, *Русская Православная Церковь и Государство*, с. 164~65.

지장이 없도록 배려하였다. 그리고 러시아의 새로운 군주가 즉위할 때마다 왕의 대관식을 모스크바 크렘린 내의 우스펜스키 대성당에서 거행하였다. 대관식 때에 러시아 황제는 러시아교회의 최고 보호자이며 교회교리의 수호자라고 공표하였다.

표트르의 교회개혁 이후 1917년 혁명까지 제정러시아시대의 교회-국가 관계는 니콜라이 1세 시대(1796~1855)에 만들어진 1833년의 "법전(Свод законов Российской Империи, Vols. 15)"에서 확인할 수 있다.[23] "법전" 40조에서, 국가는 정교회가 러시아의 우선적이며 지도적인 신앙임을 선언하고, 뒤이은 제41조와 제42조에서는 정교회와 황제와의 관계를 규정하였다. 즉 황제는 오직 정교회 신앙만을 고수해야 하고, 국교회의 도그마를 지키는 최고의 보호자이며 후견인이 됐다.[24] 그러나 이것은 어디까지나 원칙상의 선언일 뿐, 실제에 있어서는 교회가 국가기관에 예속되어 물리적인 면에서는 거의 절대적으로 국가의 통제를 받았다. 제정러시아의 교회-국가 관계는 원칙상 협력과 동맹의 관계였지만, 역사적으로는 결코 동등하지 않았던 황제교황주의적 관계였다.

5. 러시아제국에서 선교

비잔틴제국과 비잔틴정교회의 유산을 이어받은 러시아제국과 러시아정교회는 국가의 목표와 교회의 목표를 동일시하였다. 16세기 이반 3세, 이반 4세 시대에 강력한 중앙통치체제를 확립한 러시아 황제들

---

23 И. К. СМОЛИЧ, *ИСТОРИЯ РУССКОЙ ЦЕРКВИ: 1700~1917*, VIII-1, с. 120 ~21.
24 김현택, 『슬라브연구』11, p.230.

은 모스크바가 '제 3의 로마'가 되어 주변의 이교도 민족들을 정복하여 기독교화하는 것이 신성한 의무라고 생각하였다. 러시아제국은 남쪽으로는 모슬렘신앙을 지닌 타타르족과 다른 소수 민족들이 사는 카잔지역으로 영토를 확장해 나갔고, 동쪽으로는 시베리아지역으로 영토를 확장해 나갔다.

16세기 모스크바 절대왕조 수립 이전의 러시아 영토는 아르한겔스크(동), 끼예프(서), 모스크바(남), 노브고르드(북) 등 네 개의 주요 도시로 이루어진 크기였다. 지금의 약 1/10정도의 영토였다. 이후 약 400여 년에 걸쳐서 동서남북으로 부단히 이루어진 러시아제국의 영토 확장과 병합의 역사는[25] 러시아정교회 선교영역의 확대와 병행되었다. 특별히 이반 4세(1533~84)를 통하여 러시아 영토확장이 본격적으로 시작되는데, 그는 러시아의 영토확장이 곧 기독교세계의 확장이라고 믿었다.[26] 그는 1547년 즉위하여 모스크바 러시아의 절대왕조시대를 만들었다. 그는 37년 동안 통치하면서 스스로를 황제라고 불렀으며, 막강한 지도력과 군사력으로 1552년 모스크바 남부지역 볼가

---

25 V.A. 랴자노프스키, 『시베리아 유목부족의 관습법』, 오강원 역(서울:서경문화사, 1993), p.286. 참고. Geoffrey Hosking, *Russia: People and Empire* (Cambridge, Mass.: Harvard University Press, 1997).

26 러시아 역사에 있어서 이반 4세는 러시아제국의 중앙집권화와 절대권력 강화를 강력하게 추진한 인물이었다. 1547년 16세의 나이로 황제(Царь)로 등극한 이반4세는 자기 자신을 전제군주라고 부르도록 하여 황제가 아무에게도 종속되지 않은 최고 권력의 소지자임을 강조하였다. 약 37년 동안 계속되었던 그의 통치는 전반 약 17년의 선정기와 후반 약 20년의 폭정기로 구분된다. 1552년에 볼가강 중류에 위치한 까잔 한국을 함락시킨 후, 1556년에는 중상계층인 귀족계급의 병역의무에 관한 규정을 확립한 이후 강력한 군대를 만들어 볼가강 하구의 삼각주에 거점을 두었던 아스뜨라 한국을 합병하였다. 1561년에는 리보니아 기사단을 해체시키는 타격을 가하였고, 1563년 발틱해에 연한 북서부에서 시작된 리보니아 전쟁에서 연전연승하였으며, 리투아니아로부터 뽈로쯔끄를 강탈하였다. 참고. http://www.ukans.edu/~ibetext/texts/paksoy-1/ (2003년 9월 8일자검색).

강 유역의 카잔지역을 정복하고 병합하였다. 그리고 거기에 1556년 카잔 주교구를 세웠다.[27] 이어서 볼가강 남쪽 비옥한 평야지대 아스트라한을 정복하였다. 이 지역을 정복한 것은 단순히 군사적인 승리 그 이상의 의미가 있었다. 이 승리는 정교회 모스크바인들이 모슬렘 군주들을 최초로 정복한 종교적인 승리였다. 이 승리를 견고하게 하기 위하여 이반 4세는 1556년 새롭게 설립된 카잔 주교구 책임자 대주교 구리(Гурий)신부에게 편지를 보내어, 이교도들을 개종시키는 것은 중요한 하나님의 일임으로 선교사들은 어린 아이들과 같은 이교도들이 러시아어 성경과 전례서들을 읽고 쓸 수 있도록 가르칠 것을 명령하였다.[28] 동시에 이반 4세는 새로운 모스크의 건축을 금하였다. 카잔(Казань)의 모스크들을 부수고, 대신 거기에 교회당을 세웠다. 정교회 주교와 선교사들은 황제의 명령과 제국의 지원을 받아서 카잔지역 주민들을 정교회 신자로 만들기 위하여 여러 가지 방법들을 동원하였다. 그 중에는 물질적인 보상과 행정적인 규제를 사용하는 방법도 포함되어 있었다. 국가가 보기에 원주민들 개종하여 정교회 세례를 받는 것은 이교도들이 황제에게 충성하겠다는 뜻이며, 러시아 사회질서를 수용하겠다는 뜻으로 해석되었다. 국가의 관심은 사실 세례에 있었다기보다는 어떻게 하든지 국가질서를 통합시키고 견고하게 하며,

---

27 참고. Michael Khodarkovsky, "Of Christianity, enlightenment, and colonialism: Russia in the North Caucasus, 1550~1800" *The Journal of Modern History*, vol. 71. Issue 2 (Chicago; June 1999), pp.394~430.

28 1552년 카잔을 정복한 이후에 러시아는 러시아 언어도 모르고 기독교인도 아닌 사람들을 러시아 백성으로 영입하게 되었다. 카잔지역에는 6개 방언을 말하는 민족들이 살고 있었다. 타타르, 바쉬키르, 모르드바, 추바쉬, 체르미스(마리) 그리고 보티악이 그들이다. 타타르족과 바쉬키르족은 이슬람을 믿었고, 다른 4개 민족은 대부분 미신을 믿고 있었다. Michael Khodarkovsky, *Comparative Studies in Society and History*, p.273

폭동이나 불안한 일들이 생기지 않도록 만드는 것이었다.²⁹ 그 다음 동부시베리아 지역을 정복하여 러시아 영토로 병합한 다음, 1587년 토볼스크라는 요새 도시를 건축하고 주교구를 설립하였다.³⁰ 그 다음 에는 서부시베리아와 극동지역을 정복하여 러시아 영토로 병합하였 다. 1631년에 키렌스크, 1632년에 야쿠츠크, 1649년에는 태평양 연 안에 오호츠크라는 요새(要塞) 도시를 건축함으로 러시아의 영토를 견 고히 하였다.

18세기에도 러시아제국의 영토확장과 선교가 계속되었는데, 특별 히 표트르 대제(1682~1725)에 의하여 이루어졌다. 표트르 대제는 마 치 이스라엘의 다윗에 비길 정도로 러시아제국 역사상 뚜렷한 영향을 끼친 군주였다. 약 40여 년 동안 왕위에 있으면서, 서구화를 위한 대 개혁과 영토확장 사업을 추진하였다. 영토확장은 스웨덴과 발틱 지역 을 정복하는 대 북방전쟁(1700~21)과 서시베리아 개척사업으로 추진 되었다. 1700년 6월 17일에 표트르 대제는 우카즈(Указ: 제정 러시아 황제의 칙령)를 통하여 다음과 같이 선언하였다.

우상을 숭배하는 백성들에게 정교회 신앙을 강화, 확장시키고 기독 교 신앙을 전파시키기 위하여, 그리고 토볼스크(Tobolsk)의 주변의 조

---

29 위의 책, p.276.
30 Tobolsk: 토볼스크는 서부시베리아 개척의 주요 거점도시였다. 이 도시는 시베리아 의 최초 도시였으며, 타타르인들이 살던 마을에다가 1587년 코사크인들에 의하여 세운 도시였다. 오늘날과 같은 모습을 갖춘 것은 1610년이었다. 토볼스크는 1708년 부터 1824년까지 서부 시베리아를 관할하는 행정 중심지였다. 이후에는 옴스크가 그 역할을 대신하였다. 18세기에 시베리아 횡단 고속도로가 토볼스크를 지나 건설되 었지만, 1890년대에 남부 국경선 지역을 따라서 시베리아 횡단 철도가 건설됨으로 도시 성장이 후퇴하였다. 1989년에는 인구가 9만 4천명이었으며, 오늘날 석유 가스 산업의 중심지이다. James Forsyth, *A History of the Peoples of Siberia: Russia's North Asian Colony 1581~1990* (Cambridge Uni. Press, 1992), pp.31, 34, 36, 45, 66.

358 제2부 지구화시대 새로운 문명표준 모색: 다원보편적 종교담론과 동아시아 지역문화 연구

공을 바치는 백성들과 시베리아의 다른 도읍들을 기독교의 신앙과 거룩한 세례로 인도하기 위하여 짐은 키에프에 있는 총주교에게 다음과 같은 서한을 보내기로 작정하였다. 총주교는 유덕하고 유식한 사람으로서 선하며 흠이 없는 사람을 찾아 구하라. 그로 토볼스크 교구의 주교직을 갖게 하여 하나님의 도움으로 시베리아와 중국에서 우상 숭배에 눈이 멀고 무지한 중에 살고 있는 백성들로 하여금 서서히 참되고 살아 계신 하 나님을 알고 섬기고 예배하도록 하게 하라.[31]

선교에 황제가 이러한 관심을 보인 것은 단순히 기독교 확장만을 위한 것이 아니었다. 제국의 이익과 통합과 정치적인 목적을 위한 것이었다. 이렇게 정교회 선교는 러시아제국의 확장 과정과 긴밀하게 연결되었다.[32] 제국의 확장과 더불어 러시아정교회 선교사역도 함께 진전되어 갔다.

18세기(1689~1800)에는 러시아가 터어키와의 전쟁에서 승리함으로 서쪽 끝에 있는 흑해 연안의 영토와 카프카즈 산맥 남부지역을 획

---

31 Stephen Neil, *A History of Christian Missions* (London: Penguin Books, 1990), pp.181~82.

32 스티븐 니일도 18세기 표트르 대제와 그 이후 러시아 군주들에 의하여 이루어진 러시아제국의 영토 확장사(擴張史)를 러시아정교회의 선교 확장사의 관점에서 7단계로 나누어 기술하였다. ①서 시베리아의 선교(1702년 토볼스크에서 필로페이 레스친스키가 착수함) ②중국 선교(1727년 체결된 러-중 외교조약, 캬흐타 조약 (Treaty of Kiachta) 이후) ③칼묵크족(Kalmucks) 선교(우랄 산맥의 동남쪽 고원지대에 사는 유목 민족, 1780년대) ④볼가강 중류지역 선교(1730년대 카잔(Kazan)의 정력적인 총주교 루크 코나세 비치(Luke Konashevich: 1738~55)의 재임 기간) ⑤동시베리아 선교(1727년에 이르쿠츠크(Irrkutsk)가 독립 교구로 승격) ⑥캄차카(Kamchatka) 선교(캄차카 반도의 사도, 이오아사프 초툰세브스키(Ioasaf Chotun-shevsky)가 1745년 수도사 2명, 부제 1명, 모스크바에서 따라온 학생 6명, 그리고 토볼스크에서 데리고 온 7명의 성직자들을 대동하여 캄차카 반도로 왔다) ⑦아메리카 선교(Aleutian islands 1766년에 러시아의 영토로 병합, 1794년 모스크바에서 대수도원장 이오아사프 볼로토프(Ioasaf Bolotov)를 아메리카 선교회의 초대책임자로 임명 파송). Stephen Neil, *A History of Christian Missions*, pp.182~87.

득하였다.[33] 동시에 동쪽 끝에 있는 추코트카 지역과 캄차트카 반도를 러시아영토로 병합하였다. 캄차카 반도를 손에 넣은 다음 베링 해협 탐험 후 알래스카로 건너갔다. 알래스카를 장악한 이들은 그곳에 러시아-아메리카 회사를 세우고 모피 교역에 힘썼다. 한때는 캘리포니아 남부에까지 러시아의 교역소가 세워졌다. 그러나 사업이 부진해지고 영국·미국과의 마찰까지 빚어지자, 1867년 러시아는 720만 달러에 알래스카를 미국정부에 팔아넘기고 아메리카 대륙에서 철수했다.[34] 19세기 중엽에 들어 중국이 두 차례의 아편전쟁과 태평천국의 난으로 시달리는 틈을 타서, 러시아는 다시 남방으로 손을 뻗쳤다. 1858년 청과 아이훈 조약을 맺어 아무르 강 북쪽 지역을 손에 넣고, 1860년에는 베이징 조약으로 우수리 강 동쪽의 연해주를 차지했다. 러시아는 연해주의 남쪽에 블라디보스톡('동방을 지배하라'라는 뜻)라는 해군 항을 만들어 극동의 중심기지로 삼았다. 이어 1875년에는 일본과 조약을 맺어 사할린을 차지하는 대신 쿠릴 열도를 일본에 내주었다. 19세기 상반기(1800~1855)에는 모스크바 서쪽에 있는 폴란드, 북쪽에 있는 핀란드, 남쪽에 있는 카스피해(海) 와 아랄해(海) 유역을 병합하였다. 그리고 19세기 후반기(1855~1900)에는 러시아세국이 동남쪽으로 크게 팽창하였다.[35] 이로써 1870-1880년대에는 러시아제국의 영토가 오늘날과 같은 모습으로 거의 완성되었다.[36]

새로운 영토의 확장과 더불어 새로운 이교민족들의 병합으로 인하

33 V. A. 랴자노프스키, 『시베리아 유목부족의 관습법』, 오강원 역(서울: 서경문화사, 1993), p.286.

34 이무열, 『한 권으로 보는 러시아사 100장면』 (서울: 도서출판 가람기획, 2001), p.201, p.205.

35 Nicholas V. Riasanovsky, *A History of Russia*, 『러시아의 역사 II 1801~1976』, 김현택 옮김, (까치, 1997), pp.117~18.

36 이무열, 『한 권으로 보는 러시아사 100장면』, p.201, p.205.

여 새로운 인구가 급속도록 증가하여 19세기 후반기에 중앙정부의
주된 과제는 국민 통합이 되었다. 1815년에 약 4500만 명이던 러시아
제국의 인구가 1851년에는 약 6700만 명으로 늘어났다. 그리고 제정
러시아 시대에 실시된 최초의 공식적인 인구조사인 1897년의 인구센
서스에 의하면 러시아의 총인구는 1억 2,266만 6,500명이었고, 이 중
약 6800만 명이 비러시아계 소수민족인 것으로 나타났다.[37] 이는 러
시아 전체인구의 55.7%에 이르는 숫자이다. 19세기 말 100여개 이상
의 민족들을 가지게 된 러시아제국은 국가적 통합과 발전을 위하여
당시 러시아제국의 황제 니콜라이 1세(1825~55 재위)는 '관제국민주
의'라는 국가정책을 강력하게 추진하였다. 이 정책은 니콜라이 1세
치하 러시아제국의 공식적인 이데올로기를 대표했으며, 제국이 종말
을 고할 때까지 정부 정책의 지도적 원칙으로 남아 있었다. 이 정책의
3대 원칙은 러시아정교회(正敎信仰), 전제주의(專制主義), 러시아 민족
주의적 국민성(國民性)이었다.[38] 즉 모든 러시아 국민들로 하여금 러시

---

37 허승철 이항재 이득재, 『러시아 문화의 이해』(대한교과서(주), 1999), pp.212~13.
참고로 1897년 러시아의 민족별 인구 구성은 다음과 같았다. 러시아인- 44.32%,
우크라이나인 - 17.81% 폴란드인- 6.31%, 백러시아인- 4.68%, 터키계 민족- 10.82,
유대인- 4.03%, 핀란드인- 2.78%, 리투아니아인과 라트비아인- 2.46%, 독일인-
1.4%, 카프카스 산악민족- 1.34%, 그루지야인- 1.07%, 아르메니아인- 0.9%, 이란계
주민- 0.62%, 몽골인 - 0.38%, 기타 민족 - 1.03%.

38 러시아어로는 Православие(Pravoslaviye, Orthodoxy), Самодержавие
(samoderzhaviye, Autocracy), и(i) Народность(narodnost, nationality)라고 한
다. 官制國民主義에 관한 참고 도서로는 N. Riasanovsky, *Nicholas I and Official
Nationamy in Russia, 1825~55*(Berkeley, 1955)와 E. C. Thaden, *Conservative
Nationalism in Nineteenth-Century Russia*(Seattle. 1964) 등이 있다. 관제국민주
의 이론과 사상은 원래 알렉산드르 1세 치하의 문인으로서, 역사가로서 선구적
지위와 영예를 차지하였던 니꼴라이 까람진(N. M. Karamzin, 1766~1826)을 대표로
하는 일군의 정치사회사상가들에 의하여 형성된 보수주의적 민족주의 사상이었다.
까람진에 관한 연구로는 R. Pipes ed., *Karamzin's Memoirs on Ancient and
Modern Russia* (Cambridge, Mass. 1959)가 있다.

아정교회를 믿게 함으로 하나의 러시아 문화와 국민성을 형성하며 황
제에게 충성을 약속하게 함으로 러시아제국의 단합을 이루게 한다는
것이 관제국민주의 정책의 목적이었다.[39] 관제국민주의 정책에 따라
국가는 정책적으로 정교를 강조하였고, 니콜라이 정부는 서구적인 교
육 정책은 억압하고, 대신 지방의 신학교와 신학생의 수는 크게 증대
시켰다.[40] 특별히 1880년부터 1905년까지 신성종무원 총감을 지낸
포베도노스쩨프에 의하여 러시아제국의 변방지역에서 소수민족들의
선교가 적극적으로 추진되었다. 그에게 있어서 소수민족들의 기독교
화(Christianization)는 곧 러시아화(Russianization)를 의미했다.[41] 그러
므로 정교회 영세(침례)를 받지 않는 이민족들에게는 여러 가지 불이
익과 압력을 가하였다.[42] 대신 영세(침례)를 받는 사람들은 많은 혜택

---

39 러시아의 민족주의는 민족이라는 이름 아래 추구되는 구체적 목표가 무엇이었는가
에 따라 대체로 보수적 민족주의, 官制國民主義, 親슬라브주의, 汎슬라브주의 등,
네 가지로 분류될 수 있다. 참고. 이인호, 『러시아 지성사연구』, pp.99~100.
40 이에 대하여는 M. T. Florinsky, *Russia: A History and an Interpretation* (New
York: Macmillan. 1955). vol. 2. p.806과 D. W. Treadgold, *The West in Russia
and China: Religious and Secular Thought in Modern Times* (Cambridge:
Cambridge Univ. Press, 1973), vol. 1. pp.175~78을 참고.
41 러시아 국왕의 가정교사를 역임했고, 모스크바 종합대학 법학부 교수, 러시아 법무
장관 등을 역임한 그는 19세기 말 러시아 보수주의 사상의 가장 대표적인 인물이며,
러시아정교회와 선교사역에 직접적으로 큰 영향력을 행사한 중요한 인물이다. 그는
국가와 교회의 분리를 주장하는 서구 사상을 맹렬하게 비판하면서, 러시아는 국가와
교회의 연합과 일치를 이루어야 하며, 이를 위하여 국가는 교회를 도와야하며, 교회
는 국가를 도와야 한다고 굳게 확신하고, 모든 제도와 행정력을 동원하였다. 이 때문
에 19세기 러시아정교회 선교사역은 러시아제국주의의 앞잡이라는 평을 들었고,
러시아화 작업의 도구였다는 비난을 받았다. 참고. Robert F. Byrnes,
Pobedonostsev: His Life and Thought, (Bloomington, Indiana, 1968). Thomas
Calnan Sorenson, *The Thought and Polices of Konstantin P. Pobedonostsev*,
(Ann Arbor, 1977).
42 모스크 파괴, 새로운 모스크의 건축을 금지, 토지와 재산 몰수, 화형(정교회 신자를
모슬렘으로 만든 경우) 등. Michael Khodarkovsky, "Not by word alone: Missionary
policies and religious conversion in early modern Russia," *Comparative Studies*

을 주며 러시아인과 똑같이 대우해 주었다.[43]

이러한 사실을 뒷받침해주는 중요한 역사적 사례가 19세기 후반기에 러시아 극동지역에서 이루어진 이주 한국인들을 대상으로 한 선교이다. 1860년대부터 러시아 극동지역에는 한국인들이 두만강을 건너와서 거주하였는데, 많을 때는 그 숫자가 20만명이 넘었다. 러시아 중앙정부는 러시아인들이 거의 살지 않는 러시아극동지역의 영토를 견고하게 만들기 위하여 이주 한국인들을 적극적으로 선교하여 세례식을 베풀었다. 세례를 받으면 러시아제국의 시민권을 주고 토지와 여러 가지 혜택을 제공해 준다는 조건을 내걸었다. 당시 조선시대 말기 극도로 가난하고 정치적인 어려움을 당하여 이주해온 한국인들이 경제적인 이득과 정치적인 이득을 고려하여 세례를 받는 경우가 많았다. 그러므로 러시아 극동지역 한인들이 정교회 영세(침례)를 받은 것은 단순한 종교적인 개종이 아니었다. 그것은 러시아 신민이 되는 절차였다. 이러한 사실은 한인이 러시아 국적을 취득할 때, 작성해야 하는 서약서와 국적 취득을 허락한 증명서에 뚜렷이 나타난다. 비록 관례적인 통과 절차의 형식적인 표현이라고 하나, 이러한 문서 속에 사용된 표현들 안에는 러시아제국의 오랜 역사와 전통 그리고 세계관과 가치관과 문화가 녹아있다. 러시아 극동지역 한인들이 러시아 국적을

---

in Society and History (Cambridge: April 1996), Vol. 38, Issue 2, p.276.

43 일반 개종자에게는 보상으로 모피 옷감, 셔츠, 신발, 돈 등이 주어졌다. 개종자들은 군대 소총을 사용할 수 있는 후보자의 명단에 올랐고, 최전선 부대 군인이 될 수도 있었으며, 군에서 수고하면 돈이나 곡물을 보상으로 주었다. 귀족들이 개종할 경우에는 더 좋은 보상이 주어졌다. 개종한 귀족들은 러시아 귀족들과 결혼했고, 군대 높은 계급을 받았으며, 국가의 신임을 받아 종종 최전선 지휘관으로 일하였다. 개종한 다음 두 세대만 지나면, 그들의 이름 가운데 비기독교, 비러시아인의 흔적이 하나도 남아있지 않았다. 어떤 왕조는 개종한 이후 러시아 귀족 명부에 올라 러시아화가 완벽하게 이루어졌다. 위의 책, pp.274~75.

취득할 때 예외 없이 직접 사인하고 서약해야 하는 문서의 첫 부분은
이렇게 시작된다.

이전에 조선 국적을 가졌던 ○○○는 알렉세이 미그노프 사제에게
영세(침례)를 받아 전능하신 하나님과 위대하신 군주 니콜라이 2세에
게 다음과 같이 서약 하나이다.[44]

그리고 본론에서는 어떤 형태로든지 황제의 신실한 신민으로서 책
임을 다하는데 반대되는 일은 하지 않겠다는 내용의 약속을 하고, 서
약서의 끝부분에서 다음과 같이 기원하고 다짐한다.

전능하신 주님이 정신적으로 육체적으로 나를 도와주시기를 바라며
이 모든 것을 진심으로 지킬 것을 서약합니다. 끝으로 나의 맹세의 표
시로 나의 구세주의 말씀과 십자가에 입을 맞추나이다. 아멘.

이러한 서약을 한 한인들에게는 해당지역 주지사의 이름으로 러시
아 국적 취득을 증명하는 문서를 발급하였는데, 거기에도 "이전에 한
국인 이었던 ○○○는 알렉세이 미그노프 사제의 영세(침례)를 받아
러시아 국적을 취득하였음을 증명한다"고 하였다.[45] 즉 러시아정교회
의 선교와 영세(침례)는 새로 병합된 소수민족 한인들을 러시아화 하
는 필수조건으로 여겨졌으며, '소수민족의 러시아화'라는 국가적 목
표를 이루기 위하여 국가와 러시아정교회는 제도적으로 협력하였던

---

44 한 예로 1914년 2월 4차에 걸쳐서 러시아 국적을 취득하기 위하여 한인 120가정이
서명 날인한 서약서이다 "Клятвенное Обешение на Поддансво бывший
Корейский подданный, обещаюсь и всемогущему Богу и Я великом
у Государю....." РГИАДВ. Ф. 1. Оп. 2. Д. 1184. Л. 23~24.
45 РГИАДВ Ф. 704. Оп. 4. Д. 541. Л. 3 "СВИДЕТЕЛЬСТВО. N. 24970."

것이다. 이러한 모든 정책은 일관성 있게 중앙정부와 러시아정교회에 의하여 추진되었다. 그것은 러시아화 정책을 통해 강력하고도 통합된 러시아제국을 형성해 나가는데 유익하다고 확신하였기 때문이다.[46]

이와 같이 러시아정교회의 선교역사는 러시아제국의 영토확장사와 병행되었다. 실제로 러시아정교회의 새로운 주교구 설립의 역사를 살펴보면 이러한 사실을 확인할 수 있는데, 1840년에는 이르쿠츠크 주교구를 양분하여 태평양 연안지역을 관할하는 캄차트카 주교구를 설립하였으며,[47] 1894년에는 바이칼호수 주변지역을 관할하는 자바이칼 주교구 설립하였으며, 1899년에는 극동 시베리아지역을 관할하던 캄차트카 주교구를 다시 삼분화(三分化)하여 블라고베쉔스크와 블라디보스톡 주교구로 분리하였다.[48] 이와 같이 러시아제국의 영토 확장사는 역사적으로 러시아정교회의 주교구 신설과 러시아정교회의 선교사역 확장사와 병행되었다.

6. 러시아제국 시대의 정교회 선교 비판

비잔틴제국의 역사와 러시아제국의 오랜 역사 속에서 자연스럽게 형성된 교회와 국가의 황제교황주의라는 특별한 관계성으로 인하여 러시아정교회의 선교는 국가-정치적 선교로 발전하였다.[49] 이미 앞에

---

46 이러한 정책에 대하여 소수민족들 안에서는 자신들의 정체성을 유지하려는 부류와 러시아화 정책을 수용하는 부류로 나누어지기도 하였다.

47 출처: http://ortodox.fegi.ru/ep2_1_1.htm(2002년 1월 28일) 제목 "ПРЕдпосылки СОЗДАНИЯ САМОСТОЯТЕЛЬНОЙ ЕПАРХИИ(주교구 독립의 전제(前提))."

48 출처: http://ortodox.fegi.ru/ep2_1_1.htm(2002년 1월28일자).

49 러시아정교회의 선교를 단순하게 국가-정치적 선교라고 규정하는 것에 대하여 반대하는 의견도 있을 것이다. 사실 러시아정교회의 모든 선교사가 국가-정치적 선교사였다고 보기 어려운 부분도 있다. 14세기 몽골제국 시대에 우랄산맥 지역에 거주하

서 기술한대로 국가-정치적인 선교는 국가교회의 선교이다. 더 구체적으로 기술하자면, 국가교회란 교회의 지배적인 위치가 국가법에 의해 보장되고, 재정적인 국고지원을 받으며 정치 종교적인 경쟁자들로부터 보호받으며, 정부 관료들은 교회의 이익을 지켜주어야 하는 등, 국가가 교회에게 도움과 특권을 부여하는 반면 교회에 대한 강력한 통제력을 보유하는 교회를 말한다.[50] 따라서 국가-정치적인 선교는 국가교회가 주체가 되어 국가-정치적인 목표들을 봉사하는 선교를 말하는데, 실제로 러시아제국 시대에 이루어진 러시아정교회의 선교는 기독교교육과 민족문화교육과 세례식을 통하여 대부분 '러시아화(Russianization)'라고 하는 국가적 목표에 봉사하는 국가-정치적 선교였다.

러시아제국 시대에 정교회의 이러한 국가-정치적 선교에 대하여 여러 가지 평가와 해석이 가능할 것이다. 흔히 18세기 서구 계몽주의의 영향을 받은 신학자들이 교회와 정치의 분리가 이상적인 기준인양 생각하여 정교분리의 원칙의 잣대를 적용하여 러시아정교회의 선교를 비판하는 경우가 있지만, 러시아의 역사적 경험과 삶의 상황 속에서는 교회와 국가가 분리되기 보다는 서로 긴밀하게 연합하는 것이 자연스럽고 당연한 일로 여겨졌기 때문에 근대 서구인의 정교분리의 원칙을 그대로 적용하는 것은 부적절하다고 생각된다. 그러므로 편견 없이 약 400여 년 동안 이루어진 러시아정교회의 선교를 마태복음

던 주리안 부족을 선교한 스테판, 그리고 19세기에 알타이 산맥에 들어가서 알타이 민족을 선교한 글루하렙, 일본에 들어가서 선교한 카사트킨과 같은 선교사는 비정치적 선교노선을 걸어갔다. 그러나 전체적인 시각에서, 숫적인 측면과 양적인 측면과 선교비용 측면에서 평가하자면, 러시아정교회의 선교가 국가-정치적이었다는 사실을 부정하기는 어렵다.

50 김은실, "러시아 정교이념의 정치적 수용-성. 루시, 제3로마 사상, 메시아니즘을 중심으로," 『정치사상연구』제5집(2001년 가을), p.218.

28장 18-20절에 기록된 "모든 족속들(민족들)을 선교하라"는 지상명령의 관점에서 평가해 본다면 다음과 같이 정리할 수 있을 것이다.

첫째, 국가-정치적인 선교의 조직성, 체계성, 연대성과 같은 장점들을 지니고 있으며 대규모 선교 프로젝트를 추진해나가는데 아주 효과적이라는 사실이다. 이러한 사실은 최근 100년 동안(1900~2000) 이루어진 개신교의 선교와 이슬람의 선교를 비교해 볼 때,[51] 개별적이고 교파중심적인 선교보다는 세계적인 연대성과 조직성을 지닌 국가-정치적 선교의 전략을 적극적으로 연구해야 할 필요성을 느낀다. 지난 100년 동안 개신교는 선교를 위하여 엄청난 에너지를 쏟아 부었지만, 선교의 지나친 경쟁(로마가톨릭선교, 정교회선교는 경쟁과 중복이 없다), 중복 투자, 선교의 연속성과 지속성의 결여, 국가-정치적인 단체들(이슬람, 공산주의, 국교적 종교들, 국제조직을 갖춘 이단들, 무신론, 과학지상주의, 이성주의, 반(反)계시주의, 인간 위주의 인문주의 등으로 대변되는 세속주의 사상 등)의 공격으로부터 적절하게 대처하지 못하는 등, 선교의

---

51 세계 기독교 선교현황을 전문적으로 보여주는 자료는 데이빗 바렛과 토드 존(D. Barrett & Todd Johnson)의 통계표를 분석해 보면, 지난 100년간의 기독교 선교는 사실상 실패였다는 사실을 발견하게 된다. 이것은 특별히 기독교인구와 이슬람인구에 초점을 맞추어 1900년도 통계자료와 2002년도 통계자료를 비교해 보면 뚜렷이 증명된다. 1900년도 세계인구는 약 16억이었다. 2002년도 세계인구는 62억으로 약 4배 증가하였다. 기독교(개신교, 천주교, 정교회)인구는 1900년도에 5억 5천만 명이었다. 2002년도에는 20억 5천만명으로 증가하였다. 그러나 세계인구 대비 기독교인구의 비율을 살펴보면 오히려 약 1.5% 가량 줄었다. 1900년도에는 세계인구 대비 기독교인구가 차지하던 비율이 34.46% 였는데, 2002년도에는 33.1%가 되었기 때문이다. 바렛에 따르면, 1900년도에 전세계에서 활동하던 선교사의 숫자가 6200여명이었는데 2002년도에는 42만 명이 선교사로 일하면서 매년 120억 달러의 돈을 사용하였다. 선교사와 선교비용 면에서 엄청난 투자가 있었지만 기독교인구의 비율은 오히려 감소하였다. 반면에 이슬람 인구는 크게 증가하였다. 1900년도 이슬람인구는 약 2억 명으로 당시 세계인구 대비 10.3%를 차지했다. 2002년도에는 12억 3천 만명으로 20%로 증가하였다. 인구 면에서 6배 이상 증가하였으며, 세계인구 비율 면에서도 2배로 증가하였다. 기독교선교에 비하여 이슬람의 선교는 지난 100년 동안 커다란 진보를 보인 것이다.

비조직성과 비연계성으로 인하여 점점 디지털화 되어가며, 도시화 되어가며, 지구촌화 되어가는 세계상황에 대응하기에는 미흡한 모습들이 나타나고 있다. 21세기에는 보다 거시적인 시각을 가지고 국가-정치적인 선교를 재 고찰함으로 세계선교에 필요한 지혜를 많이 얻을 수 있을 것으로 기대된다. 국가-정치적인 선교의 부정적인 측면들을 고쳐나가는 동시에 국가-정치적인 선교의 조직성, 체계성, 연대성과 같은 장점들을 승화시켜나간다면 세계선교에 많은 유익을 얻을 것이다.

둘째, 조직성, 체계성, 그리고 연대성을 갖춘 러시아정교회의 국가-정치적인 선교는 기독교의 영역을 크게 확장하는데 기여하였다. 시베리아지역 뿐만 아니라, 모슬렘이 사는 러시아 남부 카잔지역과 중앙아시아지역을 선교함으로써 기독교영역을 크게 확장하고, 동시에 모슬렘의 확장을 차단시켰다는 점에서 큰 공을 세웠다. 만일 국가-정치적인 선교가 아닌 순수한 교회만의 선교, 혹은 선교회만의 선교였다면 그렇게 군사적이고 공격적인 이슬람을 효과적으로 대응할 수가 없었을 것이며, 대규모로 기독교 영역을 확장해 나갈 수는 없었을 것이다.

그러나 장점이 단점이 되는 경우가 자주 발생하듯이, 러시아정교회의 국가-정치적인 선교는 다음과 같은 부정적인 현상들을 드러내었다.

첫째. 국가-정치적 선교는 기본적으로 황제의 태도와 입장에 따라서 선교정책이 좌지우지되는 경우가 더러 있었다.[52] 어떤 국왕이 왕위

52 바르트는 본질상 국가는 복음 선교의 사명을 감당할 수 없다고 본다. 그 주된 이유는 교회의 존재 의미와 과제가 국가의 존재의미와 과제와 다르기 때문이다. 예수 그리스도의 통치와 하나님 나라의 소망을 선포하는 과제와 사명을 지닌 공동체는 국가가 아니라 교회이다. 국가는 복음선교에 관한 지식도 사랑도 없다. 국가는 하나님의 권위와 은혜에 호소할만한 위치에 있지도 않다. 국가는 기도하지 않으며, 국가를 위하여 기도하는 다른 사람들(기독교 공동체)에 의존한다. 그리고 교회의 경계선과 국가의 경계선이 같지 않기 때문이다. 교회는 그 기원에 있어서 보편적이므로, 교회는 정치적 영역에 있어서의 모든 추상적인 장소적, 지역적, 국가적, 이익들에 저항한다. 교회는 단지 편협한 정치선에 결코 지지를 보내서는 안 된다. 칼 바르트,『공동체,

에 오르느냐에 따라서 선교가 부흥하기도 하고, 질식 상태에 빠지기
도 하였다. 그리고 국가의 이해관계(利害關係)에 따라서 국가 내에 다
른 소수파 기독교나 다른 종교를 억압한다거나, 국가가 인정한 종교
나 교파가 아니면 불이익을 주었다. 국왕이 교회 일에 지나친 열심을
보이는 경우에는 교회의 보호자 역할을 자처하며 고위 선교사 인선문
제, 교회재산 관리에도 개입하였다.

그리고 선교가 제국주의적 속성을 지니게 되었다. 제국주의(帝國主
義, imperialism)란 직접적인 영토 획득이나 다른 지역에서 정치적 경제
적 통제력을 얻어 세력이나 지배권을 확장시키려는 국가정책 또는 관
행을 의미한다.[53] 제국주의는 군사력이든 또는 이것보다 교묘한 형태
이든 힘의 사용과 관련되어 있다. 따라서 국가-정치적 선교는 예수
그리스도와 같이 자기 희생적인 십자가의 방식으로 선교하기 보다는
십자군 방식으로 군사력과 행정력을 동원한 강압적이고 세속적인 방
법으로 선교하는 경우가 많았다.

세 번째, 러시아정교회의 선교는 제국의 정치 이념이자 정책이었던
'러시아화'를 절대화하였다. 그 결과 선교의 근원이신 삼위일체 하나
님의 사랑을 증거하는 선교와는 거리가 멀어진 왜곡된 선교가 되었으
며, '러시아화' 라는 목표를 달성하기 위하여 집단개종의 방식으로 세
례식이 대규모로 무분별하게 행해지는 경우가 많았으며, 이 때문에
명목상 기독교인들이 대량으로 발생하였다.

또한 국가가 선교전략을 세우는데 주체적 역할을 감당하고 선교사
들은 전술적인 측면에서 행동대원과 같은 역할을 감당함으로써 국가
공무원과 같은 관료주의적 폐단이 나타나기도 하였다. 즉 현장에 있

국가와 교회』, 안영혁 옮김, (서울: 엠마오, 1992), 210쪽. 236쪽
53 브리태니커 세계대백과사전 19(한국브리태니커회사, 1992): 287쪽, 항목, "제국주의"

는 선교사들이 자발적으로 헌신적으로 원주민들을 선교하기 보다는
중앙정부의 정책과 재정적인 지원에 따라서 수동적으로 사역하는 경
우가 많았다. 실제로 1917년 볼세비키 혁명에 의하여 러시아제국이
무너지자마자 러시아제국 변방에서 활동하던 러시아정교회의 선교사
들이 곧바로 철수하고 모든 선교활동이 중단되고 말았다.[54]

러시아제국시대에 이루어진 교회의 선교를 살펴 본 결과, 우리는
독일 개혁교회의 신학자 바르트의 조언을 기억할 필요가 있다. 바르
트는 본질상 국가는 복음 선교의 사명을 감당할 수 없다고 고 보았
다.[55] 그 주된 이유는 교회의 존재 의미와 과제가 국가의 존재의미와
과제와 다르기 때문이다. 예수 그리스도의 통치와 하나님 나라의 소
망을 선포하는 과제와 사명을 지닌 공동체는 국가가 아니라 교회이다.
국가는 복음선교에 관한 지식도 사랑도 없다. 국가는 하나님의 권위
와 은혜에 호소할만한 위치에 있지도 않다. 국가는 기도하지 않으며,
국가를 위하여 기도하는 다른 사람들(기독교 공동체)에 의존한다. 그리
고 교회의 경계선과 국가의 경계선이 같지 않기 때문이다.[56] 교회는

---

54 1917년 볼세비키 혁명으로 러시아극동지역에서 러시아정교회 선교사들이 철수한
이후, 1919년 채필근 목사가 연해주 지역을 둘러보고 와서 함북노회에 이렇게 보고
하였다. "두만강 너머 포시에트 지역을 둘러보았는데, 거기에는 약 2500여 가호가
있었고, 인구가 2만 이었는데, 로국인(러시아인)과 중국인은 거의 없고 대부분 조선
인들만 있더라. 옛날에는 희랍교 사제들이 활동하였는데, 지금은 연추 외에는 모든
성당이 다 폐쇄되었더라. 희랍교 지도를 받아 종교생활을 하던 백성들이 그 교회가
폐지된 후에 목자를 잃은 양과 참말로 다름이 없더라. 함북노회, *제4회 회록*, "채필근
목사 보고"(1919년 9월 13일), 43~46쪽. 이렇게 국가와 국고에 의지해서 선교를
하던 러시아정교회는 1917년 볼세비키 혁명으로 연해주를 비롯한 러시아 극동지역
에서 하루아침에 사라지고 비참한 흔적만 남기고 말았다. 그러나 연해주에서 활동하
던 한국 기독교 선교사들의 사역 모습은 달랐다. 선교사들의 자발적인 헌신과 평신
도들의 참여로 이루어진 장로교회와 감리교회, 침례교회 선교는 연해주와 극동시베
리아에서 1920년대, 30년대까지 계속하여 활발한 선교사역을 하였다. 이것은 국고
에 의존한 선교는 국가의 정치적 운명과 함께 하게 된다는 것이 역사의 교훈이다.
55 칼 바르트, 『공동체, 국가와 교회』, 안영혁 옮김, (서울: 엠마오, 1992), 210쪽. 236쪽

그 기원에 있어서 보편적이므로, 교회는 정치적 영역에 있어서의 모든 추상적인 장소적, 지역적, 국가적, 이익들에 저항한다. 교회는 단지 편협한 정치노선에 결코 지지를 보내서는 안 된다. 선교는 지상에 있는 특정 국가의 사역이 아니라, 하늘에 계신 하나님의 사역임을 선포하고 드러내는 실천이기 때문이다.

---

56 위의 책, 236쪽.

포스트코로나시대 인문학자의 역할과 사명

人文学者在后新冠时代的角色与使命

샹쥬위项久雨

인문학자는 예로부터 사회에서 중요한 사명을 담당하면서, 사회 및 인류의 발전과정에 있어서 중요한 작용을 해 왔다. 2020년 봄 폭발한 코로나19사태는 공중위생영역에서 중대한 돌발사건으로, 이미 전 세계 거의 모든 지역까지 퍼졌으며, 지금까지도 종식되지 않아, 세계 사회질서, 국민생명안전과 신체건강 등에 위협을 조성하였고, 또한 인문학자의 포스트 코로나시대에서의 작용발휘와 능력건설에 여러 새로운 사고를 가져왔다. 포스트 코로나시대, 인문학자로서 어떠한 역할과 위치를 가져야 하며, 어떻게 자신의 능력건설을 강화하여 자기의 사명을 실행할 것인가?

1. 중국역사의 진전 속 문인의 사명

현재의 인문학자는 중국 고대에는 "士" 혹 "士人"(이하 '선비'로 번역함)으로 칭해졌다. 그들은 책임감을 자각하고 있고 명확한 사명감을 가진 사람들이었다. 공자로부터 시작하여, 맹자로 대표되는 중국 문인은 도를 밝히고 세상을 구제하는 일(明道救世)을 자신의 사명과 책임으로 여겼고, 사회역사의 진보를 촉진시키려고 하였다. 구체적으로는

다음과 같이 나타난다:

1) 우수한 문화의 전승

중국고대의 선비들은 문화 전승을 자신의 소임으로 삼으며, 우수한 문화를 전승하는 사명을 용감하게 떠맡았다. 공자는 일찍이《중용(中庸)》에서 "공자는 요와 순을 근본으로 진술하였고, 문왕과 무왕을 본보기로 드러냈으며, 위로는 천시를 따르고 아래로는 수토의 이치를 따랐다(仲尼, 祖述堯舜, 憲章文武, 上律天 時, 下襲水土.)"고 하였다. 그는 요순의 도를 따르고, 주나라 문왕과 무왕의 제도를 본받고, 전대의 경전과 선철의 정신과 문화를 계승하고 널리 펴야 한다고 여겼다. 그는 육경(六經)을 다듬어 정리했고, 전통전적의 사회적 가치를 충분히 긍정했으며, 유학 및 중국전통문화의 발전에 중요한 작용을 하였다. 후대에 공자의 제자 및 맹자, 순자는 상고시대와 공자의 학설에 대해 정리하고 해석하여 전파시켰다. 이렇게 뛰어난 전통은 후세 문인들에 의해 계승되고 알려졌으며, "옛 성인들의 끊어진 학문을 잇는 것(爲往聖繼絶學)"은 고대 문인들의 중요한 사명이 되고, 아울러 계속 이어가려고 힘을 다했다. 이렇게 횃불을 전수하는 일은 중국사회가 혼란에 빠진 시대에도 중단되지 않았는데, 당시 진시황의 "분서(焚書)"는 고대문화경적을 심각하게 파괴시켰고, 다시 후대 항우(項羽) 때에 와서 함양을 불태우면서, 민간에서 이미 소실되었던 ·시서 백가어(百家語)류의 서적을 이 큰 화재 속에서 철저히 망실되게 만들었다. 상고의 전적이 지금까지 전해지고 있는 것은 한(漢)대 초 일부 나이 많은 유자들이 구술한 것에 모두 의지하고 있다. 한대 문제 시기 복생(伏生: 원래 진나라 박사)가 조착(晁錯, BC200~BC154)에게《상서(尙書)》를 구전한 일이 바로 중요한 사례이다. 송대 이래, 민간에서 서원이 흥기하고, 사립

강학이 사회적으로 성행함에 따라, 서적이 대규모로 출판되면서 문화
전승의 실적은 더욱 분명하게 드러났다. 중국문화가 겁난(劫難)을 겪
으면서도 중단되지 않았던 이유는 중국 선비의 문화전승을 임무로 여
긴 책임감과 매우 밀접한 것이다.

2) 사회비판과 건설

  사회기본가치와 사회준칙을 자각하고 수호하는 자로서, 중국 고대
의 우수한 선비들은 사회비판과 건설의 책임을 포기한 적이 없었다.
그들은 이로움을 일으키고 폐단을 제거하고 사회모순을 조정하며 사
회의 안정을 촉진시켰다. 각종 사회현실문제에 직면하여, 그들은 책
론(策論)으로 천하를 일으키려고 주장하거나 혹 글을 지어 통치자에게
권계(勸誡)하였으며, 이해(利害)를 진술하며 건설적 의견을 제기하였
다. 혹은 격앙된 어조로 의견을 펼치며, 사회현실문제에 대해 맹렬하
게 규탄함으로써 파동을 일으키길 기대하였다. 조정을 장악한 와척환
관간신 등 사악한 세력이든 아니면 악인이 된 포악하고 잔인한 관리
이든 간에 모두 그들의 규탄대상이 되었다. 예컨대, 맹자는《맹자(孟
子)·등문공장구하(滕文公章句下)》에서 "세상이 쇠퇴하고 도가 희미해
지자, 사설과 폭행이 일어났다(世衰道微, 邪說暴行有作)"고 하면서, 당시
세상의 도가 쇠미해지고 사악한 언론과 잔혹한 행위가 끊임없이 일어
나는 것을 비판하였다. 순자는《순자(荀子)·요문(堯問)》에서 "위로는
어진 임금이 없으며 아래로는 포악한 진나라를 만났으니, 예의는 행
해지지 않고 교화는 이루어지지 않았으며…이런 때를 만나면 지혜로
운 자는 생각을 펼칠 수 없고 능력 있는 자는 다스릴 수 없으며 어진
자는 관직에 나갈 수 없다(上無賢主, 下遇暴秦, 禮儀不行, 教化不成…当是
時也, 知者不得慮, 能者不得治, 賢者不得使.)"고 하였다. 당시 사회에는 위

로는 어진 군주가 없고 아래로는 포악한 진나라를 만났으니, 예제(禮制)와 도의(道義), 교화는 시행될 수 없고, 지혜로운 사람은 정사의 도모에 참여할 수 없고, 능력 있는 사람은 자신의 재능을 펼치기 어려우며, 덕재(德才)가 있는 사람도 관리로 임용되지 못하는 것 등을 비판한 것이다. 비판하는 동시에, 그들은 백성의 편안한 거주와 즐거운 직업, 천하의 태평을 그들 최고의 이상으로 삼으면서, 여러가지 이상사회건설에 대한 구상을 집중적으로 제기하였다. 예를 들어, 정치적으로는 맹자의 "국민을 귀하게 여김(民爲貴)"과 "어진 정치(仁政)"의 민본사상, 공자의 "인자애인(仁者愛人)" 주장, 순자의 "후왕을 본받고 예의를 숭상하고 제도를 통일시킨다(法後王, 隆禮儀, 一制度)" 등등이 있다. 이들은 모두 통치자에게 백성을 근본으로 하고 부역과 세금을 가볍게 하고 민력을 소중하게 여겨서 안정적이고 화해로운 사회질서를 건립할 것을 간하는 내용이다. 중국이 고대사회에 번번히 사회위기를 벗어날 수 있었던 이유는 어지러우면 다스림을 실현시키고, 대대로 선비들의 끊임없이 지속된 사회비판과 건설하고 밀접한 상관관계를 가진다.

3) 민중교화

중국 고대의 선비들은 사회를 비판함과 동시에 민중교화를 짊어지는 책무를 자각하였다. 중국은 예로부터 민중에 대한 교화를 중시하였고, 또 중앙에서 지방까지 모두 전문가가 교화작업을 관장하였다. 후세 민간에서 향학(鄕學)과 사학(社學)이 설립된 것은 민간에 문화를 전파하고 보급하여, 민덕을 이끌고 민속을 선하게 하고자 하는 함이었으며, 주관자와 시행자는 주로 마을의 선비들이었다. 순자는 일찍이 《순자(荀子)·유효(儒效)》에서 "유자가 조정에 있으면 정치를 아름답게 만들고 낮은 자리에 있으면 풍속을 아름답게 한다(儒者在本朝則美政,

在下位則美俗)"고 하였다. 이는 유자에 대해 찬양한 것으로, 유자가 조정에서 관직을 하면 정치를 아름답게 만들며, 만약 민간에서 생활하게 되면 민풍을 아름답게 만든다는 의미이다. 후세에도 선비들은 "훌륭한 선비는 그 몸을 진실하게 하여, 기풍을 변화시키고 습속을 바꾼다(上士貞其身, 移風易俗)"의 설을 제기하며, "향약(鄕約)"을 건립하고 제정할 것을 권장했다. 예를 들면, 북송의 성리학자 여대방(呂大防), 여대균(呂大鈞) 형제가 제정을 발기한《남전여씨향약(藍田呂氏鄕約)》에서는 "덕업을 서로 권하고 과실을 서로 고쳐주며 예속으로 서로 사귀고 환난에 서로 돕는다(德業相勸, 過失相規, 禮俗相交, 患難相恤)"라고 제창하였다. 이 향약은 풍속을 순화시키고 민덕을 높이며 조화로운 사회를 건립하고 사회질서를 안정시키는데 중요한 작용을 하였다. 이밖에 중국의 선비들은 가정교육을 매우 중시하였는데, 그들은 각종 가훈과 가규를 제정하였다. 예컨대,《안씨가훈(顔氏家訓)》, 주백려(朱伯廬)의《치가격언(治家格言)》, 증국법(曾國藩)의 가훈 등은 일가나 일족에 영향을 주었을 뿐 아니라 심지어 후세에까지 영향을 끼쳤다. ·명청 때에는 적지 않은 선비들이 청언집(淸言集)을 남겼다. 예를 들면 홍응명(洪應明)의《채근담(菜根譚)》, 여곤(呂坤)의《신음어(呻吟語)》등이 있다. 그 속에는 깊은 철리(哲理)를 지닌 경구와 격언이 많으며, 정조도야(情操陶冶), 위인처세(爲人處世), 안신입명(安身立命)에 있어서 중요한 계도작용을 하고 있다. 송원대 이래로 희극소설설창(說唱) 등 예술이 점차 흥기했는데, 비록 주로 오락을 위한 것이었지만 그 속에는 뚜렷한 "각세(覺世)", "성세(醒世)", "경세(警世)" 작용을 내포하고 있다. 이런 작품들의 창작은 모두 선비들이 교화의 사명을 담당하며, 교화를 행하던 중요한 발현이라고 하겠다.

4) 광시제세(匡時濟世)

중국 고대 선비들의 사명감애국심은 사회에 위난(危難)이 출현했을 때 더욱 강하게 드러났다. 중국역사상 본래 봉건제도가 가진 일부 폐단으로 말미암아 사회적으로 늘 크고 작은 혼란이 발생하였다. 선비들은 깊은 우환의식과 사회현실에 대한 날카로운 통찰력을 가지고 있는데다, 더욱이 역사적 경험과 교훈을 숙지하고 있어서, 그들은 왕왕 가장 먼저 사회위기를 알아차리고 경종을 울리곤 했다. 예컨대, 근대 아편전쟁이 막 폭발하려던 전야, 당시의 사회위기는 날로 심각해지고 있었고, 민족위기도 이미 단서가 나타나고 있었다. 위원(魏源)을 대표로 한 일부 경세치용을 주장하던 선비들은 청 정부에 가능한 빨리 주동적인 자기개혁을 진행할 것을 외치기 시작했다. 그 뒤에 우리가 잘 아는 캉유웨이(康有爲), 량치차오(梁启超) 등이 제기한 유신변법주장(維新變法主張) 등이 나오게 된다. 중국 고대 역사상 몇 차례 중대한 사회변혁 속에서, 선비들은 모두 위기가 폭발하기 전에 먼저 각찰(覺察)하고 사회변혁을 추진할 것을 호소했다. 위기가 진정으로 출현하고 진정으로 폭발했을 때, 뛰어난 선비들이 지도가자 되어 개인의 안위를 돌보지 않고 용감하게 앞장서서 위태로운 대중들을 이끌며 부축하였다. 예를 들자면, 명대 웨이종시안(魏忠賢) 시기 학생들이 결성한 "동림당(東林黨)" 인사의 환관집단과의 투쟁, 청대 초 강남선비들의 대청항거투쟁 그리고 캉유웨이가 량치차오 등 수천명의 거인(擧人)을 연명하여 광서(光緖)황제에게 "공거상서(公車上書)"를 실행한 일 등이 있다. 시대를 바로잡고 세상을 구제하고 도탄에 빠진 백성들을 일으켜 세우기 위해, 수많은 선비들은 자신과 가족의 몰살위험을 무릅쓰고 온몸으로 보국(報國)하고자 하였고, 그들의 사명감과 담당정신은 후인들을 감복하게 한다.

2. 포스트 코로나시대 인문학자의 역할포지션과 도전

1) 포스트 코로나시대 인문학자의 역할과 책무

코로나19사태 앞에서 구경꾼은 없다. 각 그룹이 사회적으로 처한 각종 역할과 책무는 코로나사태로 인하여 더욱 명확하고 분명해졌다. 포스트 코로나시대, 인문학자들은 비록 의료종사자처럼 병마와 다투는 최전선에서 전투를 벌이고 있지는 않더라도, 하지만 그들도 스스로 더욱 뚜렷한 역할포지션을 가지고 있으며, 자신의 방식으로 국가를 위해 고통을 분담하고 사회를 위해 책임을 다하며, 국민을 위해 어려움을 해결하고 있다.

(1) 주요가치관념 전파

포스트 코로나시대, 주류가치관념을 인도하는 일은 핵심적인 중대 문제 중 하나이다. 인문학자는 지식의 선봉이며, 가치관을 이끄는 주요한 사명을 담당한다. "글은 시대에 맞게 지어야 한다(文章合時而著)", 포스트 코로나시대, 인문학자는 학술연구성과 속에 내포되고 전달되는 주류가치관념으로 대중을 이끌어서 정확한 세계관, 인생관, 가치관을 수립하는 것을 통해서, 포스트 코로나시대 정확한 가치취향의 확립과 가치체계의 건설을 완성시키는데 힘을 보태야 한다. 예컨대, 문학으로 말하자면, 그것은 포스트 코로나시대 국민교양과 국민풍도(風度)를 높이는 중임을 담당하고 있으며, 문학학자는 인물형상, 고사 스토리 편집, 마음속 정감의 발출을 통해 의의를 상징화하는 것을 통해, 이상과 신앙의 촉진제를 충당하고, 대중에게 사회의 주류가치취향을 전달한다. 역사학으로 말하자면, 역사학은 주로 전통을 회고하고, 민족을 건립하여 국가를 인정하게 하는 중요한 사명을 담당하고 있다. 역사학자는 역사적 사건, 역사적 인물과 역사적 움직임에 대한 연구와 평가를 통해, 사회대중을 향해 어떤 정확한 가치취향을 선양하여, "사람을 거울삼고 득실을 알게 하며 역사를 거울 삼아 흥망을 알 수 있게 하는데(以人为鉴, 可以知得失, 以史为鉴, 可以知兴替)", 즉 사람들에게 가장 뛰어난 깨달음을 준다. 철학은 국민신앙을 육성시키는 책무를 담당하며, 철학학자는 생명활동을 성찰하는 속에서 인류활동현상 배후의 실질적인 추상과 규율을 드러내고, 해석하여 사회 대중에게 어떤 정확한 가치취향을 전달해야 한다. 포스트 코로나시대 인문학자는 학술연구를 통해 사회대중을 향해 주류의 선진적인 가치관념을 제공하고 전달하여, 국민의 신앙을 끊임없이 공고하게 해야 한다.

(2) 이성적 인지(認知) 재건

이성적 사회인지는 사회안정의 중요한 조건이며, 또한 코로나에 대항하여 승리하는 중요한 사회적 기초이기도 하다. 코로나사태로부터 우리는 코로나19사태가 국민의 생명건강에 위협을 조성함과 동시에 사회에 더 깊은 정신적 위기를 가져왔음을 알 수 있었다. 사회개체의 명운은 코로나사태 속에서 인류사회의 처지와 서로 중첩되었다. 수많은 사람들은 시대정서 속에서 자아를 상실했으며, 허무주의와 퇴폐주의가 출현했으며, 이성적 인지에 편차가 발생하였다. 인문학자가 주로 연구하는 것은 "류(類)"로서 존재하는 사람이며, 주목하는 것은 대개 사람의 생존환경으로 특히 사람의 정신생활환경이다. 사회정신의 위기를 교정하고 대중의 이성적 인지를 재건하는 일은 포스트 코로나시대 인문학자의 중요한 역할이자 사명이다. 인문학자는 이성적

인 현실 판단력을 가지고, 포스트 코로나시대 인류의 심지(心智)질서
의 파쇄와 재건에 직면하여, 인문학연구의 각도에서 민중에 존재하는
정신적 위기문제에 대한 분석과 사고를 진행해야 한다. 이를 통해,
그 복잡성을 드러내고, 그에 대한 유효한 해석과 판단을 내리고, 더불
어 정확한 이념적 사고와 건설을 진행하여, 이성으로 응해주면서, 사
람들에게 정신수양과 이성재건을 하게 해야 한다. 나아가 민중으로
하여금 인류가 겪고 있는 이 모든 것에 대하여 더 깊이 이성적으로
인식하게 하고, 자신의 행위를 다시 이성적으로 계획하도록 하여, 시
대정서의 흐름 속에서 표류하게 놔두어서는 안 된다.

(3) 의견 제시와 대책 제안(建言献策)

　코로나19사태가 세계화에 도전을 가져오면서, 세계경제는 침체되
고 정치질서는 재편되고 있다. 어떻게 국제합작질서를 회복시키고 사
회 민생을 더 잘 회복시키고 개선시켜야 할지는 포스트 코로나시대
국제사회가 직면한 중대한 난제이다. 이런 태세를 마주하여, 비평이
든 지지든 간에 모두 현재의 핵심은 아니며, 실정을 살피고 본질을
보고 진언을 내는 것이 비로소 인문학자로서 포스트 코로나시대에 회
피해선 안 되는 중요한 책무이다. 인문학자는 시대문제의 발견자이자
사회를 개조하는 탐색자의 입장에 서서, 학과의 우위와 전공의 특장
을 발휘하며 구진무실(求眞務實)의 정신을 받들어야 한다. 포스트 코로
나시대의 사회변화를 주목하여 코로나사태의 동태를 살피며 인문학
술연구와 포스트 코로나시대 사회의 중대이론과 실천문제를 깊이 연
결시키며, 문제의 배후를 깊이 파고들어, 어떤 해결조치를 취해야하
는 지를 사고해야 한다. 이를 통해, 경험의 정리와 이론의 제련을 강화
하고, 자신의 확실한 견해를 발표하며 사회를 위해 이성적이고 실용

적면서 확실하고 효과적인 정책자문과 초점 있는 조치건의를 제공해야 한다. 예를 들자면, 지방에서 코로나에 대처한 성취와 경험을 정리하고 귀납하여 지방의 전략과 대책을 위해 자문을 제공한다; 혹은 포스트 코로나시대의 기본 국정(國情)을 조사하고 연구하며, 중앙의 코로나사태에 대한 중대한 대책실시와 피드백상황을 깊이 이해하여, 당중앙 및 국무원의 전략대책을 위해 복무하는 것 등이 있다. 정책의 전면으로 나아가, 집중적인 학술연구를 통해 국가 내지 세계를 위해 포스트 코로나시대에 대한 이론적 지탱과 지적 보장은 비로소 포스트 코로나시대 인문학자가 피해서는 안 되는 중요한 사회적 책무인 것이다.

(4) 세계화해 건설

코로나사태의 지구적인 폭발은 세계로 하여금 종합적 위기에 빠지게 하였고, 국제관계, 공동체관계 심지어 사람과 사람 사이의 관계에서도 각각 다른 정도의 균열상황이 생겨났으며, 국제질서는 엄중한 충격을 받았다. 이런 형세 속에서, 인문학자는 역사적 사명을 안고 세계화해를 건설하는데 공헌을 해야 할 책임이 있다. 세계화해의 건립은 사람을 주체로 하여 전개되며, 사람은 사회생활의 주체이다. 인문학자로서, 똑같은 코로나사태의 경험자이자 목격자로서, 이번 코로나19사태를 직접 경험하였으며, 또한 코로나19사태에 대처하는 과정 속에서 사람과 사람 사이 관계의 변화 이후, 다른 사람이 만든 각양각색의 문헌이 우리에게 제공되어 분석하고 연구하도록 좌시해서는 안 됨을 절실하게 느꼈다. 인문정신을 발휘하고, 사람의 주관 능동성을 발휘하여, 눈 앞에 우리가 처한 시대의 중대문제에 대하여 주동적으로 진실하게 기록해야 한다. 신문보도가 아니며 관방발언도 아니며 유언비어나 어떤 의식형태에 영향 아래의 좁은 편견은 더욱 아닌 단지 포스트 코로나시대 사람과 사람, 사람과 사회, 사람과 자연환경, 사람과 국가, 사람과 세계 사이의 진실한 관계를 참되게 기록하면 된다. 즉, 세계 상의 한사람 한사람이 코로나19사태의 영향 아래, 이미 변해버린 세계 속에서 어떻게 자기의 위치를 정하고, 자신과 타인 그리고 세계와의 관계를 재확인하고 조정해 가는지를 기록하여, 1차자료를 만드는 것이다. 나아가 포스트 코로나시대에 화해세계 건설에 관한 연구를 전개하며, 사람과 사람 사이, 사람과 공동체 사이의 각종 이익관계를 어떻게 적절히 조율할지, 사람과 사람 사이, 가치추구가 상이한 문명과 문명 사이의 공생 공존을 어떻게 촉진시킬지 등을 탐구하며, 그로부터 세계가 화해하며 발전할 수 있는 길을 찾아야 한다.

2) 포스트 코로나시대 인문학자의 사명이행에서 직면한 도전

중국 역사상 문인의 작용과 포스트 코로나시대 인문학자의 역할위치로부터, 인문학자는 끊임없이 국민을 완성시키고 사회를 완성시키고 국가를 완성시키는 중요한 사명을 종종 담당하며, 역사의 발전과정 속에서 중요한 작용을 해 왔음을 알 수 있다. 하지만, 현 단계 사회환경은 거대한 변화가 발생하면서, 포스트 코로나시대에 인문학자가 사회책임을 담당하고 사명을 이행하는 과정에서 여러가지 도전에 직면하고 있다.

(1) 덕행과 수행의 약화가 인문학자의 주류가치관념 전파에 가져오는 도전

일부 인문학자는 학술신앙이 확고하지 못하여, 학술연구의 사회적 가치에 냉담하며, 명성과 이익을 자신의 이상으로 추구하며, 물질적 유혹 앞에서 자신의 덕행수양의 발전을 경시한다. 이런 학자들은 다음과 같은 곳에서 드러난다. 과학연구책임의식의 결핍, 사리사욕 취하기, 타인의 것을 복제하거나 모방, 거짓과 과장하기, 연구결과 조작, 혹은 학설이라는 이름으로 대중을 오도하며 자신의 명리사욕을 만족시키는 것 등이 있다. 이런 행위들은 비록 개별적인 현상에 속하지만 만일 개선시키지 않는다면, 학술환경에 영향을 주고 학술의 진보를 방해하여 사회로 주류가치관념을 전파하는 데에 도전을 받게 될 것이다.

(2) 비판정신의 약화가 인문학자의 대중이성인지 재건에 가져오는 도전

코로나사태가 폭발한 이래, 코로나를 주제로한 연구는 더 뚜렷하게 증가하고, 사람들은 매일 다량의 진위의 구별이 안 되는 정보에 노출되면서, 적지 않은 사람들이 정보의 바다 속에 빠져 그 물결에 따라 표류하고 있다. 비판정신의 약화는 바로 이런 상황을 초래한 가장 중요한 원인이며, 다음과 같은 형태로 드러난다. 일부 연구자들은 학술 연구 중 역사나 현실문제에 대한 선별과 심사를 하지 않고, 짧은 글에서 뜻을 취함으로써 일부를 전체로 간주하거나, 혹 표면적 현상의 가치를 일방적으로 확대하고 과장하여 평가하거나, 혹 크기만 하고 부적당하고 내용이 공허한 자기이론건설과 개념제조에 열중함으로써, 대중이성에 쉽게 충격을 주고 여러 가치의 편차를 초래하고 있다.

(3) 문제의식과 반성능력의 약화가 인문학자의 의견 개진과 대책 제안에 가져오는 도전

진정한 학술연구는 사회발전에 관심을 기울이고, 사회발전 과정의 실질적 문제를 해결하는데 힘써야 한다. 포스트 코로나시대, 많은 인문학자는 시대 및 인류사회발전 과정에 대한 관심도를 주동적으로 끌어

올리지 못했고, 주동적으로 문제를 발견하고 문제를 드러내고 문제를 해결하는 자주적 사고와 연구가 결핍되었으며, 단지 구체적인 정책을 해석하는 역할에 만족하고 있다. 학술연구는 대개 역사와 기존이론에 대해 분석과 해독을 진행하고, 대개 교조주의와 순환 논증을 하다 보니, 행한 학문은 실제적인 상황에 벗어나는 경우가 존재했는데, 이것이 인문학자들이 견해를 내고 대책을 제안하는데 나타나는 도전이다.

(4) 세계적 충돌과 대립이 인문학자의 화해세계 건설에 가져 오는 도전

코로나사태의 영향으로, 포스트 코로나시대에 사회관계, 국제관계는 날로 복잡해지고, 세계발전 속에서의 여러 심층적 모순과 문제도 갈수록 부각되고 있다. 예컨대, 생활습관, 가치관념, 신앙, 행위 등을 포함하는 문화충돌과 지역충돌 등은 사람과 사람, 그룹과 그룹 사이에서, 다른 공동체가문자역입장이익을 가진 사람들 사이의 긴장과 대립은 화해세계의 건설을 저해하는 도전이다.

(5) 인문학과의 짐진직 쇠락이 인문학자의 사명담당 발휘에 가져오는 도전

과학기술의 쾌속 발전은 사회를 갈수록 기술화로 이끌었고, 자연과학은 널리 중시되고 있으며, 사람들도 가면 갈수록 과학기술을 숭배하고 있다. 반면, 인문학에 있어서는, 많은 사람들이 그것은 고상하고 수준 높은 것으로 자연과학과 사회과학처럼 경제적 효익을 직접적으로 생산하는 학문이 아니며, 일정한 실용성과 공용화가 결핍되어서, 세계를 바꾸는데 운용될 수 없다고 여긴다. 이때문에, 사회에서 경시되고, 쇠락하는 추세가 되었으며, 이것이 인문학자가 사명책임을 이행하는 데에 나타나는 도전이다.

3. 포스트 코로나시대 인문학자의 능력건설을 촉진시키는 길

시진핑은 말했다: "시대에 입각해 특정한 시대문제를 해결해야만 비로소 이 시대의 사회진보를 추동할 수 있다. 시대에 입각해 시대의 소리를 들어야만 비로소 화해사회의 시대적 호각을 촉진시킬 수 있다."[1] 코로나19의 엄중한 영향 아래의 포스트 코로나시대에서, 인문학자는 시대에 입각해서 시대와 발맞추고 용감하게 사명을 짊어지고 자신의 능력건설을 강화하며, 코로나사태가 가져온 소극적 문제들에 끊임없이 해결하여, 국가의 장기적인 안정과 세계질서의 정연한 운행에 힘을 보태야 한다.

1) 자신의 덕행수양을 강화하여 인문학자가 주류가치관념을 전파하는 수준을 높인다.

덕행수양은 사회의 영혼이자 지식의 영혼이기도 하다. 포스트 코로나시대, 인문학자는 주류가치관념을 전파해야 하며, 그때 갖추어야 할 소양으로 탄탄한 학술수준을 들 수 있다. 탄탄한 학술수준을 갖는다는 것은 완숙한 덕행수양을 갖추는 것을 전제로 한다. 공자는《논어(論語)·양화(陽貨)》에서 일찍이 어진 자는 반드시 다섯 가지를 해야 하는데, 그것은 바로 "공(恭), 관(寬), 신(信), 민(敏), 혜(惠)"이다. 공손하면 업신여김을 받지 않고, 너그러우면 민심을 얻게 되고, 신뢰가 있으면 남들이 의지해 오고, 민첩하면 공이 있고, 은혜로우면 족히 사람을

---

1   习近平.《问题就是时代的口号》, 2006年11月24日.

부릴 수 있다. 인문학자는 사회 속의 사람이며, 모든 독립인과 사회인
이 가진 특성을 가지고 있다. "장중(莊重), 관후(寬厚), 성실(誠實), 근민
(勤敏), 자혜(慈惠)"이 5종의 덕행수양은 인문학자를 포함하는 모든 사
람들이 응당 갖추어야할 것들이다.《예기(禮記)・대학(大學)》에서 말하
길, "수신(修身), 제가(齊家), 치국(治國), 평천하(平天下)"라 했다. 그중 수
신은 바로 자신을 완성시키는 것으로 행동에 규범이 있어야 하며, 덕
을 기르고 몸을 닦는 것은 관직에 있는 사람의 기초임을 의미하며,
개인의 덕행수행의 중요성을 강조하고 있다.《채근담(菜根譚)》에서
"덕은 사업의 기초이니 기초가 튼튼하지 않으면 집이 오래가지 않는
다(德者事業之基, 未有基不固而棟宇堅久矣)"라 하였다. 고상한 덕행은 인
생사업의 기초이며, 마치 고층빌딩을 짓는 것과 같으며, 가령 사전에
지반을 견고하게 다지지 않으면 건물의 견고함을 보증할 방법이 없음
을 의미한다. 칸트는 일찍이《실천이성비판(實踐理性批判)》에서 "두 가
지 것이 있는데, 우리는 일상을 초월하고 반복을 넘어 사유하며, 그들
은 사람의 마음에 수시로 새롭고 더할 수 없는 찬탄과 경외를 주입한
다: 머리 위의 별이 빛나는 하늘과 마음 속의 도덕법칙"이라고 하였
다.[2] 인문학자는 인문학이라는 광대한 하늘 아래 시종일관 학술도덕
및 학술신앙이라는 "도덕법칙"을 고수해야 한다. 학술조작과 학술경
비의 편취 등 불공정하고 불성실하고 어리석은 학술행위를 스스로 배
제하며, 덕행수행을 일생의 다짐이자 일생의 실천이자 일생의 추구로
삼아야 한다. 자신의 덕행수양을 끊임없이 완성시켜가는 속에서 더
높은 학술연구를 추구하며, 사회를 향해 선진적인 주류가치관념을 더
잘 전파시켜 나가야 한다.

---

2   康德.《实践理性批判》[M] . 商务印书馆, 1960 : 164.

2) 비판정신을 견지하고, 인문학자는 대중이성인지를 재건하는 능력을 강화해야 한다.

비판정신은 바로 개인이 지식외부와 자아를 인식할 때 가지는 질의, 분석, 이성사고의 행위 경향을 가리킨다. 더욱 높은 층면에 서서 역사나 현실에 대한 선별과 심사를 함으로써 문제해결을 기약하며 더 나은 발전을 실현시켜야 한다. 세계적인 코로나19사태는 사회위기를 대처하는 속에서 비판정신의 중요성을 전에 없이 부각시켜주었다. 포스트 코로나시대, 비판은 필연적으로 인문학자의 중요한 책임이자 역할이다. 인문학자는 정신적으로 특출한 비판의 칼이 있어야 하는데, 먼저 제 때에 비판을 행해야 한다. 잘못된 사상과 사조가 일단 사회에서 유행하게 되면, 사람들의 사상에 매우 쉽게 중요한 영향을 끼치고, 사회이성인지에 충격을 주게 된다. 인문학자는 적시에 코로나사태가 일으킨 잘못된 사상과 사조에 대한 비판을 행해야 하는데, 특히 과학기술이 고도로 발달하고 정보전파방식이 더욱 다양하고 전파속도가 더욱 신속해진 지금은, 일단 대응에 소홀하면 그 후속 결과는 상상조차 할 수 없기 때문이다. 두 번째, 전면적으로 비판을 행해야 한다. 인문학자는 한번 비판적인 모습을 보이는 걸로 만족해서는 안 된다. 진정한 비판을 하려면 타인을 비판하는 동시에 자아비판도 진행해야 하며, 정치적 입장이 정확한 과시와 도의 도덕감의 자기만족, 그저 자기의 관점과 이념만 보호하고 진리를 경시하는 상황 등이 출현하는 것을 피해야 한다. 개방적인 마음자세로 반복해서 갈고 닦고, 자기의 관점과 이념을 끊임없이 진리로 진화하게 해야 한다. 세번째, 과학적으로 비판해야 한다. 과학적 비판이라야 비로소 사람들이 신뢰하게 만들며, 과학적 비판은 우리가 세계인지의 본질을 열고 이성인지로 통하게 하는 황금 열쇠이다. 인문학자는 자신의 지식축적과 이성적 사유를 사용해 근원부터 입수하여, 핵심인물이나 핵심관점을 잡아 내고, 사회적 화제에 대해 이성적으로 비판을 가해야 한다. 하지만 논거를 임의로 선택하거나 마음대로 말하는 것이 아니라 응당 근거를 가지고 말에 이치가 있으며 전면적이면서 편협하지 않아야 한다. 특히, 건설적인 비판으로 그 정화를 취하고 그 찌꺼기를 제거하며 비판하는 동시에 사물에 대한 "표상(表象) → 사실(事實) → 관점(觀點) → 신념(信念)"의 구조를 실현시키며, 진정으로 사회여론을 바로잡고 사회이성 인지의 재건에 힘을 더해야 한다.

3) 문제의식과 반성능력을 강화하고, 인문학자의 의견 개진과 대책 제안 능력을 높인다.

문제의식과 반성능력을 강화하는 것은 문제해결능력을 높이는 중요한 수단이다. 포스트 코로나시대, 코로나가 남긴 각종 사회문제는 끊임없이 나타나고 있다. 인문학자는 국가와 국민을 이롭게 하는 것을 자신의 요구로 삼고, 이론에 기초하고 현실을 마주하며 시대변화를 주동적으로 성찰하고 실질적 수요에 맞춰 인문학연구가 현실을 바꾸고 미래를 건설하는 중요한 역량이 되도록 촉진시켜야 한다. 먼저 문제를 발전방향으로 삼고 문제의식을 강화해야 한다. "문제의 발전 방향을 견지하는 것은 마르크스주의의 뚜렷한 특징"[3]이며, 문제는 시대의 소리이자 모순된 사물의 표현형식이다. 문제의식을 증강시키는 것은 바로 모순의 보편성과 객관성을 인정하게 하며, 아울러 모순을 인식하고 해소시키는 일에 능하게 한다. 인문학자는 서재 안에서의

3　习近平.《在哲学社会科学工作座谈会上的讲话》, 2016年5月17日.

학문을 하는 것에 만족해서는 안 되며, 시대발전과정에 순응하며 교조(敎條)와 관성(慣性)을 내려놓고, 포스트 코로나시대의 세계현황에 근거하며 뚜렷한 문제의식을 수립해야 한다. 거시적 측면에서 시대에 대한 날카로운 관찰 및 미시적 측면에서 사회현상에 대한 진실한 감수(感受)를 통해, 포스트 코로나시대의 각종 모순과 문제에 주목하며, 문제 속에서 학술연구의 과제를 발견해내야 한다. 두 번째, 반성능력을 강화해야 한다. 사상적 기록이 존재한 이래 인류문명의 역정을 개관해 보면, 인류문명이 능히 각종 위기를 극복하고 끊어지지 않고 이어질 수 있었는데, 가장 관건이었던 점은 적시에 반성하며 끊임없이 적응하려는 태도로써 곤란과 장애에서 빠져나왔다는 것이다. 동일하게, 포스트 코로나시대, 사회의 지속적 발전은 반성작용에서 벗어날 수 없다. 사고가 깊어질수록 정책결정은 점점 과학적으로 기울게 된다. 특히, 우리는 코로나 사태 속의 각종 현상과 상황에 대해 더욱 정확한 인식이 있어야 한다. 더 상세한 자료를 축적했다는 배경 아래, 인문학자로서 국가의 공공정책의 고도에 서서 인문학자의 소양, 안목과 배포로 인류의 현대화 과정 속의 문제와 위기 및 그 현상 배후에 내포된 본질을 깊이 반성하여, 각 문제 간의 상호영향, 상호작용의 기제를 통찰해야 한다. 코로나19사태에 대한 정책과 제도의 구조를 진지하게 검토하고, 경험과 교훈을 총결하며, 관련된 실천반성적 연구와 대안연구를 집중적으로 전개하며, 나아가 인민을 위해 소리를 내고 국가를 위해 견해를 내며 세계를 위해 대책을 제안해야 한다.

4) 광활한 인문관심을 가지고, 인문학자는 화해세계 건설의 수준을 높여야 한다.

이른바 인문정회(人文情懷: 이하 인문관심)라는 것은 보편적인 인류의 자기관심을 가리킨다. 인문관심을 일으키는 일은 수많은 세계적이고 지역적인 문제의 해결을 촉진하고, 세계가 화해질서의 방향으로 발전을 촉진하는 데 중요한 작용을 가지고 있다. 포스트 코로나시대, 인문학자는 가슴에 국민에 대한 관심, 국가에 대한 관심, 인류운명에 대한 관심 같은 광활한 인문관심을 가져야 한다. 먼저, 사람을 근본으로 하는 이념을 견지해야 하며, 인문관심의 가장 핵심적 요소는 인류생명에 대한 관심이며, 생명에 대한 경외는 응당 인문학자의 학술연구의 제1요지이다. 인문학자의 학술연구는 국민을 핵심위치에 놓고, 국민우선과 생명우선의 가치관념을 수립하고, 스스로 국민생활의 진정한 대변인으로 자원하여 연구를 더 실체적이게 하고 현실을 위해 복무하며 사람의 마음을 곧바로 가리켜야 한다. 두 번째, 확고한 가국(家國)관심을 가져야 한다. 가국관심은 과거에도 필요했으며 포스트 코로나시대에는 더욱 필요하다. 인문학자는 강렬한 사명감과 책임감으로 포스트 코로나시대 국가중심의 업무와 중점업무를 중심에 놓고, 학술연구와 국가진보가 긴밀하게 연결되었음을 자각하고, 높은 질의 학술연구성과를 내기 위해 노력하고, 당대 인문학자와 국가가 함께 호흡하며 민족과 운명을 함께하는 가국적 대의(大義)를 써내야 한다. 세 번째, "세계인문"이념을 수립하고, 천하를 줄곧 가슴에 품어야 한다. 포스트 코로나시대, 세계화는 여전히 인류문명의 역사발전 속 거스를 수 없는 기본 추세이자 핵심노선이다. 인문학자는 세계화추세에 입각하여, 좁고 독립적 민족주의의 "자기감상"과 "자기만족"태도를 타파하고, 국가중심을 초월하여, 인문학연구의 목적을 대중을 위한 전인류를 위한 것으로 승화시켜야 한다. 전체에서 출발하여 현재 세계사회의 현실을 사고하며, 여러 인류생존과 사회발전에 관련된 보세(普世)적 의의를 가진 이론적 주제와 현실적 주제를 탐구하고 연구해야 한다. 예를 들자면, 인문학자가 연구해야 하는 것은 어떻게 인류의 운명공동체를 건설할 것인가, 그 정치, 경제, 문화, 관념의 기초, 가장 큰 공약은 어디에서 헤아려야 하나? 어떻게 의견을 조정할 것인가? 등이 있다. 화해세계의 건설과 인류문명의 진보를 위해 지혜와 역량을 공헌해야 한다.

5) 인문학을 중시하고 발전시켜, 인문학자가 사명을 담당하는 플랫폼의 기초를 다져야 한다.

인문학이 탐색해야 하는 것은 사람의 생존의의나 사람의 가치, 그리고 각종 사실적 생존의 성질과 규율이다. 개인이나 국가와 세계를 대해 말하는 것을 막론하고, 인문학은 모두 매우 중요하다. 조치를 취해서 인문학의 진보와 발전을 끊임없이 촉진하고, 인문학자가 학술연구를 진행하고 역할역량을 발휘하도록 유력한 플랫폼을 제공하며, 포스트 코로나시대의 위기를 종식시키기 위한 기초를 다져야 한다. 먼저, 국가는 인문학에 대한 중시(重視)를 높여야 한다. 국가는 응당 코로나사태를 진정으로 격퇴하고, 국가와 세계의 정연하고 안정적인 발전을 실현시키려면, 자연과학의 코로나에 대한 과학적 연구와 방제가 필요한 것 외에, 자연과학의 생산력에 대한 촉진작용이 필요한 것 외에, 또 인문학의 중요한 작용을 중시해야 함을 충분히 인식해야 한다. 국가정책의 제정, 사회제도의 적응, 돌발사건에 대한 효과적 대처는 모두 인문학자들의 기획과 대책을 벗어날 수 없기 때문이다. 특히, 포스트 코로나시대, 인문학은 아름다운 사회생활을 구상하고 실현시키는데 매우 중요하다. 인문학자는 어떻게 해야 위기를 더 잘 처리하고, 또 어떻게 역사속에서 경험과 교훈을 흡수하여, 인류사회가 발전과정 속에서 더욱 강대하게 추동되는지를 알고 있다. 두번째, 인문학

자는 스스로 인문학과의 발전을 촉진시키는데 힘을 다해야 한다. 페
츨러는 "모든 학자가 자신의 학과로 하여금 진정으로 발전하게 한다
고 말하지 않는다; 이 일을 해내지 못했다면, 그는 온 힘을 써서 행해
서 그의 학과를 발전시켜야 한다; 그가 자신의 학과로 하여금 이전보
다 발전시키지 못했다면, 그는 그 자신의 책무를 완성시켰다고 여겨
서는 안 된다…학자는 그가 금방 무엇을 했는지 잊어버려야 하며, 늘
그가 다시 무엇들을 해야 하는지 생각해야 한다."⁴ 이와 동일하게, 인
문학과의 발전은 인문학자가 지치지 않고 꾸준한 노력과 연구에서 벗
어날 수 없다. 인문학자로서, 특히 포스트 코로나시대의 배경 아래,
늘 자신의 학과사명과 책무담당을 늘 명심해야 하며, 시대의 맥박을
깊이 파악하고, 사회현실에 적극적으로 개입하며, 대중의 영역에 깊
이 들어가고, 사회의 변천을 긴밀하게 따라가야 한다. 과학연구행동
에서 있어서 더 깊이 연마하고, 인문학의 발전을 끊임없이 촉진하고,
인문학이 점차 쇠락하는 곤경에서 벗어나도록 힘을 더해야 한다.

옮긴이: 이행철

【원문】

人文学者在后新冠时代的角色与使命

人文学者自古以来在社会上承担着重要使命，对社会的发展及人类
的发展进程产生重要作用。2020年春天爆发的新冠肺炎疫情是一次公
共卫生领域中的重大突发事件，已经波及全球几乎每一个角落，至今

---

4 费希特.《论学者的使命》[M] . 梁志学，沈真译. 商务印书馆，2003.

仍未结束，给世界社会秩序、人民群众生命安全和身体健康等造成威胁，也给人文学者在后新冠时代的作用发挥和能力建设带来了一些新的思考。后新冠时代，作为人文学者，有怎样的角色定位以及应当如何强化自身的能力建设，践行自己的使命？

1. 文人在中国历史进程中的使命

今天的人文学者，在中国古代，则被称为"士"或"士人"，他们是一批具有自觉责任感和明确使命感的人。自孔子起，以孔孟为代表的中国文人将明道救世视为自己的使命与责任，促进了社会历史的进步。具体表现在：

1) 传承优秀文化

中国古代士人传承文化为己任，勇担传承优秀文化的使命。孔子曾在《中庸》中云："仲尼祖述尧舜，宪章文武，上律天时，下袭水土"，他认为要遵循尧舜之道，效法周文王、周武王之制，继承和弘扬传世经典和先哲的精神和文化。他整理删定六经，充分肯定了传统典籍的社会价值，对儒学乃至中国传统文化的发展起了重要作用。后来，孔弟子及孟子、荀子对上古和孔子学说进行整理、阐释和传播，这一优良传统被后世文人所继承和发扬，"为往圣继绝学"成为了古代文人的重要使命、并致力于继往开来。这种薪火相传的事业就算是在中国社会动荡的年代也没有被中断，当时秦始皇"焚书"使古代文化典籍遭到严重破坏，再到后来项羽火烧咸阳，使在民间已经消失的诗、书百家语之类的书，在这场大火中彻底亡失。上古典籍得以流传至今，全赖汉初一批年事已高的儒者口述，汉文帝时期，伏生(原为秦朝博士)向晁错口授《尚书》便是重要体现。宋代以来，书院逐在民间兴起，私人讲学在社会盛行，大规模刻印书籍出现，更加凸显了文化传承的实绩。中国文化之所以经历劫难而从未中断，同中国士人以传承文化为己任的责任感是密不可分的。

2) 社会批判与建构

　　作为社会基本价值与社会准则的自觉维护者，中国古代优秀士人从未放弃社会批判和建构的责任，兴利除弊，协调社会矛盾，促进社会稳定。面对各种社会现实问题，他们主张以策论兴天下，或是作文劝诚统治者，陈说利害，提出建设性意见；或慷慨陈词，对社会现实问题给予猛烈抨击，以期引起震动。不管是把持朝政的外戚、宦官、佞臣等邪恶势力，还是为恶一方的豪强和虎狼之吏，都是他们抨击的对象。比如孟子在《孟子·滕文公章句下》中说"世衰道微，邪说暴行有作"，批判当时世道衰微，邪恶的言论和残暴的行为层出不穷；荀子在《荀子·尧问》中说"上无贤主，下遇暴秦，礼仪不行，教化不成…当是时也，知者不得虑，能者不得治，贤者不得使。"批判当时的社会，上面没有贤良的君主，下面遇上暴虐的秦国，礼制道义、教化不能施行，有智慧的人不能参与谋划政事，有能力的人难以施展自己的才能，有德才的人得不到任用等。在批判的同时，他们把百姓安居乐业、天下太平作为他们的最高理想，针对性地提出一些理想社会的建构设想。比如在政治上，孟子的"民为贵"与"仁政"的民本思想，孔子的"仁者爱人"主张，荀子的"法后王，统礼仪，一制度"等等，旨在劝谏统治者以民为本，轻徭薄赋，爱惜民力，建立稳定和谐的社会秩序。中国古代社会之所以能屡屡摆脱社会危机，实现由乱而治，同一代代士人持续不断的社会批判与建构是有密切相关的。

3) 教化民众

中国古代士人在作社会批判的同时又自觉承担教化民众的职责。中国自古就重视对民众的教化，且从中央到地方均有专人掌管教化工作。后世更在民间设立乡学及社学，旨在民间传播普及文化，导民德、善民俗，主事者和施行者主要是乡里士人。荀子曾在《荀子·儒效》中说："儒者在本朝则美政，在下位则美俗"，来表达对儒者的赞扬，意思是说，儒者在朝内做官就会使政治美善，如果生活在民间就会使民风淳美。后世也有士人提出"上士贞其身，移风易俗"之说，倡导建立制定"乡约"，比如北宋理学家吕大防、吕大钧兄弟发起制订的《蓝田吕氏乡约》，提倡："德业相劝，过失相规，礼俗相交，患难相恤"，对淳化风俗，提升民德、建立社会和谐、安定社会秩序曾起了重要作用。此外，中国士人多重家教，他们曾制订各种家训、家规，如《颜氏家训》、朱伯庐的《治家格言》、曾国藩的家训等等，不仅影响一家、一族，甚至影响后世。在明清，不少士人留下清言集，如洪应明的《菜根谭》、吕坤的《呻吟语》等，其中多是有深刻哲理的警语、格言，对于人们陶冶情操、为人处世、安身立命有重要启迪作用。宋元以来，戏剧、小说、说唱等艺术逐渐兴起，虽主要是为娱乐，但又蕴含明显的"觉世"、"醒世"、"警世"作用，这些作品的创作，都是士人担任教化使命，做教化工作的重要体现。

4) 匡时济世

中国古代士人的使命感、家国情怀在社会出现危难的时刻表现得更为强烈。在中国历史上，由于封建制度本身存在的一些弊端，社会上时常出现或大或小的社会动荡。士人们具有深刻的忧患意识、对社会

现实具有敏锐的洞察力，加上熟知历史经验教训，他们往往最早觉察
社会危机并敲起警钟。比如在近代，在鸦片战争即将爆发的前夜，当
时的社会危机日益深重，民族危机也已经出现端倪，以魏源为代表的
一批主张经世致用的士人表便开始呼吁清朝政府要尽快主动进行自我
改革。再到后来我们所熟知的康有为、梁启超等人所提出的维新变法
主张，等等，在中国古代历史上的几次重大社会变革中，士人们都是
在危机爆发之前就率先觉察到危机并呼吁和推进社会变革。当危机真
正出现和真正爆发的时候，优秀士人则是作为领头者，不顾个人安
危，敢勇当先、率领众人扶危扶颠，比如明朝魏忠贤时期由读书人组
成的"东林党"人与宦官集团的斗争、清初江南士人的抗清斗争及近代
的康有为率同梁启超等数千名举人联名"公车上书"光绪皇帝等都是重
要体现。为了匡时救世、扶危扶颠，许多优秀士人不惜冒杀身灭族的
风险，以身报国，他们的使命感、担当精神为后人所钦佩。

2. 人文学者在后新冠时代的角色定位及挑战

1) 人文学者在后新冠时代的角色与职责

新冠肺炎疫情面前，没有看客。每个群体在社会中所处的各种角色
与职责，会因为疫情变得更加明确和清晰。后新冠时代，人文学者虽
然不像医务工作者那样，战斗在与病魔较量的最前线，但他们也有着
自己更加清晰的角色定位，以自己的方式为国家分忧、为社会尽责，
为人民解难。

（1）传播主流价值观念。后新冠时代，主流价值观念的引领是一个核
心的重大问题。人文学者是知识的先锋，担负价值观引领的重要使

命。"文章合时而著"，后新冠时代，人文学者要通过学术研究成果中所蕴含和传递的主流价值观念来引导公众树立正确的世界观、人生观、价值观，助力后新冠时代正确价值取向的确立和完善价值体系的建构。比如，对于文学来说，它承担着后新冠时代提升国民教养与国民风度的重任，文学学者可通过塑造人物形象、编撰故事情节、抒发内心情感来表征意义，充当理想和信仰的催化剂，向公众传达社会主流价值取向；对于历史学来说，历史学主要承担着回溯传统，建立民族、国家认同的重要职责，历史学者可通过对历史事件、历史人物和历史运动的考究和评价来向社会公众宣扬某种正确的价值取向，"以人为鉴，可以知得失，以史为鉴，可以知兴替"就是给人们最好的告诫；哲学承担着培育国民信仰的职责，哲学学者可从反思生命活动中揭示人类活动现象背后的实质的抽象和规律，阐释并向社会公众传达某种正确的价值取向，等等。后新冠时代，人文学者要通过学术研究向社会提供和传达主流的先进的价值观念，不断巩固人民信仰。

(2)重建理性认知。理性的社会认知是社会稳定的重要条件，也是取得抗击新冠肺炎一切胜利的重要社会基础。从疫情中可以看出，新冠肺炎疫情在对人民生命健康造成威胁的同时，更给社会带来了深层的精神危机。社会个体的命运叠加新冠疫情中人类社会的处境，很多人在时代情绪中丧失自我，出现虚无主义和颓废主义，理性认知出现偏差。人文学者主要是研究的是作为"类"存在的人，所关注的多是人的生存环境，尤其是人的精神生活环境。矫治社会精神危机，重建公众理性认知是后新冠时代人文学者的重要角色和使命担当。人文学者要秉持理性的现实判断力，直面后新冠时代人类心智秩序的破碎与重建，从人文学研究角度对民众存在的精神危机问题进行分析和思考，揭示其复杂性，对其作出有效阐释和判断，并进行正确的理论思考与建构，以理性排附和，给人以精神上的修养与理性的再塑，进而让民众对人类正在经历的这一切有更深刻的理性的认知，重新理性规划自身行为，而不仅仅是在时代情绪之河中随波逐流。

（3）建言献策。新冠肺炎疫情给世界全球化带来挑战，全球经济低迷，政治秩序重构。如何恢复国际合作秩序、更好地恢复和改善社会民生，是后新冠时代国际社会面临的重大难题。面对这种态势，不论是批评还是赞许都不是当下的重点，察实情、看本质、建真言，才是作为人文学者在后新冠时代不可推卸的重要职责。人文学者要站在时代问题的发现者和改造社会探索者的立场，发挥学科优势和专业特长，秉承求真务实的精神，关注后新冠时代的社会变化，体察疫情动态，将人文学术研究与后新冠时代社会重大理论与实践问题深度勾连，深入问题背后，思考应当采取怎样的解决措施，加强经验总结和理论提炼，发表自己的真知灼见，为社会提供理性务实、切实有效的政策咨询与针对性的措施建议。比如，通过总结和归纳地方抗击新冠肺炎疫情的成就与经验，为地方的战略决策提供咨询；或是调研后新冠时代基本国情，深入了解中央应对疫情重大决策实施和反馈情况，为党中央、国务院的战略决策服务等等。走在政策前面，通过针对性的学术研究为国家乃至世界应对后新冠时代提供理论支撑和智力保障，才是后新冠时代人文学者不可推诿的重要社会责任。

（4）构建和谐世界。新冠疫情的全球爆发使世界陷入一种综合性危机，国际关系、社群关系甚至人与人之间的关系存在不同程度的被撕裂的情况，国际秩序受到严重冲击。在此种态势下，人文学者有责任担起历史使命，为建构和谐世界做贡献。和谐世界的建立是以人为主体来展开的，人是社会生活的主体。作为人文学者，同样也是新冠肺炎疫情的参与者和见证者，在亲身亲历了这一场新冠肺炎疫情，也真

切感受到了抗击新冠肺炎疫情过程中人与人之间关系的变化之后，不
应当坐等别人形成各种各样的文献，供我们来进行分析和研究，而是
发挥发挥人文精神，发挥人的主观能动性，主动对当前我们所处的时
代重大问题进行真实地记录。不是新闻报道、也不是官方发言、更不
是流言蜚语或者某种意识形态影响下的狭隘偏见，仅仅是真实记录关
于后新冠时代人与人、人与社会、人与自然环境、人与国家、人与世
界之间的真实关系，记录世界上的一个个具体的人是怎么样在新冠肺
炎疫情影响下的这个已经变化了的世界中定位自己、重新确认和调整
自己与他人、与世界之间的关系，形成第一手资料。进而在后新冠时
代展开对于构建和谐世界的研究，探寻如何妥善协调和正确处理人与
人之间、人与社群之间的各种利益关系，如何促进人与人之间、价值
追求相异的文明与文明之间的共生共在等等，从中以求世界的和谐发
展之道。

2) 后新冠时代人文学者履行使命面临的挑战

从文人在中国历史上的作用及后新冠时代人文学者的角色定位就可
以看出，人文学者往往承担着不断完善人民、完善社会、完善国家的
重要使命，在历史的发展进程中起了重要作用。但是现阶段社会环境
发生了巨大变化，人文学者在后新冠时代承担社会责任、履行使命担
当中也遇到了一些挑战。

(1)德行修养淡化给人文学者传播主流价值观念带来的挑战。部分人
文学者学术信仰不坚定，淡漠学术研究的社会价值，把名和利作为自
己的理想追求，在物质诱惑面前忽视了自身德行修养的发展。主要表
现在：科研责任意识缺失，投机取巧，重复和模仿别人的东西，造假
浮夸，虚报科研成果，或借学说之名误导公众以满足其名利私欲，等

等，这些行为虽属于个别现象，但如不加以改进，将会影响学术环境，阻碍学术进步，给社会主流价值观念的传播带来挑战。

(2)批判精神弱化给人文学者重建公众理性认知带来的挑战。新冠肺炎疫情爆发以来，以疫情为主题的研究有着更加明显的增长数量，使得人们每日都暴露在海量冗杂、真假相掺的信息当中，不少人迷失在信息汪洋中，随波逐流。其中批判精神弱化就是重要原因，主要表现在：部分研究者在学术研究中对历史或现实问题不加以甄别和审视，就断章取义、以偏概全，或片面地将表面现象的价值评判夸大、扩大，或热衷于大而无当、内容空洞的自我理论建构和概念制造，容易冲击公共理性，导致一些价值偏差。

(3)问题意识和反思能力弱化给人文学者建言献策带来的挑战。真正的学术研究应是关心社会发展，致力于解决社会发展中的实际问题。后新冠时代，很多人文学者没有主动提高对时代及人类社会发展进程的关注度，缺乏主动发现问题、揭示问题、解决问题的自主性思考和研究，仅仅满足于扮演具体政策诠释者的角色。学术研究多是对历史和既有理论进行分析和解读，多是教条主义和循环论证，所作学问存在脱离实际的情况，这给人文学者建言献策带来了挑战。

(4)世界性冲突与对立给人文学者构建和谐世界带来的挑战。受疫情影响，在后新冠时代，社会关系、国际关系变得日益复杂，世界发展中的一些深层次矛盾和问题日益凸显，比如包括生活习惯、价值观念、信仰、行为等在内的文化冲突和地区冲突等，使人与人、人群与人群之间，不同社群、族群、地域、立场、利益的人之间的紧张与对立，给和谐世界的构建带来了挑战。

(5)人文学科日渐式微给人文学者发挥使命担当带来的挑战。科技的快速发展使得社会越来越技术化，自然科学受到广泛重视，人们也越来越崇拜科技。而对于人文学，许多人认为它是阳春白雪、是高谈阔论，不像自然科学和社会科学那样直接产生经济效益，缺少一定的实用性与功用化，不能为改造世界所运用，因此为社会所轻视，有式微趋势，这给人文学者履行使命担当带来了挑战。

3. 后新冠时代促进人文学者能力建设的路径

习近平同志指出：“只有立足于时代去解决特定的时代问题，才能推动这个时代的社会进步；只有立足于时代去听时代的声音，才能促进社会和谐的时代号角。”[5] 在新冠肺炎严重影响下的后新冠时代，人文学者立足于时代，与时偕行，勇承使命，加强自身能力建设，不断化解新冠肺炎疫情带来的消极后果，助力国家的长治久安和世界秩序的有序运行。

1) 强化自身德行修养，提升人文学者传播主流价值观念的水平

德行修养既是社会的灵魂，也是知识的灵魂。后新冠时代，人文学者传播主流价值观念，其必备素养是要有过硬的学术水平。拥有过硬的学术水平，前提要有过硬的德行修养。孔子在《论语·阳货》中曾经说过，仁者必须要做到五点，那就是：“恭、宽、信、敏、惠”。恭则不悔，宽则得众，信者人任焉，敏则有功，惠则足以使人。人文学者是社会中的人，同样具有一切独立人、社会人的特性，“庄重、宽厚、诚实、勤敏、慈惠”这五种德行修养应是包括人文学者在内的众人所应当具备的德行修养。《礼记·大学》中有说：“修身、齐家、治国、平天

5　习近平. 《问题就是时代的口号》, 2006年11月24日

下"，其中修身就是完善自己，行为有规范，意思是说养德修身是做人为官的基础，强点了个人德行修养的重要性。《菜根谭》中说："德者事业之基，未有基不固而栋宇坚久矣"。意思是说高尚的德行是人生事业的基础，就如同修建高楼大厦一样，假如事先不把地基筑得稳固，就无法保证房屋的坚固耐久。康德曾在《实践理性批判》中说过："有两种东西，我们逾时常、逾反复加以思维，他们就给人心灌注了时时翻新、有加无己的赞叹和敬畏：头上的星空和内心的道德法则。"[6]   人文学者要在人文学浩瀚的星空下，始终坚守学术道德及学术信仰的"道德法则"，自觉抵制学术造假和诓骗研究经费等不恭不诚不敏的学术行为，不为世俗名利所诱惑，把加强德行修养作为一生承诺，作为一生的实践，作为一生的追求，在不断完善本身的德行修养中，追求学术研究的更高点，更好地向社会传播先进主流价值观念。

2) 要坚持批判精神，强化人文学者重建公众理性认知的能力

批判精神，就是指个人在认识外部世界和自我时所持的质疑、分析、理性思考的行为倾向，是站在一个更高的层面上，对历史或现实做甄别和审视，以期解决问题，实现更好的发展。新冠肺炎的全球疫情空前凸显了社会危机应对中批判精神的重要性。后新冠时代，批判必然是人文学者的重要责任与担当。人文学者要在精神上突出批判锋芒，一是及时进行批判。错误思想与思潮一旦在社会上流行，极容易对人的思想造成重要影响，冲击社会理性认知。人文学者要及时对疫情引发的错误思想与思潮进行批判，尤其是在科学技术高度发达，信息传播方式更加多样、传播速度更加快捷的今天，一旦疏于应付，后

---

6   康德.《实践理性批判》[M].商务印书馆，1960：164.

果不堪设想。二是全面进行批判。人文学者不能仅满足于摆出一副批
判姿态，要真正地批判，在批判他人的同时也要进行自我批判，避免
出现政治立场正确的炫耀与道义道德感的自我满足、一味维护自己的
观点和理念、漠视真理的情况，而是以一种开放的心态，反复推敲和
琢磨，将自己的观点理念不断向真理演化。三是要科学批判。科学的
批判，才会令人信服，科学的批判是我们打开世界认知本质和通往理
性认知的金钥匙。人文学者要用自己的知识积累和理性思维，从源头
上入手，抓住核心人物或核心观点，对社会话题进行理性地批判，但
不是任意挑选论据或随意开口，应是持之有故，言之有理，全面而不
失偏颇，尤其是要建设性地批判，取其精华，去其糟粕，在批判的同
时实现对事物的"表象→事实→观点→信念"的建构，真正给社会舆论
纠偏，助力社会理性认知的重建。

3) 要强化问题意识和反思能力，提升人文学者建言献策的能力

强化问题意思和反思能力是提高问题解决能力的重要手段。后新冠
时代，疫情遗留的各种社会问题层出不穷。要求人文学者要以利国利
民为自我要求，基于理论，面向现实，主动反思时代变化，对接实际
需求，促进人文学研究成为改变现实，塑造未来的重要力量。一是以
问题为导向，强化问题意识。"坚持问题导向是马克思主义的鲜明特
点"[7]，问题是时代的声音，是事物矛盾的表现形式。增强问题意识就
是承认矛盾的普遍性和客观性，并善于去认识和化解矛盾。要求人文
学者不能只满足于做书斋里的学问，而是要顺应时代发展进程，摆脱
教条和惯性，扎根后新冠时代世界现状，树立鲜明的问题意识，通过

7　习近平.《在哲学社会科学工作座谈会上的讲话》，2016年5月17日.

宏观层面的对时代的敏锐观察及微观层面的对社会现象的真实感受，去关注后新冠时代的各种矛盾、各种问题，在问题中发现学术研究课题。二是要强化反思能力。纵观有思想记载以来的人类文明历程，人类文明之所以能够克服种种危机，流传不息，最关键的一点是能够及时地反思，以不断调适的态度走出困难险阻。同样，后新冠时代，社会良好持续的发展离不开反思作用。思考越深入，决策就越趋向于科学。尤其是当我们对新冠疫情中的各种现象和情况有了更准确的认识，积累了更详实的资料的背景下，作为人文学者，要站在国家公共政策的高度，以人文学者的素养、眼光和胆识深刻反思蕴藏在人类现代化进程中的问题与危机及其现象背后的实质，洞悉各个问题间的相互影响、相互作用的机制。认真检讨应对新冠肺炎疫情的政策框架和制度平台，总结经验与教训，有针对性地展开相关的实践反思性研究和对策性研究，进而为人民发声、为国家建言、为世界献策。

4) 要有广阔的人文情怀，提升人文学者构建和谐世界的水平

所谓人文情怀，它指的是一种普遍的人类自我关怀。弘扬人文情怀对于促进许多全球性和地区性问题的解决，促进世界朝着和谐有序的方向发展具有重要作用。后新冠时代，人文学者要怀有关心人民、关心国家、关心人类命运的广阔的人文情怀。一是坚持以人为本的理念，人文情怀最核心的要素是对人类生命的关怀，对生命的敬畏和对关怀应是人文学者学术研究的第一要义，人文学者学术研究要将人民放在核心位置，树立人民至上、生命至上的价值观念，自愿充当人民群众生活的真正代言人，让研究更接地气，为现实服务，直指人心。二是要有坚定的家国情怀。家国情怀，不仅以前需要，后新冠时代更需要。人文学者要以强烈的使命感和责任感，围绕后新冠时代国家中

心工作和重点工作，自觉把学术研究与国家进步紧紧联系在一起，努力推出高质量的学术研究成果，书写当代人文学者与国家同呼吸、与民族共命运的家国大义。三是要树立"全球人文"理念，坚持胸怀天下。后新冠时代，全球化依然是人类文明历史发展中不可逆的基本趋势和核心主线。人文学者要立足于全球化趋势，打破狭隘孤立的民族主义的"自我欣赏"和"自我满足"态度，超越国家中心，将人文学研究目的升华为为大众、为全人类，从整体出发去思考当前世界社会现实，探讨和研究一些关乎人类生存和社会发展的一些具有普世意义的理论话题和现实话题，比如人文学者需要研究的是怎样建构人类命运共同体，其政治、经济、文化、观念的基础、最大公约数在哪里？如何去进行协调？等等，为构建和谐世界和人类文明进步贡献智慧和力量。

5) 重视与发展人文学，夯实人文学者担当使命的平台根基

人文学所要探索的是人的生存意义或人的价值，及各种事实性存在的性质和规律，不论对于个人还是国家与世界来说，人文学都是非常重要的。要采取措施不断促进人文学的进步与发展，为人文学者进行学术研究、发挥角色力量提供有力的平台，为消除后新冠时代的危机奠定基础。一是国家要提高对人文学的重视。国家应当充分意识到，要真正击退新冠肺炎疫情，实现国家和世界的有序稳定发展，除了需要自然科学对疫情的科学研究与防治，除了需要自然科学对生产力的促进作用，还要充分重视人文学的重要作用。因为国家政策的制定、社会制度的调适、突发事件的有效应对都离不开人文学者们的献计献策。尤其在后新冠时代，人文学对于构想和实现美好社会生活至关重要，人文学者知道如何更好地处理危机，以及如何从历史中汲取经验

教训，推动人类社会在发展进程中变得更加强大。二是人文学者自身要致力于促进人文学科的发展。费希勒说"不是说每个学者都应当使自己的学科真的有所发展；要是做不到这一点，他就应当尽力而为，发展他的学科；在他未能使自己的学科有所进展以前，他不应当认为他已经完成了他自己的职责…学者要忘了他刚刚做了什么，要经常想到他还应当做些什么。"[8] 同样，人文学科的发展离不开人文学者孜孜不倦的努力和研究。作为人文学者，尤其是在后新冠时代的背景下，要时刻牢记自己的学科使命和职责担当，密切把握时代的脉搏，积极介入社会现实，深入大众领域，紧密跟随社会变迁，在科研行动上精益求精，不断促进人文学的发展，助力推进人文学摆脱式微困境。

8　费希特.《论学者的使命》[M]．梁志学，沈真译. 商务印书馆，2003.

명대明代 국제관계의 기틀
: 홍무제洪武帝의 15개 부정제이국不征諸夷國 구상과 그 형성과정

임상훈

1. 머리말

1368년, 洪武帝는 元의 大都를 공파한 후, 몽골족이 남긴 '胡風'을 없애고 다시금 '漢唐舊制'로 돌아가려 많은 노력을 기울였다.[1] 그는 건국 초기부터 원 중심의 세계질서를 명 중심으로 대체하려 노력하였으며, 즉위와 거의 동시에 주변국에 사신을 보내 원의 멸망과 명의 건국을 알리며 그들과 관계를 맺길 희망하였다. 이는 신생국 명이 漢唐과 마찬가지로 천하의 중심이 되길 강력하게 원했던 홍무제의 바람이 투영된 것으로 보인다.[2] 홍무제의 이와 같은 노력으로 高麗·安南·琉球 등을 비롯한 많은 주변국들이 명의 요구에 부응하여 명과 통교를 시작하며 밀접한 관계를 맺기 시작하였다.

홍무년간의 국제 관계 및 그 구상 등에 관해서는 그간 많은 연구가 있었다. 국내에서도 명대 중국인의 대외 인식[3], 명의 고려와 조선에 대한 대외 정책[4], 조공과 책봉제도를 중심으로 예제의 정비[5] 등 다양한

---

1   『明 太祖實錄』卷31, 洪武 元年 3月 丙辰條; 권39, 홍무 2년 2월 丁丑條; 권52, 홍무 3년 5월 癸巳條.

2   金曉錄. (2016). 明初 洪武帝의 國家統治 構想과 『大明律』. 法史學研究, 53,; (2017). 洪武年間 明의 封典 整備와 朝·明關係. 中國史研究, 106.

3   金漢植. (1980). 明代 中國人의 對外認識. 歷史教育論集, 1.

분야에 초점을 맞추어 연구를 진행해 왔다.[6]

　홍무제의 대외 인식과 관련하여 상술한 바와 같이 여러 연구 성과
가 존재하지만, 홍무제는 다양한 분야에서 명대의 기틀을 다졌다는
중요성을 가지기 때문에 이와 관련하여 더욱 다양한 연구가 필요할
것이다. 위와 같은 다양한 연구 성과 및 사료 속에서 홍무제의 대외
인식과 관련한 내용을 많이 살펴볼 수 있지만, 이중 최근 필자의 눈길
을 끌었던 것은 홍무제가 주변 15개국에 대해 '不征諸夷國'[7]으로 설정
한 내용이다.

　홍무 28년(1395), 홍무제는 예부에 '祖訓 條章을 天下의 諸司에 頒
行'하라는 명을 내리며, 『皇明祖訓』을 발간하였다.[8] 『황명조훈』은 홍
무제가 직접 쓴 것으로, 후대 명의 황제 즉, 자신의 자손들에게 남긴
일종의 '家訓'적인 성격의 책[9]이다. 그 내용 역시 국가 통치에 관한

4　　全淳東. (1996). 14世紀 後半 明의 對高麗·朝鮮政策. 明淸史硏究, 5.
5　　陳志剛. (2011). 有限懷柔與謹愼合作―明代封貢防衛合作的嗣位與實踐. 淸華大學學
　　報, 6; 金曉綠. (2012). 홍무제의 대외인식과 조공제도의 정비. 明淸史硏究, 37.
6　　상술한 논문들 외에도 박원호. (2002). 明初朝鮮關係史硏究. 서울: 일조각과 같이
　　당시 한중관계에 관해 상세히 논술한 논저도 있으며, 중국과 일본에도 아래와 같은
　　연구자들이 이 분야에 심도 있는 연구를 진행해 왔다 본고에서는 지면의 제약으로
　　대표 논문만 간단히 소개한다. 먼저 중국에서는 胡晏. (1987). 明洪武, 永樂時期的對
　　外政策. 西北民族大學學報(哲學社會科學版), 3; 陳尙勝. (1991). 論明太祖對外政策
　　的變化及失敗. 社會科學戰線, 2; 于春梅. (1999). 明朝洪武, 永樂時期對外政策的變
　　化. 齊齊哈爾大學學報(哲學社會科學版), 4 등이 있다. 일본에서는 宮崎市定. (1969).
　　洪武から永樂へ ― 初期明朝政權の性格. 東洋史研究, 27(4); 岩井茂樹. (2005). 明代
　　中国の礼制覇權主義と東アジアの秩序. 東洋文化, 85 등이 있다.
7　　"今將不正諸夷國名開列于後."(朱元璋. (1966). 皇明祖訓·祖訓首章. 明朝開國文獻 第
　　三冊, 臺灣: 學生書局, p.1589), 후술하는 관련 분야의 연구 성과에서 볼 수 있듯이,
　　중국에서는 '부정제이국'의 '夷'가 주변국에 대한 蔑稱으로 보일 수 있다고 여기는지
　　'不征之國'이라는 용어를 사용한다. 그러나 본고에서는 이 역시 홍무제의 국제관계에
　　대한 인식을 잘 나타내는 용어라고 생각하여 '不征諸夷國'이라는 원문 그대로의 표현
　　을 활용하겠다.
8　　『明 太祖實錄』卷241, 洪武 28年 9月 庚戌條.
9　　책의 내용 중에는 '凡我子孫', '開導後人…立爲家法' 등의 글귀가 많이 등장한다.(朱

조언과 훈계 형식의 내용 위주이며, 홍무제는 이에 더해 '한 글자도 고쳐서는 안 된다'[10]며 후손들이 반드시 지켜야할 계율로 삼게 하였다. 홍무제가 『황명조훈』을 저술한 이유는 아마도 빈민 출신으로 황제의 자리에 올라 어렵게 쌓아놓은 '朱家江山'을 대대손손 안정적으로 이어가게 하기 위한 노력 중 하나로 보인다.[11] 15개 부정제이국에 관한 내용은 바로 『황명조훈』의 가장 첫 부분에 등장하며, 여기에서 홍무제가 명의 존망에 국제관계가 얼마나 큰 영향을 끼친다고 여겼는지를 알 수 있다.[12] 이렇듯 홍무제가 정한 15개 부정제이국은 그의 국제관계에 대한 인식과 방침, 심지어는 명대 전반에 걸친 국제정책 등을 투영하고 있다. 이러한 중요성에 착안하여 근래 중국 학자들을 중심으로 부정제이국에 관한 연구가 조금 늘었지만, 대부분 홍무제의 대외 인식이나 이념 등에 관한 연구에 치중하고 있다.[13]

이처럼 여전히 연구가 미진한 상황에서 본고는 홍무제의 15개 부정제이국에 대해 試論的인 성격으로 접근해보고자 한다. 먼저 I장에서는 홍무제가 부정제이국이라는 구상을 확정해가는 과정 등을 살펴볼 것이며, 2장에서는 홍무제의 부정제이국 확정과 그 특징 등을 살펴보

元璋. (1966). 皇明祖訓·祖訓首章. 明朝開國文獻 第三册, 臺灣: 學生書局, pp.1588~1591)

10   朱元璋. (1966). 皇明祖訓序. 明朝開國文獻 第三册, 臺灣: 學生書局, p.1580.

11   林常薰. (2014). 洪武帝, 明代 宦官 外交의 創始者 – 洪武帝의 宦官 抑制와 그 實體 –. 東洋史學研究, 129, p.148.

12   15개 부정제이국에 관한 상세한 내용은 본문에 기술하겠다.

13   명초 한중관계에 관한 국내의 저명한 학자들이 많은 연구 성과를 축적해왔지만, 부정제이국에 관해서는 소략 및 약술하는 경우가 많았다. 최근 이 분야에 관한 중국 학자의 대표적인 연구 성과는 아래와 같다. 萬明. (2010). 明代外交觀念的嚴謹—明太祖找零文書縮減之天下國家觀. 古代文明, 2,; 安藝舟. (2015). 十五"不征之國"新論—兼談明太祖的地緣政治理念. 東南亞研究, 05; 鄭寧. (2016). "不征之國"與明初國際秩序的構建. 延邊大學學報(社會科學版), 05.

고자 한다. 본고의 이와 같은 시도와 정리 등이 홍무년간 및 명대 국제
관계 연구에 일조하길 바란다.

2. 洪武帝의 對外 關係 認識과 不征諸夷國 構想의 實體化 過程

본장에서는 먼저 홍무제의 국제관계에 대한 인식과 15개 부정제이
국의 형성 과정 및 그 내용 등에 대해 살펴보겠다.

부정제이국은『황명조훈』의 머리말 격인「祖訓首章」에 등장한다.[14]
『황명조훈』은 '朱家江山'을 대대손손 공고히 하고자 했던 홍무제의
마음이 잘 드러나 있으며, 그 내용 역시 후대 황제, 즉 자신의 자손들
에게 조언과 훈계하는 내용 위주이다.[15] 본고에서 살펴보고자 하는 15
개 부정제이국은 제1장인「祖訓首章」의 4번째 단락에 출현하며, 가히
『황명조훈』의 가장 앞부분에 속한다고 할 수 있다. 후손들의 안정적
통치를 위해 남긴 가훈에서 홍무제는 명을 둘러싼 국제관계에 관한
내용을 기록한 가훈적 책에서, 부정제이국의 내용을 가장 앞에 둔 점
을 통해 홍무제의 국제관계에 대한 중요도와 높은 관심을 미루어 짐작
할 수 있을 것이다.

홍무제는 홍무 28년(1395)에 출간한『황명조훈』에서 15개 부정제
이국을 명확하게 규정하였으나,『明 太祖實錄』과『明史·太祖本紀』를
중심으로 확인한 바에 따르면 그에 대한 구상은 사실 그보다 훨씬 이

---

14 본고에서 언급하는『황명조훈』및『황명조훈록』은 모두 1966년에 臺灣 學生書局에
   서 출판한『明朝開國文獻』을 근거로 하며, 이후에는 지면의 제약상 '앞의 책'의 형식
   으로 자세한 출처 표기를 대신한다.

15 『황명조훈』은 총 13장으로 구성되어 있으며, 다음과 같은 목차로 이루어져있다. 祖
   訓首章·持守·嚴祭祀·謹出入·愼國政·禮儀·法律·內令·內官·職制·兵衛·營繕·供用.

전부터 두 차례 등장하는 것으로 보인다.[16] 건국 초기부터 홍무제는 외국에 사신을 보내며 원의 멸망과 명의 건국 사실을 주변국에 알렸고, 그에 발맞춰 주변국에 대한 방침을 구상하기 시작했던 것으로 보인다.

> 海外 蠻夷의 나라가 중국에 患이 된다면 토벌하지 않을 수 없다. 중국에 환이 되지 않는다면 함부로 군대를 일으키면 안 된다. 옛 사람이 이르길 땅이 넓은 것은 오래도록 평안한 계책이 아니며, 백성의 피폐는 쉬이 반란의 근원이 된다고 하였다. 한 예로 隋煬帝가 망령되이 군사를 일으켜 琉球를 정벌한 것이 있다. 夷人을 죽이고 그 궁실을 불태우며 남녀 수천 명을 포로로 잡았지만, 그 땅을 얻어도 供給에 부족하고, 그 백성을 얻어도 부리기 부족하였다. 허명을 헛되이 좇으면 스스로 中土에 폐해를 가져올 것이고, 여러 史冊에 기록되어 후세에 비웃음을 당할 것이다. 짐은 여러 만이 소국이 산과 바다로 막혀 한 구석에 있기 때문에, 중국에 환이 되지 않는다면 짐은 결코 그들을 정벌하지 않을 것이다. 오로지 서북 胡戎은 대대로 중국의 환이 되어 왔기에 그들을 신중히 경계해야 한다.[17]

위의 기사는 홍무 4년(1371) 9월에 奉天門에서 宣諭한 내용으로 홍무 28년(1395)에 출간한 『황명조훈』의 부정제이국 확정에 관한 기초가 되는 기사로 보인다. 당시 홍무제는 수양제의 류큐 침공을 예로 들며 함부로 주변국을 정벌하지 않겠다고 선언하였다. 즉, 그는 바다 저 멀리 있는 땅을 함락해서 점령해봐야 아무 쓸모없다는 것을 강조하면서, 만약 명에 우환이 되지만 않는다면 함부로 정벌하지 않겠다고

---

16 홍무제의 외국에 대한 詔勅 등에도 관련 내용이 있을 것으로 추정하며, 향후 이어지는 연구에서 더욱 다양한 사료의 분석을 통해 관련 내용을 수집하겠다.

17 『명 태조실록』권68, 홍무 4년 9월 辛未條.

명대(明代) 국제관계의 기틀   411

선언하였다. 이는 홍무제의 대외 정책의 기본 방침으로 자리 잡았던 듯하다.[18] 실제로 홍무제의 이와 같은 홍무 4년(1371)의 선유 내용은 2년 후, 『황명조훈』의 근간이 되는 『皇明祖訓錄』에 수록되었다.[19] 『황명조훈록』은 홍무 2년(1369)에 편찬이 시작되어[20] 홍무 6년(1373)에 완성되었다.[21] 홍무 4년(1371)의 선유 내용을 더욱 가다듬어 『황명조훈록』의 「箴戒」에 이를 수록하였으며,[22] 자세한 내용은 아래와 같다.

무릇 海外 夷國, 예를 들어 安南·占城·高麗·暹羅·琉球·西洋·東洋 및 南蠻 諸小國들은 산과 바다로 막혀있고, 한 구석에 있다. 그 땅을 얻어도 供給에 부족하고, 그 백성을 얻어도 부리기 부족하다. 만약 그들이 자신의 능력을 모르고 와서 우리의 변방을 소란스럽게 한다면, 그들에게 복(祥)이 되지 않을 것이다. 그들이 중국의 患이 되지 않는데, 우리가 군대를 일으켜 가벼이 정벌한다면 역시 복이 되지 않을 것이다. 나는 후세자손들이 중국의 부강함에 기대고 一時의 戰功을 탐하여 無故하게 군사를 일으켜 인명을 해칠까 두려우니 결코 해서는 안 된다. 그러나 胡戎은 중국 西北에 가까워 대대로 변방의 환이 되어 왔기에 반드시 장수를 精選하고 병사를 훈련시켜 時時로 그들을 신중히 경계해

---

18   萬明. (2017). 明太祖"共享太平之福"的外交理念與實踐. 人民論壇, 10, p.142.

19   『황명조훈록』과 『황명조훈』의 목차는 둘 다 13개이며, 순서와 명칭 역시 같다. 다만, 『황명조훈』의 출판 시기는 전자의 출간 이후 17년 이후인 홍무 28년(1395)으로, 안의 내용이 더욱 수정·보완되었다.

20   『명 태조실록』권41, 홍무 2년 4월 乙亥條.

21   『명 태조실록』권82, 홍무 6년 5월 壬寅朔條.

22   홍무제의 국제관계 인식에 대한 선유는 홍무 4년(1371)의 기록이고, 『황명조훈록』의 편찬 시기는 홍무 2년(1369) - 홍무 6년(1373)이다. 홍무제의 국제관계 인식에 대한 생각이 홍무 4년(1371)의 선유에서 먼저 발현한 것인지, 홍무 2년(1369)부터 『황명조훈록』을 편찬하는 과정에서 선유보다 앞서 구상했던 것인지는 불분명하다. 상세한 고증이 필요하지만, 필자의 능력 부족과 본고의 논지 전개 상 그다지 큰 의미가 없다고 판단하여, 본고에서는 『황명조훈록』의 완성 시기를 기점으로 하여 선유를 시기상으로 앞에 두었다.

야 한다.[23]

뒤에서 홍무 4년(1371)의 선유·『황명조훈록』·『황명조훈』의 관련 기사 원문을 함께 살펴볼 계획이기 때문에 여기에서는 중복을 피하기 위해서 일단 한글 번역본만 제시한다. 그러나 한글로만 보더라도 토씨 하나 바꾸지 않은 구절들을 다수 확인할 수 있을 것이다. 또한 홍무 4년(1371)의 선유 내용 중의 '해외 만이의 나라'를 '안남·점성·고려·섬라·류구·서양·동양 및 남만 제소국들'이라고 더욱 구체적으로 표현한 점도 볼 수 있다. 15개 부정제이국까지는 아니지만, 더욱 세밀하게 범위를 좁혀간 것이 눈에 띈다. 이러한 여러 정황으로 미루어보아 『황명조훈록』의 홍무제의 국제관계에 대한 인식의 내용은 확실히 홍무 4년(1371)의 선유 내용을 토대로 하였으며, 이를 더욱 다듬어 작성한 것임을 짐작할 수 있다.

홍무제의 국제관계에 대한 이러한 인식과 방침은 홍무 4년(1371)의 선유와 『황명조훈록·잠계』를 거치며 더욱 내용을 가다듬어갔고, 결국 홍무 28년(1395) 『황명조훈』의 간행[24]과 더불어 확정을 짓게 되었다. 15개 부정제이국에 관한 내용은 드디어 『황명조훈』의 첫 장인「祖訓首章」의 네 번째 단락에 첫 선을 보인다.

> 사방의 제이들은 모두 산과 바다로 막혀 있고, 한 구석에 있다. 그
> 땅을 얻어도 그 땅을 얻어도 供給에 부족하고, 그 백성을 얻어도 부리
> 기 부족하다. 만약 그들이 자신의 능력을 모르고 와서 우리의 변방을
> 소란스럽게 한다면, 그들에게 복(祥)이 되지 않을 것이다. 그들이 중국
> 의 患이 되지 않는데, 우리가 군대를 일으켜 가벼이 정벌한다면 역시

---

23 朱元璋. (1966). 앞의 책, pp.1686~1687.
24 『명 태조실록』권242, 홍무 28년 閏9월 庚寅條.

복이 되지 않을 것이다. 나는 후세자손들이 중국의 부강함에 기대고
一時의 戰功을 탐하여 無故하게 군사를 일으켜 인명을 해칠까 두려우
니 결코 해서는 안 된다. 그러나 胡戎과 西北 변경은 서로 매우 가까워
대대로 전쟁이 일어났기에, 반드시 장수를 精選하고 병사를 훈련시켜
時時로 그들을 신중히 경계해야 한다.

지금 정벌해서는 안 될 여러 夷國을 각각 뒤에 나열한다.

　　東北 : 朝鮮國

　　正東偏北 : 日本國

　　正南偏東 : 大琉球國, 小琉球國

　　西南 : 安南國, 眞臘國, 暹羅國, 占城國, 蘇門答剌, 西洋國, 爪洼國,
溢亨國, 白花國, 三佛齊國, 渤泥國[25]

홍무제는 홍무 4년(1371) 처음 국제관계에 대한 인식을 공개석상에
서 발표한 이후, 2년 후『황명조훈록』을 발간하면서 그 내용을 더욱
확충해갔다. 그의 주변국에 대한 구상은 24년 후인 홍무 28년(1395)
에야 비로소『황명조훈』에 15개 '不征諸夷國'의 명단을 명확히 나열
하면서 '확정'짓게 되었다. 이 '확정'은 매우 중요한 의미를 가진다.
주지하다시피 홍무제는 명의 많은 분야에서 기틀을 다진 이로, 명의
후대 황제들은 그가 남긴 유산을 '祖宗聖憲'이라며 함부로 수정하지
않았다.『황명조훈』은 창업자의 유지가 절실하게 담긴 책이었기 때문
에, 후대 명 황제들이 국정 운영 시 다른 무엇보다 중시했을 것이며,
그의 15개 부정제이국의 확정, 즉 국제관계에 대한 인식은 이후 명의
외교 정책의 중요 기준 중 하나로 운영되었을 것으로 생각한다. 실제
로 이 책의 서문에는 황제로 하여금 이를 家法으로 세워 西廡에 펼쳐

25　朱元璋. (1966). 앞의 책, pp.1588~1591. 마지막 나열한 15개국 옆에는 각 나라별
　　특징 등을 기술해 놓았으나 본고에서는 생략한다.

두고 아침저녁으로 관람하게 하는 내용이 등장한다. 또한 禮部에게 刊印을 명하며 永久히 傳하게 하며, 자손들 즉 후대 명 황제들이 그가 만든 법을 어지럽히지 말고, 한 글자도 바꾸어서는 안 된다는 엄명도 내렸다.[26] 여기에서 홍무제가 확정한 15개 부정제이국이 명대 전반의 국제관계에 대해 지대한 영향을 끼쳤음은 그리 어렵지 않게 짐작할 수 있을 것이다.

3. 洪武帝의 不征諸夷國 確定과 그 特徵

홍무 4년의 첫 선언부터 홍무 28년의 확정까지, 홍무제의 부정제이국 설정에 관한 변화 과정과 그 의미를 좀 더 쉽게 파악하기 위해 사료상의 원문도 비교해 볼 필요가 있다.

<표 1> 15個 不征諸夷國의 形成 過程

順序	內容	出處와 備考
第1次 洪武 4年(1371)	ㄱ1海外蠻夷之國, 有為患於中國者, 不可不討。不為中國患者, 不可輒自興兵。古人有言, 地廣非久安之計, 民勞乃易亂之源。如隋煬帝妄興師旅, 征討琉球, 殺害夷人, 焚其宮室, 俘虜男女數千人。가1得其地不足以供給, 得其民不足以使令。徒慕虛名, 自弊中土, 載諸史冊, 為後世譏。朕以諸蠻夷小國, 阻山越海, 僻在一隅, 彼不為中國患者, 朕決不伐之。惟西北胡戎, 世為中國患, 不可不謹備之耳。	『明 太祖實錄』 卷68 洪武 4年, 9月 辛未條 洪武帝의 宣諭

↓

---

26 "立為家法, 大書揭于西廡, 朝夕觀覽", "禮部刊印以傳永久", "凡我子孫, 欽承朕命, 無作聰明, 亂我已成之法. 一字不可改易."(朱元璋, 앞의 책, p.1580)

第2次 洪武 6年(1373)	ㄱ2凡海外夷國, 如安南、占城、高麗、暹羅、琉求、西洋、東洋及南蠻諸小國, 限山隔海, 僻在一隅, 가2得其地不足以供給, 得其民不足以使令。 나1若其自不揣量, 來撓我邊, 則彼為不祥。彼既不為中國患, 而我興兵輕伐, 亦不祥也。吾恐後世子孫, 倚中國富強, 貪一時戰功, 無故興兵, 致傷人命, 切記不可。但胡戎逼近中國西北, 世為邊患, 必選將練兵, 時謹備之。	『皇明祖訓錄・箴戒』 第18條 『皇明祖訓錄』은 洪武 2年(1369)부터 編纂을 始作하여 洪武 6年(1373)에 完城

↓

第3次 洪武 28年(1395)	四方諸夷, 皆限山隔海, 僻在一隅, 가3得其地不足以供給, 得其民不足以使令。 나2若其自不揣量, 來撓我邊, 則彼為不祥。彼既不為中國患, 而我興兵輕伐, 亦不祥也。吾恐後世子孫, 倚中國富強, 貪一時戰功, 無故興兵, 致傷人命, 切記不可。但胡戎與西北邊境, 互相密邇, 累世戰爭, 必選將練兵, 時謹備之。 今將不征諸夷國各開列於後。 ㄱ3東北：朝鮮國 正東偏北：日本國 正南偏東：大琉球國・小琉球國 西南：安南國・眞臘國・暹羅國・占城國・蘇門答刺・西洋國・爪洼國・溢亨國・白花國・三弗齊國・渤泥國	『皇明祖訓・祖訓首章』 第4條

〈表 1〉의 변화 과정을 분석해보면 아래와 같은 특징들을 도출해낼 수 있다.

먼저 문구의 유사성이다. 밑줄 친 '가1・2・3'은 홍무제의 국제관계 인식이 확연하게 드러나는 부분이며, 세 곳에 한 글자도 바뀌지 않고 그대로 등장한다. '나1・2'는 최초의 선유에는 그 내용이 등장하지 않지만, 『황명조훈록』과 『황명조훈』에는 한 글자도 바뀌지 않은 점을 볼 수 있다. 마지막 『황명조훈』의 간인과 함께 부정제이국을 확정지을 때까지도 문구가 하나도 변하지 않았다는 점에서 홍무제의 국제관계에 대한 인식과 구상이 최초의 홍무 4년(1371)으로부터 24년이 흐른 후에도 크게 변하지 않았다는 점을 알 수 있다.

또한 여기에서 흥미로운 점은 3기사에서 공통적으로 등장하는 '가1·2·3'의 '그 땅을 얻어도 공급에 부족하고, 그 백성을 얻어도 부리기 부족하였다.'는 내용이 수양제가 남긴 교훈에서 비롯되었다는 것이다. 상술한 바와 같이 홍무제는 빈한 출신으로 황제의 자리에 오른 이로서 대대손손 안정된 통치를 위해 여러 방면에서 고심했다. 특히 그는 역사 속에서 많은 교훈을 얻고자 했고, 국제관계에서도 역시 수양제의 류구 정벌이라는 역사를 통해 鑑誡하였던 것이다. 즉 홍무제는 수양제의 교훈을 통해 주변국을 정벌해서 함락해봐야 다스리기도 힘들고, 땅이나 백성도 별로 얻을 것이 없다는 지극히 실용적인 측면에 중점을 두었던 듯하다. 이러한 홍무제의 국제관계에 대한 실용적인 인식은 이후 명의 외교 방침에 지대한 영향을 끼쳤음이 틀림없다. 실제로 명조의 가장 중요한 특징 중 하나는 海禁 등으로 대표되는 '폐쇄적'인 성격이다. 영락년간의 예외가 존재하지만, 전반적으로 명은 '擴張'보다는 '收斂'을 중시하였다. 홍무제가 명초에 다진 기틀들은 조종성헌으로서 대부분 명말까지 지속되었고, 홍무제가 수양제로부터 얻은 교훈 역시 '한 글자도 바꾸어서는 안 되는' 철칙으로 남겨져, 이후 명의 국제관계에 대한 주요 방침 중 하나가 되었을 것이다.

둘째로, 부정제이국의 내용 및 국가의 구체화와 확정이다. 'ㄱ1'의 '海外 蠻夷의 나라'라는 두리뭉실한 표현에서, 'ㄱ2'의 '무릇 海外 夷國, 예를 들어 安南·占城·高麗·暹羅·琉球·西洋·東洋 및 南蠻 諸小國들'이라는 보다 구체화한 표현으로 범위를 좁혀갔고, 마지막 'ㄱ3'에서는 조선을 위시로 한 15개 주변국을 부정의 국가로 확정지었다. 이는 아마도 홍무제가 제1차의 처음 선유 시점에서 국제관계에 대한 구상이 어느 정도 드러났고, 몇 년의 고민과 수정을 거쳐 제2차에서 명과 밀접한 관계를 맺는 주변국에 대해 가닥을 잡아가기 시작했던 것으로 생각한다. 마지막으로 제3차는 제2차의 '고려'에서 이제는 '조선'으로 국명이 바뀌었을 정도로 긴 시간인 20여 년이 흘러, 홍무제는 이 기간 동안 명과 관계를 맺어온 주변국을 충분한 시간을 두고 관찰할 수 있었을 것으로 추측한다. 그리고 주변국에 대해 그간 쌓아온 경험과 지식을 통해 명에 그다지 위협이 되지 않으면서 자신이 바라는 명 중심의 국제질서에 편입할 수 있는 주변국을 엄선하였고, 그 결과 15개국으로 최종 확정되었을 것으로 생각한다.

셋째로, 제2차와 제3차 기록의 배치와 관련한 문제이다. 홍무제의 제1차 국제관계에 대한 구상은 선유에서 드러난 것으로『명 태조실록』에 그 기록이 존재한다. 그러나 제2·3차는 각각『황명조훈록』과『황명조훈』이라는 전문적으로 후대 명의 군신들에게 국정 운영의 가르침을 남기고자 했던 일종의 '가훈'에 기록되어 있다. '表1'에서 볼 수 있듯이 제2차와 제3차의 기록은 제3차가 조금 더 간결하면서도 구체적이라는 것 외에는 대동소이함을 알 수 있다. 하지만, 여기에서 또 한 가지 확인할 수 있는 것은 내용이 수정·보완되었던 것 외에도 최종본인『황명조훈』에서 홍무제의 국제관계에 관한 구상이 담길 이 구절이 더욱더 앞으로 배치되었다는 것이다. 이를 확인하기 위해 먼저『황명조훈록』과『황명조훈』간 구성의 차이를 간략하게 비교해서 보도록 하자.

〈표 2〉에서 확인할 수 있듯이, 15개 부정제이국에 관한 내용은 각각 두 책의 가장 앞부분의 머리말에 해당하는「잠계」와「조훈수장」에 수록되어 있다. 여기에서 조금 더 상세히 내용을 들여다 보자면, 전자는 18번째 단락, 후자는 4번째 단락으로 후자가 훨씬 더 앞으로 배치되었음을 확인할 수 있다. 양자의 앞부분에 나오는 내용을 간략하게 정리하자면 〈表 3〉과 같다.

<表 2> 『皇明祖訓錄』과 『皇明祖訓』의 目次와 不征諸夷國의 配置[27]

書名	目次와 順序												
	1	2	3	4	5	6	7	8	9	10	11	12	13
『皇明祖訓錄』	箴戒	持守	嚴祭祀	謹出入	愼國政	禮儀	法律	內令	內官	職制	兵衛	營繕	供用
『皇明祖訓』	祖訓首章	同上	同上	同上	同上	同上	同上	同上	同上	同上	同上	同上	同上
不征諸夷國의 配置	『皇明祖訓錄』			「箴戒」의 18번째									
	『皇明祖訓』			「祖訓首章」 4번째									

<表 3> 『皇明祖訓錄』과 『皇明祖訓』의 '不正諸夷國' 앞 內容[28]

內容 順序	『皇明祖訓錄·箴戒』 洪武 2年(1369) 編纂 始作, 洪武 6年(1373) 完城	『皇明祖訓·祖訓首章』 洪武 28年(1395) 完城
1	祖宗을 敬畏하고 天下를 걱정하는 마음을 가질 것	奸邪하고 狡猾한 무리에 對한 警戒
2	法을 嚴하게 만든 祖法을 가벼이 고치지 말 것	다시는 宰相을 두지 않고, 宰相 復置를 主張하는 者는 斬할 것
3	農繁期 百姓의 農事 獎勵	皇親國戚이 罪를 지었을 때의 法的 特權
4	凶年 時 積極的인 賑恤	不征諸夷國에 關한 內容
5	天下太平 時 奸臣輩 操心	
6	常用 機械·衣甲·말은 平素에 잘 準備	
7	여러 動靜에 注意	
8	일찍 起床, 小量의 飮酒, 제때 食事, 午後에는 너무 배불리 먹지 말 것	
9	將帥의 精選과 祖法을 바꾸자 主張하는 者는 斬할 것	
10	宦官을 選別的으로 活用하되 높은 官職 禁止	
11	奸臣과 良臣의 愼重한 區別	
12	올바른 訟事 處理	
13	올바른 賞功	
14	外戚의 國政 干與 禁止	
15	親王의 올바른 處身	
16	藩王의 叛亂 禁止	
17	藩王은 祖法을 朝廷의 命으로 받들 것	
18	不征諸夷國에 關한 內容	

27 『皇明祖訓錄』과 『皇明祖訓』 목차의 출처는 각각 朱元璋, 앞의 책, pp.1677~1678, pp.1583~1584이다.

28 『皇明祖訓錄』과 『皇明祖訓』의 부정제이국 앞부분 내용들은 각각 朱元璋, 앞의 책,

『황명조훈록·잠계』와 『황명조훈·조훈수장』에 등장하는 부정제이
국에 관한 기사는 위 〈表 3〉과 같이 각각 18번째와 4번째에 등장한다.
주지하다시피 『황명조훈』은 『황명조훈록』을 기본으로 제작되었지
만, 여기에 『황명조훈록』의 완성으로부터 22년이라는 긴 시간 동안
홍무제가 국정을 운영해오며 축적한 경험과 지식을 더하여 완성된 것
이다.[29] 그래서 '表2'의 목차와 같이 후자의 내용은 대부분은 전자에
대한 수정과 보완을 가미한 것으로 볼 수 있다. 특히 부정제이국에
관한 내용이 기존의 18번째에서 4번째로 크게 앞당겨 배치된 것을
통해 그의 국제관계에 대한 중요도를 짐작할 수 있다. 물론 홍무제의
국제관계에 대한 인식에서 '배치 순서=중요도'라는 공식이 성립될 수
는 없다. 하지만, '일찍 기상'하고, '제때 식사'하라는 등 소소한 내용
은 삭제한 반면에, 부정제이국에 대한 내용은 더욱 상세히 기술하였
고, 이를 아예 15개국으로 확정한 것에서 그의 의중을 간접적으로 엿
볼 수 있을 것이다. 즉, 제2차에서는 제1차보다는 명확해졌지만 여전
히 두리뭉실한 '安南·占城·高麗·暹羅·琉球·西洋·東洋 및 南蠻 諸小
國'이라고 부정제이국의 범위를 정하였지만, 제3차에서는 '朝鮮國·日
本國·大琉球國·小琉球國·安南國·眞臘國·暹羅國·占城國·蘇門答剌·
西洋國·爪洼國·湓亨國·白花國·三佛齊國·渤泥國'이라고 일일이 15개
나라이름을 거론하며 명확히 확정지었던 것이다. 이와 같은 『황명조

---

　　pp.1679~1686, pp.1585~1588에 등장하며, '表3'은 이를 요약·정리한 것이다. 각
　　각의 내용에서 확인할 수 있다시피, 홍무제는 후대 황제들의 안정적인 통치를 위해
　　생활습관 등 사소한 것까지도 기록으로 남겨 경계하도록 하였다. 이를 통해 어렵게
　　이룩한 천하를 후손들에게 대대손손 이어가게 하려고 홍무제가 얼마나 고심했는지
　　잘 살펴볼 수 있다.
29 『명 태조실록』의 기록에 따르면, "상께서 이때 『(황명)조훈록』의 이름을 『황명조훈』
　　으로 새로 정하셨다. 그 목차는 예전과 같지만, 「잠계」章을 「조훈수장」으로 바꾸었
　　다."라고 한다.(『명 태조실록』권242, 홍무 28년 閏9월 庚寅條)

훈록』과『황명조훈』의 부정제이국 기록의 순서와 내용 변화를 통해 홍무제가 국제관계를 더욱 중시했음을 짐작할 수 있을 것이다.

넷째로, '不征'하는 제이국에 대한 단서 조항이다. 홍무제가 정한 15개 부정제이국은 '無條件' 정벌하지 않는 것이 아니라, '條件的'으로 정벌하지 않는 것이었다. 즉, 홍무제는 부정제이국에 대한 제1차의 구성으로부터 제3차의 확정까지 '중국에 환이 되지 않는다면'이라는 조건을 제시해왔다. 이와 더불어 마지막에는 항상 몽골에 대해 언급하였고, 몽골만은 '胡戎은 대대로 중국의 환'·'胡戎은 중국 西北에 가까워 대대로 변방의 환'이 되어왔고, '胡戎과 西北 변경은 서로 매우 가까워 대대로 전쟁'이 일어났기 때문에, 이들에 대해서는 항상 전쟁 준비를 하고 있어야 한다고 규정하였다. 주변국 중 몽골을 제외하고 15개의 국가에 대해서는 위와 같은 조건적인 부정을 규정지었으며, 이는 명대 국제관계의 주요 방침이 되어 '대체적'으로 명말까지 지속되어 왔다. 위에서 '대체적'이라고 언급한 이유는 15개 부정제이국 중 安南은 명의 직접적인 정벌로 멸망하였고, 日本과도 전쟁을 벌였기 때문이다. 먼저 안남의 경우, 영락 4년(1406) 7월 영락제는 이전 쩐 왕조의 陳日煌가 홍무년간 恭修職貢하였으나, 賊臣 黎季犛가 그 후의 세 명의 쩐씨 왕을 시해하고 왕위를 찬탈했다는 등의 이유를 들어 80만 대군을 파병하여 정벌을 시작하였다.[30] 이듬해, 영락제는 정벌에서 대승을 거두며, 안남을 멸하고 交趾布政司를 설치하였다.[31] 영락제는 조카 建文帝를 靖難의 役으로 몰아내고 황제의 자리에 오른 이로, 명을 전성기로 이끌며 그 판도를 대대적으로 확장한 특징을 가지고 있다. 안남은 그의 확장 정책의 희생양이 되었을 것으로 생각한다.[32] 일

---

30 『明 太宗實錄』권56, 영락 4년 7월 辛卯條.
31 『명 태종실록』권68, 영락 5년 6월 癸未朔條.

본은 안남과는 다른 예로서, 명의 번속국인 조선을 침공하자 이를 돕기 위한 '抗倭援朝'의 '정벌'을 단행했던 것으로 볼 수 있다.

4. 맺음말

이상으로 홍무제의 15개 부정제이국의 구상과 형성 과정, 그리고 확정과 그 특징 등에 대해 살펴보았다. 결론은 위의 내용을 요약·정리하는 것으로 갈음하겠다.

홍무제의 15개 부정제이국은 홍무 4년(1371)의 첫 선유부터, 두 번째 홍무 6년(1373)에 완성한 『황명조훈록』에서의 명시, 그리고 마지막으로 홍무 28년(1395)에 간인한 『황명조훈』에서 15개국을 나열하면서 확정되었다. 그 대략적인 내용은 大同小異하지만, 시간이 흐를수록 명확히 범위가 좁혀가는 등 더욱 구체화된 것을 볼 수 있다. 홍무제가 정한 각종 典章制度는 '조종성헌'으로서 대부분 명대에 일관적으로 진행되어갔다. 더욱이 『황명조훈』은 홍무제가 이를 家法으로 세우고, 永久히 傳하게 하며, 자손들 즉 후대 명 황제들이 한 글자도 바꾸어서는 안 된다는 엄명도 내렸을 정도였다. 이러한 정황으로 보아 명대의 황제 및 관료들이 『황명조훈』을 국정 운영에 적지 않게 중요한 기준으로 삼았을 것이라 짐작 가능하며, 또한 명대 전반 국제관계에도 지대한 영향을 끼쳤을 것으로 생각한다.

홍무제의 15개 부정제이국에 대한 3차례의 기록은 다음과 같은 특징을 가지고 있었다. 첫째로, 문구의 유사성으로 홍무제의 국제관계

---

32 영락제가 안남을 정벌한 원인은 다양한 분야에서 고찰할 수 있을 것이다. 이와 관련한 내용은 후속 연구에서 더욱 상세히 다루기로 하며, 본고에서는 부정제이국의 예외에만 중점을 두며 약술하겠다.

에 대한 인식이 확연히 드러나는 부분이 세 번의 기록에 한 글자도 바뀌지 않고 그대로 등장하였다. 또한 이는 수양제의 류구 침공이 남긴 교훈에서 비롯된 것으로 그의 국제관계에 대한 실용적인 인식을 알 수 있으며, 이는 확장보다는 수렴을 중시하는 명의 폐쇄성에 지대한 영향을 끼쳤을 것으로 생각한다. 둘째로, 홍무제는 주변국에 대해 처음의 두리뭉실함에서 점차로 범위를 좁혀가다가 마지막에 15개 부정제이국을 확정지었다. 이는 처음의 선유로부터 20여년이라는 긴 시간이 흐르면서 그의 주변국에 대한 경험과 지식이 쌓인 결과물로, 명에 그다지 위협이 되지 않으면서도 자신이 바라는 명 중심의 국제질서에 편입할 수 있는 나라를 엄선한 것으로 생각한다. 셋째로, 제2차와 제3차 부정제이국에 관한 기록의 배치 순서 변경이다. 홍무제는 부정제이국의 내용을 제2차에서는 18번째에 배치하였지만, 제3차에서는 그보다 훨씬 앞부분인 4번째에 배치하였다. 이 역시 홍무제가 긴 시간의 국정운영을 통해 국제관계가 명의 존망에 큰 영향을 끼친다고 판단한 결과였다고 생각한다. 마지막으로 부정제이국에 대한 단서 조항이다. 홍무제는 주변국을 '무조건' 정벌하지 않는 것이 아니라, '조건적'으로 정벌하지 않는다고 명시하였다. 즉, '중국에 환이 되지 않는다면'이라는 조건을 달았으며, 몽골에게만은 항상 전쟁 준비를 하고 있어야 한다고 하였다. 홍무제의 이와 같은 외교 방침은 명대 대체적으로 잘 지켜졌으나, 영락년간 안남을 정벌하여 멸망시킨 예외도 존재한다. 또한 일본이 임진왜란을 일으켜 조선을 침략하였을 때 '抗倭援朝'의 정벌을 단행한 예가 있다. 그 외에 나머지 13개국과는 별다른 무력마찰이 없었다.

이렇듯 홍무제의 15개 부정제이국은 후대 명 황제들을 속박하여 주변국을 가벼이 정벌하지 못 하게 하는 억제 효과를 발휘하였고, '확장'보다는 '수렴'이라는 명대의 외교의 특징에 지대한 영향을 끼쳤던 것으로 생각한다. 이럼에도 불구하고 북원이라는 강적을 대치하고 있었던 명초의 국내외 환경과 이것이 홍무제의 15개 부정제이국 구상에 끼친 영향, 부정제이국들과 명의 관계 및 부정제이국 설정이 이후 명의 국제관계에 어떠한 영향을 끼쳤는지 등 여전히 다루어야 할 문제가 적지 않다. 이와 같은 문제들은 이어지는 연구에서 더욱 상세히 다루도록 하겠다.

천극川劇 「백사전白蛇傳」 연구
: 천축川표 두꺼비를 중심으로

하정혜

1. 들어가면서

중국의 4대 민간전설[1] 중 하나인 '백사전설'은 중국의 정체성과 고유성을 지니고 있어, 오늘날까지 다양한 형식으로 재해석 되어 오고 있다. 중국의 수많은 지방 희곡(戲曲) 극종은 자신들의 무대 위에 자신만의 지역색이 배인 '백사전설'을 올렸다[2]. 사천(四川) 등 서남지구(西南地區)의 극종인 천극(川劇) 역시 '백사전설'을 극본화하여 「백사전」을 공연해왔다[3].

그렇다면 천극 「백사전」은 어떠한 특색을 지니며, 이 특색은 무엇을 통해 드러나는 것일까? 필자는 이것을 천극 「백사전」에서만 등장하는 '두꺼비 캐릭터'에서 찾아보고자 한다. 우선 줄거리에서 주인공

---

1   우랑직녀(牛郎織女)·맹강녀(孟姜女)·양산백여축영대(梁山伯與祝英台)·백사전(白蛇傳)

2   당대(唐代)부터 문학적 형태를 갖추기 시작한 백사고사는 청대(淸代)에 이르러 다양한 희곡극종으로 무대에 올려졌다.

3   「백사전」은 대표적인 천극 전통극목 "江湖十八本" 중 하나이며, 사천지역 청대 무덤 건축에서 백사고사와 관련된 조각들이 발견되었다. 이를 통해 사천 사람들에게 「백사전」이 큰 사랑을 받았음을 알 수 있다. 오수경, (2008), 「川劇 현대화 양상과 사례연구: 《金子》」, 『중어중문학』제54집, p.203; 何雅聞·羅曉歡, (2019), 「四川地區清代墓葬建築裝飾中《白蛇傳》雕刻圖像研究」, 『四川戲劇』 참조.

들이 새로운 국면을 맞는 단옷날과 두꺼비와의 상관관계를 분석하기 위해 극본과 영상자료를 분석하고[4], 민속자료를 고찰해 보겠다. 또한 천극 「백사전」의 무대예술 분석을 위해 천극의 어릿광대 전문 배역인 천축(川丑)이 연기한 두꺼비 캐릭터와 그가 구사하는 사천 방언에 대해서도 살펴보고자 한다.

천극 「백사전」은 전통의 계승과 발전이라는 방면에서 매우 의미가 있는 작품이지만, 국내에서는 아직 연구가 미진하다[5]. 이에 필자는 두꺼비 캐릭터를 문화방면과 공연방면으로 살펴보고, 이를 통해 천극이 지닌 민속성과 예술성을 밝혀, 천극 「백사전」의 연구 지평을 넓히는 데 기여하고자 한다.

2. 천극 「백사전」과 단오문화

「백사전」원형과 천극 「백사전」의 가장 큰 차이점은 두꺼비 캐릭터가 추가되었다는 것, 그리고 사천지역의 문화적 관념이 그의 연기를 통해 체현된다는 것이다. 그래서 두꺼비 캐릭터에 대한 고찰은 천극 「백사전」의 정체성을 찾는 일이자, 수많은 지방 희곡 중 천극의 발전 방향을 제시하는 일이기도 하다.

희곡 「백사전」은 다양한 버전이 존재하지만, 일반적으로 다음과 같

---

4   본 논문에서는 2016년 천극 극작가 오택지(吳澤地)선생이 정리하고 사천성 천극원
     (四川省川劇院)에서 연출한 극본과 CCTV 11(China Central Television, 中國中央電
     視台)에서 방영되었던 천극 「백사전」녹화본(사천성 천극원·남충시 천극단(南充市
     川劇團) 연출작) 두 편을 대상으로 삼았다.

5   학위논문으로는 김연주(2018), 『川劇《白蛇傳》연구』, 숙명여자대학교 중문학 석사학
     위논문이 있으며, 학술논문으로는 하정혜(2021), 「천극(川劇) 「백사전(白蛇傳)」의
     청사(靑蛇)와 파촉문화(巴蜀文化)」, 『횡단인문학』 Vol.9 No.1; 손환이(2002), 「試論川
     劇的舞臺表演藝術 - 以川劇 『白蛇傳』爲中心」, 『한중인문학연구』 Vol.9 논문이 있다.

은 기본 원형을 가지고 있다.

> 백사(白蛇)와 청사(靑蛇)가 인간 세상에 내려옴 → 백사와 인간 허선(許仙)이 사랑에 빠짐 → 승려 법해(法海)가 부인이 뱀 요괴라는 것을 허선에게 알림 → 단옷날 허선이 부인에게 웅황주(雄黃酒)를 먹임 → 허선이 백사의 본모습을 보고 놀라 죽음 → 백사가 영지(靈芝)를 구해와 허선을 되살림 → 법해가 허선을 금산사로 데려감 → 백사와 청사가 허선을 되찾기 위해 금산을 물에 잠기게 함.

이야기에서 백사와 대립하여 갈등을 일으키는 인물은 승려 법해다. 천극「백사전」도 기본 원형을 크게 벗어나지는 않으나, 갈등 구조를 만드는 중요한 인물이 한 명 더 등장한다. 바로 두꺼비이다. 그는 부처의 명으로 탈출한 백사를 쫓아 인간 세상에 내려와, 도사 왕도릉(王道陵)으로 변신하여 허선에게 접근한다. 왕도릉은 허선에게 부인이 요괴라며 부적을 내어주거나, 단옷날 부인에게 웅황주(雄黃酒)를 먹이라 부추긴다. 백사에 대한 의심을 심어주고, 허선 앞에서 백사의 정체를 드러나게 하여 행복한 결혼생활을 깨지게 만드는 주요 인물인 것이다. 그런데 이렇게나 주요한 임무를 맡은 두꺼비는 경극(京劇)이나 월극(越劇) 등 여타 희곡「백사전」에서는 등장하지 않는다. 그의 주요 임무는 모두 법해 한 인물이 도맡아 하고 있다. 그렇다면 천극「백사전」에서는 왜 법해라는 기존의 악역이 있는데도 그의 임무를 나누어 행하는 두꺼비 캐릭터를 추가하였을까?

필자는「백사전」원형에 단오절(端午節)에 백사의 정체가 드러나는 주요 대목이 있었기에, 천극「백사전」에서 두꺼비 캐릭터를 억지스럽지 않게 추가할 수 있지 않았을까? 라는 추측을 해보았다. 이에 아래에서는 중국 전통문화에서 두꺼비와 뱀 그리고 이들과 단옷날 사이에 어떠한 관계가 있는지를 살펴보겠다.

1) 두꺼비와 단오

중국에서는 예로부터 두꺼비가 알을 많이 낳기 때문에 다산의 상징으로, 물에 살기 때문에 비의 신으로, 또 겨울잠을 자기 때문에 삶과 죽음을 반복할 수 있는 신력을 가졌다고 여기어 숭배해 왔다. 그리고 사람들은 이 재생(再生)능력을 달이 차고 기우는 것과 연관시켜, 달에는 두꺼비가 산다고 상상해 왔다.

> 해에는 세 발 달린 까마귀가 있고 달에는 두꺼비가 있다.[6]
> 예로부터 달에는 계수나무와 두꺼비가 있다고 하였다.[7]

두꺼비를 달에 사는 존재로 인식하였음을 살펴볼 수 있는 부분이다[8]. 이후 중국인들은 달이 둥글었다가 이지러지는 것이 두꺼비의 소행이라 생각했다.

> 달은 천하를 비추고, 두꺼비에게 먹힌다.[9]
> 첨은, 달에 사는 두꺼비로, 달을 먹는다.[10]

---

6   劉安, 『淮南子』 卷七 「精神訓」: "日中有踆烏, 而月中有蟾蜍。"

7   段成式, 『酉阳杂俎』 卷一 「天咫」: "舊言月中有桂, 有蟾蜍 。"

8   월궁(月宮)의 두꺼비와 서왕모(西王母) 화상석(畫像石)이 출토되기도 하며(陝西省 西安碑林博物館 소장), '항아분월(嫦娥奔月)'이라는 신화와 두꺼비가 결합한 이야기도 생겨났다(範曄撰, 李賢等註, (1965), 『後漢書』, 中華書局, p.3216). 또 옛 시인들은 달을 '섬궁(蟾宮)'·'섬굴(蟾窟)'·'섬호(蟾戶)'라 묘사하기도 하였다(張先, 「少年遊慢」;朱鼎, 「玉鏡台記 · 閨思」; 程麟, 「此中人語 · 紅樓夢竹枝詞」).

9   劉安, 『淮南子』 卷十七 「說林訓」: "月照天下, 蝕於詹諸。"

10   許慎, 『說文』: "詹諸, 月中蝦蟆, 食月。"

두꺼비가 달을 먹는 행위는 도교의 음양오행 사상과 연관 지어졌다. 천지 만물이 '양(陽)' 혹은 '음(陰)'에 속한다는 관념에 따라, 중국인들은 태양은 양의 속성이고, 달은 음의 속성이라 여겼다[11]. 또 각각의 내부에는 음과 양의 기운이 존재하며, 조화롭게 순환한다. 이러한 음양오행설에 따라 달에 사는 두꺼비와 토끼를 설명하면 다음과 같다.

> 달 속에 토끼와 두꺼비가 있는가? 달은 음이고, 두꺼비는 양이다. 또한 토끼와 함께 있으니, 음과 양이 이어진 것은 분명하다.[12]

> 달은 궁궐이라 말할 수 있다. 두꺼비와 토끼는 음과 양이 함께 기거하고 있는 것이다. 양은 음을 제어하고, 음은 양에 의지한다.[13]

두꺼비와 토끼를 음의 속성을 지닌 달 안에 존재하는 양과 음으로 여기고, 이 둘을 달의 순환을 돕는 존재라 본 것이다. 자연스레 달을 먹는 두꺼비는 음의 속성을 제어할 수 있는 '음 중의 양[陰中之陽]'이 되었다[14].

다음으로 단옷날을 음양오행의 관점으로 보면, 5월 5일 단오는 양기가 극성한 날이다[15]. 또 여름의 시작을 알리는 절기인 단오는, 태양

---

11   戴聖, 『禮記』「禮器」: "大明生於東, 月生於西, 此陰陽之分, 夫婦之位也。"

12   劉向, 『五經通義』: "月中有兔與蟾蜍何? 月, 陰也。蟾蜍, 陽也, 而與兔並, 明陰系於陽也。"

13   『春秋元命苞』: "月之爲言闕也, 兩蟾蜍與兔者, 陰陽相居, 明陽之制陰, 陰之倚陽。"

14   장현주, (2020.10), 「화상석(畵像石)에 그려진 두꺼비 형상의 신화적 해석」, 『건지인문학』 29권, pp.258~259; 劉曉峰, (2024), 「春節研究—新年節日群的內在結構與演變」, 『清華大學學報(哲學社會科學版)』, 39(02), p.8.

15   "고대 중국에서는 음양사상에 근거해서 홀수는 양수이고 짝수는 음수이므로 홀수의 달과 날이 겹치는 날, 곧 1월 1일, 3월 3일, 5월 5일, 7월 7일, 9월 9일이 우주의 양기가 가장 충만한 날이라 믿고, 양기로 음기를 제어하려는 뜻에서 명절로 삼았다." 박진태, (2008.12), 「한·중 단오제의 비교 연구」, 『比較民俗學』 第37輯, p.81.

의 양기를 많이 받는다. 이처럼 양기가 가득 찬 단오절은 두꺼비와의 인연이 깊다. 북경에는 "두꺼비는 숨더라도 5월 5일을 넘기지 못한다[癩蛤蟆躲不过五月五]"는 옛말 있다. 이는 단옷날 '깃발을 들고 북을 치면서' 두꺼비를 잡았던 풍습[16] 때문에 생겨난 말이다. 그렇다면 이러한 풍속이 있었던 이유는 무엇이었을까?

우선 도교에서는 달에 사는 두꺼비가 재생의 능력을 지녔다고 믿었기에, 잡아서 불로장생의 약재로 사용하려 하였다[17]. 음양오행설이 보편적으로 성행하였던 한대에는 '음 중의 양' 속성을 지닌 두꺼비가 음의 기운이 강한 무기를 막을 수 있다[辟兵]고 믿어 잡아서 그늘에 말렸다[18]. 이후에는 두꺼비의 점액으로 피부병·해독·진통 등에 특효가 있다는 약을 만들었다[19].

사람들은 양기가 가득한 단옷날 잡는 두꺼비는 양기가 더해졌기에, 더 큰 효능이 있다 믿었고, 병을 치료하는 약재로도 음기를 제어하는 미신의 도구로도 최상으로 여겼다[20].

16　劉侗·於奕正, 『帝京景物略』 卷2 : "五日, 南太醫院官, 旗物鼓吹, 赴南海子捉蝦蟆, 取蟾酥也。"

17　불로장생의 약재인 두꺼비는 '머리에 뿔이 있고, 턱 아래에 붉은색 팔(八)자 무늬가 있는 만 살의 두꺼비'를 말한다. 이경환, (2024), 『갈홍《포박자내편》의 신선 사상—상층도교 금단파의 불로장생의 꿈』, 부크크(bookk), p.531, p.544 참고.

18　『文子』 「上德」: "蘭芷以芳, 不得見霜; 蟾蜍辟兵, 壽在五月之望。"; 劉安, 『淮南子』 卷十七 「說林訓」: "鼓造辟兵, 壽盡五月之望"; 劉曉峰, (2007), 「端午與蟾蜍」, 『博覽群書』 06期, p.115 참고.

19　청대에는 단오절에 약방에서 두꺼비를 잡아 점액을 채취해 환약을 만들었다. 또 민간에서는 수두를 예방하고자 두꺼비 점액이 함유된 물로 목욕을 하였다. 顧祿, (1989), 『清嘉錄』, 中國商業出版社, p.126; 강옥상, (2002), 「사천의 단오풍속 연구」, 『율곡학연구』 5권, p.171; 劉曉峰, (2007), 「端午與蟾蜍」, 『博覽群書』 06期 참고.

20　劉曉峰, (2007), 「端午與蟾蜍」, 『博覽群書』 06期; 鍾海柱, (2013), 「民間傳說中"日月食"考趣」, 『大學教育』 07期; 염원희, (2007), 「달토끼의 상징성 연구」, 『高凰論集』 Vol.41 참고.

2) 뱀과 단오

단오는 기온이 급격히 높아지는 시점이라 고온다습한 중국의 남부지방에서는 해충의 번식 속도가 매우 빠르다. 늘어난 온갖 해충이 집안으로 들어와 질병을 옮기니, 옛사람들은 뱀을 포함한 오독(五毒)을 쫓기 위하여 단오를 맞이하면 몇 가지 활동을 하였다.

> 5월 5일 … 붉은 빛깔의 먹으로 부적을 그리고, 액막이를 하며, 집집마다 복숭아와 쑥을 걸어놓는다. 오시가 되면, 창포·웅황·마늘로 담근 술을 집안 곳곳에 뿌리는데, 뱀과 해충을 막는 것이다.[21]

> 5월 [단]오일 … 문에는 쑥호랑이를 매단다. 창포·웅황으로 술을 담그어 그것을 마신다. 또 웅황을 어린아이의 귀·코·입술·이마에 발라 역병과 독을 물리친다.[22]

위 기록들은 사천지역 지방지(地方志)에 남아있는 단오 풍속이다[23]. 웅황은 약으로 사용하는 광석으로 해독과 살충의 효능을 갖고 있는데, 특히 뱀에 물린 상처에 해독을 위해 웅황가루를 바른다. 또 뱀은 웅황

---

21 "五月五日 … 書朱符曰辟邪戶皆揷桃艾午時則以菖蒲雄黃大蒜泛酒房屋皆以酒酒之雲辟蛇蟲。" 張奉書等修, 張懷洵等纂, 道光24年(1844)刻本, 『新都縣志』卷四·風俗, p.32. (https://scsqw.cn/szfz/scjz 數字方志〉四川舊志〉成都市)

22 "五月午日 … 門懸艾虎泛菖蒲雄黃於酒飲之又以雄黃塗小兒耳鼻脣額辟除疫毒。" 『丹稜縣志』卷四風俗, (淸)光緖(1892), p.59. (https://scsqw.cn/szfz/scjz 數字方志〉四川舊志〉眉山市)

23 사천지역은 독자적인 파촉문화가 형성되어 있다고는 하나, 고대 파촉 풍습이 오늘날까지 전해오는 것은 아니다. 진한시대부터 수많은 전쟁과 재난으로 인구이동이 있었기 때문이다. 특히 명청 교체기에 다수의 유민(流民)이 사천지역으로 유입되어, 다양한 지역의 풍속이 혼합되어 발전하였다. 청대 이후 사천 지방지 기록을 통해 장강 유역의 단오풍속과 크게 다르지 않음을 살펴볼 수 있다. 강옥상, (2002), 「사천의 단오풍속 연구」, 『율곡학연구』 5권 참고.

에 민감하기 때문에 뱀의 접근을 막는 데에도 사용한다. 웅황에 알코올을 첨가하면 웅황의 휘발을 도와 뱀을 쫓는 효능이 더욱 강해진다. 이에 웅황이 많이 생산되는 사천에서는 단옷날 웅황주를 마시고, 술을 마시지 못하는 아이들에게는 얼굴에 발라주었다. 또 남은 웅황주는 독사에 물렸을 때를 대비하여 저장해두는 풍습이 있다[24]. 이는 실질적으로 알콜을 사용하여 소독을 하고, 강한 향을 풍겨 뱀의 접근을 막는 데 효능이 있기도 하지만, 재액이 집 안으로 들어오지 못하게 막는 벽사(辟邪)의 의미로 행해지기도 하였다[25].

이처럼 중국에서는 날이 더워지고 풀이 무성해지는 절기인 단오를 맞이하면, 뱀을 쫓기 위해 웅황주를 사용하는 풍습을 행해왔다.

3) 극본과 단오

앞서 살펴보았던 두꺼비는 단옷날 가장 효험이 있다는 중국인들의 관념, 그리고 단옷날 뱀을 쫓기 위해 웅황주를 뿌리거나 마시던 민간 풍습은 민간에서 오랫동안 공연되어 온 천극 「백사전」에 자연스럽게 녹아 들어갔다.

일반적으로 백사와 갈등을 일으키는 인물은 승려 법해이지만, 천극에서는 두꺼비가 등장해 갈등의 씨앗을 심는다. 두꺼비는 본래 백사와 함께 수련하던 도우(道友)로, 오랜 시간 수련하여 정령이 되었다. 그런데 하늘의 법도를 어긴 백사가 부처의 벌을 받아 백련지(白蓮池)

---

24 顧祿, (1989),『清嘉錄』, 中國商業出版社, pp.124~125; 정대웅, (2003),『〈백사전〉연구』, 한국외국어대학교 중국문학 석사학위논문, p.234; 강옥상, (2002)「사천의 단오 풍속 연구」,『율곡학연구』5권, pp.164~165 참고.

25 단옷날 아이들 이마에 '왕(王)'자 모양으로 웅황주를 바른다. 이는 호랑이의 이마에 있는 무늬를 그린 것으로, 벽사의 의미가 있다. 顧祿, (1989),『清嘉錄』, 中國商業出版社, pp.124~125.

에 갇히자, 도우의 정은 내버리고 백사를 감시하는 옥지기가 된다. 이후 백사가 탈출하자 부처에게 백사의 행방을 찾으라는 명을 받게 된다. 백사를 쫓아 인간 세상으로 내려온 두꺼비 정령은 도력을 사용하여 두꺼비의 본모습은 숨기고, 도사 왕도릉·사미승의 모습으로 변신한다.

단오와 관련된 장강 이남의 풍습과 관념은 두꺼비 정령이라는 캐릭터를 통해 다음과 같은 스토리로 체현되었다.

> 백사와 청사가 인간 세상에 내려옴 → 백사와 허선이 사랑에 빠짐 → 도사로 변신한 두꺼비가 부인이 뱀 요괴라며 허선에게 부적을 내어줌 → 백사와 청사가 두꺼비를 잡아 혼내줌 → 도사로 변신한 두꺼비가 허선에게 웅황을 주며 뱀 요괴를 잡는 방법을 알려줌 → 단옷날 허선이 부인에게 웅황주를 먹임 → 허선이 백사의 본모습을 보고 죽음 → 백사가 영지를 구하기 위해 삼선도로 떠남 → 영지를 지키는 백학동이 웅황진을 펼치고 백사가 패하나, 선옹이 영지를 내어줌 → 허선을 되살림 → 법해와 사미승으로 변신한 두꺼비가 허선을 금산사로 데려감 → 백사와 청사가 허선을 되찾기 위해 금산을 물에 잠기게 함

기존 희곡 「백사전」의 구성과 비교해 보면 단오와 관련이 깊은 두꺼비 역이 추가되면서, 법해가 맡았던 역할을 나누어 갖게 되고[26], 이를 통해 백사와 허선의 사랑 이야기에 곡절이 생기며, 극의 구성이

---

26 경극, 월극(越劇), 월극(粵劇), 예극에서는 법해가 허선에게 부인이 뱀 요괴라고 말한다. 천극에서는 두꺼비가 도사 왕도릉으로 변신하여 두 차례에 걸쳐 부인에 대한 의심을 심어준다. 첫 번째는 가뭄이 닥친 것이 집에 있는 요괴 때문이라며, 도교의 호법신장 왕령관(王靈官)이 깃들어있는 부적을 허선에게 건넨다. 이 때문에 백사와 왕령관의 결투가 벌어진다. 두 번째로는 부적을 건넨 일로 백사와 청사에게 호되게 당한 뒤, 허선에게 부인이 뱀 요괴인 것을 직접적으로 밝히며 뱀 요괴를 잡는 방법을 알려준다.

훨씬 더 치밀해졌다. 본래는 도력이 약해 백사와 청사에게 맥없이 당하기만 했던 두꺼비가 허선을 꼬드겨 백사에게 웅황주를 먹이라 시킨 날이 바로 단옷날이다. 단옷날을 맞이하여 양기가 가장 강해진 두꺼비가, 음의 속성을 지닌 뱀에게 반격할 수 있는 날은 이날 단 하루일 것이다. 이와 관련된 내용을 천극 「백사전」극본에서 살펴보겠다. 먼저 제5장 〈부적을 떼고 매달아 때리다[扯符吊打]〉의 한 장면이다.

> 왕도릉: 당신의 처는 본래 흰…(말을 멈추며) (사방을 두리번거린다)… 흰 뱀이 변한 것이오! …
> (노래)… 어느 날엔가 당신에게 싫증이 나면, 쫙 벌린 시뻘건 입으로 당신을 삼킬 것이오!
> (대사)당신을 잡아먹으려 할 것이오.
> (허선이 끼어들어 말한다) 당신 또 헛소리를 하는군.
> 허관인 내일은 단오절이니 딱 증명하기 좋소, 이 좋은 웅황을 단 몇 푼에 사가시오. 잔에 부어 짐짓 술을 권하고, 술에 취하면 부인을 부축해 남루에 재우시오. 오시가 되면 휘장을 열고 자세히 보시오. 침상 위에는 밀짚모자처럼 둥글둥글 말린 것이 나타날 것이니.[27]

극종	장		백사의 정체를 알리는 인물
경극(京劇)	제4장	〈說許〉	법해
월극(越劇)	제3장	〈驚變〉	법해
월극(粵劇)	제3장	〈說許〉	법해
예극(豫劇)	제3장	〈療疫〉	법해
천극(川劇)	제5장	〈扯符吊打〉	두꺼비(도사 왕도릉)

27 川劇 「白蛇傳」第五場 〈扯符吊打〉
王道陵：你的妻原本是白…(留)(四處張望)… 白蛇化變！…
(唱)… 有一朝她對你心中生厭，張開了血盆口把你來餐！
(夾白)要吃你。
(許仙夾白)你又在胡說。
許官人明天是端陽節就好證驗，你把那好雄黃用上幾錢。

　도사로 변신한 두꺼비 정령이 허선에게 부인의 정체를 직접적으로 알려주며, 5월 5일 단옷날에 웅황을 사용하여 뱀을 처치하는 방법을 알려주고 있다. 다음으로 제6장 〈단옷날 변신에 놀라다[蒲阳惊变]〉의 한 장면을 살펴보겠다.

소　청: (급히 무대에 올라오며) 아가씨!
백　사: 소청아 무슨 일인데 그렇게 허둥지둥하니?
소　청: 아이고, 아가씨! 원망스럽게도 나리께서 몹쓸 도사 놈의 말을 곧이듣고, 웅황약주를 가지고 와서 아가씨를 잡으려 해요!
백　사: (놀라며) 아!
소　청: 아가씨 빨리 몸을 피하세요.
백　사: 아니야, 내가 가버리면, 서방님은 분명 의심하고 근심하실 거야.　너부터 피하는 게 좋겠구나.
소　청: 아가씨는요…
백　사: 어서 가!
허　선: (무대 안에서 부른다) 부인
소　청: 아가씨 단옷날 웅황은 예사로운 게 아니어요, 아가씨 절대로 드시면 안돼요! …
허　선: (술병을 들고 올라온다) 부인.
　　　　(노래) 오늘이 바로 단오절이오.
　　　　(방강) 집집마다 즐겁게 축하를 하지.
　　　　(노래) 한 잔의 술로 부인의 수복강녕을 기원하겠소. …
　　　　단오절에 약주를 마시면 만병이 사라진다오.
백　사: (노래) 설마 제가 임신 중인 것을 잊으신 건 아니지요?
허　선: 부인, 조금만 마셔요, 태독을 없애줄 거요.[28]

放杯中假意兒去把酒勸, 酒醉後攙她去南樓安眠。
到午時揭羅帳仔細觀看, 牙床上現出了草帽圈圈。

　　청사는 불같은 성격을 지녔으며 무술과 변신[29]에도 능한 용맹한 뱀 신선이다. 그런데도 허선이 웅황을 가져온다는 말에 심히 두려워하며, 절대로 웅황주를 마시지 말 것을 백사에게 당부하며 먼저 몸을 피한다. 뱀이 웅황을 꺼리는 것을 잘 보여주는 대목이다[30]. 또한 허선이 임신한 부인에게 웅황주를 건네는 대목에서는 사람들이 단오절에 웅황주를 마시면서, 한 해 동안 병에 걸리지 않기를 기원하는 풍습이 있었음을 알 수 있다. 이어서 웅황주를 마신 백사가 어떻게 되었는지 보겠다.

28　川劇「白蛇傳」第六場 〈蒲陽驚變〉
　　小　青：(急上) 有請娘娘！
　　白　蛇：小青何事驚惶？
　　小　青：哎呀，娘娘！可恨姑爹聽信澄道讒言，帶回雄黃藥酒，收你來了！…
　　白　蛇：(驚) 啊！
　　小　青：娘娘趕快躲避。
　　白　蛇：不，我這一走，官人定會疑慮。還是你各自躲避去吧。
　　小　青：娘娘你
　　白　蛇：快走！
　　許　仙：(內喊) 娘子…
　　小　青：娘娘端陽雄黃，非同小可，你你你，千萬吃不得呀！…
　　許　仙：(執壺上)娘子。
　　　　　　(唱)今乃是端陽節—
　　　　　　(幫)家家歡慶。
　　　　　　(唱)一杯酒祝娘子福壽康寧。… 端陽節飲藥酒能除百病。
　　白　蛇：(唱)難道你不知妻有孕在身？
　　許　仙：娘子，只飲一點，是能去胎毒的。
29　천극 「백사전」의 청사는 도력을 지니고 있어 남성과 여성의 모습으로 자유자재 변신한다. 인간세계에서는 여종 소청으로 변신하여 백사를 따라다닌다.
30　제7장 〈신선의 산에서 영지보초를 훔치다[仙山盜草]〉에도 뱀이 웅황을 기피하는 습성을 반영한 대목이 있다. 허선을 되살리기 위해 삼선도(三仙島)에 간 백사와 영지를 지키는 백학이 전투를 벌인다. 처음에는 백사가 우세하였으나, 백학동이 웅황진(雄黃陣)을 펼쳐 백사를 잡는다. 이 웅황진을 펼치는 대목은 뱀을 쫓는 단오절과 관련이 깊다. 이에 청대·민국연간 사천지역에서는 단오절에 이 대목을 반드시 공연하였다. 강옥상, (2002), 「사천의 단오풍속 연구」, 『율곡학연구』 5권, p.173 참고.

백 사: 아이고!

　　　 (합창) 온 천지가 캄캄하네, (몸동작)

　　　 (방강) 약주를 마시니 심장이 마치 화살로 꿰뚫린 듯하구나.

　　　 (큰 소리로 부른다) 소청! 청아야! 아이고.

　　　 (합창) 간담이 찢어지는 듯, 심장은 놀라 벌렁벌렁, 큰 화가

　　　 눈앞에 닥쳤구나. …

허 선: (휘장을 걷는다) 아이고!

　　　 (합창) 베갯머리에 웅크린 백사를 보았네!

　【뱀 형체와 그림자, 허선이 놀라 굳은 채 뒤로 넘어가 죽는다.】[31]

　백사는 남편의 의심을 사지 않기 위해 이를 악물고 웅황주를 마셨
다. 오랜 수련으로 도력이 높은 백사라 할지라도 강력한 웅황의 효력
에 괴로워하다 속수무책 뱀의 원형으로 드러내고 말았다. 그리고 부
인이 있어야 할 자리에 똬리를 틀은 뱀을 본 허선은 놀라 죽고 만다.

　백사의 흔적을 찾아 인간 세상에 내려온 두꺼비 정령은 5월 5일
단옷날이라는 기회를 잡아 백사의 행복한 결혼생활을 망칠 수 있었다.
천극「백사전」극본에는 두꺼비와 뱀에 관한 단옷날의 보편적인 관념
과 풍습이 반영되었고, 이를 통해 극의 구성이 더 치밀해지고, 내용이
더 풍부해졌음을 살펴볼 수 있다.

31　川劇「白蛇傳」第六場〈蒲陽驚變〉

　　白　蛇：哎呀！

　　　　　 (合唱)天昏地暗, (身段)

　　　　　 (幫) 飮藥酒心似箭穿。(喊)小靑！靑兒！哎呀.

　　　　　 (合唱)肝膽裂, 心驚顫, 大禍在眼前。…

　　許　仙：(撥帳)哎呀！

　　　　　 (合唱)但見白蛇踞床頭！

　　【白蛇蛇形影, 許仙驚駭倒硬人, 身死。】

3. 천극 「백사전」의 천축 두꺼비

천극 「백사전」의 줄거리가 진행되는 데 없어서는 안 되는 두꺼비 캐릭터는 무대연출 방면에서도 큰 역할을 한다. 아래에서는 천극에서 두꺼비가 어떠한 배역으로 등장하여, 극에 매력을 더해주는지 살펴보겠다.

사천 사람들의 성향은 시끌벅적한 것을 좋아하고 농담하는 것을 즐기는지라[32], 천극은 관중을 위해 해학과 유머의 정취를 추구한다. 그래서인지 천극 「백사전」에서는 여타 「백사전」과는 다르게 천축(川丑)이라는 배역을 십분 활용하였다. 천축은 천극에 등장하는 축 배역으로, 우스운 몸짓이나 익살스러운 대사로 관객을 웃기는 어릿광대 역할을 전문적으로 맡고 있다[33]. 유머러스한 것을 즐기는 사천 사람들에게 축 배역은 큰 사랑을 받으며, 천극에서 중요한 자리를 차지하고 있어, 천극에서는 '축배역이 없으면 희극이 완성되지 않는다[無丑不成戲]'는 말이 있을 정도이다[34].

백사와 허선의 행복한 결혼생활을 망치는 데 결정적인 역할을 하는 두꺼비는 천극의 감초라 할 수 있는 천축 배역이 맡는다. 중국 전통 희곡에서 축 배역은 맡을 수 있는 배역의 폭이 상당히 넓다[35]. 천극 「백사전」의 두꺼비 역시 한 편의 극 안에서 '두꺼비 정령 → 도사 →

32　李笑非, (2003), 「川丑的特點與分類(上)」, 『中國戲劇』 07期, p.36.

33　중국전통희곡의 배역은 남자배역의 생(生)·여자배역의 단(旦)·성격파 배역의 정(淨)·어릿광대역의 축(丑)으로 나뉜다.

34　중국 전통희곡에는 여러 배역들이 있지만 천극에서는 축 배역이 이름나 있어, 경극에 '사대명단(四大名旦:梅兰芳, 程砚秋, 尚小云, 荀慧生)'이 있다면, 천극에는 '사대명축(四大名丑:周裕祥, 刘成基, 周企何, 陈全波)'이 있다.

35　"川劇丑行扮演的人物多種多樣, 上至帝王將相, 下至市井平民、三教九流、醫蔔星相、男女老幼一致神仙鬼怪, 無所不有。" 劉跨東·廖天麟, (2016), 『中國川劇"變臉"－白蛇傳』, 廣州 : 新世紀出版社, p.24.

사마승'으로 변신하며 무대에서 종횡무진 활약한다[36]. 이를 도표로 정리하면 다음과 같다.

<표 1> 두꺼비의 장별 등장 여부와 등장 시 변신하는 인물

장 \ 인물	두꺼비	도사	사미승
제1장 〈佛殿挣鎖〉	○		
제2장 〈收青下凡〉	○		
제3장 〈船舟借傘〉		×	
제4장 〈終成眷屬〉	○	○	
제5장 〈扯符吊打〉	○	○	
제6장 〈蒲陽驚變〉		×	
제7장 〈仙山盗草〉		×	
제8장 〈江岸誘許〉			○
제9장 〈水漫金山〉			○

축 배역은 이처럼 1인 3역으로 무대에서 입체적인 인물을 그려낸다. 제4장 〈마침내 부부로 맺어지다[終成眷屬]〉에는 탈출한 백사를 쫓아 인간 세상에 내려온 두꺼비가 도사 왕도릉으로 변신한다.

> 두꺼비: 도술을 부려 비를 내리지 않게 해 곳곳을 가물게 하고. 헛소문을 퍼트려 허선에게 요괴가 달라붙었다고 해야지. 그의 손을 빌려 요괴를 잡아들이러 가고 나는 나서지 않는거야. 설령 성공하지 못한다 해도 나와는 무관하지. 사당을 찾아서 잠시 몸을 숨기고 몰래 해코지해야지.
> (방강) 이름도 왕도릉으로 바꿔 부르고 수염도 덧붙이자(수

---

36 처음에는 두꺼비 정령, 도사 왕도릉, 사미승이 각각의 등장인물이었다. 1959년 신중국 건국 10주년을 기념하기 위해 오백기 선생이 헌정극을 개편하면서 세 인물이한 인물이 변신하는 것으로 바꾸었다. 이에 인물의 사상과 행동이 일관되며, 비열하고 교활한 두꺼비의 모습이 완성되었다. 張雪瑋, (2016), 『白蛇題材戲曲初探』, 中國藝術研究院 碩士學位論文, p.84.

염 난 모습으로 변신한다.)[37]

두꺼비 정령은 백사와 함께 수련한 사이이기는 하나, 백사보다 도력이 낮기 때문에 직접적으로 나서서 백사를 잡아들이지는 못하고 허선을 속여 백사를 잡으려는 계략을 짠다. 그래서 도사로 변신 하는데, 뒤를 돌아서 순식간에 수염을 붙이고, 몸을 돌리면 수염 난 도사의 모습으로 변신한다. 이렇게 수염을 덧붙이는 것은 천극의 특수 기예 중 하나인 '변호자(變胡子)[38]'이다. 허술한 분장이라 여겨질 수도 있으나, 관중들 앞에서 이 기예를 선보이는 것은 관중들과 앞으로 극에서 등장하는 '두꺼비 정령 = 도사 왕도릉'이라는 무언의 약속을 하는 것이다.

제5장에서는 도사 왕도릉이 허선에게 부적을 준 죄로 청사에게 잡혀 온다. 백사는 도사의 정체를 단번에 알아보고, 청사를 시켜 왕도릉을 매달아 채찍질한다. 이때 도사로 변신하면서 입은 주황색 옷은 벗

---

37 川劇「白蛇傳」第四場〈終成眷屬〉
   癩蛤蟆：施法術不降雨遍地幹早, 造謠言說許仙己被妖纏。借他手去收妖我不出面,
   縱   然是不成功與我無關, 尋廟宇暫藏身暗放冷箭,
       (幫) 叫王道陵把胡須來添。(變胡須)

38 천극에서 수염[胡子(口條・胡須라고도 칭함)]은 극중 인물의 성별・성격・연령 등을 외적으로 드러내 주는 표지로 색상과 모양이 다르다. 수염을 마음대로 다루는 동작과 기교를 통해 '구조공(口條功)'이 형성되었으며, 이를 통해 극중 인물의 감정을 드러내거나 극정을 이끌어 간다. 수염이 없었다가 생겨나게 하는 기술[變無爲有] 혹은 검은 수염이 흰 수염으로 바뀌는 기술[變黑爲白] 등이 있다. 鄧運佳, (2001), 『中華梨園一枝花—川劇藝術』, 四川人民出版社, pp.235~236.

[그림 1] 수염이 생겨나는 장면 (사천성천극원 연출작)

겨지고, 초록색 옷이 드러난다. 백사와 청사 앞에서 두꺼비의 본 모습으로 돌아간 것이다[39]. 이후 끈에 매달리는 '승조(繩吊)[40]'라는 특수 기예를 선보인다. 두꺼비가 공중에 매달려 매를 맞는 대목이므로, 거꾸로 매달려 축 늘어진 모습이라던지 헤엄을 치는 모습 등을 연기한다[41]. 비록 이 기예는 과장성이 있긴 하지만, 두꺼비의 행동을 모방하였기에 생동감을 느낄 수 있고, 관중들은 해학적인 연기에 즐거움을 얻는다. 제5장의 제목이 '부적을 떼고 매달아 때린다[扯符吊打]'인 만큼 축 배역이 선보이는 '승조' 연기는 천축만의 절기(絕技)[42]라 칭해질 만하다.

이처럼 두꺼비 역을 맡은 천축 배우는 몇 가지 특수 기예를 통해 관중들에게 볼거리를 제공함과 동시에, 현재 자신이 연기하는 캐릭터가 도사인지 두꺼비인지 관중들에게 주지시키고 있다.

다음으로는 무대 위에서 두꺼비가 구사하는 언어예술 부분을 살펴보겠다[43]. 천극은 일상생활의 정취와 지방 특색이 아주 농후한 극으로,

---

39

[그림 2] 두꺼비의 정체가 드러나는 장면 (사천성천극원 연출작)

40   천축 명배우인 장광정(張光庭)이 고안하고 연기한 특수 기예다. 처음에는 끈을 본인의 변발에 묶어 매달았으며, 매달린 채로 연기·노래·동작을 동시에 할 수 있었다. 요즘은 무대 상공에 가죽끈을 매다는 것으로 바뀌었다. 孫晓怡, (2002), 「試論川劇的舞臺表演藝術 - 以川劇『白蛇傳』爲中心」, 『한중인문학연구』 제9권, p.291.

41

[그림 3] 천극의 특수기예 '승조(繩吊)' (사천성천극원 연출작)

42   杜建華, (2017), 「川劇丑角藝術」, 『戲劇文學』, 07, p.153.

천극「백사전」의 두꺼비가 구사하는 언어에서도 이러한 특색이 잘 드러난다. 첫 번째로는 사천 지역의 방언을 적절히 사용한다. 제4장 〈마침내 부부로 맺어지다[終成眷屬]〉에서 두꺼비가 백사를 어찌 잡을까 고민하며 말한다.

> 癩蛤蟆 : 癩疙宝这一回要充好汉.
> 두꺼비 : '두꺼비' 이번에는 사나이인 척 해야지.

중국인들은 보통 두꺼비를 '癩蛤蟆[lài há ma]'라 하는데, 사천지역에서는 '癩疙宝'라는 단어를 사용한다[44]. '癩疙宝'를 사천 방언으로 발음하면 '疙'는 영어 [gai]에 가깝다. 즉 두꺼비를 사천 방언으로 [라이게이바오]라 발음할 수 있다. 극본의 다른 부분에서는 두꺼비를 '癩蛤蟆'로 사용하지만, 이 대사에서는 자신을 지칭할 때 사천 방언인 '癩疙宝'를 사용하였다. 다음은 제5장과 제9장〈금산이 물에 잠기다[水漫金山]〉에서 두꺼비가 백사·청사를 보고 놀라며 하는 말이다.

> 王道陵: (見白蛇)哎喲！梭老二兩根。
> 왕도릉: (백사를 보고) 아이쿠! '뱀'이 두 마리군.[45]
>
> 小沙彌: (開門看, 大驚) 梭老二兩根！
> 사미승: (문을 열어 보고는, 크게 놀란다) '뱀' 두 마리잖아![46]

---

43 사천지역 방언에 대해서는 인터뷰(사천 출신의 순천향대학교 공자아카데미 중국인 교사 楊佳欣)·인터넷 사천 방언 사전·논문 등을 참고하였다.
44 '疙'는 '格·蛤·蝎'로 쓰이기도 하며, '寶'는 '跑·蟆·疤'로 바꿔 쓰기도 한다. 百度百科(https://baike.baidu.com/item/%E7%99%9E%E7%96%99%E5%AE%9D/53929768?fr=aladdin)·四川話百科 참조.
45 川劇「白蛇傳」第五場 〈扯符吊打〉

제5장에서 청사에게 잡혀 온 왕도릉이 백사를 보고 놀라며 하는 말
이고, 제9장에서는 사미승으로 변신한 두꺼비가 금산사로 찾아온 백
사와 청사를 보고 놀라며 하는 말이다. 대사에서의 '梭老二[suō lǎo'èr]'
은 뱀을 뜻하는 사천 방언이다. '梭'는 본래 베틀의 북을 의미하는 명
사이지만 사천 방언에서는 '베틀의 북이 왔다 갔다 하듯이 미끄러지
듯 살짝 들어간다'는 동사로 사용된다[47]. 여기에 둘째를 친근하게 부
르는 '老二'을 더해주었다[48]. 즉 뱀이 스르륵 기어가는 모습을 보고 '梭
老二'이라 칭하는 것이다. 가늘고 긴 뱀을 세는 양사 또한 '條'가 아닌
'根'을 사용하는데, 이 역시 사천지역의 방언이다.

또한 천극「백사전」의 공연을 보면 표준어와의 발음 차이를 느낄
수 있다. 예컨대 표준어에서 본래 [bai]라고 발음되는 단어를 [bei]처
럼 발음한다. 이는 사천 지역에서 복운모를 발음할 때, 혀의 위치나
입술 모양이 제 위치에 도달하지 못하여 부정확한 발음으로 종종 [ai]
와 [ei]의 발음이 구분되지 않는다[49]. 사천 방언은 외지인들이 알아들
을 수 없을 정도로 표준어와는 다른 부분이 많다. 사천 지역의 연극이
라 해서 모든 대사와 노래를 방언으로 처리하였다면, 외지 관객들은
언어적 장벽에 가로막혔을 것이다. 그래서 천극「백사전」에서는 주요
단어나 자주 사용되는 발음을 이 지역 방언으로 적절하게 바꿔주었다.
이를 통해 관중과의 소통에는 문제가 없지만, 사천 지역의 특색을 느
끼게 해준다.

---

46 川劇「白蛇傳」第九場〈水漫金山〉
47 四川話整合版 (https://www.douban.com/group/topic/27056781/), 搜狐(https://www.sohu.com/a/291569340_413427), 네이버중국어사전 등 참조.
48 중국인의 인식 속에서 용은 '첫째, 老大'이며, 작은 용인 뱀을 둘째라 여겼다. 그래서 사천 농촌에서는 둘째 아이라는 뜻의 '二娃'를 붙여 뱀을 '梭二娃'라 칭하기도 한다.
49 劉玉潔, (2008), 「從四川話與普通話的差異看四川人歌唱語言發音的難點」, 『四川戲劇』, 04, p.111 참고.

두 번째는 관중과 함께하는 언어예술이다. 제5장에는 왕도릉이 허선에게 부적을 준 죄로 백사와 청사에게 붙잡혀 매를 맞고 풀려난 뒤 노래하는 장면이 있다. 아래의 동작들과 함께 보면, 밑줄 친 세 글자 뒤에 한 글자를 소리 내어 말하지 않는다는 것을 알 수 있다. 관중이 빠진 글자를 추측하는 퀴즈라 보면 된다.

<표 2> 관중과 함께하는 언어예술[50]

	(손을 덜렁덜렁 거리며) 可憐我 高抬貴( ) 險遭吊斷, 불쌍한 내 ( ) 하마터면 매달려 두 동강 날 뻔 했지,
	(다리를 절룩거리며) '十二元( )'打得來行路艱難。 ( )두들겨 맞으니 가는 길은 고행이오.
	(머리를 가리키며) '獨占鼇( )'打起了洞洞眼眼, ( ) 두들겨 맞으니 눈물은 줄줄,
	(뒤돌아 허리를 가리키며) '黃龍纏( )'打得來血跡斑斑 ! ( ) 두들겨 맞으니 핏자국은 얼룩덜룩!

이 대목은 왕도릉이 손, 발, 머리, 허리가 아프다며 허선에게 원망 섞인 하소연을 하는 장면이다. 관중들은 왕도릉의 힌트 동작만 보아서도 어느 부위가 아픈지, 무슨 글자가 유추해 낼 수 있다. 이 중 다음

세 가지는 일상생활에서 사용되며 단어의 뜻이 명확하다[51]. 그런데 '十二元腳'이라는 것은 한 번 더 꼬아서 사천 발음을 활용한 언어유희로 보인다. 일상에서 사용하는 단어 중 '十二元腳'이라는 말은 없으나, 사천 방언으로 비슷하게 발음되는 '十二圓覺'이라는 단어가 있다. 이는 불교의 열두 보살을 의미한다[52]. 사천 방언에서 [ue]와 [iao]는 종종 구분하지 않고 발음하기에[53], '覺'·'腳' 두 글자가 다 [조]처럼 발음된다. 즉 '覚'은 발음이 비슷한 '脚'인 발을 의미하는 것이다.

왕도릉이 소리 내어 말하지는 않았지만 일상생활에서 사용하는 단어인지라, 관중들은 빠진 부분에 들어가는 한 글자가 무엇인지 명확하게 알아차릴 수 있다. 이처럼 한 글자씩 숨기는 방식은 사천극에서 자주 보이는 방식이다[54]. 사천 출신 극작가의 연출과 더불어 천축 왕도릉의 온몸이 아파하는 연기는 관중들로 하여금 극에 집중하게 하고, 관중을 협력자로 만들어 함께 호흡해 나가는 것이다.

이처럼 천극 「백사전」에서 천축이 맡은 두꺼비 캐릭터는 천극만의 특색을 자아낸다. 비록 극정에서는 백사와 허선의 사랑을 방해하는

---

51 高抬貴手: 너그러이 용서하다.
   獨占鼇頭: 장원급제한 사람이 큰 거북이 조각되어 있는 궁궐 계단 앞에서 장원급제 수여식을 한 데서 유래하여, 수석을 차지하다, 장원급제하다.
   黃龍纏腰: 황룡이 허리를 휘감다.

52 《원각경(圓覺經)》은 부처와 열두 보살이 주고받는 문답 형식으로 이루어져 있다. 이 열두보살이 여래원명(如來圓明)의 경지에 올랐기에 십이원각보살이라 칭한다.

53 劉玉潔, (2008),「從四川話與普通話的差異看四川人歌唱語言發音的難點」,『四川戲劇』, 04, p.111 참고.

54 문장에서 한 글자씩 생략하는 연출법은 오백기 선생(조부)의 1959년 극본에서 사용되었고, 이후 오효비 선생(부친)의 1991년 극본에서는 사용되지 않았다. 오택지 선생은 2016년 부친의 극본과 조부의 극본을 결합·정리하였으며, 이 극본에서는 다시금 글자를 생략하는 연출을 하였다. 王梓均 記者, (2016.08.08.),「傳承讓青春綻放光彩 川劇《白蛇傳》昨日上演」,【成都日報】(http://www.qsnwl.com/show/107/3315/1.html) 참고

악역이지만, 그를 통해 천극의 특징 중 하나라 할 수 있는 특수 기예와 저속하지 않은 유머와 해학을 한껏 드러내고 있으며, 이러한 요소는 아주 큰 흡입력을 발휘하고 있다.

이상 두꺼비 캐릭터가 등장하면서 스토리가 재설정되고, 두꺼비만의 동작이나 대사를 통하여 경전극이라 할 수 있는 「백사전」에 천극만의 분위기를 가미하였음을 살펴보았다.

4. 나가면서

천극은 사천지역의 민풍과 민속에 중점을 두는 극종이기에 천극 「백사전」을 보면 사천 사람들의 일상생활의 정취와 지방 특색을 느낄 수 있다. 본 논문에서는 두꺼비라는 새로운 캐릭터 속에서 천극 「백사전」이 갖고 있는 문화적 함의와 무대 위에서 펼치는 매력을 찾아보고자 하였다.

여타 극에는 등장하지 않는 캐릭터이기에, 천극 「백사전」의 두꺼비는 사천 땅에서 난 토산물이라고도 할 수 있다. 이에 극에 등장하는 두꺼비 캐릭터를 살펴보면, 두꺼비에 대한 보편적인 관념과 오래된 풍습을 살펴볼 수 있었다. 예로부터 두꺼비는 신력을 가졌고, 달을 먹으며, 양기가 가장 강한 단옷날에 힘이 가장 세다고 여기어 왔다. 도교의 발원지인 사천 지역에서는 천극에서 도력이 있는 두꺼비를 등장시켜 도사로 변신시키고, 그로 하여금 단옷날 민간에서 뱀을 쫓는 웅황을 사용하여 허선과 백사의 화목한 결혼생활을 망치게 하였다. 두꺼비와 단오에 대한 중국인들의 관념이 천극에 녹아 들어가 억지스럽지 않은 새로운 캐릭터 만들어 낸 것이다.

두꺼비는 백사와 허선의 결혼생활을 깨트리지만, 천축이 연기하였기에 마냥 밉지만은 않은 조무래기 악당으로 그려졌다. 우스운 몸짓으로 특수 기예를 선보이기도 하고, 지방색이 드러나는 방언으로 말하기도 하며, 관중들과 함께 언어유희를 즐긴다. 이처럼 두꺼비는 천극에서 추구하는 해학과 유머의 정취를 돋구는 캐릭터이다.

천극 「백사전」은 기존의 백사고사 작품에는 없는 두꺼비 캐릭터를 추가하였고, 이 캐릭터를 빚어내는데 파촉문화를 재료로 사용하였다. 감초 역할을 해줄 두꺼비라는 새로운 인물을 투입하면서, 극의 구성이 촘촘해졌고, 천극만의 특색을 지닐 수 있게 되었다. 그로 인해 누구나 알고 있기 때문에 자칫 고루할 수 있는 경전극임에도 불구하고, 천극 「백사전」만의 매력을 발산하면서, 관중들에게 신선함과 몰입감을 선사해 줄 수 있게 되었다.

이상 본 논문에서는 천극 「백사전」에만 등장하는 두꺼비 캐릭터가 단옷날의 두꺼비에 대한 관념을 담고 있다는 것, 그리고 이 캐릭터를 천축이 연기함으로써 관중들에게 다양한 볼거리를 선사하고, 농후한 지역색을 드러낼 수 있었음을 살펴보았다.

집필진 소개 (게재 순)

장시핑張西平 : 베이징어언대학교
런다위안任大援 : 베이징외국어대학교
류궈펑刘国鹏 : 중국사회과학원
티에리 메이너드Thierry Meynard : 중산대학교
추장닝邱江宁 : 항저우사범대학교
전홍석 : 순천향대학교
량융펑梁永峰 : 저장사범대학교
크리스티안 단츠Christian Danz : 비엔나대학교
폴 실라스 피터슨Paul Silas Peterson : 튀빙겐대학교
김선희 : 이화여자대학교
신의식 : 충북보건과학대학교
남정우 : 영남신학대학교
샹쥬위项久雨 : 우한대학교
임상훈 : 순천향대학교
하정혜 : 순천향대학교

옮긴이

오흥명 : 동국대학교
이행철 : 저장공상대학교

고산중국학총서 3

지구화시대 인문실크로드 문명학과 새로운 문명표준 모색
: 바티칸도서관 예수회 선교사 문헌과 동아시아 지역문화 연구

2026년 3월 27일 초판1쇄 펴냄

편 자 순천향대학교 공자아카데미 중국학연구소
발행자 김흥국
발행처 보고사
등록 1990년 12월 13일 제6-0429호
주소 경기도 파주시 회동길 337-15 보고사
전화 031-955-9797
전송 02-922-6990
메일 bogosabooks@naver.com
http://www.bogosabooks.co.kr

ISBN 979-11-6587-988-4 93300
ⓒ 순천향대학교 공자아카데미 중국학연구소, 2026

정가 30,000원